Ilse M. Pogatschnigg
Marcus Schladebach
(Hrsg.)

Ein Jahr nach der EU-Erweiterung 2004

Eine rechtspolitische Zwischenbilanz

PETER LANG
Frankfurt am Main · Berlin · Bern · Bruxelles · New York · Oxford · Wien

Bibliografische Information Der Deutschen Bibliothek
Die Deutsche Bibliothek verzeichnet diese Publikation in der Deutschen Nationalbibliografie; detaillierte bibliografische Daten sind im Internet über <http://dnb.ddb.de> abrufbar.

Gedruckt mit Unterstützung des Bundesministeriums für Bildung, Wissenschaft und Kultur in Wien.

ISBN 3-631-54012-4

www.peterlang.de

Ein Jahr nach der EU-Erweiterung 2004

Vorwort der Herausgeber

Die EU-Erweiterung 2004, die größte Erweiterungsrunde in der Geschichte der EU, liegt nun ein Jahr zurück. Diese Jahresfrist wollen wir zum Anlass nehmen, um aus der Sicht einzelner Länder eine Zwischenbilanz zu ziehen und Perspektiven zu beleuchten.

Nach einem einleitenden Teil zu den historischen und rechtlichen Grundlagen der EU-Erweiterung werden Autorinnen und Autoren aus den alten EU-Mitgliedstaaten darlegen, wie deren Bilanz ausfällt und welche Erkenntnisse für die Zukunft gewonnen worden sind. Anschließend wird der Stand der europäischen Integration in den neuen EU-Mitgliedstaaten thematisiert und aufgezeigt, welche Ziele noch offen und welche Aufgaben noch zu bewältigen sind. In einem weiteren Abschnitt wird der Vorbereitungsstand auf den Beitritt in derzeitigen EU-Kandidatenstaaten untersucht. Daran schließt sich ein Teil über Staaten an, die entweder einen Beitritt zur EU erwägen oder sich zumindest bilateral stärker an die EU binden wollen. Schließlich sollen beispielhaft Staaten betrachtet werden, die sich an der EU-Erweiterung zwar nicht aktiv beteiligt haben, die aber im Hinblick darauf besondere Interessen haben.

Gleichwohl möchten wir betonen, dass das vorliegende Buch nicht den Anspruch erhebt, allumfassend und erschöpfend sämtliche zurückliegenden, aktuellen und künftigen Aspekte der EU-Erweiterung zu behandeln. Es ist vielmehr als eine aktuelle rechtspolitische Momentaufnahme ein Jahr nach dem historischen Datum des 1.5.2004 anhand ausgewählter Staaten gedacht.

Wir bedanken uns ganz herzlich bei den Autorinnen und Autoren für das Engagement bei der Mitwirkung an diesem Buch. Sie alle besitzen eine besondere Kompetenz in Fragen der EU-Erweiterung, die sie durch ihre Beiträge eingebracht haben. Darüber hinaus ist es uns ein besonderes Anliegen, dem Peter-Lang-Verlag, an erster Stelle dem Wiener Büroleiter, Herrn *Dr. Norbert Willenpart*, für die großartige Unterstützung bei der Verwirklichung unseres Vorhabens zu danken. Ein herzlicher Dank gebührt ebenfalls dem österreichischen Ministerium für Bildung, Wissenschaft und Kultur für die finanzielle Förderung.

Wir hoffen, mit dem vorliegenden Buch einen Beitrag zur Debatte über die politischen und rechtlichen Aspekte der EU-Erweiterung zu leisten und den Blick dafür zu schärfen, welche konkreten Fragen im Rück- und im Ausblick auf die im Mai 2004 erfolgte europäische Wiedervereinigung in den ausgewählten Staaten diskutiert werden.

Ilse M. Pogatschnigg
Marcus Schladebach

Wien und Berlin, August 2005

Vorwort

Die Erweiterung der Europäischen Union – eine Erfolgsgeschichte

*Erhard Busek**

Seit dem Fall des Eisernen Vorhangs 1989 hat eine historisch einmalige Entwicklung in Europa ihren Lauf genommen. Dem einst geteilten Kontinent offenbarte sich die großartige Chance der Neugestaltung, die es beim Schopf zu packen galt und gilt. Am 1.5.2004 wurden wir schließlich Zeugen einer Wiedervereinigung Europas, wie sie Geschichte und Kontinent noch nie gekannt haben. Das Europa von einst hat mit dem Europa von heute im Grunde nichts mehr zu tun. Schon ein flüchtiger Blick auf die Landkarte bestätigt uns das.

Zu Beginn des neuen Jahrtausends ist die größte und historisch bedeutungsvollste Erweiterungsrunde der Europäischen Union erfolgreich über die Bühne gegangen. Keine der Erweiterungsrunden zuvor hatte jemals mehr als drei Länder umfasst. Vor rund einem Jahr traten immerhin gleich zehn neue Mitglieder der Europäischen Union bei und die Zahlen verdeutlichen uns die Dimension dieses herausragenden Ereignisses wohl am besten. Durch diese jüngste Erweiterung ist die Gesamtbevölkerung der Europäischen Union um 75 Millionen Einwohner angestiegen und ihre Gesamtfläche vergrößerte sich von 3,2 auf 3,9 Millionen km^2. Fazit: Die Europäische Union umfasst damit heute einen Wirtschaftsraum von 455 Millionen Einwohnern. Faktum ist, durch diesen neuerlichen Integrationsschritt entstand einer der weltweit größten einheitlichen Märkte.

---

* Dr. Erhard Busek, Sonderkoordinater des Stabilitätspakts für Südosteuropa, Vorsitzender des Instituts für den Donauraum und Mitteleuropa, Wien.

Die Europäische Union funktioniert entgegen mancher Befürchtungen auch mit den zehn neuen Mitgliedstaaten und für Österreich ist es mittlerweile ganz normal überall offene Grenzen zu haben. Der Beitritt wurde gut vorbereitet und durchgeführt. Vorhersagen, dass die Erweiterungsauswirkungen eine „Win-Win-Situation" bescheren würden, scheinen sich bestätigt zu haben, aus politischer, wirtschaftlicher und kultureller Sicht.

Die Beitrittsländer aus Mittel- und Osteuropa (Estland, Lettland, Litauen, Slowakei, Slowenien, Polen Tschechische Republik und Ungarn) mussten seit der politischen Wende sehr schmerzhafte Transformationsprozesse durchlaufen und parallel dazu den schwierigen Kriterien eines EU-Beitritts gerecht werden. Sie alle haben die Integration in die europäische Wertegemeinschaft trotz vieler Entbehrungen dabei nie aus den Augen verloren und beharrlich an ihrem Ziel, dem Beitritt zur Europäischen Union, festgehalten. Durch ihren Zusammenschluss mit der Europäischen Union entsteht mehr Stabilität in Europa denn je zuvor und so gesehen ist gerade auch der Beitritt der mediterranen Länder Malta und Zypern von großer strategischer Bedeutung.

Das Wirtschaftswachstum der neuen EU-Mitgliedstaaten Mittel- und Osteuropas beschleunigte sich im Vorjahr im Durchschnitt auf fast 5 %, der Zufluss ausländischer Investitionen ist wieder angewachsen, und die lokalen Währungen wurden aufgewertet. Die Aussichten für die neuen EU-Mitglieder sind laut Wirtschaftsexperten durchwegs gut. Für die nächsten zwei Jahre kann mit einem BIP-Wachstum von jährlich 4 – 5 % und Inflationsraten, die sich schrittweise dem Niveau der Eurozone annähern, gerechnet werden. Die Kehrseite der Medaille ist die Lage des Arbeitsmarktes, für den keine Besserung in Sicht ist. Die Arbeitslosenquote ist in den neuen EU-Mitgliedsländern Mittel- und Osteuropas im Durchschnitt beinahe doppelt so hoch wie in den „alten“ EU-15. Die Aussichten auf eine baldige Besserung der Lage sind derzeit gering.[1]

Natürlich birgt die Erweiterung auch Probleme in sich. Schon *J. W. Goethe* schrieb: „Wo viel Licht ist, ist starker Schatten“. Arbeitslosigkeit, Kriminalität oder Terrorismus sind aber längst weltweite Probleme, die nur gemeinsam gelöst werden können und schließlich darf dabei eines niemals vergessen werden, die europäische Integration ist ein Friedensprojekt – ein sehr erfolgreiches – und ist auch die einzige Möglichkeit, in Hinblick auf das neue Europa diesen Frieden zu bewahren. Das kann bei allen wirtschaftlichen Chancen und Vorteilen nicht oft genug betont werden!

Hinzu kommt, dass der kulturelle Reichtum und die Vielfalt der Europäischen Union durch die Erweiterung 2004 immens angestiegen sind. Diese Bereicherung kann nicht in Zahlen ausgedrückt werden. „Europa neu“ bietet in kultureller Hinsicht ungeheure Chancen, wobei diese Entwicklung noch offen ist.

Europa ist das wahre Zukunftsthema, das uns alle, aber vor allem auch die jungen Menschen, angeht. Das kommt in der öffentlichen Wahrnehmung leider oft zu kurz. Offensichtlich gibt es auch noch gewisse Rückkehrnotwendigkeiten zur Normalität von früher. „Europa neu“ muss im Bewusstsein der Öffentlichkeit wieder „Europa normal“ werden, wobei die emotionale Bewältigung nach wie vor aussteht.

Da und dort gibt es nach dieser großen Erweiterungsrunde auch wieder Sehnsüchte nach Teilung, aber eine Trennlinie an den Grenzen der Europäischen Union ziehen zu wollen, wäre eine Zweiteilung Europas, die wir bereits lange

[1] *Havlik/Podkaminer/Gligorov* et al., Accelerating GDP Growth, Improved Prospects for European Integration, WIIW Research Report No. 314, März 2005.

genug hatten, gerade auch zum Nachteil Österreichs. Selbstverständlich bringt die Erweiterung auch Probleme mit sich, aber diese sind zu bewältigen. Die Integration ist schlussendlich mit dem 1.5.2004 noch nicht abgeschlossen, sondern ein täglicher Lernprozess für uns alle. Wir müssen nur wissen, wer und wie unsere Nachbarn sind und uns diesen auch mitteilen. Ein Jahr ist erst der Beginn!

Das integrierte Europa hat seine Reife allerdings noch unter Beweis zu stellen, denn auch nach der Erweiterungsrunde vom 1.5.2004 ist es nicht vollständig. Die Frage nach der „finalité d'Europe", der endgültigen Form des Kontinents, ist seit 1989 gestellt, und niemand anderer als die EU kann sie beantworten.

Inhaltsverzeichnis

Historische Grundlagen

*Marcus Schladebach**

I. Die EU als Erweiterungsgemeinschaft

Die Anfänge der EU-Erweiterung lassen sich bis in die Zeit der 50er Jahre zurückverfolgen. Am 9.5.1950 hatten der französische Außenminister *Robert Schuman* und sein Planungskommissar *Jean Monnet* den Schuman-Plan verkündet. Sein Ziel war es, Deutschland wieder in die europäische Staatengemeinschaft einzubinden und es dadurch auch zu kontrollieren.[1] Der Plan sah vor, die kriegsrelevante Kohle- und Stahlindustrie Frankreichs und Deutschlands sowie weiterer beitrittswilliger Staaten zusammenzulegen und einem supranationalen, d. h. von den Nationalstaaten unabhängigen Organ, zu unterstellen.[2] So entstand am 23.7.1952 zunächst die Europäische Gemeinschaft für Kohle und Stahl (EGKS), der Belgien, Deutschland, Frankreich, Italien, Luxemburg und die Niederlande angehörten.

Dieselben Staaten beabsichtigten sodann, ihre zunächst nur auf die Montanindustrie ausgerichtete Zusammenarbeit auf weitere Bereiche zu erstrecken. So entstanden mit den am 25.3.1957 in Rom unterzeichneten Verträgen zur Gründung der Europäischen Wirtschaftsgemeinschaft (EWG) und zur Gründung der Europäischen Atomgemeinschaft (EURATOM) die zweite und dritte Europäische Gemeinschaft.

---

* Dr. Marcus Schladebach, LL.M., Berlin, Referent für Europa- und Internationales Recht, Justizministerium des Landes Brandenburg, Potsdam. Der Beitrag gibt die persönliche Auffassung des Autors wieder.

[1] *Fontaine*, Ein neues Konzept für Europa. Die Erklärung von Robert Schuman - 1950 – 2000, Luxemburg 2000.

[2] Dieses Konzept geht in erster Linie auf *Jean Monnet* (1888 – 1979) zurück, siehe *Jean Monnet*, Erinnerungen eines Europäers, 1978, S. 367 ff.

Bereits zu diesem Zeitpunkt verliehen die Gründungsstaaten ihrer Überzeugung Ausdruck, dass sie die drei gegründeten Gemeinschaften auch für andere Staaten offen halten wollten. Schon in der Präambel des EWG-Vertrags von 1957 heißt es, dass „die Mitgliedstaaten entschlossen sind, durch diesen Zusammenschluss ihrer Wirtschaftskräfte Frieden und Freiheit zu wahren und zu festigen, und die anderen Völker Europas auffordern, die sich zu den gleichen hohen Zielen bekennen, sich diesen Bestrebungen anzuschließen".

Diese Beitrittsoption richtete sich nicht nur an die westeuropäischen Staaten, sondern war bewusst offen formuliert worden. Jeder europäische Staat konnte sich angesprochen fühlen. Jedoch war die Beitrittsoption für die unter sowjetischem Einfluss stehenden Staaten Mittel- und Osteuropas keine realistische Möglichkeit. Der Kalte Krieg und der 1949 unter den Staaten des Ostblocks gegründete Rat für gegenseitige Wirtschaftshilfe (RGW) ließen eine wirtschaftliche Annäherung nur in sehr begrenztem Umfang zu.

Europäische Visionäre wie *Robert Schumann* ließen sich dadurch jedoch nicht davon abhalten, ihre Anstrengungen für eine stärkere Integration der europäischen Staaten fortzusetzen. Mit großem Weitblick forderte er in diesen Jahren, dass man die Staaten des Ostblocks nicht auf Dauer von der europäischen Integration fernhalten könne und warb um Unterstützung für dieses Anliegen: „Wir müssen das geeinte Europa nicht nur im Interesse der freien Völker errichten, sondern auch, um die Völker Osteuropas in diese Gemeinschaft aufnehmen zu können, wenn sie, von den Zwängen, unter denen sie leiden, befreit, um ihren Beitritt und unsere moralische Unterstützung nachsuchen werden."

II. Frühere Erweiterungen

In der Folgezeit ließen sich immer mehr westeuropäische Staaten von den Vorteilen einer auch institutionell verankerten Zusammenarbeit in Europa überzeugen. So schlossen sich Dänemark, Großbritannien und Irland 1973 der EG an. 1981 folgte Griechenland, 1986 traten Spanien und Portugal bei. Im Jahre 1995 traten Österreich, Schweden und Finnland der seit 1.1.1993 bestehenden EU bei. Obwohl ebenfalls für einen EU-Beitritt im Jahre 1995 vorgesehen, sprach sich Norwegen nach 1972 bereits zum zweiten Mal gegen einen Beitritt aus.

Auch die Schweiz, wegen ihrer geographischen Lage im Zentrum Europas liegend und daher geradezu prädestiniert für eine EU-Mitgliedschaft, lehnte mehrfach einen EU-Beitritt ab. Gleichwohl bestehen zwischen der EG/EU einerseits und der Schweiz, Norwegen, Island und Liechtenstein als Nicht-EU-Mitglieder andererseits seit langem vielfältige Kooperationsabkommen, unter anderem das EWR-Abkommen.

III. Selbstfindung und Orientierung nach 1989

Mit der politischen Wende in Mittel- und Osteuropa[3] bestand die historisch einmalige Chance, diese Staaten näher an die Wirtschafts- und Werteordnung der westeuropäischen Staaten, deren Mitgliedszahl sich bis 1989 auf zwölf erhöht hatte, heranzuführen. Der Erfolg und das Ziel dieser Heranführungsaktivitäten waren zu dieser Zeit keineswegs sicher. Denn die politische Wende in Mittel- und Osteuropa führte nicht sofort zur uneingeschränkten Hinwendung zur EU. Vielmehr setzte Anfang der 90er Jahre zunächst eine Phase ein, die zwei Entwicklungstendenzen aufwies, die einer Integration in die EU zuwiderliefen.

1. Nationalismus

Zum einen war in diesen Staaten nach dem Zusammenbruch des Sozialismus ein Wiederaufleben nationalistischer Bestrebungen zu beobachten, das in dieser Stärke kaum jemand in Westeuropa erwartet hatte.[4] Man denke etwa an die na-

---

[3] Dazu *Gasteyger*, Europa zwischen Spaltung und Einigung 1945 bis 1993, 1994, S. 420 ff.

[4] *Pollack*, Nationalismus und Europaskepsis in den postkommunistischen Staaten Mittel- und Osteuropas, in: Aus Politik und Zeitgeschichte, B 38/2004, 30 ff.; *Schulze*, Staat und Nation

tionalen und ethnischen Konflikte im früheren Jugoslawien, in der früheren Sowjetunion oder auch an die staatliche Separierung von Tschechien und der Slowakei. Nachdem der Sozialismus in der Zeit des Ost-West-Konflikts nationalistische Bestrebungen mit harter Hand unterdrückt hatte, brachen diese aufgrund der Liberalisierung der politischen Verhältnisse auf und entwickelten eine ungeahnte Eigendynamik. Die westeuropäischen Demokratien mussten erkennen, dass nationale Gefühle stärker sein konnten als ökonomische Interessen.[5] Von vielen Staaten der früheren Sowjetunion wurde der Nationalstaatsgedanke genutzt, um sich von deren Herrschaft zu befreien.

Der Nationalismus trug in dieser Zeit wie so häufig in seiner Geschichte[6] also auch emanzipatorische Züge, die verständlich und keinesfalls negativ besetzt waren. Nationale Orientierungen ließen jedoch eine europäische Integration zunächst fraglich erscheinen. Während die nationale Emanzipation den ersten Schritt darstellte, war keinesfalls sicher, ob das als zweiter Schritt auch bedeuten musste, sich gleich einem neuen Bündnis anzuschließen.

Die Staaten des ehemaligen Ostblocks hatten sich gerade erst von der politischen, militärischen, ökonomischen und kulturellen Oberhoheit der Sowjetunion befreit. Die europäische Integration würde aber verlangen, dass sie erneut supranationale Strukturformen als verbindlich für ihre eigenen nationalen Entscheidungen zu akzeptieren hätten.[7] Konnte eine solche Akzeptanz ohne größere

---

in der europäischen Geschichte, 1999, S. 333; *Grotzky*, Osteuropa. Neubeginn zwischen Hoffnung und Enttäuschung, in: *ders.* (Hrsg.), Freiheit alleine macht nicht satt. Alltag in den Reformstaaten Osteuropas, 1996, S. 11 (12).

[5] *Schulze* (o. Fußn. 4), S. 333; *ders.*, Europa: Nation und Nationalstaat im Wandel, in: *Weidenfeld* (Hrsg.), Europa-Handbuch, 1999, S. 49 (70).

[6] Ein Beispiel dafür ist der erfolgreiche Freiheitskampf Griechenlands (1821 – 1827) gegen die 400 Jahre währende Besatzungsherrschaft der Türken, dazu *Dickopf*, Der Weg Griechenlands zur Souveränität – ein immer noch aktuelles Lehrstück der Weltpolitik, in: *Heydenreuter/Murken/Wünsche* (Hrsg.), Die erträumte Nation. Griechenlands Wiedergeburt im 19. Jahrhundert, 2. Aufl., 1995, S. 79 ff.

[7] *Pollack* (o. Fußn. 4), S. 30.

Konflikte erwartet werden von Staaten, die im Laufe ihrer Geschichte nicht nur von der Sowjetunion, sondern teilweise über Jahrhunderte hinweg auch von anderen Großmächten wie dem Osmanischen Reich, der Habsburger Monarchie oder Preußen abhängig waren? Die durch diese Erfahrungen zum Teil tief verletzten Gefühle ließen sich politisch leicht instrumentalisieren und mündeten in ein nationalistisches Denken, das jedoch für den Prozess der europäischen Integration behutsam und problembewusst überwunden werden musste.

2. Minderheitenkonflikte

Zum anderen sahen sich viele mittel- und osteuropäische Staaten mit Minderheitenkonflikten konfrontiert. Diese Konflikte stellten für die Sicherheit bestimmter europäischer Regionen eine erhebliche Gefahr dar.[8] Sie mussten für eine Integration in die EU zwar nicht gelöst, wohl aber politisch und rechtlich beherrscht werden wofür es Anfang der neunziger Jahre wenig Aussicht gab.

So gab es im Baltikum erhebliche Spannungen zwischen den Balten und großen russischen Minderheiten. Auch das Verhältnis zwischen Polen und der Ukraine wurde durch die in die Zehntausende gehende Zahl von Toten getrübt, die am Ende des Zweiten Weltkriegs bei polnisch-ukrainischen Kämpfen ihr Leben ließen.[9] Zu erwähnen ist überdies, dass viele Ungarn dem Verlust von zwei Dritteln des Staatsgebiets nachtrauern, die nach dem Ersten Weltkrieg an die Nachbarstaaten gefallen waren.[10] Im Friedensvertrag von Trianon, der 1920 zwischen

[8] *Brunner*, Minderheitenkonflikte in Osteuropa – Bestandsaufnahme und Lösungsansätze, in: *Weidenfeld* (Hrsg.), Demokratie und Marktwirtschaft in Osteuropa, 1996, S. 497 ff.; *Hofmann*, Der Schutz von Minderheiten in Europa, in: *Weidenfeld* (Hrsg.), Europa-Handbuch, 1999, S. 823 ff.

[9] *Schuller*, Die Gräber von Lemberg. Schwierige polnisch-ukrainische Aussöhnung, in: FAZ v. 25.6.2005, S. 5.

[10] *Köröseny/Fodor*, Das politische System Ungarns, in: *Ismayr* (Hrsg.), Die politischen Systeme Osteuropas, 2. Aufl., 2004, S. 323 (367); *Pollack* (o. Fußn. 4), S. 37; *Czimre*, Cultural and Historical Dimensions of the Hungarian-Ukrainian Relationship, in: *Kempe/van Meurs/von Ow* (Hrsg.), Die EU-Beitrittsstaaten und ihre östlichen Nachbarn – The EU Accession States and Their Eastern Neighbours, 1999, S. 83 – 103.

Ungarn und den Siegermächten des Ersten Weltkrieges geschlossen wurde, musste Ungarn die Trennung von Österreich hinnehmen und zwei Drittel seines Gebiets an Rumänien, die Tschechoslowakei und Jugoslawien abtreten.

Es wäre nicht auszudenken, wenn auch nur einer dieser Konflikte eskaliert wäre. Dann hätte die EU nicht über Agrarbeihilfen, Übergangsfristen für Arbeitnehmer oder die Sitzverteilung in den europäischen Institutionen sprechen können. Vielmehr müsste über die Aufnahme von Flüchtlingen sowie darüber nachgedacht werden, ob und - soweit man sich das überhaupt hätte leisten können - in welchem Umfang Wiederaufbauhilfe durch die EU geleistet werden könnte. Diese Szenarien muss man sich vor Augen halten, wenn über den erreichten Stand nachgedacht wird. Das bedeutet nicht, dass allein aufgrund von Initiativen der EU Stabilität in Mittel- und Osteuropa gewährleistet wurde. Doch neben der NATO, der OSZE und dem Europarat leistete die EU einen erheblichen Beitrag zur Demokratisierung der politischen Strukturen.

3. Hinwendung zu Europa

Trotz dieser geschilderten Entwicklungen konnte allerdings nicht übersehen werden, dass Europa für viele dieser Staaten eine hoch akzeptierte Idee mit starker Ausstrahlungskraft darstellte.[11] Freiheit, Demokratie und Menschenrechte waren mit ihr genauso verbunden wie Wohlstand und persönliche Sicherheit. In der Zeit der sowjetischen Herrschaft waren diese Werte eine Vision, die weit entfernt war und gerade deshalb besonders erstrebenswert erschien. Während die Sowjetunion als Besatzungsmacht vielfach verachtet war, besaß Westeuropa für viele Mittel- und Osteuropäer ein positives Image. Nach dem Zusammenbruch des kommunistischen Regimes träumten viele Menschen davon, bald so leben zu können wie die Westeuropäer.

[11] *Pollack* (o. Fußn. 4), S. 30.

Für die Realisierung dieser Visionen von Freiheit und Wohlstand erschien die Mitgliedschaft in der EU trotz aller Bedenken und Vorbehalte als sinnvollste Grundlage. Nachdem die Staaten Mittel- und Osteuropas ihre politische Orientierung gefunden und sich zu Demokratie, Rechtsstaatlichkeit und Marktwirtschaft bekannt hatten, war es nachvollziehbar, dass sie von der Option eines Beitritts zur EU Gebrauch machen wollten. Die EU nahm die Mitte der neunziger Jahre gestellten Beitrittsanträge wohlwollend auf und bekräftigte ihr Interesse an einer Erweiterung nach Osten aus drei Erwägungen heraus:

Erstens stärkt die EU durch die Erweiterung die Stabilität und die Sicherheit in Europa. Ein uraltes europäisches Ziel kann verwirklicht werden: Frieden, Sicherheit und gleiche Chancen für die Völker dieses Kontinents, die geeint unter einem gemeinsamen Dach ihre Zukunft gestalten. Mit der Erweiterung der EU wird die Spaltung Europas überwunden, der europäische Kontinent wird wiedervereinigt. Die EU wird nicht mehr nur auf eine vorwiegend westliche Hälfte beschränkt sein, sondern ihren Namen künftig zu Recht tragen. Treffend beschrieb Papst *Johannes Paul II.*, einer der größten Europäer der Vergangenheit, diese Entwicklung: „Europa kann nun endlich mit beiden Lungenflügeln atmen".

Zweitens eröffnet die Erweiterung neue wirtschaftliche Möglichkeiten für die EU. Die Aufnahme der neuen Mitgliedstaaten in den europäischen Binnenmarkt lässt die EU zum größten Wirtschaftsraum der Welt anwachsen. Durch Investitionen und neue Absatzmärkte steigen die Chancen auf mehr Wohlstand.

Drittens wächst durch eine vergrößerte EU ihr politischer Einfluss in der internationalen Staatengemeinschaft. Europa wird stärker wahrgenommen und ist dadurch besser in der Lage, seine Position zu vertreten.

IV. Die Anträge auf Mitgliedschaft in der EU

Die Motivationslage der mittel- und osteuropäischen Staaten war vergleichbar. Angesichts dieser korrespondierenden Interessenlage sprach sich die EU für eine Integration jener Staaten aus. Das offizielle Beitrittsverfahren begann mit folgenden Beitrittsanträgen gemäß Art. O Abs. 1 EUV/Art. 49 Abs. 1 EUV.

Ungarn (31.3.1994), Polen (5.4.1994), Slowakei (27.6.1995), Lettland (13.10.1995), Estland (24.11.1995), Litauen (8.12.1995), Tschechien (17.1.1996), Slowenien (10.6.1996). Zypern (3.7.1990) und Malta (16.7.1990) hatten ihre Beitrittsanträge schon früher und unabhängig von den politischen Veränderungen in Mittel- und Osteuropa gestellt.

Auch andere Staaten stellten Beitrittsanträge. So wurde etwa Marokkos Gesuch von 1987 zurückgewiesen, weil es sich nicht um einen „europäischen" Staat im Sinne von Art. 49 Abs. 1 EUV handle.[12] Ob der Beitrittsantrag der Türkei, der trotz grundlegender Bedenken gegen eine EU-Mitgliedschaft[13] nunmehr zu Beitrittsverhandlungen ab dem 3.10.2005 geführt hat, erfolgreich sein wird, ist sehr umstritten.

Mit den Beitrittsanträgen setzte eine integrationspolitische Entwicklung ein, die angesichts der Präambel des EWG-Vertrags von 1957 zwar durchaus möglich, politisch jedoch damals unwahrscheinlich war. Mitte der 90er Jahre wurde der Grundstein dafür gelegt, dass nun auch die mittel- und osteuropäischen Staaten sich der schon 1957 festgeschriebenen Option eines Beitritts für alle Staaten Europas zuwenden konnten.

---

[12] Hierzu *Dorau*, Die Öffnung der Europäischen Union für europäische Staaten – „Europäisch" als Bedingung für einen EU-Beitritt nach Art. 49 EUV, in: EuR 34 (1999), 736 ff.

[13] Siehe etwa jüngst *Langenfeld*, Erweiterung ad infinitum? – Zur Finalität der Europäischen Union, in: ZRP 2005, 73 ff.; *Schladebach*, Der türkische Völkermord an den Armeniern: Aktuelle Fragen aus europäischer Perspektive, in: Südosteuropa 53 (2005), 96 ff.; *Lippert*, Die Türkei als Sonderfall und Wendepunkt der klassischen EU-Erweiterungspolitik, in: integration 2005, 119 ff.

Bis zehn dieser Staaten zum 1.5.2004 der EU beitreten konnten, sollte ein Jahrzehnt vergehen, das von den Beitrittsstaaten schwierige Vorbereitungsarbeiten verlangte. Dazu zählte nicht nur die Übernahme des europäischen Rechts in die nationale Rechtsordnung, sondern auch die Schaffung der verfassungsrechtlichen Voraussetzungen für einen EU-Beitritt.[14] Die politische, wirtschaftliche und rechtliche Vorstrukturierung der EU-Erweiterung erfolgte durch den Europäischen Rat von Kopenhagen im Juni 1993.[15]

---

[14] *Nußberger*, Die „Zweite Wende“: Zur Verfassungsentwicklung in den Ländern Mittel- und Osteuropas im Zuge der EU-Erweiterung, in: DÖV 2005, 357 ff.

[15] Ausführlich zum gesamten Prozess Europäische Kommission, Die EU-Erweiterung: Eine historische Gelegenheit, 2001; *Kreile*, Die Osterweiterung der EU, in: *Weidenfeld* (Hrsg.), Europa-Handbuch, 1999, S. 802 ff.

Rechtliche Grundlagen

*Marcus Schladebach**

I. Einleitung

Wenngleich die EU-Erweiterung in erster Linie eine politische Angelegenheit darstellt und sie in der Öffentlichkeit auch vornehmlich als solche wahrgenommen wird, darf nicht übersehen werden, dass die Integration neuer Mitgliedstaaten in die EU ein rechtlich determinierter Prozess ist. Dabei stand auf der einen Seite die von der EU an die Beitrittsstaaten gestellte Aufgabe, sich klar und unwiderruflich zu den Grundsätzen der EU zu bekennen und anhand eines strukturierten Zeitplans die jeweiligen nationalen Rechtsordnungen an die nach Quantität und Qualität durchaus anspruchsvollen Maßgaben des EU-Rechts anzupassen. Auf der anderen Seite mussten die neuen Mitgliedstaaten in den Geltungsbereich und die Regelungsstrukturen des europäischen Primärrechts (EU-Vertrag, EG-Vertrag, EAG-Vertrag) einbezogen werden, was erst ihre Mitgliedschaft in der EU begründete.

Außer den rein redaktionellen Änderungen war insbesondere zu klären, mit welchem Gewicht die neuen Mitgliedstaaten in die Abstimmungsverfahren in den EU-Organen einbezogen werden sollten. Denn sie mussten nach Erfüllung der Beitrittsvoraussetzungen und nach dem erfolgten EU-Beitritt am 1.5.2004 an allen Entscheidungen der EU, vor allem an Rechtsetzungsverfahren, beteiligt sein. Angesichts dieser Ausgangslage sollen nachfolgend die wesentlichen rechtli-

* Dr. Marcus Schladebach, LL.M., Berlin, Referent für Europa- und Internationales Recht, Justizministerium des Landes Brandenburg, Potsdam. Der Beitrag gibt die persönliche Auffassung des Autors wieder.

chen Instrumente vorgestellt werden, mit denen der EU-Beitritt der zehn neuen Mitgliedstaaten vorbereitet, gesteuert und vollzogen wurde.[1]

II. Die rechtlichen Instrumente in der Vorbeitrittsphase

1. Kopenhagener Kriterien

a) Ausgangssituation

Schon die Präambel des Gründungsvertrags bot den anderen Völkern Europas an, sich den Bestrebungen nach Wahrung und Festigung der Wirtschaftskraft, des Friedens und der Freiheit anzuschließen. Nach der politischen Wende in Mittel- und Osteuropa stand zu erwarten, dass einige, wenn nicht sogar alle dieser Staaten einen Beitritt zur EU anstreben würden. Die mit dem Vertrag von Maastricht 1992 neu gegründete EU reagierte auf diese vorhersehbaren Entwicklungen mit zwei grundsätzlichen Maßnahmen.

Zum einen wurde der EU-Beitritt in verfahrensrechtlicher Hinsicht näher ausgestaltet. Der damalige Art. O EUV (heute: Art. 49 EUV) sieht bis heute vor, dass jeder europäische Staat beantragen kann, Mitglied der Union zu werden. Zum anderen bedurfte es der Entscheidung, welche inhaltlichen Anforderungen die Bewerberstaaten zu erfüllen hätten. Schon auf dem Europäischen Rat von Kopenhagen im Juni 1993 formulierte dieser die Kriterien, die als „Kopenhagener Kriterien" zur grundlegenden Voraussetzung eines EU-Beitritts wurden.

[1] Ausführlich zur Vorbereitungsphase Kommission, Die EU-Erweiterung: Eine historische Gelegenheit, 2001; *Kreile*, Die Osterweiterung der Europäischen Union, in: *Weidenfeld* (Hrsg.), Europa-Handbuch, 1999, S. 802 ff.; zu den Rechtsfragen des EU-Beitritts grundlegend *Vedder*, Kommentierung zu Art. 49 EUV (Stand: Januar 2000), in: *Grabitz/Hilf* (Hrsg.), Das Recht der EU, Kommentar, Bd. I.

b) *Die Kriterien im Einzelnen*

Die Kopenhagener Kriterien lauten:[2]

> „Der Europäische Rat hat heute beschlossen, dass die assoziierten mittel- und osteuropäischen Länder, die dies wünschen, Mitglieder der Europäischen Union werden können. Der Beitritt kann erfolgen, sobald ein assoziiertes Land in der Lage ist, den mit einer Mitgliedschaft verbundenen Verpflichtungen nachzukommen und die erforderlichen wirtschaftlichen und politischen Bedingungen zu erfüllen.
>
> Als Voraussetzung für die Mitgliedschaft muss der Beitrittskandidat eine institutionelle Stabilität als Garantie für demokratische und rechtsstaatliche Ordnung, für die Wahrung der Menschenrechte sowie die Achtung und den Schutz von Minderheiten verwirklicht haben; sie erfordert ferner eine funktionsfähige Marktwirtschaft sowie die Fähigkeit, dem Wettbewerbsdruck und den Marktkräften innerhalb der Union standzuhalten. Die Mitgliedschaft setzt außerdem voraus, dass die einzelnen Beitrittskandidaten die aus einer Mitgliedschaft erwachsenen Verpflichtungen übernehmen und sich auch die Ziele der politischen Union sowie der Wirtschafts- und Währungsunion zu eigen machen können.
>
> Die Fähigkeit der Union, neue Mitglieder aufzunehmen, dabei jedoch die Stoßkraft der europäischen Integration zu erhalten, stellt ebenfalls einen sowohl für die Union als auch für die Beitrittskandidaten wichtigen Gesichtspunkt dar.
>
> Der Europäische Rat wird weiterhin genau verfolgen, welche Fortschritte die einzelnen assoziierten Länder bei der Erfüllung der Voraussetzungen für einen Beitritt zur Union erzielen werden, und wird die entsprechenden Schlussfolgerungen ziehen."

2. *Assoziierungsabkommen*

Nach dieser grundsätzlichen Entscheidung begann die rechtliche Annäherung zwischen der EU und den mittel- und osteuropäischen Staaten. Zeitlich vor (etwa Ungarn, Polen, Tschechien) oder nach (etwa Lettland, Estland, Litauen) den Beitrittsanträgen schloss die EU/EG Mitte der neunziger Jahre nach und nach Assoziierungsabkommen – die „Europa-Abkommen" – mit diesen Staa-

[2] Europäischer Rat, Schlussfolgerungen des Vorsitzes, Kopenhagen 21./22.6.1993, Dok. SN 180/1/93, S. 13.

ten.[3] Neben den Handels- und Kooperationsabkommen (Art. 133 EGV) sind die Assoziierungsabkommen (Art. 310 EGV) die dritte Art von Abkommen, die zumeist für den Drittstaat einseitige Handelserleichterungen zu seinen Gunsten regeln. Die Europaabkommen stellten die rechtliche Grundlage für die bilateralen Beziehungen zwischen diesen Ländern und der EU dar.[4] Sie zielten darauf ab, den assoziierten Staaten schon in der Assoziierungsphase bestimmte Rechte und Pflichten des EU-Rechts zu gewähren bzw. aufzuerlegen. Sie waren überdies Rechtsgrundlage für bedeutende Entscheidungen des EuGH.[5]

Die Abkommen gleichen sich hinsichtlich ihres Inhalts und ihrer Form stark.[6] Inhaltlich sind mit ihnen Freihandelszonen zwischen der EU und dem jeweils assoziierten Staat errichtet und schrittweise umgesetzt worden. In erster Linie wurde dies dadurch erreicht, dass die Grundfreiheiten des EG-Vertrags in eingeschränkter Form im bilateralen Verhältnis für anwendbar erklärt wurden. Während jedoch etwa die Warenverkehrsfreiheit nahezu vollständig anwendbar war, wurden Arbeitnehmerfreizügigkeit, Niederlassungs-, Dienstleistungs- und Kapitalverkehrsfreiheit nur eingeschränkt gewährt. Die gegenseitige Öffnung der Märkte basierte insbesondere auf einem Abbau der Zölle. Insgesamt lässt sich feststellen, dass die Assoziierungsabkommen vornehmlich auf wirtschaftliche Aspekte ausgerichtet waren und eine Marktöffnung bezweckten, die zwar gegenseitig, aber asymmetrisch war: Die EU öffnete ihren Markt in stärkerem Maße als die assoziierten Staaten. Mit ihrer punktuellen Übertragung der Regelun-

---

[3] *Kreile* (o. Fußn. 1), S. 805.

[4] Dazu *Gärtner*, Zu Inhalt und unmittelbarer Anwendbarkeit der Europa-Abkommen der EG mit den ostmitteleuropäischen Staaten, in: ROW 1993, 332 ff.; *Pechstein*, Osterweiterung und Zukunftsperspektiven der Europäischen Union, in: ZfRV 1996, 108 (109 ff.).

[5] *EuGH*, Urt. v. 29.1.2002 – Rs. C-162/00 *(Land Nordrhein-Westfalen/Beata Pokrzeptowicz-Meyer)*, EuZW 2002, 374; *EuGH*, Urt. v. 8.5.2003 – Rs. C-438/00 *(Deutscher Handballbund/Maros Kolpak)*, EuZW 2004, 160.

[6] Siehe etwa die Abkommen zwischen der EU und Ungarn, ABl. EG Nr. L 347 v. 31.12.1993, S. 2; EU – Polen, ABl. EG Nr. L 348 v. 31.12.1993, S. 2; EU – Tschechien, ABl. EG Nr. L 360 v. 31.12.1994, S. 2; EU – Lettland, ABl. EG Nr. L 26 v. 2.2.1998, S. 3; EU – Litauen, ABl. EG Nr. L 51 v. 20.2.1998, S. 3; EU – Estland, ABl. EG Nr. L 68 v. 9.3.1998, S. 3.

gen des europäischen Binnenmarktes auf die mittel- und osteuropäischen Staaten bildeten die Assoziierungsabkommen den ersten wesentlichen Schritt zur europarechtlichen Integration dieser Staaten.

3. *Beitrittspartnerschaften*

Eine weitere rechtliche Konkretisierung erfuhren die bilateralen Beziehungen durch die 1998 geschlossenen Beitrittspartnerschaften.[7] Mit ihnen sollten im Vorfeld des EU-Beitritts kurz-, mittel- und langfristige Prioritäten bei der erforderlichen Übernahme des gemeinschaftlichen Besitzstands der EU festgelegt werden. Sie fassten alle Formen der Unterstützung für die beitrittswilligen Staaten in einem einzigen Gesamtrahmen zusammen.[8] Dadurch war beabsichtigt, den Prozess der Beitrittsvorbereitung unter Anleitung der EU inhaltlich und zeitlich zu strukturieren.

4. *Beitrittsverhandlungen und Fortschrittsberichte*

Parallel zu den Beitrittspartnerschaften begannen die Beitrittsverhandlungen zwischen der Kommission und den Beitrittsstaaten. Dazu unterteilte man die Politikbereiche der EU in 31 Kapitel und erörterte, in welchen Bereichen jeder Staat die europäischen Vorgaben bereits erfüllte und auf welchen Gebieten es noch Anpassungsbedarf gab. Der Europäische Rat von Luxemburg 1997 beschloss, dass die Beitrittsverhandlungen zunächst nur mit Estland, Slowenien, Zypern, Ungarn, Tschechien und Polen beginnen sollten, was am 30.3.1998 geschah.[9] Der Beginn der Beitrittsverhandlungen mit Lettland, Litauen, Malta, Slowakei, Rumänien und Bulgarien wurde auf dem Europäischen Rat von Helsinki 1999 beschlossen.[10] Die Verhandlungen begannen am 15.2.2000.

---

[7] Beitrittspartnerschaften, ABl. EG Nr. C 202 v. 29.6.1998, S. 1 ff.

[8] *Schladebach*, Die Bedeutung des Umweltrechts für die Erweiterung der EU, in: EuR 35 (2000), 999 (1003).

[9] Europäischer Rat, Schlussfolgerungen des Vorsitzes, Luxemburg 11./12.12.1997, Rn. 27.

[10] Europäischer Rat, Schlussfolgerungen des Vorsitzes, Helsinki 10./11.12.1999, Rn. 10.

Um jedem Beitrittsstaat aufzuzeigen, wie seine Anstrengungen im Hinblick auf die Mitgliedschaft in der EU eingeschätzt werden, erstellte die Kommission seit 1998 jährlich staatenspezifische Fortschrittsberichte. Sie basierten auf den Kopenhagener Kriterien und waren für die Beitrittsstaaten das zentrale Dokument, an dem sie sich orientieren konnten und ihre Vorbereitungsaktivitäten zu messen hatten. Im staatenübergreifenden Strategiepapier und dem Fortschrittsbericht vom 9.10.2002 empfahl die Kommission dem Europäischen Rat den Abschluss der Beitrittsverhandlungen mit zehn Staaten.[11] Sie konstatierte, dass außer Rumänien und Bulgarien alle Beitrittsstaaten im Jahr 2004 beitrittsreif seien.

Dass die Beitrittsverhandlungen auf Seiten der Beitrittsstaaten nicht ohne Schwierigkeiten und manche Enttäuschung verliefen, belegt eine eindrucksvolle Untersuchung über die öffentliche Wahrnehmung der Verhandlungen in ausgesuchten Staaten.[12] Der Enthusiasmus der frühen neunziger Jahre, der sich im Schlagwort von der „Rückkehr nach Europa" manifestierte, sei während der Verhandlungen einer wachsenden Unzufriedenheit über die Dauer und die Folgen dieses Prozesses gewichen. Es sei der Eindruck entstanden, man werde von der EU nicht – wie erwartet – als gleichberechtigter Verhandlungspartner betrachtet und führe Verhandlungen, die sich lediglich als bürokratische Überprüfung der Beitrittsfähigkeit anhand von Brüssel vorgegebener Verhandlungskapital darstellten. Mit zunehmender Dauer sei dieses Verfahren als erniedrigendes „Diktat aus Brüssel" kritisiert worden.[13] Angesichts dieser Bewertungen wurde es allseits begrüßt, dass die Kommission mit ihrer positiven Stellungnahme vom Oktober 2002 die abschließende Entscheidung des Europäischen Rats präjudizierte.

[11] Kommission, Auf dem Weg zur erweiterten Union. Strategiepapier und Bericht der Europäischen Kommission über die Fortschritte jedes Bewerberlandes auf dem Weg zum Beitritt, 9.10.2002, SEK (2002), 1400 – 1412.
[12] *Mildenberger*, Die Europadebatte in Politik und Öffentlichkeit der ostmitteleuropäischen EU-Kandidatenländer, in: Aus Politik und Zeitgeschichte, B 1-2/2002, 3 ff.
[13] *Mildenberger* (o. Fußn. 12), S. 4.

5. Europäischer Rat von Kopenhagen 2002

Dieser Empfehlung folgte der Europäische Rat von Kopenhagen im Dezember 2002 und schloss nach erneut kontroversen Debatten über die Finanzierung der EU-Erweiterung[14] die Beitrittsverhandlungen mit Estland, Slowenien, Zypern, Ungarn, Tschechien, Polen, Lettland, Litauen, Malta und der Slowakei ab.[15] Zudem wurde der 1.5.2004 als Datum des Beitritts festgelegt. Damit ist ein intensiver Verhandlungsprozess beendet worden, der durch die Stadt Kopenhagen als Ursprung der Beitrittskriterien von 1993 und dem ebenfalls in Kopenhagen gesetzten Schlusspunkt unter die Beitrittsverhandlungen auch einen symbolischen Rahmen erhielt.[16]

III. Der Beitrittsvertrag

Auf dem Europäischen Rat von Athen ist am 16.4.2003 der Vertrag über den Beitritt Tschechiens, Estlands, Zyperns, Lettlands, Litauens, Ungarns, Maltas, Polens, Sloweniens und der Slowakei zur EU[17] von den Staats- und Regierungschefs sowie den Außenministern der alten und der neuen Mitgliedstaaten feierlich unterzeichnet worden.[18] Der Umstand, dass im ersten Halbjahr 2003 die europäische Ratspräsidentschaft in den Händen Griechenlands lag, bot die historisch einmalige Gelegenheit, das Vertragswerk an dem Ort zu unterzeichnen, der als Ursprung Europas gilt:[19] Am Fuße der *Akropolis* in der *Stoa des Attalos* wurde die größte Erweiterung in der Geschichte der EU besiegelt.

---

14 *Lippert*, Von Kopenhagen bis Kopenhagen: Eine erste Bilanz der EU-Erweiterungspolitik, in: Aus Politik und Zeitgeschichte, B 1-2/2003, 7 (12 – 15).

15 Europäischer Rat, Schlussfolgerungen des Vorsitzes, Kopenhagen 12./13.12.2002, Rn. 3 ff.

16 *Lippert* (o. Fußn. 14), S. 7; *dies.*, Der Erweiterungsgipfel von Kopenhagen: Abschluss der Beitrittsverhandlungen und Neubeginn für die EU, in: integration 2003, 48.

17 EU-Beitrittsvertrag v. 16.4.2003, ABl. EU Nr. L 236 v. 23.9.2003, S. 17.

18 Europäischer Rat, Deklaration von Athen, 16.4.2003.

19 *Meier*, Europas ferne Fundamente. Ein unerschöpflicher Quell, in: Experiment Europa, SPIEGEL-special 1/2002, S. 12 ff.; *Weidenfeld*, Europa – aber wo liegt es? in: *ders.* (Hrsg.), Europa-Handbuch, 1999, S. 19 (22); *Krippendorff*, Thukydides überwinden. Über die Wiedergeburt Europas aus dem Geiste der Kultur, in: Lettre International 68 (2005), 96 ff.

1. Rechtsnatur

Der Beitrittsvertrag ist ein völkerrechtlicher Vertrag zwischen den alten und den neuen Mitgliedstaaten der EU. Er ist das in Art. 49 Abs. 2 EUV vorgesehene Abkommen zwischen den Mitgliedstaaten und den antragstellenden Staaten, durch das die Aufnahmebedingungen und die durch eine Aufnahme erforderlich werdenden Anpassungen der Unionsverträge geregelt werden. Nach Art. 49 Abs. 2 Satz 2 EUV bedurfte der Vertrag zu seinem Inkrafttreten der Ratifizierung durch alle Vertragsstaaten gemäß ihren verfassungsrechtlichen Vorschriften. Während einige nationale Verfassungen dazu ein parlamentarisches Zustimmungsgesetz vorsehen, verlangen andere Verfassungen – insbesondere viele der Beitrittsstaaten – ein Referendum, das nicht in allen Fällen verbindlich ist. Da alle 25 Staaten entweder parlamentarisch oder per Referendum ratifiziert haben und die darüber ausgestellten Ratifikationsurkunden bis zum 30.4.2004 hinterlegt worden sind, trat der Beitrittsvertrag am 1.5.2004 in Kraft. Die EU-Erweiterung war damit rechtlich vollzogen.

2. Grundstruktur

Der Gesamtvertrag besteht aus dem Vertrag über den Beitritt zur EU (Beitrittsvertrag), der ihm beigefügten Beitrittsakte einschließlich Anhängen und Protokollen sowie der Schlussakte.[20] Er legt für alle Beitrittsstaaten gleichermaßen die aus dem Beitritt folgenden Rechte und Pflichten fest und enthält zudem die für jeden einzelnen Staat geltenden besonderen Aufnahmebedingungen. Generell verkörpert der Vertrag also das während der Beitrittsverhandlungen erzielte Verhandlungsergebnis. Mit über 7.000 Seiten ist der Beitrittsvertrag nicht nur inhaltlich gehaltvoll, sondern auch vom Umfang her sehr bemerkenswert.

---

[20] Dazu *Schladebach*, Der Vertrag über den Beitritt zur EU, in: LKV 2004, 10 ff.; *Niedobitek*, Völker- und europarechtliche Grundfragen des EU-Beitrittsvertrages, in: JZ 2004, 369 ff.

3. *Regelungsinhalt*

a) *Beitrittsvertrag*

Wenn auch der Gesamtvertrag der Einfachheit halber regelmäßig als „Beitrittsvertrag“ bezeichnet wird, so ist doch nur der erste kurze Teil des Gesamtvertrags der „Beitrittsvertrag“. Die anderen Teile beinhalten die Beitrittsakte (dazu b) und die Schlussakte (dazu c).

Der Beitrittsvertrag sieht in Art. 1 vor, dass Tschechien, Estland, Zypern, Lettland, Litauen, Ungarn, Malta, Polen, Slowenien und die Slowakei Mitglieder der EU und Vertragsparteien der die Union begründenden Verträge in ihrer jeweiligen geänderten oder ergänzten Fassung werden. Weiterhin bestimmt die Vorschrift, dass die Aufnahmebedingungen und die auf Grund der Aufnahme erforderlichen Anpassungen der die Union begründenden Verträge in der dem Beitrittsvertrag beigefügten Beitrittsakte festgelegt sind, die Bestandteil des Vertrags ist. Art. 1 Abs. 3 begründet die Zuständigkeit der Organe der EU für den Beitrittsvertrag, so dass etwa der EuGH auch für Auslegungsfragen im Hinblick auf den Beitrittsvertrag zuständig ist.

Diese Form der Vertragsgestaltung wurde auch bei früheren Beitrittsverträgen verwendet[21] und hat sich bewährt. Ein neben der Präambel nur wenige Artikel umfassender Vertrag regelt selbst nur das für den Beitritt der neuen Mitgliedstaaten unabdingbar Erforderliche und überlässt die einzelnen, sehr detaillierten Aufnahmebedingungen der beigefügten Beitrittsakte. Dadurch werden Übersichtlichkeit und Lesbarkeit gefördert, Aspekte, die bei einem derart umfangreichen Vertragswerk von großem praktischen Nutzen sind.

---

[21] Siehe dazu den Vertrag über den Beitritt Österreichs, Finnlands und Schwedens zur EU von 1994 (BGBl. deutsch 1994 II S. 2022).

b) Beitrittsakte

(1) Grundsätze

Nach Art. 49 Abs. 2 EUV hat ein Beitrittsvertrag die Aufnahmebedingungen und die durch eine Aufnahme erforderlich werdenden Anpassungen der Verträge, auf denen die Union beruht, zu regeln. Die Aufnahmebedingungen sind Regelungen über die Übernahme des gemeinschaftlichen Besitzstands durch die Beitrittsstaaten.[22] Dazu zählen auch gewährte Übergangsbestimmungen.

Kern der durch die Beitrittsakte geregelten Aufnahmebedingungen ist nach Art. 2 der Grundsatz, dass ab dem Tag des Beitritts die ursprünglichen Verträge und die vor dem Beitritt erlassenen Rechtsakte der EU-Organe und der Europäischen Zentralbank für die neuen Mitgliedstaaten verbindlich sind und in diesen Staaten nach Maßgabe der genannten Verträge und der Beitrittsakte gelten. Kurz gesagt: Ab dem Beitritt muss jeder neue Mitgliedstaat den gemeinschaftlichen Besitzstand übernommen haben, sich zu ihm bekennen und ihn anwenden.[23] Die vom gemeinschaftlichen Besitzstand erfassten Gründungsverträge (EUV, EGV, EAGV) und das Sekundärrecht sind dabei in der Auslegung anzuwenden, die sie in der Rechtsprechung des EuGH gefunden haben.[24]

Zudem erkennen die beitretenden Staaten auch die internationalen Abkommen an, die die EU mit Drittstaaten oder anderen internationalen Organisationen geschlossen hat. Hinsichtlich der Verbindlichkeit der internationalen Abkommen muss jedoch differenziert werden: Den von der EU allein geschlossenen Abkommen treten die neuen Mitgliedstaaten mit der Beitrittsakte bei. Hier ändern sich die ursprünglichen Vertragspartner nicht. Der bisherige Vertragspartner, die EU, erhält lediglich neue Mitglieder. Bei den so genannten gemischten Abkom-

---

[22] *Herrnfeld*, in: *Schwarze* (Hrsg.), EU-Kommentar, 2000, Art. 49 EU Rn. 11.

[23] *Schladebach*, Die Übernahme des gemeinschaftlichen Besitzstands als Voraussetzung des EU-Beitritts, in: LKV 2002, 457 ff.

[24] *Schladebach* (o. Fußn. 23), S. 458; *Herrnfeld*, Rechtsreform und Rechtsangleichung in den Beitrittsstaaten Mittel- und Osteuropas, in: EuR 35 (2000), 454 (460).

men, bei denen eine Vertragspartei aus der EU und den bisherigen Mitgliedstaaten besteht, werden die neuen Mitgliedstaaten grundsätzlich nur verpflichtet, diesen Abkommen künftig beizutreten. Da die Mitgliedstaaten hier selbst auch Vertragspartner sind, bedarf es aus Souveränitäts- und Kompetenzgründen einer separaten Beitrittserklärung der neuen Mitgliedstaaten, um Verpflichtungen für sie zu begründen. Außerdem ist das Recht der anderen Vertragspartei zu beachten, sich nicht mit jedem neuen Interessenten in vertragliche Beziehungen begeben zu müssen.

Der in den Art. 2 bis 6 der Beitrittsakte bestimmte gemeinschaftliche Besitzstand ist hinsichtlich seines Geltungsumfangs jedoch durch die Beitrittsakte selbst eingeschränkt. So gilt er in den neuen Mitgliedstaaten „nach Maßgabe der genannten Verträge und dieser Akte“ (Art. 2 der Beitrittsakte). Die Beitrittsakte kann also durchaus Abweichungen vom Primär- und Sekundärrecht regeln und enthält hierzu mit Art. 10 der Beitrittsakte auch eine ausdrückliche Ermächtigungsgrundlage. Danach gelten für die Anwendung der ursprünglichen Verträge (d.h. des Primärrechts) und der Rechtsakte der Organe (d.h. des Sekundärrechts) vorübergehend die in dieser Akte vorgesehenen abweichenden Bestimmungen.

(2) Anpassungen des Primärrechts

Mit dem zweiten Teil der Beitrittsakte werden die institutionellen Vorschriften der Gründungsverträge an die neue Zahl der Mitgliedstaaten angepasst.[25] Die durch den Vertrag von Nizza geschaffenen institutionellen Voraussetzungen für die Erweiterung wurden in den Beitrittsverhandlungen weitgehend übernommen. Die Beitrittsakte sieht die gleichberechtigte Mitwirkung in den Organen und Ausschüssen der EU vor. Dabei war das wesentliche Kriterium für die Anzahl der Sitze die demographische Stellung im Verhältnis zu den bisherigen Mit-

[25] Zu den Herausforderungen der Erweiterung an das Primärrecht allgemein *Müller-Graff*, Die rechtliche Dimension der Osterweiterung der EU, in: *Heusel* (Hrsg.), Die Osterweiterung der EU, Schriftenreihe der Europäischen Rechtsakademie Trier, Band 34, 2002, S. 21 (29 ff.).

gliedstaaten. So ist etwa Polen dabei Spanien gleichgestellt worden und hat wie Spanien ein überproportional großes Stimmengewicht erhalten, das bei den Verhandlungen über die Europäische Verfassung wieder reduziert worden ist.[26]

(3) Anpassungen des Sekundärrechts

Das von den neuen Mitgliedstaaten während der Vorbereitungsphase übernommene Sekundärrecht bedurfte anlässlich des Beitritts der redaktionellen Anpassung. So mussten die in vielen Verordnungen und Richtlinien enthaltenen Staatenbezeichnungen um die Namen der beitretenden Staaten ergänzt werden. Dies wird durch den dritten Teil der Beitrittsakte geregelt. Art. 20 Beitrittsakte i. V. m. Anhang II führt die notwendigen redaktionellen Anpassungen des Sekundärrechts auf.

(4) Übergangsregelungen

Die im vierten Teil bestimmten Übergangsregelungen bildeten den Schwerpunkt bei den Beitrittsverhandlungen. Wie in Art. 2 und 10 der Beitrittsakte vorgesehen, erlauben sie ein zeitlich befristetes Abweichen vom Gemeinschaftsrecht. Ausgehend von Art. 24 der Beitrittsakte ist für jeden neuen Mitgliedstaat ein eigener Anhang (V bis XIV) erstellt worden, in dem die für ihn vorgesehenen Übergangsregelungen festgelegt sind.

Hervorzuheben ist, dass der EuGH bei der Interpretation der Übergangsregelungen strenge Maßstäbe anlegt. Die Grundlagen und das System der Gemeinschaft müssen berücksichtigt werden. Als Ausnahmevorschriften gegenüber dem Grundsatz der sofortigen und vollständigen Anwendbarkeit des gemeinschaftlichen Besitzstands sind sie im Zweifel restriktiv auszulegen.[27]

---

[26] Siehe Art. I-25 EU-Verfassung.

[27] *EuGH*, Slg. 1998, I-8069 (8091, Rn. 18); *EuGH*, Slg. 1984, 2027 (2033, Rn. 9).

(5) Protokolle

Neben den Anhängen mit dem anzupassenden Sekundärrecht (Art. 20 Beitrittsakte, Anhang II) und den staatenspezifisch vereinbarten Übergangsregelungen (Art. 24 Beitrittsakte, Anhänge V bis XIV) gehören zur Beitrittsakte auch zehn Protokolle. Sie sind nach Art. 60 Bestandteil der Beitrittsakte und rechtlich verbindlich. Im Rahmen von Beitrittsverträgen werden Protokolle zur Regelung von Bereichen verwendet, in denen es keinen gemeinschaftlichen Besitzstand gibt und sich diese Rechtsfragen deshalb nicht in die Struktur der Beitrittsakte mit ihrem Regel-Ausnahme-Konzept einpassen lassen. So betreffen etwa das Protokoll 2 die Umstrukturierung der tschechischen und Protokoll 8 der polnischen Stahlindustrie. Weiterhin werden auch Regelungen zum Kernkraftwerk Ignalina in Litauen (Prot. 4), zu Transitbestimmungen für das Kaliningrader Gebiet (Prot. 5) und zur Geltung des EU-Rechts auf Zypern (Prot. 10) getroffen. Letzteres verdient wegen der komplizierten politischen und rechtlichen Situation besondere Beachtung.[28]

c) Schlussakte

Die Schlussakte führt im Wesentlichen mehr- und einseitige Erklärungen der alten und der neuen Mitgliedstaaten zu verschiedenen Einzelfragen auf. Erklärungen werden von den Staaten in der Regel dazu genutzt, ihre Auffassung zu bestimmten umstrittenen Aspekten auszudrücken. Ihnen kommt durchaus rechtliche Verbindlichkeit zu, da sie nach Art. 31 Abs. 2 b) WVRK ein Mittel zur Auslegung des (völkerrechtlichen) Beitrittsvertrags sind.[29]

Hierin liegt auch die zum Teil brisante Bedeutung von Erklärungen. Denn sie dürfen nicht dazu genutzt werden, die Regelungen der Beitrittsakte in Frage zu stellen. Dass einige Erklärungen zumindest ein entsprechendes Relativierungspotenzial aufwiesen, ist auch auf höchster politischer Ebene erkannt und kritisch

---

[28] *Niedobitek* (o. Fußn. 20), S. 371; *Schladebach* (o. Fußn. 20), S. 14.
[29] *Schladebach* (o. Fußn. 20), S. 12; *Niedobitek* (o. Fußn. 20), S. 371.

beurteilt worden. So wies das Europäische Parlament in seiner Entschließung zum EU-Beitritt Versuche von Regierungen der Beitrittsstaaten zurück, durch Moralklauseln im Anhang des Beitrittsvertrags die europäischen Werte in Bezug auf die Gleichstellung von Frauen und Männern und die Charta der Grundrechte aufzuweichen.[30]

4. *Einzelfragen*

a) *Freizügigkeit der Arbeitnehmer*

Zu den umstrittensten Verhandlungspunkten gehörte die Frage, ob Arbeitnehmer aus den Beitrittsstaaten sofort mit dem Beitritt oder erst später Zugang zum Arbeitsmarkt der alten Mitgliedstaaten erhalten sollten. Grundsätzlich gewährt die in Art. 39 EGV geregelte und in der VO (EG) Nr. 1612/68 des Rates vom 15.10.1968 konkretisierte Freizügigkeit den Arbeitnehmern im Gebiet der EU das Recht, sich in einem anderen Mitgliedstaat um tatsächlich angebotene Stellen zu bewerben und dort nach den für die Arbeitnehmer dieses Staates geltenden Vorschriften eine Beschäftigung auszuüben.

Bei den Beitrittsverhandlungen hatten insbesondere Deutschland und Österreich angesichts ihrer damaligen östlichen Randlage in der EU und des substanziellen Lohngefälles zwischen West und Ost[31] argumentiert, dass eine sofortige Öffnung der Arbeitsmärkte eine schwer zu verkraftende Belastung der ohnehin angespannten Situation auf dem Arbeitsmarkt zur Folge haben würde.

Im Ergebnis ist eine gestaffelte, maximal siebenjährige Übergangsfrist vereinbart worden. So ist es den alten Mitgliedstaaten erlaubt, ihre nationalen, den Zu-

---

[30] Europäisches Parlament, Entschließung zum Abschluss der Verhandlungen über die Erweiterung in Kopenhagen (2003/2014 (INI)), 9.4.2003, BR-Drs. 280/03, Rn. 16.

[31] *Scheffer*, Die Magnetwirkung der Sozialleistungssysteme und die EU-Osterweiterung, in: ZRP 2003, 55 ff.; *Nowak*, EU-Osterweiterung, Personenfreizügigkeit und staatliche Schutzpflichten im Bereich der sozialen Sicherheit, in: EuZW 2003, 101 (102).

gang ausländischer Arbeitnehmer beschränkenden Regelungen vorerst beizubehalten. Die Notwendigkeit der Beibehaltung müssen sie zuerst nach zwei Jahren und sodann nach weiteren drei Jahren überprüfen. Nach einer weiteren möglichen Übergangsfrist von nochmals zwei Jahren tritt dann automatisch die Arbeitnehmerfreizügigkeit in Kraft. Für Polen ist dies durch Anhang XII Nr. 2, für Tschechien durch Anhang V Nr. 1 festgelegt worden.[32] Diese Regelung gilt gegenüber allen Beitrittsstaaten mit Ausnahme von Malta und Zypern, was mit deren geographischer Lage zusammenhängt, die eine nennenswerte Migration von Arbeitnehmern nicht erwarten lässt.

Der überwiegende Teil der alten Mitgliedstaaten hat von dieser Möglichkeit des Aufrechterhaltens arbeitsrechtlicher Beschränkungen Gebrauch gemacht. Dagegen haben Irland, Großbritannien und Schweden bereits zum Beitrittstermin ihre Grenzen für Arbeitnehmer aus den neuen Mitgliedstaaten geöffnet, was zu keinerlei Störungen der dortigen Arbeitsmärkte geführt haben soll.[33]

b) Dienstleistungsfreiheit

Auch für die Dienstleistungsfreiheit nach Art. 49 EGV gelten gewisse Übergangsregelungen. So sind Einschränkungen für die Fälle vorgesehen, in denen auch die Arbeitnehmerfreizügigkeit eingeschränkt ist. Die betreffende Regelung etwa für Polen findet sich in Anhang XII, Nr. 13.[34]

---

[32] Zur Beitrittsvorbereitung in Polen und Tschechien ausführlich *Niedobitek*, Tschechien und Polen auf dem Weg in die Europäische Union – Politische und rechtliche Aspekte, in: DÖV 2003, 67 ff.

[33] *Zitzelsberger*, Die Insel des Wachstums, in: Süddeutsche Zeitung v. 5./6.3.2005, S. 14; *Lippert*, Erweiterungspolitik der EU, in: *Weidenfeld/Wessels* (Hrsg.), Jahrbuch der Europäischen Integration 2003/2004, 2004, S. 419 (424), die darauf hinweist, dass diese Staaten den Arbeitnehmern aus den neuen Mitgliedstaaten jedoch nicht immer den unmittelbaren Zugang zu den Sozialleistungen gewähren.

[34] Dazu *Pechstein/Kubicki*, Dienstleistungsfreiheit im Baugewerbe für polnische Handwerker, in: EuZW 2004, 167 ff.; instruktiv auch die Antwort der deutschen Bundesregierung v. 27.5.2005 auf die Kleine Anfrage „Dienstleistungsfreiheit nach der EU-Osterweiterung“, BT-Drs. 15/5546.

c) Wegfall der Grenzkontrollen

Mit Art. 3 der Beitrittsakte, Anhang I, verpflichteten sich die neuen Mitgliedstaaten zur Übernahme des Besitzstands der Schengener Abkommen. Deren zentrale Aussage ist das Wegfallen der Kontrollen an den Binnengrenzen der EU und das gleichzeitige Verstärken der Kontrollen an den EU-Außengrenzen. Eine sofortige vollständige Anwendung der Schengen-Regelungen in den Beitrittsstaaten wurde von den alten Mitgliedstaaten abgelehnt. Es war bei den Beitrittsverhandlungen einhellige Auffassung, dass die beitretenden Staaten mit der sofortigen vollständigen Übernahme des Schengen-Besitzstands überfordert wären. Hierdurch würden für die alten Mitgliedstaaten unannehmbare Sicherheitsrisiken entstehen.

Der Kompromiss sieht eine Unterscheidung zwischen Güter- und Personenkontrollen vor. Die Güterkontrollen an den Binnengrenzen entfielen mit dem Beitritt. Dagegen sollen die Personenkontrollen erst später nach einer entsprechenden Entscheidung des Rates der EU aufgehoben werden. Diese wird ergehen, wenn die neuen Mitgliedstaaten den Nachweis erbracht haben, dass sie den Anforderungen des Schengener Informationssystems genügen und zu einer wirksamen Kontrolle der EU-Außengrenzen imstande sind. Die vollständige Anwendung des Schengen-Besitzstands wird dann staatenweise geprüft und gegebenenfalls angeordnet. Damit wird frühestens 2006 gerechnet.

d) Gemeinsame Agrarpolitik

Nicht weniger kontrovers wurde über die Leistungen aus der Gemeinsamen Agrarpolitik, insbesondere die Direktzahlungen an die Landwirte in den Beitrittsstaaten, debattiert. Auch hier ist zunächst an den Grundsatz zu erinnern, wonach die neuen Mitgliedstaaten mit dem Beitritt zur EU Teil des Gemeinsamen Marktes wurden. Sie haben nicht nur die Instrumente der Gemeinsamen Agrarpolitik übernommen, sondern auch die vielen sekundärrechtlichen Rechtsakte der landwirtschaftlichen Marktordnungen. Daher war es aus ihrer Sicht durchaus verständlich, dass sie auch die volle Einbeziehung in das gemeinschaftliche System der landwirtschaftlichen Ausgleichs- und Direktzahlungen beanspruchten.

Durch die alten Mitgliedstaaten wurde aber bereits früh zu Recht auf den sehr kleinflächigen Zuschnitt der landwirtschaftlichen Bewirtschaftungsflächen in den Beitrittsstaaten hingewiesen. Eine undifferenzierte Übertragung der Zahlungsmaßstäbe auf die dortigen Landwirte kam deshalb nicht in Betracht. Dies würde das Finanzierungspotenzial der EU, das genau genommen ein Finanzierungspotenzial der alten Mitgliedstaaten ist, bei weitem übersteigen. Für die Agrarpolitik wird ohnehin schon fast die Hälfte des EU-Haushalts eingesetzt.[35]

In Art. 20 Beitrittsakte, Anhang II, wurde schließlich folgender Kompromiss festgelegt: Die Direktzahlungen werden über einen Zeitraum von zehn Jahren schrittweise in den neuen Mitgliedstaaten eingeführt. Sie begannen im Jahre 2004 bei 25 % vom Niveau der Zahlungen, die die alten Mitgliedstaaten erhalten, bis sie 2013 ein Niveau von 100 % erreicht haben.[36] Die neuen Mitgliedstaaten können die jeweilige Grundquote bis zu einem bestimmten Prozentsatz durch eigene Zahlungen aufstocken, was eine nationale Subventionierung darstellt, die aber bei Beachtung der Grenzen des Beihilfenrechts (Art. 87 ff. EGV) freigestellt ist.

e) Zypern

Schon vor der Aufnahme von Beitrittsverhandlungen galt die Republik Zypern als einer der aussichtsreichsten Kandidaten für einen Beitritt zur EU. Obwohl der nördliche Teil der Insel seit 1974 von der Türkei widerrechtlich besetzt ist, was neben der international verweigerten Anerkennung der 1983 ausgerufenen

[35] *Koester*, Diagnose: Hoffnungslos, in: Experiment Europa, SPIEGEL-special 1/2002, S. 137.
[36] Dazu *Lippert* (o. Fußn. 14), S. 12 – 13.

Türkischen Republik Nordzypern auch zu Recht zu Verurteilungen durch den Europäischen Gerichtshof für Menschenrechte (EGMR) geführt hat,[37] hat sich der Südteil zu einer gut funktionierenden Marktwirtschaft entwickelt. Ohne hier im Einzelnen auf das völker- und europarechtlich völlig inakzeptable Verhalten des Beitrittskandidaten Türkei einzugehen, war jedoch generell fraglich, wie der Beitritt Zyperns zur EU angesichts der politischen Lage zu verwirklichen war. Nachdem die unter Führung der Vereinten Nationen durchgeführten Wiedervereinigungsbemühungen und ein Referendum im April 2004 gescheitert waren und wegen des bemerkenswert unausgewogenen Plans der UN auch scheitern mussten, regelt nun das Protokoll 10 die Behandlung der Republik Zypern.[38]

Es geht vom Beitritt der gesamten Insel zur EU aus, weil der Beitrittsantrag im Jahre 1990 selbstverständlich von der Republik Zypern für die gesamte Insel gestellt worden war. Das Protokoll 10 setzt aber gemäß Art. 1 Abs. 1 die Anwendung des gemeinschaftlichen Besitzstands in den Teilen der Republik Zypern aus, in denen die Regierung der Republik Zypern keine tatsächliche Kontrolle ausübt. Sollte es in Zukunft zu einer Einigung kommen, entscheidet nach Art. 4 der Europäische Rat über die vorzunehmenden rechtlichen Anpassungen. Unabdingbare Voraussetzung einer politischen Einigung und einer Erstreckung des gemeinschaftlichen Besitzstands auf den Nordteil der Insel dürfte aber der Abzug der mehr als 30.000 türkischen Soldaten[39] aus dem Nordteil Zyperns sein.[40] Dass dies bis Mitte 2005 noch nicht erfolgt ist, wirft nicht nur ein schlechtes Licht auf den Beitrittskandidaten Türkei, der sich nur vordergründig zu den Grundsätzen der EU bekennt und gleichzeitig das Territorium eines EU-Mit-

---

[37] *EGMR*, EuGRZ 1997, 555 – Loizidou/Türkei, und erneut bestätigt in *EGMR*, NJW 2003, 413 (416, Ziff. 70). Zu den Menschenrechtsverletzungen in Nordzypern *Husheer*, Die völkerrechtliche Verantwortlichkeit der Türkei für Menschenrechtsverletzungen in Nordzypern nach den Entscheidungen der Europäischen Menschenrechtskommission und des Europäischen Gerichtshofes für Menschenrechte im Fall Loizidou ./. Türkei, in: ZEuS 1998, 389 – 422.

[38] *Schladebach*, Rechtsfragen des EU-Beitritts der Republik Zypern, in: Südosteuropa 52 (2003), 136 – 148.

[39] *EGMR*, EuGRZ 1997, 555, Nr. 16.

[40] *Schladebach* (o. Fußn. 38), S. 146; *ders.* (o. Fußn. 20), S. 14.

gliedstaats besetzt,[41] sondern lässt auch ernsthafte Zweifel an einer konsequenten Position der EU aufkommen.

IV. Ergebnis

Der Beitrittsvertrag enthält ausgewogene Regelungen, die sowohl die Interessen der EU und ihrer alten Mitgliedstaaten als auch die Interessen der neuen Mitgliedstaaten angemessen berücksichtigen. Er ist von allen 25 Mitgliedstaaten ratifiziert worden und damit zum 1.5.2004 in Kraft getreten. Er bildet eine tragfähige Grundlage für eine erfolgreiche Integration der neuen Mitgliedstaaten in die EU.

[41] Diese geradezu absurde Tatsache wird im Schrifttum zum Zypern-Konflikt merkwürdigerweise so gut wie vollständig ignoriert und unter Ausblendung der tatsächlichen (inakzeptablen) Inhalte des *Annan*-Plans den griechischen Zyprioten vorgehalten, sie wären an Fortschritten nicht interessiert; den Umstand der Besetzung eines EU-Mitgliedstaats durch den EU-Beitrittskandidaten Türkei zumindest erwähnend *Lippert* (o. Fußn. 33), S. 422.

Österreich

Ilse M. Pogatschnigg[*]

I. Einleitung

Durch die Erweiterung um die zehn neuen Mitgliedstaaten am 1.5.2004 rückte Österreich geografisch vom Rand in die Mitte der EU. Die bisherigen, fast 1300 km Außengrenze wurden zu einem Drittel der Binnengrenze zwischen der „alten" EU der 15 und den mittel- und osteuropäischen Ländern (MOEL). Österreich ist somit bis auf die Schweiz und Liechtenstein im Westen zur Gänze von EU-Mitgliedstaaten umgeben.

Das Land ist vom Beitritt der neuen Staaten in überdurchschnittlichem Ausmaß – sowohl positiv als auch negativ – betroffen.[1] Die wirtschaftliche Verflechtung mit den Neuen ist besonders stark. Das unterstreicht die Notwendigkeit der Alpenrepublik, mit der neuen Entwicklung Schritt zu halten. Im Folgenden wird ein Rückblick auf die Verhandlungen aus österreichischer Sicht geworfen und die Situation ein Jahr nach der Erweiterung beleuchtet.

II. Bis zur Erweiterung

Österreich ist im Jahr 1995 der EU beigetreten und war daher im Zeitpunkt der Osterweiterung eines der jüngsten Unionsmitglieder. Die eigenen Beitrittserfahrungen waren noch präsent. Von ihm wurde auch von EU-Seite erwartet, mit seinem „Know-how" die Osterweiterung zu unterstützen. Es sollte sein Wissen über die MOEL einbringen. Das tat Österreich am Anfang der Verhandlungen

---

[*] Dr. Ilse M. Pogatschnigg, LL.M., Außenministerium, Wien. Der Beitrag gibt die persönliche Auffassung der Autorin wieder.

[1] *Busek/Mikulitsch*, Die Europäische Union auf dem Weg nach Osten, 2003, S. 199 ff.; *Lugmayr*, Österreichische Innenpolitik und die EU-Osterweiterung. Eine Reise durch Mitteleuropa – Nostalgie, Ost-Phobie und strukturelle Handlungszwänge eines Kleinstaats, in: *Gehler/Pelinka/Bischof* (Hrsg.), Österreich in der Europäischen Union. Bilanz seiner Mitgliedschaft, 2003, S. 239; vgl. auch Kurier, 23.4.2004, S. 22.

auch, aber nie wirklich zur Freude der Beitrittskandidaten und der Kommission.[2] In der Folgezeit hat sich das Land deshalb auf eigene Interessen beschränkt.

Österreich hat sich in der zweiten Hälfte der 90er Jahre vor allem darauf konzentriert, für sich den Platz innerhalb der Union zu finden. Diese fast ausschließliche Orientierung nach Brüssel wurde von den unmittelbaren Nachbarn, wie Tschechien, mit Enttäuschung verfolgt. Gerade aus der Position als „Neuem" hätte man sich mehr Unterstützung für die Beitrittsambitionen und –fragen der Kandidaten erwartet.[3] Österreich wurde aber in der Nachbarschaft eher als Bremser, denn als aktiver Förderer wahrgenommen. Dementsprechend wurde auch die österreichische Initiative einer „Regionalen Partnerschaft" nicht überall mit großer Begeisterung, sondern auch mit Kritik und Skepsis aufgenommen.[4]

1. Hauptpunkte der Diskussion

Innerhalb von Österreich fokussierte sich die Vor-Beitrittsdiskussion auf wenige Punkte. Die oppositionellen Sozialdemokraten und die Arbeitnehmerorganisationen verwiesen auf Versäumnisse in der Infrastruktur-, insbesondere in der Verkehrspolitik und sahen den Arbeitsmarkt bedroht.[5] Daneben beherrschten Atomkraftwerke sowie Beneš-Dekrete und Avnoj-Beschlüsse die Diskussion. Die Verhandlungen wurden politisch von einer Serie von Vetodrohungen bis kurz vor Vertragsunterzeichnung begleitet.

---

[2] *Sajdik/Schwarzinger*, Die EU-Erweiterung. Hintergrund, Entwicklung, Fakten, 2003, S. 272.

[3] Institut für den Donauraum und Mitteleuropa (IDM), Österreich und die Osterweiterung der Europäischen Union, 3. Fassung, 2001, www.idm.at, S. 11; Gespräche der Verfasserin im tschechischen Außenministerium im Mai 2003.

[4] Die Presse, 13.10.2004, S. 4; ebendort, 29.10.2004, S. 5; *Busek/Mikulitsch* (o. Fußn. 1), S. 204; *Lugmayr* (o. Fußn. 1), S. 251.

[5] SPÖ-Vorsitzender *Alfred Gusenbauer*, in: Die Presse, 10.5.2004, S. 1; ÖGB-Präsident *Fritz Verzetnitsch*, in: Die Presse, 30.4.2004, S. 9.

a) Österreichisches Herzensanliegen: Kernkraftfreiheit

Das Thema der Atomkraftwerke war während der gesamten Verhandlungen ein großes Anliegen.[6] Österreich fand jedoch für die Politik, seinen atomfreien Raum auf die Nachbarn in Mitteleuropa auszuweiten, keine Unterstützung. Es handelte sich für sein Vorgehen im Gegenteil sogar den Vorwurf „kolonialistischer" Politik ein.[7] Die Ablehnung konzentrierte sich schließlich auf das tschechische AKW Temelin, das für besonders starke Emotionen sorgte, die in Grenzblockaden und Protestbewegungen mündeten. Das führte zu einem ernsthaften bilateralen Problem im Verhältnis zu Tschechien.[8] Das Paradoxe an der Situation war jedoch, dass nie bewiesen wurde, warum gerade dieses AKW gefährlicher als all die anderen sein soll.[9]

Bundeskanzler *Schüssel* und der tschechische Ministerpräsident *Zeman*, der zuvor noch die „Sanktionen" der EU-14 gegen Österreich unterstützt hatte, einigten sich in der Folge im Dezember 2000 auf eine gemeinsame Vorgehensweise zur Überprüfung der Sicherheit des AKW, was als „Melker Prozess" bekannt wurde.[10] Dies entkrampfte das Verhältnis zwischen den beiden Ländern. Österreich und Tschechien stimmten darin überein, dass diese Ergebnisse in ein Protokoll zur Beitrittsakte aufgenommen werden.[11] Trotz dieser Institutionalisierung der Frage und des Versuchs einer Versachlichung der Diskussion drohte die FPÖ weiterhin mit einem Veto gegen den Beitritt Tschechiens.[12] Teile der

---

[6] Vgl. *Busek/Mikulitsch* (o. Fußn. 1), S. 216 f.; *Lugmayr* (o. Fußn. 1), S. 240; *Sajdik/Schwarzinger* (o. Fußn. 2), S. 57, 82 ff., 212 ff.
[7] Finnischer Regierungschef *Paavo Lipponen*, vgl. *Sajdik/Schwarzinger* (o. Fußn. 2), S. 90.
[8] IDM (o. Fußn. 3), S. 67.
[9] Temelin rangiert nach einer Studie des Ökologie-Instituts in der drittbesten von insgesamt elf Sicherheitsgruppen bei Kernkraftwerken: Salzburger Nachrichten, 28.11.2001, S. 4; Die Presse, 28.11.2001, S. 9; Der Standard, 28.11.2001, S. 7.
[10] *Sajdik/Schwarzinger* (o. Fußn. 2), S. 271.
[11] *Busek/Mikulitsch* (o. Fußn. 1), S. 221; *Sajdik/Schwarzinger* (o. Fußn. 2), S. 113, 127, 223.
[12] IDM (o. Fußn. 3), S. 67 f.; *Lugmayr* (o. Fußn. 1), S. 252, 254.

Partei initiierten sogar 2002 noch ein Volksbegehren für ein derartiges Veto, das jedoch keinerlei juristische Auswirkungen hatte.[13]

b) Beneš-Dekrete und Avnoj-Beschlüsse

Von allen politischen Parteien wurde die Erweiterung als Chance gesehen, die Beneš-Dekrete und die Avnoj-Bestimmungen zu thematisieren und damit Slowenien und Tschechien zur Aufarbeitung und zur Beseitigung dieser Bestimmungen zu bewegen.[14] Diese Erwartungen existierten in dieser Form in keinem anderen alten Mitgliedstaat. Die FPÖ verfolgte auch in dieser Frage dic Linie, das Thema mit der Zustimmung zur Erweiterung zu verknüpfen.[15]

Das Problem mit den slowenischen Avnoj-Beschlüssen blieb eher begrenzt. Es gelang überwiegend, die Diskussion auf einer konkreten praktischen Ebene zu halten.[16] Schwieriger war die Situation mit Tschechien, für die es auch heute noch keine befriedigende Lösung gibt. Trotz der sachlichen Argumente Österreichs mit dem Hinweis, dass die UN-Menschenrechtskommission in Genf sich wiederholt mit tschechischen Menschenrechtsverletzungen wegen verweigerter Vermögensrestitutionen befasst hat, schloss sich kein anderer Mitgliedstaat dieser Position an.[17]

Von tschechischer Seite war wenig Entgegenkommen zu erkennen; vielmehr wurde die Position noch bekräftigt. Und auf österreichischer Seite war anscheinend die Erinnerung an die eigene zögerliche Aufarbeitung der Vergangenheit schon vergessen, die jedoch nicht durch den Kommunismus verzögert worden

---

[13] *Busek/Mikulitsch* (o. Fußn. 1), S. 205.
[14] *Busek/Mikulitsch* (o. Fußn. 1), S. 206 f. Zu den diesbezüglichen Verhandlungsschritten vgl. *Sajdik/Schwarzinger* (o. Fußn. 2), S. 118.
[15] *Lugmayr* (o. Fußn. 1), S. 249.
[16] *Busek/Mikulitsch* (o. Fußn. 1), S. 224; *Sajdik/Schwarzinger* (o. Fußn. 2), S. 84 ff.
[17] Dazu *Sajdik/Schwarzinger* (o. Fußn. 2), S. 118 f.

war. Die Vergangenheitsdiskussionen wurden zu einem österreichisch-tschechischen Problem und schließlich aus dem Kontext der Erweiterung herausgelöst.[18]

Die Frage wurde letzten Endes politisch, wenn auch nicht endgültig juristisch,[19] entschärft und spielte in der Schlussphase der Verhandlungen keine Rolle mehr. Vor allem die FPÖ betonte aber auch nach erfolgtem Beitritt Tschechiens wieder, dass es über die Beneš-Dekrete noch Gespräche geben müsse.[20] Anzeichen von positiven Veränderungen gab es zu Redaktionsschluss dieses Beitrags.[21]

c) (Transit)-Verkehr

Vor der Erweiterung gab es zwischen Österreich und den Beitrittsländern bilaterale Kontingentvereinbarungen für den Straßengüterverkehr. Diese wollte Österreich über eine allgemeine Übergangsregelung aufrechterhalten und damit den bilateralen Güterverkehr weiter regulieren, was jedoch nicht gelang.[22] Zwischen 2003 und 2004 nahm der Lkw-Verkehr aus Osteuropa um 8,8 % zu. Das ist doppelt so viel wie in den drei Jahren vor der Erweiterung.[23]

Der Transitvertrag mit der EU lief Ende 2003 aus. Da es aber bis dahin kein Gesamtkonzept zur Lösung der Transitfrage gab, unternahm Österreich den Versuch, die Transitproblematik in die Verhandlungen einzubetten. Grund dafür waren Prognosen, die davon ausgingen, dass die 460.000 beladenen LKW-Fahrten, die es ohne Erweiterung gab, nach einer solchen auf 1.280.000 steigen würden, was gravierende Umweltbelastungen mit sich bringen würde.[24] Das österreichische Bestreben wurde aber von den alten Mitgliedstaaten vehement abge-

---

[18] Vgl. die Darstellung bei *Busek/Mikulitsch* (o. Fußn. 1), S. 225 ff.; *Sajdik/Schwarzinger* (o. Fußn. 2), S. 119.

[19] Zu Gutachten zum Thema siehe *Sajdik/Schwarzinger* (o. Fußn. 2), S. 119 f.

[20] Die Presse, 6.5.2004, S. 6.

[21] Vgl. die Äußerungen des tschechischen Premierministers *Jiři Paroubek* anlässlich seines Wienbesuchs am 14.6.2005, in: Die Presse, 12.7.2005, S. 5.

[22] Vgl. *Busek/Mikulitsch* (o. Fußn. 1), S. 230 f.; *Sajdik/Schwarzinger* (o. Fußn. 2), S. 204.

[23] Die Presse, 24.3.2005, S. 18.

[24] IDM (o. Fußn. 3), S. 60.

lehnt, was zu einem langen Hin und Her führte.[25] Eine Lösung, wie sie Österreich gewünscht hätte, schlug daher sowohl beim Europäischen Rat von Kopenhagen wie auch später fehl.[26] Schließlich wurde von Bundeskanzler *Wolfgang Schüssel* sogar kurzfristig in Erwägung gezogen, mangels einer Transitlösung die Unterzeichnung in Athen zu verweigern, was dann doch wieder verworfen wurde.

2. *Öffentliche Meinung und Umfragen*

Nach dem international beachteten und von den EU-Mitgliedstaaten mit den so genannten Sanktionen belegten Regierungswechsel im Jahr 2000 positionierte sich die Volkspartei (ÖVP) unter Bundeskanzler *Wolfgang Schüssel* in der Erweiterungsfrage offensiver.[27] Es wurde mit *Erhard Busek* ein eigener Regierungsbeauftragter ernannt, der jedoch von der FPÖ, die ebenfalls Regierungspartei war, attackiert wurde.[28] Sein Auftrag war es, für positive Erweiterungsstimmung in der Bevölkerung, bei den Entscheidungsträgern, aber auch bei den Kandidatenstaaten zu sorgen.

Große Teile der Bevölkerung standen der Erweiterung kritisch bzw. ablehnend gegenüber. So waren in der Verhandlungsphase nur 28 % dezidiert für die Erweiterung, während im EU-Schnitt 53 % dafür waren.[29] Hintergrund dafür waren drei große Sorgen: jene um Arbeitsplätze, eine mögliche Zunahme von Drogenhandel und Organisierter Kriminalität und die Erhöhung der Beiträge zum

[25] *Busek/Mikulitsch* (o. Fußn. 1), S. 232 ff.
[26] *Sajdik/Schwarzinger* (o. Fußn. 2), S. 210.
[27] *Lugmayr* (o. Fußn. 1), S. 250.
[28] *Busek/Mikulitsch* (o. Fußn. 1), S. 210 ff.
[29] Vgl. jedoch IDM (o. Fußn. 3), S. 6 f., wonach nicht alle Studien exakt übereinstimmten. Siehe auch *Sajdik/Schwarzinger* (o. Fußn. 2), S. 272.

EU-Budget.[30] Von den Betrieben glaubte nur knapp die Hälfte, dass durch die Erweiterung ihr Geschäft belebt würde.

Bezogen auf die Kandidatenländer zeigte sich ein vielschichtiges Bild: Am höchsten war die Zustimmung zum ungarischen Beitritt mit über 60 %. Es dürfte also nicht grundlos sein, dass die Österreicher von den Ungarn „Schwager" genannt werden, was die (historische) Verbundenheit der beiden Länder unterstreicht. Überwiegend positiv war die Stimmung sonst nur gegenüber Slowenien (56 %). Dem Beitritt anderer Staaten wurde kritischer entgegengesehen: Tschechien (42 %), Slowakei (41 %), Polen (39 %).[31]

III. Die Ratifizierung des Beitrittsvertrags

Vor der Unterzeichnung der Beitrittsverträge entstand innenpolitisch eine Debatte darüber, ob es in Österreich zur Erweiterung eine Volksabstimmung oder eine Volksbefragung geben soll bzw. verfassungsrechtlich geben muss.[32] Die Frage wurde schließlich verneint und der Beitrittsvertrag für die Republik Österreich durch Bundeskanzler *Wolfgang Schüssel* und die damalige Außenministerin *Benita Ferrero-Waldner* am 16.4.2003 in Athen unterzeichnet. Nach der Unterzeichnung musste der Vertrag dem Ratifizierungsverfahren nach der österreichischen Verfassung unterzogen werden. Dies geschah durch den Nationalratsbeschluss am 9.7.2003 und jenem des Bundesrats, der Länderkammer, am 23.7.2003.[33]

---

[30] Studie im Auftrag der Wirtschaftskammer Österreich, Kurier, 30.4.2004, S. 23; ebendort, 16.2.2005, S. 2; *Luif*, Österreich, in: *Weidenfeld/Wessels* (Hrsg.), Jahrbuch der Europäischen Integration 2003/2004, 2004, S. 367 (370).

[31] Österreichische Gesellschaft für Europapolitik, Die Einstellung der Österreicher zur Erweiterung der Europäischen Union um Bulgarien, Rumänien, Kroatien und Serbien, http://cms.euro-info.net/received/_3055_Erweiterung.pdf, S. 4; IDM (o. Fußn. 3), S. 12 f.; *Lugmayr* (o. Fußn. 1), S. 243.

[32] Vgl. IDM (o. Fußn. 3), S. 9.

[33] BGBl. I Nr. 53/2003.

Der 1.5.2004, der Tag des Inkrafttretens des Beitrittsvertrags, wurde vor allem in den grenznahen Gebieten mit Feiern begrüßt. Der Bogen spannte sich von einem „Friedensfest", Feuerwerken, kulturellen Aktivitäten über ein Frühstück an einem 1,6 km langen Tisch für Tausende Österreicher und Tschechen bis zu einer symbolischen „Hochzeit an der Grenze" an einem österreichisch-tschechischen Grenzübergang.[34]

IV. Die Bilanz nach einem Jahr

Nach dem ersten Jahr der Mitgliedschaft der neuen Mitgliedstaaten ist die Bilanz für Österreich im Großen und Ganzen ebenfalls positiv. Die Erweiterung stellte nämlich „Binnenmarktverhältnisse, die bis 1918 gegeben waren" für Österreich wieder her.[35] Die heimische Wirtschaft hat bereits in den 90er Jahren am stärksten von allen „alten" Mitgliedstaaten vom Aufholprozess in den MOEL profitiert. Nach einer Studie des Österreichischen Instituts für Wirtschaftsforschung (WIFO) trugen diese allein in den Jahren 1989 bis 1997 zu einem Anstieg des realen BIP um 3,3 % bei.

1. Die Situation auf dem Arbeitsmarkt

1999 wurden zwei Untersuchungen erstellt, die die österreichischen Sorgen bezüglich des Arbeitsmarktes mit Fakten untermauerten. Für einen Zeitraum von etwa zehn Jahren nach dem Beitritt wurde die Zahl von rund 150.000 Wanderungswilligen mit Ziel österreichischer Arbeitsmarkt errechnet. Eine Studie kam zum Schluss, dass der Arbeitsmarkt den zu erwartenden Zustrom von Migranten und Pendlern aus den MOEL bei einer sofortigen Öffnung nicht verkraften würde.[36]

---

[34] Kurier, 29.4.2004, S. 14; ebendort, 3.5.2004, S. 9.
[35] *Kramer* (Leiter des Wirtschaftsforschungsinstituts), in: Kurier, 23.4.2004, S. 22.
[36] *Sajdik/Schwarzinger* (o. Fußn. 2), S. 104 f., 109; zu den Befürchtungen vor dem Beitritt vgl. *dies.*, S. 129; zum Verhandlungsverlauf und den Studien S. 139 ff.; Die Presse, 6.5.2004, S. 6; ebendort, 30.4.2004, S. 5. *Christoph Leitl* (Präsident der Wirtschaftskammer Österreich) sprach von 20.000 neuen Stellen, die alleine durch die Zunahme des Außenhandels geschaf-

a) Die Arbeitnehmerfreizügigkeit

Neben Österreich war die Frage der Arbeitnehmerfreizügigkeit vor allem für Deutschland ein Anliegen. Diese Länder nahmen vor dem Beitritt mit 70 % den größten Anteil der legalen Arbeitnehmer aus den MOEL auf.[37] Sie fürchteten daher eine verstärkte Migration.[38] Deshalb forderten sie auch vehement die nunmehr verankerte Übergangsfrist. Die Gewerkschaften erhoben die Forderung, der Arbeitsmarkt solle erst dann geöffnet werden, wenn in den neuen Mitgliedstaaten 80 % des Einkommensniveaus der EU erreicht würden.[39]

Nach der nunmehr geltenden Regelung, die innerstaatlich im Ausländerbeschäftigungsgesetz[40] (AuslBG) umgesetzt wurde, gibt es grundsätzlich die Möglichkeit, den Arbeitsmarkt bis zu sieben Jahren lang vollkommen gegen Arbeitnehmer aus den neuen Mitgliedstaaten abzuschotten.[41] Für den ersten Teil, der zwei Jahre dauert, bleiben die österreichischen Voraussetzungen für ausländische Beschäftigte bestehen. Demnach brauchen Staatsangehörige der neuen Mitgliedstaaten eine Bewilligung nach dem AuslBG. Eine solche erhalten sie nur, wenn ein Arbeitgeber Bedarf anmeldet und dieser nicht mit einem österreichischen Arbeitnehmer gedeckt werden kann.

---

fen würden, in: Kurier, 30.4.2004, S. 23; WIFO, in: Kurier, 1.6.2004, S. 19; IDM (o. Fußn. 3), S. 55.

[37] *Hebler*, Arbeitsmarkteffekte der EU-Osterweiterung, 2002, S. 51; *Sajdik/Schwarzinger* (o. Fußn. 2), S. 93, 98, 147 ff.

[38] Zu den Studien zum Migrationspotenzial vgl *Sajdik/Schwarzinger* (o. Fußn. 2), S. 130. Vgl. auch *Hebler* (o. Fußn. 37), S. 169; IDM (o. Fußn. 3), S. 50 f.

[39] *Sajdik/Schwarzinger* (o. Fußn. 2), S. 147 f., 160; IDM (o. Fußn. 3), S. 10; zu den Befürchtungen siehe ebendort, S. 47 f. Die Tourismusgewerkschaft hielt die Übergangsfristen für unverzichtbar, obwohl bereits vor der Erweiterung rund 40 % der Saisonarbeitskräfte im Tourismus aus den neuen Mitgliedstaaten kamen, Kurier, 22.4.2004, S. 19.

[40] BGBl. Nr. 218/1975 in der Fassung des EU-Erweiterungs-Anpassungsgesetzes, BGBl. I Nr. 28/2004.

[41] Ausgenommen sind Staatsangehörige von Malta und Zypern: § 32 a Abs. 1 AuslBG.

Weitere Beschäftigungsbewilligungen sind für Saisonarbeitskräfte für jeweils sechs Monate vorgesehen.[42] In § 1 Abs. 5 AuslBG ist außerdem die Möglichkeit geschaffen, durch Vereinbarungen mit den Nachbarstaaten Kontingente für Schlüsselkräfte und Pendler festzusetzen. Davon hat Österreich mit den Abkommen mit Tschechien und Ungarn[43] Gebrauch gemacht. Weitere Ausnahmen von der ausgesetzten Arbeitnehmerfreizügigkeit gab es für rechtmäßig in Österreich Tätige, die bereits ein Jahr vor dem Beitritt in Österreich gearbeitet hatten. Sie erhielten eine „Freizügigkeitsbestätigung".[44] Im Rahmen der so genannten „préférence communautaire" wird jedoch gewährleistet, dass Bürger aus den neuen Mitgliedstaaten bevorzugt werden.[45]

Ein Jahr nach der Erweiterung ist die Zahl der nach diesen Bestimmungen beschäftigten Osteuropäer um 21 % auf 41.000 gestiegen. Auch insgesamt stieg die Zahl der Migranten um 8.900 auf 69.300, gegenüber der Steigerung von 2.700 im Jahr 2003.[46] Der Zustrom von 20.000, wie ihn Arbeitnehmerorganisationen befürchtet haben, ist jedoch ausgeblieben. Dazu kommen 66.500 Beschäftigungsbewilligungen für Saisoniers. 3.900 Grenzgänger und Praktikanten kommen aus Ungarn.[47]

b) Die Regelung für die Dienstleistungsfreiheit

Ebenfalls eine siebenjährige und in drei Phasen unterteilte Übergangsfrist ist für sensible Dienstleistungsbereiche vorgesehen.[48] Diese Möglichkeit ist auf die

---

[42] Vorgesehen für Sommer- und Wintertourismus sowie Land- und Forstwirtschaft.
[43] Vgl. *Sajdik/Schwarzinger* (o. Fußn. 2), S. 106.
[44] Kurier, 1.10.2004, S. 11.
[45] § 4 b Abs. 1 Satz 2 AuslBG, der sich auf alle EWR-Ausländer sowie türkische Staatsbürger bezieht. Vgl. dazu die explizite Nennung in den Verordnungen des Bundesministers für Wirtschaft und Arbeit in den Verordnungen für befristete Beschäftigungsbewilligungen im Tourismus und der Landwirtschaft.
[46] Am stärksten vertreten sind polnische Staatsangehörige: Nach 630 im Jahr 2003 gab es 2004 einen Zuzug von 4.600 Personen; Kurier, 29.4.2005, S. 20.
[47] Vgl. Arbeiterkammer, www.arbeiterkammer.at; Kurier, 29.4.2005, S. 20.
[48] Zum Verhandlungsverlauf vgl. *Sajdik/Schwarzinger* (o. Fußn. 2), S. 155 ff.

Länder Deutschland und Österreich und bestimmte Branchen beschränkt. Zu ihnen zählen in Österreich[49] das von steigender Arbeitslosigkeit und niedriger Qualifikation gekennzeichnete Baugewerbe samt verwandten Branchen, gärtnerische Dienstleistungen, Reinigungs- und Sozialdienste sowie Sicherheitsdienste. Möglich ist eine Entsendung nur mit einer Entsendebewilligung,[50] die eine Arbeitsmarktprüfung verlangt.

Für den liberalisierten Bereich, unter den alle übrigen Dienstleistungen fallen, muss nur noch eine „Entsendebestätigung" für die entsandten Arbeitskräfte ausgestellt werden. Sie wird ohne Arbeitsmarktprüfung erteilt. Es wird lediglich geprüft, ob der entsandte Arbeitnehmer einen unbefristeten Arbeitsvertrag hat und sozialversichert ist.[51] Die EU-Entsendebestätigungen für neue EU-Unternehmen sind seit Mai 2004 sprunghaft angestiegen.[52] Entsendebewilligungen sind im gleichen Zeitraum von 2.595 auf 1.063 zurückgegangen, was zu erwarten war.

c) Niederlassungsfreiheit

Im Unterschied zu Arbeitnehmer- und Dienstleistungsfreiheit sah der Beitrittsvertrag für die Niederlassungsfreiheit keinerlei Beschränkungen vor. Schon mit Inkrafttreten der Europaabkommen konnten sich Unternehmen und Selbstständige in der EU niederlassen.[53] Deshalb wurde schon vor dem Beitritt befürchtet, dass es danach zu einem Boom an Schein-Unternehmen kommen werde und damit inländische Arbeitsplätze gefährdet würden.[54]

Ein Jahr nach der Erweiterung ist festzustellen, dass sich die Befürchtungen als begründet herausgestellt haben. Die neuen Ein-Mann-Unternehmer suchen nur

---

[49] Die Liste der deutschen Ausnahmen ist kürzer.
[50] § 32 a Abs. 6 AuslBG.
[51] IDM (o. Fußn. 3), S. 56. Vgl. § 32 a Abs. 6 AuslBG.
[52] Mai 2003 bis März 2004: 136, Mai 2004 bis März 2005: 3.338.
[53] *Hebler* (o. Fußn. 37), S. 49.
[54] Kurier, 17.4.2004, S. 20; Die Presse, 1.6.2004, S. 16.

um die relativ einfach zu bekommende Gewerbeberechtigung an und arbeiten dann für einen Auftraggeber, meist am Bau. De facto entspricht ihre Stellung damit aber der untergeordneten Position eines Arbeitnehmers. Seit Mai 2004 gab es allein im Wiener Baunebengewerbe über 3.000 derartige Neugründungen – der Großteil von polnischen Staatsangehörigen, deren Gewerbeanmeldungen allein seit Oktober 2004 um 81 % zunahmen.[55] Landesweit wird die Zahl auf 8.000 bis 10.000 geschätzt.

d) Der Status quo der Diskussion

In politischen Kontakten mit den neuen Mitgliedstaaten nach dem Beitritt wurde und wird der fehlende freie Arbeitsmarktzugang immer wieder thematisiert. Die Neuen versichern dabei, dass es selbst innerhalb ihrer Länder einen Mangel an Fachkräften gebe und das Migrationspotenzial daher überschätzt werde.[56] Die österreichischen Ängste hätten sich als unbegründet erwiesen, weshalb man die Prüfung der Übergangsfristen schon vor dem Ablauf der ersten zwei Jahre und die Freigabe des Arbeitsmarktzugangs für selbstverständlich halte.[57]

In Österreich sind vor allem die Vertreter der Wirtschaft dafür, die Übergangsfristen bei Arbeitnehmer- und Dienstleistungsfreiheit zu verkürzen bzw. so bald wie möglich aufzuheben und nicht die vollen sieben Jahre auszuschöpfen.[58] Gerade das Problem der Scheinselbstständigkeit sei durch die Umgehung der Beschränkungen zum unselbständigen Arbeitsmarkt entstanden. Es gibt auch Befürchtungen, dass bei einer zu späten Öffnung des Arbeitsmarktes die guten Leute, die in Österreich gebraucht würden, schon woanders sind.[59]

---

[55] Kurier, 29.4.2005, S. 20; Die Presse, 29.4.2005, S. 27.

[56] Polen: Die Presse, 1.10.2004, S. 18. Ungarn: Die Presse, 8.5.2004, S. 22.

[57] Präsident *Ferenc Madl*, in: Die Presse, 15.06.2005, S. 5; Kurier, 16.6.2005, S. 5; IDM (o. Fußn. 3), S. 53 f.

[58] Wirtschaftskammer Österreich (WKÖ), EU-Erweiterung 2004. Übergangsfristen, 2. Aufl., 2004, http://wko.at/eu/brosch/uebergangsfristen_2004.pdf, S. 14 und 20.

[59] Kurier, 1.10.2004, S. 25.

Die Arbeitnehmerorganisationen und die Gewerkschaften sind gegen eine Verkürzung der Fristen. Die Arbeiterkammer forderte zum Jahrestag der Erweiterung die Verlängerung über 2006 hinaus, keine weiteren Beschäftigungs-, Grenzgänger- und Praktikantenabkommen und eine deutliche Reduzierung der Saisonierbewilligungen.[60] Gerade die Übergangsfristen hätten nämlich den Ansturm billiger Arbeitskräfte wirksam verhindert.[61] Die Lösung für das Problem der Scheinselbständigkeit wird in einem Gesetz gegen Schwarzunternehmertum gesehen.[62]

Wie sensibel das Thema ist, zeigt die aufgeregte Diskussion um die Ankündigung, dass die Slowakei Arbeitslosen eine Prämie zahlen will, wenn sie in EU-Nachbarstaaten eine Arbeit finden.[63] Derzeit sind 5.600 Slowaken in Österreich legal beschäftigt.[64] Umgekehrt sucht die slowakische Wirtschaft aber auch Österreicher, vor allem in der IT- und der Automobilbranche.[65]

2. *Wirtschaftsverflechtungen*

a) *Exporte*

Der Anteil der Exporte in die Erweiterungsländer an den Gesamtexporten Österreichs stieg bereits durch die Ostöffnung von rund 4 % in den 80er Jahren auf 10 % zum Zeitpunkt des österreichischen Beitritts 1995. Auf Grund der Europaabkommen waren die Zölle und mengenmäßigen Beschränkungen im industriell-gewerblichen Warenbereich zwischen der EU und den MOEL bereits be-

[60] Kurier, 25.12.2004, S. 2; Die Presse, 30.3.2005, S. 2; www.arbeiterkammer.at.
[61] Der Standard, 28.4.2005, S. 17.
[62] www.arbeiterkammer.at/www-971.html?FURL=page.php%3F%26P%3D404%26I.
[63] Die Presse, 16.6.2005, S. 17; Die Presse, 21.6.2005, S. 21.
[64] Die Presse, 15.6.2005, S. 18. Grundsätzlich sind 12 % der Slowaken und Ungarn und 5 % der Tschechen bereit, in Österreich zu arbeiten. Aber nur weniger als ein Viertel davon will aber auch in Österreich leben, der Rest will pendeln.
[65] Die Presse, 21.6.2005, S. 21.

seitigt. Diesbezüglich gab es durch die Erweiterung keine Veränderung. Durch sie fielen jedoch zusätzliche tarifäre und nicht tarifäre Handelsbarrieren.

Von besonderer Bedeutung für den österreichischen Außenhandel war der Wegfall der Grenzkontrollen, der Zollformalitäten und der Wartezeiten, aber auch jener von Zertifizierungs- und Produktkennzeichnungsvorschriften.[66] 2004 wurden Waren im Wert von 11,3 Mrd. Euro in die zehn neuen Mitgliedstaaten exportiert.[67] Das sind 13 % der gesamten Güterexporte. Nach ersten Daten für das Jahr 2005 setzt sich diese Entwicklung heuer fort. Die MOEL sind nach den Ländern der EU-15 die wichtigste Außenhandelsregion für Österreich.

In der Liste der wichtigsten Exportmärkte steht Ungarn an 7. Stelle gleich vor Tschechien an 8. Stelle. Slowenien folgt auf Platz zehn, Polen an 12. und die Slowakei an 14. Stelle. In Slowenien werden z. B. von jedem Einwohner rund 1.000 Euro pro Kopf für österreichische Produkte ausgegeben.[68] Neben den Exporten sind die Importe nach Österreich im Jahr 2004 um 14,3 % gestiegen. Insgesamt stammen derzeit rund 11 % der Einfuhren aus der Region. Dabei liegt Tschechien in der Liste der Ursprungsländer an 5., Ungarn an 7. und die Slowakei an 9. Stelle.

b) Land- und Forstwirtschaft

Unter dem Regime der Europaabkommen unterlagen Importe und Exporte landwirtschaftlicher Produkte aufwendigen Genehmigungsverfahren und waren nicht liberalisiert.[69] Der Wegfall der Zoll- und sonstigen Schranken führte daher zu einem bedeutenden Anstieg der österreichischen Exporte in die neuen Mitgliedstaaten. Diese stiegen von 2003 auf 2004 nach Slowenien um 20,6 %, nach

[66] Die weggefallenen Warenkontrollen führen laut WIFO-Studie zu einer jährlichen Kosteneinsparung in Höhe von 470 Mio. Euro.
[67] Die Presse, 29.4.2005, S. 31.
[68] Kurier, 3.12.2004, S. S3; Die Presse, 21.4.2004, S. 19.
[69] *Hebler* (o. Fußn. 37), S. 72.

Tschechien um 20 %, nach Ungarn um 19,7 % und nach Polen um 10,1 %.[70] Österreich exportiert traditionell hoch veredelte Güter.[71] Ein- und Ausfuhren halten sich nach dem Wegfall der Zölle die Waage.[72]

c) Direktinvestitionen

Österreichische Direktinvestitionen in den neuen Mitgliedstaaten wurden bereits massiv in der Abschlussphase der Beitrittsverhandlungen getätigt, womit die Erweiterung auf diesem Gebiet antizipiert wurde.[73] Ähnliches passierte auch während der Verhandlungen mit Rumänien. 2004 war Österreich der fünf-größte Investor in den neuen Mitgliedstaaten, die nach wie vor das wichtigste Ziel für Direktinvestitionen sind.[74] In Slowenien und Kroatien liegt Österreich an erster Stelle, in der Slowakei, Ungarn und Tschechien an dritter Stelle der Investitionen.[75] Wichtigster Bereich ist nach wie vor der Finanzsektor mit den Banken.[76]

d) Tourismus

Schon vor ihrem Vollbeitritt waren die neuen Mitgliedstaaten ein Hoffnungsmarkt für die österreichische Tourismuswirtschaft. Durch die Erweiterung hat sich ein Markt von 70 Mio. Reisenden für den österreichischen Tourismus aufgetan.[77] Experten rechneten mittelfristig mit rund 300.000 zusätzlichen Nächtigungen pro Jahr.[78] Große Hoffnungsmärkte sind Tschechien, Slowenien und die Slowakei.

---

[70] Vgl. Die Presse, 28.2.2005, S. 15; Kurier, 6.5.2005, S. S6.
[71] Kurier, 22.3.2005, S. 19; ebendort, 26.5.2005, S. 19.
[72] Die Presse, 14.4.2005, S. 22.
[73] Die Presse, 17.7.2004, S. 21.
[74] Kurier, 1.6.2004, S. 19.
[75] Die Presse, 21.4.2004, S. 19.
[76] Österreichische Großbanken sind Big Player in der Region: Die RZB ist in 15 MOEL vertreten, BA/CA + HVB finden sich in 14 MOEL.
[77] Kurier, 16.1.2005, S. 10; ebendort, 22.4.2004, S. 19; ebendort, 1.5.2004, S. 16.
[78] Die Presse, 26.4.2004, S. 18; Kurier, 1.5.2004, S. 16.

In erster Linie ziehen die Skigebiete Österreichs Gäste aus den neuen Mitgliedstaaten an. Für Tschechen, Slowaken, Ungarn und Polen war Österreich schon 2004 die Wintersportdestination Nummer eins.[79] Neben Städtereisen nach Wien mit seinem Kultur- und Kongressangebot und den historischen Verbindungen zu den Nachbarn gibt es in der warmen Jahreszeit eine verstärkte Nachfrage nach Radtouren, etwa entlang der Donau, und nach Wandern.[80] Im Wellnessbereich stellt aber Osteuropa eine zunehmend starke Konkurrenz dar und Städte wie Prag und Budapest locken massiv Touristen an.[81] Trotz der steigenden Anteile von Touristen aus den neuen Mitgliedstaaten werden aber z. B. in österreichischen Hotelfachschulen immer noch kaum slawische Sprachen unterrichtet.

e) Die Verkehrssituation

Vor und nach der Erweiterung vom 1.5.2004 wurde wenig unternommen, um die Verkehrsinfrastruktur in Richtung der neuen Mitgliedstaaten systematisch auszubauen. Bisher gibt es keine leistungsfähigen Autobahnverbindungen von Wien nach Tschechien und in die Slowakei. Die Nordautobahn von Wien Richtung Tschechien soll erst 2009 fertig werden.[82]

Wenig geändert hat sich auch an der Tatsache, dass nur eine Handvoll der Grenzübergänge zu den neuen Mitgliedstaaten rund um die Uhr geöffnet sind. Alle anderen schließen ab 22 Uhr ihre Schranken. Zur Slowakei gibt es bisher für den motorisierten Verkehr überhaupt nur einen einzigen Übergang, der uneingeschränkt benutzbar ist.[83] In der Zwischenkriegszeit waren es zwölf.

---

[79] Kurier, 22.4.2004, S. 19; *Sepp Schellhorn* (Chef der österreichischen Hoteliervereinigung), in: Kurier, 1.5.2004, S. 16.
[80] Die Presse, 7.8.2004, S. 9; Kurier, 22.4.2004, S. 19; ebendort, 26.8.2004, S. 8; ebendort, 1.5.2004, S. 16.
[81] Die Presse, 29.4.2005, S. 31.
[82] Die Presse, 9.4.2004, S. 13.
[83] Die Presse, 28.10.2004, S. 13.

Von der Politik im Stich gelassen fühlen sich die Frächter. Für sie hat die Liberalisierung des Marktes ohne Übergangsfristen stattgefunden.[84] Im Süden Österreichs verlagern daher immer mehr Transportunternehmen ihre Lkw nach Slowenien mit seinen niedrigeren Lohnkosten.[85]

V. Ausblick auf künftige Erweiterungen

Die österreichische Bevölkerung steht generell einer weiteren Erweiterung der EU wiederum zum Großteil negativ gegenüber. Eine klare Mehrheit lehnt die Aufnahme von Rumänien, Bulgarien, der Türkei und Serbien ab. Nur 28 % sind dafür, 62 % dagegen. Insgesamt ist die Stimmung in Österreich schlechter als in allen anderen EU-Staaten.[86] Eine Ausnahme bildet diesbezüglich Kroatien, mit dem es starke wirtschaftliche und persönliche Bande gibt.[87] Fast die Hälfte der Österreicher würde die EU-Mitgliedschaft der ehemaligen jugoslawischen Teilrepublik explizit begrüßen, nur ein Drittel nimmt eine negative Haltung ein.[88]

Im Hinblick auf Rumänien und Bulgarien sind vor allem wiederum die Vertreter der Wirtschaft auf der Befürworterseite. Im Gegensatz dazu gibt es aber sogar innerhalb der Regierungsparteien wie in der Opposition und vor allem den Arbeitnehmerorganisationen durchaus kritische Stimmen.[89] Sicher ist jedenfalls, dass diese Erweiterungsrunde weniger gravierende Auswirkungen auf Österreich haben wird.[90]

Umfragen ergeben auch, dass die Österreicher einem Türkei-Beitritt kritisch gegenüberstehen. Zustimmung und Ablehnung gehen auch quer durch die politi-

[84] Die Presse, 16.6.2004, S. 24.
[85] Die Presse, 7.9.2004, S. 10.
[86] Die Presse, 11.12.2004, S. 8.
[87] *Sajdik/Schwarzinger* (o. Fußn. 2), S. 270.
[88] Österreichische Gesellschaft für Europapolitik (o. Fußn. 31), S. 3 ff.
[89] Die Presse, 15.6.2005, S. 10 und 21.
[90] Die Presse, 29.4.2005, S. 33.

schen Parteien.[91] Vor dem Europäischen Rat im Dezember 2004 überlegte die SPÖ eine Bindung des Bundeskanzlers durch den zuständigen Ausschuss des Nationalrats dahingehend, dass dieser gegen die Aufnahme von Verhandlungen mit der Türkei stimmen sollte.[92] Dieses Vorhaben scheiterte jedoch an der mangelnden Mehrheit. Für einen Türkei-Beitritt gibt es auch keine starke Wirtschaftslobby: Die Ausfuhren nach Kroatien mit 4,5 Mio. Einwohnern liegen wertmäßig um mehr als das Doppelte über den Lieferungen österreichischer Unternehmen in die Türkei mit ihren 65 Mio. potenziellen Konsumenten.

---

[91] Die Presse, 10.5.2004, S. 1; ebendort, 13.6.2005, S. 32.
[92] Vgl. Kurier, 1.10.2004, S. 2.

Deutschland

Pierre Ullmann[*]

I. Einleitung

Am 1.5.2004 wurden Estland, Lettland, Litauen, Malta, Polen, die Slowakei, Slowenien, Tschechien, Ungarn und Zypern in die EU aufgenommen. Damit ist die bislang größte Erweiterung in der Geschichte vollzogen. Deutschland rückte von der Randlage in das Zentrum der EU. Kaum ist jedoch die politische Einigung vollzogen und die Beschäftigung mit den politischen, rechtlichen und ökonomischen Auswirkungen in Deutschland noch in vollem Gange, klopfen schon die nächsten Kandidaten an die europäische Tür. Welche Schlussfolgerungen können aus der Osterweiterung gezogen und als Erfahrungsschatz in die anstehenden Erweiterungsrunden eingebracht werden?

II. Erwartungen vor dem Beitritt

Für den luxemburgischen Premierminister *Jean-Claude Juncker* war am Vorabend der Erweiterung diese „ein Anlass zu uneingeschränkter Freude". Die europäische Frage sei immer noch die zwischen Krieg und Frieden: „Eigentlich geht der zweite Weltkrieg erst jetzt richtig zu Ende".[1] Auch für die deutsche Bundesregierung bot der Beitritt der mittel- und osteuropäischen Staaten sowie Maltas und Zyperns eine historische Chance zum Zusammenwachsen und zur friedlichen Vereinigung des Kontinents. Das Bekenntnis aller Mitgliedstaaten zu Demokratie, Rechtsstaat sowie Menschen- und Bürgerrechten sei die beste Gewähr für Frieden, politische Stabilität und Wohlstand.[2] Die Einigung Europas liege gerade im Interesse Deutschlands, das sich jetzt erstmals in seiner Ge-

---

[*] Ass. iur. Pierre Ullmann, LL.M., Mitarbeiter am Dresdner Osteuropa-Institut e.V.

[1] Siehe www.netzeitung.de/wirtschaft/wirtschaftspolitik/283984.html v. 28.4.2004.

[2] Bundesregierung, Antwort auf die Große Anfrage „Klarstellung der Auswirkungen der EU-Osterweiterung", Bundestags-Drucksache 15/3015 v. 29.4.2004, S. 2.

schichte nur noch von Staaten umgeben findet, mit denen es auf das engste verbunden sei.[3]

In Deutschland bestand in der Frage der EU-Erweiterung schon relativ früh ein Konsens der politischen Elite. Die Politik ging dabei von vier zentralen Erwartungen aus: Mit der Osterweiterung werde ein zusätzlicher Beitrag zur äußeren und inneren Stabilität Europas geleistet und die europäische Friedensordnung ausgeweitet. Zudem beseitige die EU-Erweiterung durch wirtschaftliche Entwicklung und Stabilität in den beitretenden Staaten das an der deutschen Ostgrenze verlaufende Wohlstandsgefälle. Dies habe weiter zur Folge, dass Kriminalität verursachende Faktoren in den Staaten Mittel- und Osteuropas wegfielen und die innere Sicherheit auch in Deutschland gestärkt werde. Die politischen und wirtschaftlichen Probleme in der Bundesrepublik durch erhebliche Migration von Arbeitssuchenden aus den Staaten Mittel- und Osteuropas könnten schließlich durch Übergangsfristen bei der Freizügigkeit und im Bereich der Dienstleistungsfreiheit abgemildert werden.[4]

Das Gelingen oder Scheitern der EU-Osterweiterung entschied sich daher für die deutsche Politik vor allem in der Überwindung bzw. des Abbaus des Wohlstandsgefälles und der Steuerung der erwarteten Migrationsbewegungen. Bundeskanzler *Gerhard Schröder* hielt die Erweiterung für politisch gelöst, jedoch noch ökonomisch zu verkraften.[5] So wurde neben der Frage der Arbeitnehmerfreizügigkeit und des Erlasses entsprechender Übergangsvorschriften insbesondere die Steuerpolitik diskutiert. *Schröder* warnte die neuen EU-Mitglieder, ihre Politik der Niedrigbesteuerung auf Dauer fortzusetzen: Mit extrem niedrigen

---

[3] Siehe Bundesregierung (o. Fußn. 2), S. 3.
[4] *Bergmann*, Auswirkungen der EU-Osterweiterung auf das öffentliche Leben und Recht, in: ZEuS 2003, 103 (106).
[5] Rede von Bundeskanzler *Schröder* am 2.10.2003 bei der Eröffnungsveranstaltung des Deutsch-Spanischen Forums mit dem Titel „Perspektiven für Europa", in: Internationale Politik 2004, 109.

Steuern und Löhnen sei es auf Dauer nicht möglich, eine Infrastruktur aufzubauen, die den Ansprüchen der Investoren genüge. Wenn die Beitrittsländer selber ihre Steuern niedrig halten und sich ihre Infrastruktur von der EU finanzieren lassen, gebe es Diskussionsbedarf.[6]

Im Gegensatz dazu forderten die Arbeitgeber, dass sich Deutschland vielmehr dem Wettbewerb um eine Reform der Steuer- und Sozialsysteme mit den mittel- und osteuropäischen Staaten stellen sollte.[7] Obwohl sich an den Steuersätzen seit der Erweiterung in den neuen Mitgliedstaaten nicht viel verändert hat, blieb eine größere öffentliche Debatte aus. Vielmehr rückte die Senkung der Steuersätze in Deutschland selbst in den Vordergrund. Hierbei ist anzumerken, dass unter Zugrundelegung des Indikators der gesamtwirtschaftlichen Steuer- bzw. Abgabenquote (Steuereinnahmen und gesetzlichen Sozialabgaben in Relation zum BIP) sich kein allgemeines Steuergefälle zwischen Deutschland und den Beitrittsländern nachweisen lässt.[8]

Eine weitere Sorge bestand darin, dass es aufgrund eines verschärften Lohnwettbewerbes zu Arbeitsplatzverlusten kommen könnte. Tatsächlich belaufen sich die Stundenlöhne in den Beitrittsländern nur auf rund ein Sechstel bis ein Fünftel der Stundenlöhne in Deutschland. Allerdings ist dieses Lohngefälle Ausdruck des hohen Produktionsgefälles zwischen Deutschland und den Beitrittsländern und kein Hinweis darauf, dass deutsche Unternehmer preislich nicht wettbewerbsfähig sind.[9] Die Bundesregierung hielt die Befürchtungen in Anbetracht der vereinbarten Übergangsfristen im Bereich der Arbeitnehmerfreizügigkeit

---

[6] Bundeskanzler *Schröder* in einem Interview im Handelsblatt v. 30.4.2004.

[7] *Börner* (Vors. des Bundesverbandes des Deutschen Groß- und Außenhandels), in: FAZ v. 27.4.2004, S. 11.

[8] Bundesregierung (o. Fußn. 2), S. 5.

[9] Wochenbericht des DIW Berlin 17/2004, S. 1 (5).

und Teilen der grenzüberschreitenden Dienstleistungserbringung für unbegründet.[10] Diese Auffassung hat sich als im Wesentlichen richtig erwiesen.

Die Diskussionen in Deutschland waren von der Erkenntnis bestimmt, dass bei bisherigen Erweiterungen das Ökonomische das Politische nachzog, bei der EU-Erweiterung jedoch das Politische das Ökonomische nach sich zieht. Insoweit bestand Einigkeit, dass die Erweiterung zwar die historische Wiedervereinigung Europas darstellt, diese allerdings von großen ökonomischen Bedenken begleitet wurde. Gerade deswegen wuchs nur allmählich die Akzeptanz in der deutschen Bevölkerung. Wurde bei Umfragen um die Jahrtausendwende nur die Aufnahme einiger Länder befürwortet, so stieg ein Jahr vor dem Beitrittstermin die Zustimmung zur gesamten Aufnahme (10/2002: 12 % - 4/2003 19 %).[11] Kurz vor dem Beitritt befürwortete jedoch noch immer nur ein Fünftel die Osterweiterung.[12]

Andererseits verstärkten sich aber auch nicht die negativen Erwartungen. So stieg die Zustimmung zu den Aussagen, dass es durch die Erweiterung eine stärkere Garantie für Frieden und Sicherheit gebe (10/2002: 55 % - 4/2003: 61 %) und die Bedeutung der EU in der Welt zunehme werde (10/2002: 64 % - 4/2003: 67 %).[13] Neben den hauptsächlich ökonomisch motivierten Bedenken fürchteten die Deutschen vor allem eine schwierigere Entscheidungsfindung in den europäischen Institutionen (10/2002: 68 % - 4/2003: 71 %).[14]

Es bleibt zu resümieren, dass in der Bevölkerung zwar große Befürchtungen vor dem Beitritt bestanden, jedoch der Erweiterung nicht eine herausragende politische Bedeutung beigemessen wurde, wie dies in den mittel- und osteuropäischen Beitrittsstaaten selbst der Fall war, von einer Euphorie ganz zu schweigen.

[10] Bundesregierung (o. Fußn. 2), S. 7.
[11] Eurobarometer, Frühling 2003, Bericht Deutschland, S. 1 (3, 16).
[12] Siehe die Allensbachstudie 2/2004.
[13] Eurobarometer (o. Fußn. 11), S. 16.
[14] Eurobarometer (o. Fußn. 11), S. 17.

Wirklich positiv schauten der Erweiterung dagegen die politischen und wirtschaftlichen Eliten entgegen. Hier war man sich seit Jahren einig, dass die Chancen ihre Risiken weit überträfen.[15]

III. Abstimmung im Bundestag und im Bundesrat

Die formal-juristische Zustimmung zum Beitrittsvertrag erfolgte über die Abstimmungen im Parlament, dem deutschen Bundestag, am 3.7.2003 und in der Länderkammer, dem deutschen Bundesrat, am 11.7.2003. Die Abstimmung im Bundestag war von zwei Anträgen aus den Reihen der Opposition bestimmt.

1. Erster parlamentarischer Antrag: Grundgesetzänderung

Der erste Antrag zielte darauf ab, festzustellen, dass die Zustimmung zum Beitrittsvertrag mit zwei Dritteln der Stimmen des Bundestages zu erfolgen habe. Zur Begründung wurde angeführt, dass die Frage, ob die Erweiterung der EU eine materielle Verfassungsänderung im Sinne des Art. 23 Abs. 1 S. 3 i. V. m. Art. 79 Abs. 2 Grundgesetz (GG) darstelle, verfassungsrechtlich umstritten sei.[16] Seitens der Bundesregierung lehnte Außenminister *Fischer* in seiner Rede vor dem Bundestag dieses Ansinnen ab.[17]

2. Zweiter parlamentarischer Antrag: Beneš-Dekrete

Der zweite Antrag beinhaltete die Aufforderung an die Bundesregierung, mit der Tschechischen Republik über die Aufhebung der so genannten Beneš-Dekrete zu verhandeln.[18] Unter Hinweis auf die erzielten Fortschritte zwischen beiden Völkern und die gemeinsame Deutsch-Tschechischen Erklärung vom 21.1.1997 wurde auch dieser Antrag abgelehnt. Diese nicht unbedeutende Diskussion konnte durch den Beitritt Tschechiens zur EU nicht beendet werden.

---

[15] *Ridderbusch*, Neue Ängste auf dem alten Kontinent, in: Die Welt v. 26.4.2005.
[16] Bundestags-Drucksache 15/1358 v. 2.7.2003, S. 1 (2).
[17] Siehe www.europa-web.de/europa/03euinf/04AUS_BU/fieubtg.htm.
[18] Bundestags-Drucksache 15/1359 v. 2.7.2003, S. 1 (2).

Der tschechische Präsident *Vaclav Klaus* bezeichnete im Juni 2005 in einem Zeitungsinterview die Vertreibung der Sudetendeutschen als „präventive Maßnahme" zur Verhinderung eines neuen Krieges.[19] Für die Präsidentin des Bundes der Vertriebenen und CDU-Bundestagsabgeordnete, *Erika Steinbach*, war diese Äußerung „eine Ohrfeige für Europa".[20] In diesem Zusammenhang sei daran erinnert, dass bei der Abstimmung zum Beitrittsvertrag im Europäischen Parlament Tschechien mit 489 Stimmen die geringste Zustimmung aller Staaten erhielt. Ein entscheidender Grund dafür war das Festhalten Tschechiens an den Beneš-Dekreten. Auch ein Jahr nach dem Beitritt Tschechiens ist diese schwierige Frage für beide Seiten noch nicht zufrieden stellend gelöst worden. Vor dem Hintergrund einer möglichen liberal-konservativen Regierung nach den Bundestagswahlen im Herbst 2005 ist in dieser Hinsicht vielmehr mit einer Verschlechterung der politischen Beziehungen zwischen beiden Staaten zu rechnen.

Nach namentlicher Abstimmung über den Antrag im Bundestag erfolgte die Zustimmung zum Beitrittsvertrag mit 575 Stimmen bei einer Gegenstimme und vier Enthaltungen. Vor der Abstimmung im Bundesrat am 11.7.2003 kritisierte der Vertreter Bayerns, dass die Bundesregierung die Verabschiedung des Zustimmungsgesetzes als Einspruchsgesetz ansah und deshalb eine Zweidrittelmehrheit nicht für erforderlich hielt. Die bayerische Landesregierung begründete ihre Kritik damit, dass mit dem Beitrittsvertrag die vertraglichen Grundlagen der EU auf eine Weise geändert werden, durch die das Grundgesetz seinem Inhalt nach geändert bzw. ergänzt wird.[21] Die Staatsministerin im Auswärtigen Amt, *Müller*, lehnte mit Hinweis auf die fehlende Änderung des Grundgesetzes diesen Einwand ab.[22] Der Beitrittsvertrag habe keine in Art. 23 GG angesprochene verfassungsändernde Wirkung.

---

[19] Siehe www.spiegel.de/politik/ausland/0,1518,359363,00.html.
[20] Siehe www.wormser-zeitung.de/politik/objekt.php3?artikel_id=1923979.
[21] Protokoll der 789. Sitzung des Bundesrates v. 20.6.2003, S. 178.
[22] Ebenda, S. 180.

Dieser Ansicht ist zu folgen, da die Änderung der vertraglichen Grundlagen der EU sich letztlich nur auf beitrittsbedingte Anpassungsmodalitäten der organisatorischen Regelungen in den EU-Verträgen beschränkt. Sie verschaffen den Beitrittsländern lediglich die Mitwirkungsrechte am Rechtsetzungsprozess der EU. Letztlich stimmte jedoch der Bundesrat dem EU-Beitrittsvertrag einstimmig zu.

IV. Rechtsanpassungen, Übergangsfristen und Folgen

Die zehn neuen Mitgliedstaaten wurden mit dem Beitritt am 1.5.2004 vollwertige Mitglieder der EU, so dass ab diesem Zeitpunkt grundsätzlich das EU-Recht (*acquis communautaire*) galt. Für Deutschland ergaben sich im Vergleich dazu relativ wenige notwendige Rechtsänderungen.

1. Arbeitnehmerfreizügigkeit

Eine der Anpassungen betraf den deutschen Arbeitsmarkt. Der Beitritt bedeutete für die Arbeitnehmer der neuen EU-Staaten nicht gleichzeitig den freien Zugang. Die Abweichungen wurden im „Gesetz über den Arbeitsmarktzugang im Rahmen der EU-Erweiterung“ normiert.[23] Die Festlegung der Übergangsfristen wurde mit dem Schutz vor der mittel- und osteuropäischen Konkurrenz und der hohen Arbeitslosigkeit begründet.

Nur die Staatsangehörigen von Zypern und Malta erhielten freien Zugang mit dem Beitritt. Dazu wurde durch Art. 3 des Gesetzes über den Arbeitsmarktzugang der § 284 Abs. 1 SGB III (Drittes Buch des Sozialgesetzbuches) dahin geändert, dass dieser ungehinderten Zugang zur Arbeitstätigkeit ohne eine erforderliche Arbeitsgenehmigung gewährt. Dagegen benötigen die Angehörigen der anderen Beitrittsstaaten nach § 284 Abs. 1 S. 2 Nr. 1 SGB III auch weiterhin eine Arbeitserlaubnis.

---

[23] BGBl. 2004 I S. 602.

Diejenigen Staatsangehörigen der neuen Mitgliedsstaaten, die bereits am 1.5.2004 für einen ununterbrochenen Zeitraum von mindestens zwölf Monaten im Bundesgebiet zum Arbeitsmarkt zugelassen waren, erhalten nach der geänderten Arbeitsgenehmigungsverordnung (§ 12 ArgV) abweichend von § 286 Abs. 1 S. 1 Nr. 1 SGB III eine Arbeitsberechtigung erteilt. Dies gilt jedoch nicht für solche Staatsangehörige, die von einem Arbeitgeber mit Sitz im Ausland in das Bundesgebiet entsandt worden sind.

Somit bleibt festzuhalten, dass sich die Voraussetzungen und Verfahren für eine Arbeitsgenehmigung mit der Erweiterung nicht grundsätzlich geändert haben. Hinzuweisen ist indes darauf, dass die Arbeitnehmer aus den neuen Mitgliedstaaten gegenüber Arbeitnehmern aus Drittstaaten zu bevorzugen sind. Die oben genannten Einschränkungen können nach dem Beitrittsvertrag nach den ersten zwei Jahren um drei Jahre und anschließend noch um zwei weitere Jahre verlängert werden („2+3+2“-Regelung). Jene Beschränkungen, die über die ersten zwei Jahre hinausgehen, müssen allerdings gegenüber der EU-Kommission besonders begründet werden. Spätestens im Jahr 2011 werden alle Zugangsbeschränkungen beseitigt sein.

Ergänzend sei auf einige Ausnahmeregelungen hingewiesen, wonach es den deutschen Unternehmen erlaubt ist, Arbeitnehmer aus den neuen EU-Ländern einzustellen. So besteht auch weiterhin die Möglichkeit, zum Beispiel im Hotel- und Gaststättengewerbe ausländische Saisonarbeitnehmer zu beschäftigen.

2. *Dienstleistungsfreiheit*

Die Dienstleistungsfreiheit nach Art. 49 EGV war auf die Unternehmen aus den Beitrittstaaten in Deutschland nicht zur Gänze mit dem EU-Beitritt anwendbar. Anders als bei der Arbeitnehmerfreizügigkeit war aber für die Dienstleistungsfreiheit lediglich eine Beschränkungsoption für bestimmte Branchen vorgesehen. Mit der Veröffentlichung der an die EU-Kommission durch die Bundesregierung gemeldeten Beschränkungen machte Deutschland von der in den Anhängen zur Beitrittsakte eröffneten Möglichkeit Gebrauch.[24]

Somit ergaben sich Einschränkungen im Baugewerbe (einschließlich verwandter Wirtschaftszweige), der Reinigung von Gebäuden, Inventar, Verkehrsmitteln und sonstigen Dienstleistungen einschließlich der Innendekoration. In den übrigen Branchen kam die volle Dienstleistungsfreiheit zur Anwendung.

Gerade in Polen wird darauf gehofft, dass Deutschland schon 2006 die Übergangsfristen abschafft. Sowohl der Bundeskanzler als auch der Bundesminister für Wirtschaft und Arbeit, *Wolfgang Clement*, erklärten, dass die bei der Dienstleistungsfreiheit bestehenden Probleme nicht auf Mängel des EU-Rechts zurückgingen. Vielmehr würden die Regelungen durch missbräuchliche Nutzung der Dienstleistungsfreiheit oder durch Scheinselbstständigkeit unterlaufen.

V. Die Situation nach einem Jahr

Außenminister *Joschka Fischer* erklärte anlässlich des ersten Jahrestages der Erweiterung der EU, dass damit die schmerzliche Teilung des Kontinentes nach dem Zweiten Weltkrieg überwunden sei. Er könne nach einem Jahr eine positive Bilanz ziehen, da sich die auf beiden Seiten geäußerten Befürchtungen nicht bewahrheitet hätten.[25] Bundeskanzler *Gerhard Schröder* verwies in seiner Erklärung zum Jahrestag vor allem auf die Erfüllung einer historischen Mission. Europa habe mit dem 1.5.2004 seine schmerzliche Trennung überwunden. Gleichzeitig machte er darauf aufmerksam, dass er die vereinbarten Übergangsfristen bei der Arbeitnehmer- bzw. der Dienstleistungsfreiheit weiterhin für richtig und gerechtfertigt halte.

---

[24] Bundesanzeiger v. 20.10.2004, Nr.199, S. 22231.
[25] Siehe www.auswaertiges-amt.de/www/de/ausgabe_archiv?archiv_id=7127.

Im Unterschied zur politischen Ebene sind die Bundesbürger dagegen zum großen Teil skeptisch geblieben. So sind 43 % in den alten und 44 % in den neuen Bundesländern davon überzeugt, dass die Bundesrepublik aus der Erweiterung Schaden nehmen wird.[26]

1. Arbeitsmarkt und Dienstleistungssektor

Die Diskussion zur Dienstleistungsfreiheit in der deutschen Öffentlichkeit wurde insbesondere durch die Situation an deutschen Schlachthöfen bestimmt. Seit Mai 2004 ließ sich dort verstärkt beobachten, dass die Stammbelegschaft auf ein Minimum reduziert und große Teile der Tierschlachtung und Tierzerlegung über billigere Arbeitskräfte aus Mittel- und Osteuropa zu Dumpinglöhnen von ca. 3 - 5 € abgewickelt wurden. Die Gewerkschaft Nahrung-Genuss-Gaststätten bezifferte die Zahl der Arbeitsplätze, die aufgrund der „neuen Dienstleistungsfreiheit" im gesamten Bundesgebiet mittlerweile verloren gegangen seien, auf über 26.000.[27]

Als Reaktion darauf kündigte die Bundesregierung an, das Arbeitnehmer-Entsendegesetz, das in wesentlichen Teilen bislang auf den Baubereich beschränkt war, zukünftig auf alle Branchen auszuweiten. Aufgrund der vorgezogenen Neuwahlen zum deutschen Bundestag im Herbst 2005 und der ablehnenden Haltung der Opposition wird dieses zustimmungspflichtige Gesetz in naher Zukunft jedoch nicht verabschiedet werden.

Das Arbeitnehmer-Entsendegesetz würde sowohl ausländische als auch inländische Arbeitgeber, die Arbeitnehmer nach Deutschland entsenden, verpflichten, den deutschen tariflichen Mindestlohn zu zahlen.[28] Dabei gilt es jedoch zu be-

[26] Presseinformation von tns infratest v. 27.4.2005.
[27] Pressemitteilung des Instituts Arbeit und Technik v. 4.5.2005.
[28] Dazu auch *Boemke*, EU-Osterweiterung und grenzüberschreitende Arbeitnehmerüberlassung, in: BB 2005, 266 – 272; *Junker*, Arbeitnehmerentsendung aus deutscher und europäischer Sicht, in: JZ 2005, 481 – 488.

denken, dass damit nicht das Problem der ausländischen Selbstständigen, z.B. bei den Fliesenlegern oder Fleischern auf Schlachthöfen, gelöst wird. Denn das geplante Entsendegesetz berücksichtigt nur die abhängig Beschäftigten.

In den vom Meisterzwang befreiten Branchen melden sich seit dem 1.5.2004 viele Ausländer aus Mittel- und Osteuropa bei den Handwerkskammern als Selbstständige an. Sie nutzen insoweit die Beschäftigungsmöglichkeiten gerade in solchen Berufen, in denen man keine zusätzlichen Qualifikationen, wie den Meisterbrief, braucht. So kann sich seit dem 1.1.2004 jeder zum Fliesenleger ernennen, der sich zur „Kunst zur Fuge" berufen fühlt. Mit der Änderung des Handwerksrechts[29] entfiel der Meisterzwang für 53 Berufe, so auch für Gebäudereiniger und Fliesenleger. Es wäre daher ratsam und erfolgreicher gewesen, die Übergangsfrist für eine größere Branchenzahl festzulegen.

2. *Saisonkräfte*

Eine Überraschung erlebten diejenigen Landwirte, die mittel- und osteuropäische Saisonarbeitskräfte, z. B. bei der Spargelernte, beschäftigten. Für letztere, die in ihren Heimatländern leben und dort als Arbeitnehmer versichert oder selbständig tätig sind, gelten seit der EU-Erweiterung bei einer Tätigkeit in Deutschland die deutschen Rechtsvorschriften. Seit Mai 2004 sind daher Sozialversicherungsbeiträge an die jeweiligen Behörden im EU-Ausland abzuführen, was jedoch fast nie geschehen ist.

Deshalb wurde eine Sonderregelung zwischen dem deutschen Sozialministerium und der polnischen Regierung getroffen, wonach deutsche Bauern für polnische Saisonkräfte erst von Juli 2005 an Sozialbeiträge entrichten müssen. Fraglich ist,

---

[29] Dazu allgemein *Müller*, Die Novellierung der Handwerksordnung 2004, in: NVwZ 2004, 403 – 412; *Beaucamp*, Meister ade – Zur Novelle der Handwerksordnung, in: DVBl. 2004, 1458 – 1463; *Schwannecke/Heck*, Die Handwerksordnungsnovelle 2004, in: GewArch. 2004, 129 – 142.

ob mit der Vorenthaltung von Sozialversicherungsabgaben polnische Arbeitnehmer nicht benachteiligt werden. Denn Abweichungen von EU-Vorgaben können nur zugunsten der Arbeitnehmer erfolgen. Daher erscheint eine Regelung wie die deutsch-polnische nicht europarechtskonform.

3. Befürchtungen vor steigender Kriminalität

Im Vorfeld der Erweiterung wurden in weiten Kreisen der Bevölkerung die Auswirkungen auf die grenzüberschreitende Kriminalität erörtert. Grund hierfür waren auch Berichte in den Boulevard-Medien, wo manch einer den Untergang des westlichen Abendlandes fürchtete, weil die Grenzen durchlässiger wurden.[30] Dieser Ansicht waren etwa 86 % der Bürger des Freistaates Sachsen im Jahr 2003.

Dagegen erwartete die Bundesregierung keinen relevanten Anstieg der Kriminalität und verwies auf die schon zu diesem Zeitpunkt enge justizielle und polizeiliche Zusammenarbeit mit den Beitrittsländern, insbesondere mit Polen und Tschechien.[31] Die Kriminalstatistik 2004 wies interessanterweise aus, dass der Anteil der Tatverdächtigen aus den zehn neuen EU-Mitgliedsländern nur einen Anteil von 9,9 % an allen nichtdeutschen Tatverdächtigen ausmachte.[32]

Angesichts dieser Zahlen konnte sogar der bayrische Innenminister *Beckstein*, der diesbezüglich nur selten mit starken Worten geizt, feststellen, dass eine mit der EU-Erweiterung steigende Kriminalität nicht bestätigt werden könne. Er resümierte: "Kriminelle Organisationen haben auch schon in der Vergangenheit ohne Rücksicht auf bestehende Grenzen nach Mitteln und Wegen gesucht, um mit illegalen Praktiken möglichst hohe Profite zu erzielen."[33]

---

[30] „Mit EU wächst die Kriminalität. Münchens Polizeipräsident tief besorgt.", in: Tageszeitung München v. 29.4.2004.
[31] Bundesregierung (o. Fußn. 2), S. 30.
[32] Siehe www.bmi.bund.de, PKS 2004.
[33] Siehe www.br-online.de/bayern1/thema/polizeireport/statistik-2004.stml, 12.6.2005.

Die Ursache, dass es nicht zum befürchteten starken Anstieg der Kriminalität kam, ist vor allem in einer effektiveren Verbrechensbekämpfung zu suchen. Diese ist in die verstärkte grenzüberschreitende Zusammenarbeit der Polizei und der Justizorgane eingebettet, wobei die Passkontrollen nach dem Schengener Abkommen zunächst weiter aufrechterhalten werden. Sie werden erst dann vollständig entfallen, wenn der Rat der Justiz- und Innenminister nach einer umfassenden Evaluierung des Schengen-Besitzstandes in den neuen Mitgliedsstaaten einstimmig festgestellt hat, dass diese die Voraussetzungen für den Wegfall der Binnengrenzkontrollen auch tatsächlich erfüllen.

Schon vor dem Beitritt wurden die mittel- und osteuropäischen Staaten in die Kooperationsstrukturen zur verstärkten Zusammenarbeit wie Europol, Eurojust und Schengen einbezogen. Die Erweiterung ist daher nicht Ursache grenzüberschreitender Kriminalität, sondern bietet vielmehr die Möglichkeit, alle Verbesserungen in der Zusammenarbeit in den Bereichen Inneres und Justiz zu nutzen. Festzustellen bleibt, dass die organisierten kriminellen Banden nicht auf die im Zuge der Erweiterung entstandenen Erleichterungen an der Grenze angewiesen waren, sondern kriminelles Agieren für sie vielmehr schwieriger geworden ist, weil deutsche und polnische bzw. tschechische Polizei- und Grenzbehörden nunmehr enger zusammenarbeiten.

VI. Neue Erweiterungsrunden

Neue Erweiterungsrunden werden nach dem doppelten Debakel der gescheiterten Referenden zur EU-Verfassung in Frankreich und Holland sowie dem Scheitern des EU-Gipfels am 18.6.2005 in Brüssel in Deutschland verstärkt thematisiert.

1. Bulgarien und Rumänien

Am 25.4.2005 unterzeichneten Rumänien und Bulgarien in Luxemburg die Beitrittsverträge. Sie sollen am 1.1.2007 Mitglieder der EU werden.[34] Wegen der schlechten wirtschaftlichen Lage und den praktischen Erfahrungen mit der Erweiterung im Mai 2004 schaut Deutschland recht reserviert auf diese neue Erweiterungsrunde. Es verwundert daher nicht, dass die Arbeitnehmerfreizügigkeit und die Dienstleistungsfreiheit im Mittelpunkt der innenpolitischen Auseinandersetzungen stehen. So verlangte CDU-Vorsitzende *Angela Merkel* wegen des Umstands, dass in den Verträgen mit Rumänien und Bulgarien eine Einschränkung der Dienstleistungsfreiheit fehle, eine unbedingte Nachverhandlung in diesem Punkt.[35] Auf die Unmöglichkeit dieses Unterfangens hingewiesen, beschränkte sie sich in einer späteren Erklärung vor dem Bundestag am 16.6.2005 auf die – an sich selbstverständliche - Forderung, dass Rumänien und Bulgarien die Bedingungen der Beitrittsverträge zu erfüllen hätten.[36] Die Übergangsfristen des EU-Beitrittsvertrags mit Bulgarien und Rumänien vom 25.4.2005[37] entsprechen jeweils denen des EU-Beitrittsvertrags vom 16.4.2003.

Es muss jedoch die Frage gestellt werden, warum es Österreich darüber hinaus noch gelang, die Bereiche Pflegekräfte, Gärtner, Steinmetze und Metallbauer entsprechend zu beschränken. Deutschlands Aufmerksamkeit war offensichtlich mehr auf die Arbeitnehmerfreizügigkeit gerichtet. Verwundern muss, dass angesichts der erkannten Schwierigkeiten bei der Dienstleistungsfreiheit von Deutschland nicht mehr erreicht worden ist.

Neu ist im Beitrittsvertrag der Art. 39, der die Möglichkeit eröffnet, dass der Rat auf Empfehlung der Kommission einstimmig den Beitritt zum 1.1.2008 ver-

---

[34] Dazu *Lippert*, Erweiterungspolitik der EU, in: *Weidenfeld/Wessels* (Hrsg.), Jahrbuch der Europäischen Integration 2003/2004, 2004, S. 419 (425 – 428).
[35] Interview in der Westfälischen Rundschau v. 2.5.2005.
[36] FAZ v. 16.6.2005.
[37] EU-Beitrittsvertrag v. 25.4.2005, ABl. EU Nr. L 157 v. 21.6.2005, S. 11 – 27.

schieben kann. Sollte Rumänien die Anforderungen des Kapitels „Justiz und Inneres“ bzw. „Wettbewerb“ nicht erfüllen, reicht sogar eine Entscheidung des Rates mit qualifizierter Mehrheit. Jedoch bleibt es in jedem Fall beim Beitritt spätestens zum 1.1.2008.

Im Hinblick auf das erforderliche Ratifizierungsverfahren warnte der europapolitische Sprecher der CDU/CSU-Fraktion, *Peter Hintze*, vor einem zu raschen EU-Beitritt Rumäniens und drohte mit einem Nein bei der Ratifizierung. Weit verbreitete Korruption und eine nur bedingt unabhängige Justiz seien schwerwiegende Mängel, die den geplanten EU-Beitritt in Frage stellten.

2. Beitritt der Ukraine

Laut einer Umfrage des Meinungsforschungsinstitutes TNS Sofres im Februar und März 2005 sprachen sich 53 % der Deutschen gegen einen Beitritt der Ukraine aus, 41 % waren dafür. Zum Vergleich: Ende 2004 hatte das Meinungsforschungsinstitut Forsa im Auftrag der Zeitschrift "Internationale Politik" ermittelt, dass 30 % einen Beitritt ablehnen und 62 % ihn befürworten.[38]

Die Ursache für diesen Stimmungswandel dürfte auch in der Affäre um die Vergabe von Visa an der deutschen Botschaft in Kiew begründet liegen. In dieser Sache dürfte der parlamentarische Untersuchungsausschuss zudem zu einer veränderten Sichtweise beigetragen haben. Der Meinungsumschwung ist für die Beitrittsbefürworter umso ärgerlicher, da in der Ukraine seit Ende 2004 dem Demokratisierungsprozess durch die „Orange Revolution“ zum Durchbruch verholfen und die Annäherung an die EU zum zentralen Thema erklärt worden ist.[39]

---

[38] Die Welt v. 24.3.2005.

[39] Dazu jüngst *Göckeritz*, Politischer Reformprozess in der Ukraine, in: Osteuropa-Recht 2005, 162 – 166.

3. *Beitritt der Türkei*

Die größte Kontroverse wirft die Frage einer EU-Mitgliedschaft der Türkei auf, die von den Deutschen mehrheitlich abgelehnt wird.[40] Etwa zwei Drittel treten für eine Volksabstimmung über diese Frage ein. Seitens der deutschen Politik wird dies jedoch äußerst zurückhaltend kommentiert, da man Auseinandersetzungen mit der türkischen Bevölkerung befürchtet, die die größte Minderheit in Deutschland darstellt. Beide großen politischen Lager stellen aber den Beginn der Beitrittsverhandlungen am 3.10.2005 nicht in Frage.

Die Sozialdemokratie, die Liberalen und die Grünen propagieren zwar einen „ergebnisoffenen" Ausgang der Verhandlungen, erachten aber eine Vollmitgliedschaft der Türkei als erstrebenswert. CDU/CSU befürworten dagegen eine privilegierte Partnerschaft. Allerdings stellte die Türkei einen Antrag auf Mitgliedschaft in der EU gemäß Art. 49 EUV. Daher gibt es nur die Optionen eines Beitritts oder einer Ablehnung eines solchen. Eine privilegierte Partnerschaft für die Türkei ist auf diesem Weg europarechtlich nicht möglich. Sie hätte hierfür eine Assoziation gemäß Art. 310 EGV beantragen müssen.

Die gescheiterten Verfassungsreferenden und der gescheiterte EU-Gipfel vom 18.6.2005 lassen auch die bisherigen Befürworter einer EU-Vollmitgliedschaft der Türkei nachdenklich werden. So sprach sich der FDP-Fraktionsvorsitzende *Wolfgang Gerhardt* dafür aus, dass sich die EU Alternativen zu einer Vollmitgliedschaft überlegen solle.[41] Hauptgründe für die Ablehnung eines EU-Beitritts sind die Probleme der unzureichenden Einhaltung der Menschenrechte in der Türkei, der geringen türkischen Wirtschaftskraft und der schwierigen Integration

[40] Zu den Gründen gegen einen Türkei-Beitritt grundlegend *Winkler*, Grenzen der Erweiterung. Die Türkei ist kein Teil des „Projekts Europa", in: Internationale Politik 2003, 59 – 66; *Wehler*, Die türkische Frage, in: FAZ v. 19.12.2003, S. 35; *ders.*, Verblendetes Harakiri. Der Türkei-Beitritt zerstört die EU, in: Aus Politik und Zeitgeschichte, B 33-34/2004, 6 – 8; *Böckenförde*, Nein zum Beitritt der Türkei. Eine Begründung, in: FAZ v. 10.12.2004, S. 35.

[41] Siehe www.rp-online.de/public/article/nachrichten/politik/deutschland/94951.

der in Deutschland lebenden türkischen Minderheit, die mit 2,3 Mio. die größte Minderheit in Europa bildet. Jedoch erscheint es bei den Integrationsbestrebungen offensichtlich, dass die deutsche Politik nach 40 Jahren resigniert hat.[42]

VII. Schlussbemerkungen

Nach den gescheiterten Verfassungsreferenden in Frankreich und Holland,[43] den negativen Stimmungswerten in der deutschen Bevölkerung zur EU-Erweiterung und den anstehenden Erweiterungsrunden sollte den politischen Eliten deutlich geworden sein, dass es ein Mehr an Europa nur mit dem Bürger und nicht gegen ihn gibt. Um den Bürger im Boot „Europa“ mitzunehmen, bedarf es mehr als des Verweises auf einzelne Übergangsregelungen. Es muss deutlich herausgestellt werden, dass es Sicherheit und Wohlstand in einer globalisierten Welt nur in einem vereinten Europa geben kann.

Die notwendige Abgabe von nationalen Kompetenzen und die gleichzeitige Stärkung der EU-Institutionen erfordert auch mehr direkte Demokratie. Sollte weiterhin die Ansicht vorherrschen, “von denen da in Brüssel“ regiert zu werden, wird es weitere Debakel wie in Frankreich und Holland geben. Es ist daher dringend notwendig, die Vertiefung der EU unter Einbeziehung der Bürger voranzutreiben und sich erst danach mit neuen Erweiterungsrunden zu befassen.

Die Befürchtungen vor dem Beitritt der neuen Mitgliedstaaten haben sich zumindest im Bereich der Kriminalität nicht bewahrheitet. Es bleiben jedoch die Sorgen vor allem in den grenznahen Räumen. Dass diese noch immer bestehen, ist auch zum großen Teil der schlechten Vermarktung durch die Politik geschul-

---

[42] Zu den Anforderungen an die Integrationspolitik siehe *Bade*, Politik in der Einwanderungssituation: Migration – Integration – Minderheiten, in: *ders.* (Hrsg.), Deutsche im Ausland – Fremde in Deutschland. Migration in Geschichte und Gegenwart, 1992, S. 450 – 455.

[43] Zu den Gründen und Folgen siehe *Schild*, Ein Sieg der Angst – das gescheiterte französische Verfassungsreferendum, in: integration 2005, 187 – 200; *Jopp/Kuhle*, Wege aus der Verfassungskrise – die EU nach den gescheiterten Referenden in Frankreich und den Niederlanden, in: integration 2005, 257 – 261.

det. Wenn die Erweiterung für Deutschland wirtschaftlich ein Erfolg ist,[44] muss das auch in aller Deutlichkeit propagiert und nicht kontinuierlich die negativen Auswirkungen betont werden. Deutschland und Europa stehen vor schwierigen Zeiten, aber sie werden gestärkt aus diesen hervorgehen.

[44] Allein 2004 stieg der Export in die neuen EU-Länder um 10 %, sodass Deutschland infolgedessen rund 15 % des Wachstums im Jahr 2004 den Exporten in die neuen EU-Länder zu verdanken hat, was viele gesicherte Arbeitsplätze bedeutete.

Frankreich

*Marie Augère**

I. Keine Hochstimmung im Vorfeld der EU-Erweiterung

„*Un hymne à la joie joué en mineur*“[1]: So lautete der Titel eines Artikels in *Les Echos* am 30.4.2004, der die Äußerungen von Staatspräsident *Jacques Chirac* über den unmittelbaren Beitritt der neuen Mitgliedstaaten kommentierte. Dieser Ausdruck fasst die Wahrnehmung der Erweiterung der EU von einer Mehrheit der französischen Bevölkerung und der französischen politischen Eliten gut zusammen, da die Osterweiterung in Frankreich Anfang Mai 2004 keine richtige Hochstimmung hervorrief.

1. Die französische Bevölkerung: Zwischen Ängsten und Desinteresse

Frankreich ist der Mitgliedstaat, dessen Bevölkerung im Vorfeld der Erweiterung der EU sehr zögernd gegenüber einem Beitritt der Kandidatenstaaten war und sich am stärksten gegen einen solchen Beitritt ausgesprochen hatte. Dies verdeutlichte eine Umfrage des Eurobarometers im November 2002: Während 52 % der Befragten in den 15 Mitgliedstaaten der EU sich für einen Beitritt aussprachen und nicht mehr als 32 % dagegen, waren 49 % der Befragten gegen einen Beitritt und nur 41 % dafür.[2] Als Hauptargumente für eine Ablehnung des Beitritts der Kandidatenstaaten wurden vor allem die Angst vor einem Anstieg der Arbeitslosigkeit in Frankreich (54 %) und die Sorge, dass die Entschei-

---

* Marie Augère, Diplom des Institut d'Etudes Politiques de Paris, Diplomandin in Politikwissenschaften am Otto-Suhr-Institut Berlin.

1 „Hymnus der Freude in Moll gespielt“, *Izraelewicz*, in: Les Echos, 30.4.2005: Das Wort „mineur“ bedeutet sowohl „In Moll [gespielt]“ als auch „zweitrangig“.

2 Umfrage vom Eurobarometer 10-11/2002, zitiert nach *Grunberg/Lequesne*, France, une société méfiante, des élites sceptiques, [Frankreich, eine misstrauische Gesellschaft, zögernde Eliten], in: *Rupnik* (Hrsg.), Les Européens face à l'élargissement – Perceptions, acteurs, enjeux. [Die Europäer und die Erweiterung – Wahrnehmungen, Akteure, Herausforderungen] Paris. Presses de Sciences Po. 2004.

dungsprozesse auf europäischer Ebene erschwert werden könnten, angeführt. Dazu kam bei vielen Befragten die Furcht vor der Vermehrung von Firmenverlagerungen in die Beitrittsländer sowie der Gefahr eines „Sozialdumpings". Gleichzeitig aber wurden auch mögliche wirtschaftliche Vorteile der EU-Erweiterung nicht übersehen, denn 80 % der Befragten erkannten, dass die EU-Osterweiterung sicherlich neue Absatzmärkte für französische Firmen öffnen würde.[3] Schließlich wurden auch keine besonderen Ängste gegenüber einer massiven Einwanderung aus den künftigen Mitgliedstaaten ausgedrückt, u. a. wegen der Tatsache, dass diese Staaten keine direkten Grenzen zu Frankreich haben.

Für die französischen Sozialwissenschaftler *Lequesne* und *Grunberg*[4] ist die Wahrnehmung der EU-Erweiterung durch die französische Bevölkerung eher als „resignierte Indifferenz", nicht als eine „wirkliche Opposition" zu bezeichnen. Dieses allgemeine Desinteresse sei hauptsächlich auf das mangelnde Engagement seitens der französischen politischen Eliten zurückzuführen.

2. Kein großes Engagement der französischen politischen Eliten

Vor der Erweiterung waren besonders die „anti-europäischen", nationalistischen Parteien wie die rechtsextremen Parteien (Front National, MNR[5]) aber auch die so genannten Parteien *„souverainistes*" (MPF, RPF[6]) aktiv. Sie prangerten die

[3] Die französischen Firmen haben in den letzten Jahren viel in den mittel- und osteuropäischen Ländern investiert. Die französischen Investitionen betrugen im Jahr 1998 4,6 % der gesamten ausländischen Investitionen und im Jahr 2001 mehr als 20 %. Frankreich ist heute der größte Investor in Polen und der viertgrößte in Tschechien, siehe Elargissement de l'Union européenne: un nouveau marché [Erweiterung der Europäischen Union: ein neuer Markt], DREE Dossier, Ministère délégué au commerce extérieur.

[4] *Lequesne/Grunberg* (o. Fußn. 2), S. 47.

[5] Front National: *Nationale Front* (Parteivorsitzender: *Jean-Marie Le Pen*); Mouvement National Républicain, *National-republikanische Bewegung* (Parteivorsitzender: *Bruno Mégret*).

[6] Die größte Aufgabe der Parteien „souverainistes" ist die Verteidigung der Souveränität gegenüber der Globalisierung und dem Integrationsprozess. Besonders seit ihrem Engagement gegen die Ratifizierung des Vertrags von Maastricht 1992 (Referendum mit nur 51,05 %) führen sie eine aktive anti-europäische Politik; MPF: Mouvement pour la France (Parteivorsitzender: *Philippe de Villiers*); RPF: Rassemblement pour la France des ehemaligen Innenministers *Charles Pasqua*.

Osterweiterung heftig an und hoben besonders deren potentiell negative Folgen, wie einen möglichen Anstieg der Arbeitslosigkeit, hervor.

Diese Parteien haben umso mehr Resonanz in der Öffentlichkeit gefunden, als seitens der französischen politischen Elite und insbesondere seitens der Regierung kein großes Engagement für die Erweiterung zu erkennen war. Eine aktive Informationspolitik zu Gunsten einer größeren Akzeptanz der EU-Erweiterung unter der Bevölkerung wurde nicht betrieben. Demzufolge haben viele Franzosen die EU-Osterweiterung erst am 1.5.2004 vor ihrem Fernseher „entdeckt“.[7]

Die Reserviertheit der französischen Politiker ist nicht neu: Frankreich stand bereits früheren Erweiterungen der Europäischen Gemeinschaft skeptisch gegenüber. Genannt seien an dieser Stelle die französischen Bemühungen der 70er Jahre, als es darum ging, den Beitritt von Großbritannien zu verschieben, als auch die Bedenken und Ängste vor dem Beitritt von Spanien und Portugal in den 80er Jahren. Damals waren die Debatten viel heftiger, weil die damaligen Beitrittskandidaten direkte Nachbarländer von Frankreich sind und sie die Landwirtschaft der südlichen Grenzregionen hätten in Gefahr bringen können.[8]

Dennoch ist mit der letzten EU-Erweiterung ein verstärktes Gefühl des Kontrollverlustes auf den europäischen Erweiterungsprozess sowohl unter den politischen Eliten als auch in der Bevölkerung zutage getreten. Die Idee einer Erweiterung der EU auf die mittel- und osteuropäischen Staaten hat viel Zeit gebraucht, um sich bei den französischen Politikern durchzusetzen. Anfang der 90er Jahre behauptete der damalige sozialistische Staatspräsident *François Mitterrand*, dass er sich eine Osterweiterung nicht vorstellen könne.[9] Zwei

[7] *Burnier*, L'Europe en cachette [Europa heimlich], in: Libération, 4.5.2004.
[8] *Drevet*, L'Europe élargie et la France [Das erweiterte Europa und Frankreich], in: Futuribles – Analyse et perspective. N° 303, Dezember 2004.
[9] Siehe dazu die berühmte Rede von *François Mitterrand* anlässlich der Assises de la Confédération in Prag, zitiert nach *Grunberg/Lequesne* (o. Fußn. 2), S. 57.

Hauptgründe erklärten diese Haltung: *Erstens* herrschte seit der Wiedervereinigung ein gewisses Maß an Misstrauen gegenüber Deutschland und seinem Engagement für seine östlichen Nachbarn. Die ersten Bemühungen der französischen Regierung zielten darauf ab, die vermuteten deutschen Vorhaben in Mittel- und Osteuropa zu verhindern. *Zweitens* gab es von Anfang an Befürchtungen, dass die Erweiterung nach Osten den bevorzugten Beziehungen der EU mit dem Mittelmeerraum schadet, was gegen die Interessen Frankreichs war.[10]

Der Regierungswechsel in Frankreich im Jahr 1995, anlässlich dessen *Jacques Chirac* Staatspräsident wurde, brachte wichtige europapolitische Veränderungen mit sich. Der neuen Regierung wurde bewusst, dass die Osterweiterung der EU unvermeidlich war und dass sie schneller vollzogen würde als angenommen. Sogleich versuchte Frankreich, seine eigenen Interessen im Erweiterungsprozess durchzusetzen. Die Regierung hat sich, im Gegensatz zur bisherigen Politik, für einen „Big Bang“ ausgesprochen hat, an dem auch Rumänien und Bulgarien – mit denen Frankreich privilegierte Beziehungen unterhält – teilnehmen sollten.

Dennoch besteht unter den französischen Politikern immer noch eine große Skepsis gegenüber der Notwendigkeit der letzten Erweiterung, denn für viele verhindert eine solche Erweiterung die notwendige Vertiefung der EU, ohne die keine politische Union möglich sei. „Vertiefung vor Erweiterung“ war immer ein Hauptargument von Frankreich, vor allem aus Angst vor einem Einflussverlust. Das Problem mit der letzten EU-Erweiterung bestehe darin, dass die neuen Mitgliedsstaaten anscheinend keine politische Union möchten, die eine Beschneidung ihrer eigenen Souveränität bedeuten würde, so die Interpretation von

---

[10] *Deloche-Gaudez*, La France et l’élargissement à l’Est de l’Union européenne [Frankreich und die Osterweiterung der EU], in: Les études du CERI 46, Oktober 1998.

Elisabeth Guigou, Ministerin der Justiz a. D. in einem Artikel in *Le Monde* von April 2004.[11] Die Ansicht teilen viele Politiker in Frankreich.

II. Ratifizierung des EU-Beitrittsvertrags: Eine breite Mehrheit

Trotz der oben erwähnten Ressentiments vieler französischer Politiker wurde das Parlamentsgesetz, das den Staatspräsidenten ermächtigte, den EU-Beitrittsvertrag zu ratifizieren,[12] von einer breiten Mehrheit der Abgeordneten und Senatoren verabschiedet. Das Parlamentsgesetz[13] bestand aus einem einzigen Artikel, der die Ratifizierung des Beitrittsvertrags zwischen den fünfzehn alten Mitgliedern der EU und den neuen Mitgliedern erlaubt. Es wurde zunächst von der Nationalversammlung (*Assemblée Nationale*) am 26.11.2003 und dann am 10.12.2003 mit gleichem Wortlaut vom Senat verabschiedet. Schließlich wurde das Gesetz n° 2003-1210 zur Ratifizierung des Vertrags von Athen offiziell vom Staatspräsidenten *Jacques Chirac* am 19.12.2003 verkündet und trat am 20.12.2003 durch seine Veröffentlichung im *Journal Officiel* n° 294 in Kraft.[14]

Bei der Vorstellung des Gesetzes in den zwei Kammern wurden vom damaligen französischen Außenminister *Dominique de Villepin* und den jeweiligen Gesetzesreferenten die historische Dimension der EU-Erweiterung sowie die notwendige Solidarität mit den künftigen Mitgliedsstaaten betont. Dennoch wurden viele Bedenken gegenüber der EU-Erweiterung geäußert und einige Abgeordnete enthielten sich oder stimmten sogar gegen die Ratifizierung des Beitrittsvertrages. In der Nationalversammlung gab es eine Gegenstimme vom rechtspolitischen Abgeordneten *Jean-Christophe Lagarde*, einem überzeugten Europäer,

---

[11] *Guigou*, 3 scénarios pour l'Europe élargie [3 Szenarien für das erweiterte Europa], in: Le Monde, 12.4.2004.

[12] Das Parlament darf keinen internationalen Vertrag ratifizieren. Nur der Staatspräsident verfügt gem. Art. 52 der Französischen Verfassung über die Kompetenz, internationale Verträge zu ratifizieren. Zuerst muss jedoch das Parlament ein Ermächtigungsgesetz verabschieden.

[13] Informationen auf der Webseite des Senats: http://www.senat.fr/dossierleg/pjl03-088.html.

[14] Nach der Verordnung vom 5.11.1870 tritt ein Gesetz erst mit seiner Veröffentlichung im *Journal Officiel* in Kraft.

für den Europa durch diese Erweiterung „zu Machtlosigkeit verurteilt" sei[15] und der sich einen Volksentscheid gewünscht hätte. Im Senat gab es auch eine Gegenstimme, dieses Mal von einer kommunistischen Senatorin. In beiden Kammern enthielten sich zudem viele Kommunisten und Sozialisten der Stimme.[16] Deren Kritik richtete sich hauptsächlich auf die wirtschaftlichen und sozialen Folgen der EU-Erweiterung und deren mangelhafter Vorbereitung seitens der Regierung. Die Souveränisten beteiligten sich nicht an der Wahl.

Schließlich wurde in den parlamentarischen Debatten die Frage nach den Grenzen der EU gestellt. Nach dem damaligen Außenminister *de Villepin* gehören Rumänien und Bulgarien zu der gleichen Kandidatengruppe wie die zehn neuen Mitgliedstaaten und sollten im Jahr 2007 beitreten. Der Beitritt der Türkei hingegen sei „eine andere Frage".

III. Übergangsfristen: Beschränkung der Arbeitnehmerfreizügigkeit

In Anbetracht der oft geäußerten Bedenken gegenüber den wirtschaftlichen und sozialen Folgen der EU-Erweiterung und angesichts der schwierigen Lage des Arbeitsmarktes[17] in Frankreich beschloss die französische Regierung, den freien Zugang zum Arbeitsmarkt für Arbeitnehmer aus den neuen Mitgliedstaaten – in Übereinstimmung mit den Bestimmungen des Vertrags von Athen[18] – für bis zu fünf Jahre zu beschränken.[19] Somit hat Frankreich dieselbe Entscheidung getroffen wie die Mehrheit der alten EU-Mitgliedstaaten.[20]

---

[15] L'Assemblée dit 'oui' à l'Europe des 25 [Die Versammlung sagt „Ja" zum Europa der 25], Meldung von AFP, 27.11.2003.

[16] Senat: sieben Enthaltungen (vier von der Sozialistischen Partei, drei von der Kommunistischen Partei); Nationalversammlung: 15 Enthaltungen, hauptsächlich von den Sozialisten.

[17] Mehr als zwei Mio. Arbeitslose, das sind 9,8 %, Zahlen vom 5.6.2005, L'Expansion.com.

[18] Gemäß der Beitrittsakte: Vierter Teil „Bestimmungen mit begrenzter Geltungsdauer", Titel I „Übergangsmaßnahmen". Die Regelung gilt nicht für Zypern und Malta.

[19] Gemeinsame Informationsbroschüre des Ministeriums für Soziales, Arbeit und Solidarität und des Ministeriums für Familie, Gesundheit und Behinderte, L'Europe s'élargie: Comment la France accueillera les ressortissants des nouveaux Etats membres? [Europe enlarges: How France welcomes the new Member State nationals?], 2004. Im Vorwort des Sozialministers *François Fillon* wird betont, dass Frankreich sich auf die Erweiterung der EU freue, denn sie

Die Beschränkungen gelten nur für die Arbeitnehmer. Studenten, Forscher und Selbständige sind von dieser Regelung ausgenommen. Gemäß des „2 + 3 + 2 Mechanismus“ des Beitrittsvertrags wird Frankreich anlässlich einer Bilanz auf nationaler Ebene nach zwei Jahren Maßnahmen ergreifen können, um den Arbeitnehmern aus den neuen Mitgliedstaaten den Zugang zum Arbeitsmarkt zu erlauben. Wegen der hohen Arbeitslosenquote in Frankreich ist allerdings eher eine weitere Beschränkung bis zum Jahr 2009 zu erwarten. In einigen Branchen, wo es an Arbeitskräften fehlt, könnten aber partielle Öffnungen beschlossen werden. Frankreich würde in einem solchen Fall keine Einwanderungsquoten per Nationalität einführen. Im Gegensatz zu Österreich und Deutschland sieht Frankreich jedoch vor, die Möglichkeit einer zusätzlichen zweijährigen Übergangsperiode zu nutzen.

Einige Ausnahmen gelten dennoch für junge Arbeitnehmer, die maximal achtzehn Monate in Frankreich arbeiten, um sich dadurch weiterzubilden. Diese Ausnahmen sind von bilateralen Abkommen geregelt, u. a. mit Polen und Ungarn. Ausgenommen von dieser Regelung sind Saisonarbeiter.

Der freie Dienstleistungsverkehr wurde bereits zum 1.5.2004 für Selbständige und Firmen erlaubt. Des Weiteren gilt keine Übergangsfrist für Dienstleistungen, wie es in Deutschland und Österreich etwa in der Baubranche der Fall ist.

Waren solche Regelungen wirklich notwendig? In einer Pressemitteilung vom 25.4.2004[21] behauptete der GISTI,[22] ein wichtiger Verband der Zivilgesellschaft

---

stelle eine historische Chance für alle Völker dar. Die Broschüre sei konzipiert worden, um die Fragen der Bevölkerung zu beantworten und *„einige Missverständnisse“* zu beseitigen.

[20] Nur England, Irland und Schweden haben eine sofortige komplette Arbeitnehmerfreizügigkeit für die neuen Mitgliedstaaten erlaubt.

[21] „Même après l'élargissement de l'Union, la France devrait rester à l'écart des migrations venues de l'Est“ [Auch nach der Erweiterung der Union sollte Frankreich abseits von den Migrationen aus dem Osten bleiben], in: Le Monde, 25.4.2004.

zur Verteidigung der Rechte ausländischer Arbeitnehmer, dass Frankreich diese Maßnahmen nicht brauchte, denn es sei kein typisches Land der Einwanderung für Osteuropäer. Eine Studie der EU-Kommission hatte nämlich im März 2001 gezeigt, dass 80 % der zu erwartenden Migration aus Mittel- und Osteuropa Deutschland und Österreich betreffen würde. Frankreich habe sich angesichts eines „überschätzten Risikos" scheinbar „verbarrikadiert".[23] Dennoch, betrachtet man die oben erwähnten Umfragen in der französischen Bevölkerung, kann diese politische Entscheidung als gerechtfertigt betrachtet werden.

IV. Ein Jahr EU-Erweiterung: Die Ängste sind nicht verschwunden

Ein Jahr nach dem Beitritt der neuen Mitgliedstaaten am 1.5.2004 sind die Ängste vor den negativen wirtschaftlichen und sozialen Folgen der Erweiterung noch immer vorhanden. Dies wurde in den Debatten um die „Bolkestein-Richtlinie" und die EU-Verfassung in der ersten Hälfte des Jahres 2005 offensichtlich.

1. Dienstleistungsrichtlinie

Der Entwurf einer EU-Richtlinie über die Liberalisierung der Dienstleistungen in der EU und besonders die Einführung des Herkunftslandprinzips[24] wurde in Frankreich – wie in Deutschland – heftig kritisiert. Staatspräsident *Jacques Chirac* hat sich klar gegen die Dienstleistungsrichtlinie in dieser Form ausgesprochen. Frankreich übte gemeinsam mit Deutschland Druck auf die EU-Kommission aus, um den Richtlinienentwurf in wesentlichen Punkten zu verändern. Am 23.3.2005 wurde die „Bolkestein-Richtlinie" in der ursprünglichen Form von den europäischen Staats- und Regierungschefs abgelehnt. Als die Debatten

---

[22] Groupe d'information et de soutien des immigrés [Gruppe für die Information und die Unterstützung der Einwanderer].

[23] „Les Quinze se barricadent face au risque surestimé de l'immigration" [Die 15 verbarrikadieren sich angesichts des überschätzten Einwanderungsrisikos], in: Le Monde, 29.4. 2004.

[24] „Bolkestein-Richtlinie" genannt nach dem Namen ihres Autors *Frits Bolkestein*, ehemaliger Binnenmarktkommissar (1999 – 2004). Danach sollen ausländische Dienstleistungsunternehmen in der EU nur noch die Rechtsvorschriften [Beschäftigungs- und Sozialbedingungen] zu erfüllen haben, die in ihrem Herkunftsland gelten.

in der EU um die Richtlinie Mitte März 2005 einen Höhepunkt erreicht hatten, verteidigte der neue EU-Kommissionspräsident *Barroso* die Richtlinie und behauptete seinerseits, dass ihre Gegner eigentlich die Folgen der Osterweiterung nicht akzeptieren würden.[25] In Frankreich spielte die Furcht vor der Konkurrenz billiger Fachkräfte aus Osteuropa tatsächlich eine große Rolle. So rückte die Osterweiterung der EU, die zunächst eher mit Desinteresse verfolgt wurde, in den Mittelpunkt der Debatten, zumal die französische Regierung keinerlei Übergangsmaßnahmen im Dienstleistungssektor beschlossen hatte.

Aber nicht nur in Frankreich, sondern auch in Deutschland, Belgien und Schweden stand die Angst vor der Konkurrenz aus dem Osten und vor einem steigenden sozialen Dumping plötzlich im Mittelpunkt der Diskussion.[26] Allgemein kann von einem „europäischen Unbehagen" in der „Affäre" der Bolkestein-Richtlinie gesprochen werden.[27] Es scheint, als würde nach dem Enthusiasmus des 1.5.2004 in vielen EU-Ländern nun die Angst vor der Bedrohung der nationalen Interessen dominieren.

2. *EU-Verfassung*

Obwohl die zwei Themen inhaltlich nichts miteinander zu tun haben, ähneln sich in Frankreich die Debatte um die Bolkestein-Richtlinie und um die EU-Verfassung in weiten Teilen. Daraufhin machte Außenminister *Michel Barnier* am 30.3.2005 in einem Interview mit *Le Monde*[28] noch einmal deutlich, dass die Bolkestein-Richtlinie nicht durch die EU-Verfassung in Kraft treten werde, sondern auf dem bereits vorher existierenden und für alle Mitgliedstaaten bindenden

[25] „Jacques Chirac hausse le ton contre la directive Bolkestein" [Jacques Chirac erhebt die Stimme gegen die Bolkestein-Richtlinie], in: Le Monde, 15.3.2005.

[26] Sehr oft wurde das Beispiel der lettischen Firma L-P Baltic erwähnt, die in Schweden eine Ausschreibung gewonnen hatte, um eine Schule zu bauen, weil die Löhne der Arbeiter sehr niedrig waren. Dies wurde zu einem großen Skandal und unter dem Druck der schwedischen Gewerkschaften wurden die Letten gezwungen, von diesem Auftrag Abstand zu nehmen.

[27] *Leparmentier*, La directive Bolkestein ou le malaise européen [Die Bolkestein-Richtlinie oder das europäische Unbehagen], in: Le Monde, 10.3.2005.

[28] *Barnier*, Les contre-vérités du non [Die Unwahrheiten des Nein], in: Le Monde, 30.3.2005.

europäischen Recht beruhe. Außerdem betonte er, dass eine Zustimmung zur EU-Verfassung nicht eine Zustimmung zum Beitritt der Türkei bedeute.

Die EU-Osterweiterung wurde dennoch im Rahmen der allgemeinen Kritik an einem zu liberal ausgerichteten Europa in die Debatte hineingezogen. Anlässlich seiner Äußerungen zur EU-Verfassung im französischen Fernsehen am 14.4.2005, anderthalb Monate vor dem Referendum, hätte Staatspräsident *Chirac* noch einmal hervorheben sollen, dass die Integration der ärmeren EU-Länder Vorteile für alle Mitgliedstaaten darstelle.[29]

3. EU-Beitritt der Türkei

Doch auch eine andere Frage treibt die Franzosen um: der mögliche Beitritt der Türkei zur EU. In Umfragen wird ein solcher mehrheitlich abgelehnt.[30] In der Debatte über die EU-Verfassung ist das Thema immer wieder aufgetaucht. Vor allem Politiker wie Innenminister *Nicolas Sarkozy* oder der „Souveränist" *Philippe de Villiers* griffen dieses Thema immer wieder auf.[31] Beide haben sich bei der Kampagne für das Referendum über die EU-Verfassung sehr stark gegen einen Beitritt der Türkei ausgesprochen. Dadurch wurden diese beiden Themen immer stärker miteinander verwoben, was für ein gewisses Durcheinander in der französischen Bevölkerung sorgte. Staatspräsident *Chirac* bemühte sich zwar, dieser Tendenz entgegenzutreten, indem er sich im Dezember 2004 in einer Fernsehansprache zum Beitritt der Türkei ausführlich äußerte und dabei betonte, dass ein solcher Beitritt nicht vor 10 oder 15 Jahren verwirklicht werden könne.

---

[29] *Chirac* hat sich am 14.4.2005 zum Referendum im Fernsehen geäußert.

[30] Umfrage Ipsos-Le Figaro vom 10.11.2002: 56 % der Franzosen sprachen sich gegen einen EU-Beitritt der Türkei aus. Ein solcher stelle nämlich die kulturelle Identität der EU in Frage und sei eine zusätzliche Schwächung der politischen Union. Zudem werde eine Migration aus der Türkei befürchtet, zitiert nach *Grunberg/Lequesne* (o. Fußn. 2), S. 60.

[31] Der Beitritt der Türkei spaltet die französische Politik. Am 8.11.2002 hatte sich der ehemalige Staatspräsident *Giscard d'Estaing* in *Le Monde* klar gegen einen Beitritt ausgesprochen, denn er würde „das Ende der EU" bedeuten. Dies löste erhebliche Diskussionen aus.

Diese Stellungnahme des Präsidenten verfehlte jedoch ihre Wirkung.[32] Der Journalist *Jean-Claude Casanova* behauptete sogar, die Ansprache hätte die Tendenz der Verknüpfung beider Themen noch verstärkt.[33]

V. Obligatorisches Referendum über neue EU-Erweiterungen

Aufgrund der Verknüpfung der Themen der EU-Verfassung und des Beitritts der Türkei wurden auf Initiative des Staatspräsidenten und der Regierungspartei UMP[34] dem Verfassungsänderungsgesetz zur Ratifizierung des EU-Verfassungsvertrags die Artikel 2 und 4 hinzugefügt, die künftige Erweiterungen der EU betreffen – namentlich den EU-Beitritt der Türkei. Diese Maßnahme zielte darauf ab, den Franzosen zu versichern, dass eine Zustimmung zur EU-Verfassung einen EU-Beitritt der Türkei nicht einfacher machen würde.[35]

Der französischen Bevölkerung ist schon einmal ein Referendum über den Beitritt neuer Mitgliedstaaten zur EU gemäß Art. 11 der französischen Verfassung[36] vorgelegt worden, und zwar unter der Präsidentschaft von *George Pompidou* am 23.4.1972, als über den Beitritt von Großbritannien, Dänemark und Irland entschieden wurde.[37] Durch die Art. 2 und 4 des Verfassungsänderungsgesetzes

---

[32] Umfrage Ifop – Le Journal du dimanche (15./16.12.2004) nach der Äußerung von *Chirac* im Fernsehen zum Beitritt der Türkei: 33 % der Befragten sprachen dafür, 62 % dagegen aus.

[33] Le Monde, 31.3.2005.

[34] UMP: Union pour un mouvement populaire (Vorsitz: *Nicolas Sarkozy*).

[35] Der Staatspräsident hatte unmittelbar nach der Unterzeichnung des EU-Verfassungsvertrages am 29.10.2004 den Verfassungsrat (*Conseil Constitutionnel*) gem. Art. 54 der Verfassung angerufen, damit dieser die Vereinbarkeit des Vertrags mit der französischen Verfassung prüft. Durch seinen Beschluss vom 19.11.2004 hatte er sich für die Notwendigkeit eines Verfassungsänderungsgesetzes zur Ratifizierung des EU-Verfassungsvertrags ausgesprochen. Das Verfassungsänderungsgesetz, das den Titre XV der französischen Verfassung („*Über die Europäischen Gemeinschaften und die Europäische Union*") ändert, wurde am 1.3.2005 durch den Kongress (die Nationalversammlung und den Senat) in Versailles verabschiedet.

[36] Art. 11: „Der Präsident der Republik kann auf Vorschlag der Regierung (…) jeden Gesetzentwurf zum Gegenstand eines Volksentscheids machen, der (…) auf die Ermächtigung zur Ratifizierung eines Vertrages hinzielt, der, ohne der Verfassung entgegenzustehen, Auswirkungen auf die Tätigkeit der Staatseinrichtungen haben würde."

[37] 68,32 % hatten dem Beitritt zugestimmt, dazu *Cassia/Saulnier-Cassia*, Le traité établissant une constitution pour l'Europe et la constitution française [Der Europäische Verfassungsvertrag und die französische Verfassung], in: La Semaine juridique, 2.2.2005.

wurde nun zusätzlich zu den von der französischen Verfassung in den Art. 11 und 89[38] schon vorgesehenen Verwendungsmöglichkeiten des Volksentscheids ein neuer Referendumstyp geschaffen. So fügte Art. 2 dem Titre XV der Verfassung einen Art. 88-5 hinzu. Danach muss von nun an jeder Gesetzentwurf zur Ratifizierung eines EU-Beitrittsvertrags den französischen Bürgern vom Staatspräsidenten mittels eines Volksentscheids vorgelegt werden. In Art. 4 des Verfassungsänderungsgesetzes wurde aber präzisiert, dass eine solche Regelung für diejenigen Staaten nicht gilt, deren Beitritt einer vor dem 1.7.2004 vom Europäischen Rat einberufenen Regierungskonferenz folgte.[39] So sind Rumänien, Bulgarien und Kroatien nicht betroffen, sondern an erster Stelle die Türkei.

Nach dem Inkrafttreten des EU-Verfassungsvertrages sollte Art. 88-5 zum Art. 88-7 werden, denn die Art. 88-5 und 88-6 hätten die neuen Befugnisse des Parlaments in Bezug auf die europäische Rechtsprechung festlegen sollen. Da die Ratifizierung des Verfassungsvertrages am 29.5.2005 von 54,68 % der französischen Bevölkerung abgelehnt wurde,[40] wird dies aber nicht geschehen. Dennoch bleibt die Verfassungsänderung, also der Art. 88-5 bestehen,[41] da nur der Verfassungsvertrag selbst Gegenstand des Referendums war.

---

[38] Volksentscheid im Fall einer Verfassungsänderung. Der Staatspräsident hat aber auch die Möglichkeit, das Verfassungsänderungsgesetz nicht per Volksentscheid, sondern vom Kongress verabschieden zu lassen.

[39] Art. 2 des Verfassungsänderungsgesetzes, das die Ratifizierung des EU-Verfassungsvertrags erlaubt: « Tout projet de loi autorisant la ratification d'un traité relatif à l'adhésion d'un Etat à l'Union européenne et aux Communautés européennes est soumis au référendum par le Président de la République »; Art. 4: « L'article 88-5 dans sa rédaction en vigueur jusqu'à l'entrée en vigueur du traité établissant une Constitution pour l'Europe, et l'article 88-7 de la Constitution ne sont pas applicables aux adhésions faisant suite à une conférence intergouvernementale dont la convocation a été décidée par le Conseil européen avant le 1er juillet 2004. »

[40] Alle Ergebnisse des Referendums (nach Regionen) auf der Webseite des französischen Innenministeriums: http://www.interieur.gouv.fr.

[41] Letzte Fassung der französischen Verfassung: http://www.legifrance.gouv.fr/html/constitution/constitution.htm.

Diese Verfassungsänderung lässt einige Fragen offen. Der obligatorische Charakter des Volksentscheids für weitere Erweiterungen der EU kollidiert mit der traditionellen Ermessensfreiheit des französischen Staatspräsidenten in diesem Bereich. Darüber hinaus ist in Art. 88-5 nur vom Beitritt *eines* Staates die Rede: Wird die neue Regelung auch gelten, falls mehrere Staaten gleichzeitig beitreten?[42] Schließlich und vor allem könnte diese Regelung weitere Krisen der EU verursachen. Die französische Bevölkerung hat von nun an die Möglichkeit, in letzter Minute den Beitritt eines Staates abzulehnen und damit langjährige politische Verhandlungen zunichte zu machen. Da gemäß Art. 49 des EU-Vertrages der Beitritt eines neuen Staates zur EU von allen Mitgliedstaaten ratifiziert werden muss, könnte der Prozess der Erweiterung der EU erschwert werden. Der Beitritt der Türkei zur EU ist davon betroffen und erscheint angesichts der Umfragen in der Bevölkerung im Moment höchst unwahrscheinlich. Eine Ablehnung der Bevölkerung würde die französische Regierung in eine unangenehme Situation gegenüber Ankara bringen, da die französischen Regierungen seit zwanzig Jahren, sei es unter der Präsidentschaft von *François Mitterrand* oder *Jacques Chirac*, den Beitritt der Türkei aus politischer Überzeugung bzw. diplomatischem Realismus – um Ankara nicht zu beleidigen – gefördert haben.[43]

VI. Ausblick

Ein Jahr nach der Erweiterung der EU stellt sich in Frankreich die Frage nach den Grenzen der EU und damit die Frage nach ihrer Identität. Persönlichkeiten wie der europäische Abgeordnete *Jean-Louis Bourlanges* haben sich anlässlich der Debatten über die letzte Erweiterung der EU und über den Beitritt der Türkei für eine „Pause" bei der Erweiterung[44] ausgesprochen. Über den sehr mediatisierten Beitritt der Türkei hinaus stellt sich nämlich die Frage, ob der Erweite-

---

[42] *Cassia/Saulnier-Cassia* (o. Fußn. 37).

[43] *Gubert*, Turquie, le dilemme français [Türkei, das französische Dilemma], in: Le Point, 20.12.2002.

[44] *Bourlange*, in: Le Figaro, 4.4.2003.

rungsprozess überhaupt ein Ende haben wird. Was kommt nach dem Beitritt der Türkei: der Beitritt von Georgien, Albanien, der Ukraine? Bedeutet dies nicht das Ende für das europäische politische Projekt? Unter der Bevölkerung und den politischen Eliten entwickelt sich seit einigen Jahren ein wachsendes Gefühl des Kontrollverlusts gegenüber der Entwicklung in der EU. Frankreich rückt immer mehr an die Peripherie und verliert dadurch seine zentrale Position in Europa.

Angesichts der Kritik an der letzten Erweiterung der EU, an der Bolkestein-Richtlinie und am EU-Verfassungsvertrag fragen sich anscheinend immer mehr Franzosen: „Wohin mit der Europäischen Union?". Mit der Ablehnung der EU-Verfassung in Frankreich und den Niederlanden und der daraufhin einsetzenden Debatte in Brüssel und in den Mitgliedstaaten ist offensichtlich die Zeit gekommen, sich diese Frage ernsthaft zu stellen.

The United Kingdom

*Ana Pollard**

I. The UK and the Prospect of Enlargement

The UK has always had a difficult relationship with the EU and the British attitude to the European project is marked by certain defining features. In particular Britain has striven to protect national sovereignty by placing an emphasis on intergovernmental cooperation and responding with suspicion to the formation of supranational competences and deepening political integration.[1]

One of the UK's primary interests in the EU has always been economic, differentiating it from most of its continental European partners. *Macmillan* declined membership of the European Economic Community (EEC) in 1957 in favour of a free trade area. *Anthony Eden* warned against the attempts of the six to form a supranational European community which would not further Britain's interests in a common market and *Margaret Thatcher* saw the single market as the greatest achievement of the Single European Act 1986 (SEA) and it was the UK Commissioner, *Lord Cockfield*, that wrote the internal market programme on her instructions. It is within this context that European enlargement falls. The British support for enlargement of the EU, as opposed to deepening political cooperation, was coined by *Margaret Thatcher* in the phrase 'a wider but shallower Europe' which goes hand in hand with a desire to create a larger and more flexible economic area with a focus on trade and competition.

* Ana Pollard, M.A. (Cambridge), P.G.D.L. (London), L.P.C. (Oxford Institute of Legal Practice), M.E.S. (Berlin).

[1] *Volle*, Der mühsame Weg Großbritanniens nach Europa, in: *Kastendiek/Rohe/Volle* (ed.), Länderbericht Großbritannien, 1998, pp. 459 – 462; *Saalfeld*, Großbritannien, 1998, pp. 121 – 125.

Despite differing policies on Europe, enlargement has always had broad cross-party support in the UK. Both Labour and Conservative governments have supported the Eastern enlargement of 2004.[2]

Margaret Thatcher's famous Bruges speech stressed the importance of the inclusion of the former communist states in the EU and the previous administration under *John Major* initiated actions such as the establishment of the Know-How Fund and the sponsorship of the Westminster Foundation for Democracy. The Conservative government also prompted the EU to enter into association agreements with each of the applicant Member States in order to help their passage from economic and political stagnation through to membership of the EU.

The Labour Government has also actively supported the new accessions. Negotiations for the ten new Member States began under the UK's Presidency of the EU in 1998 and *Tony Blair* was the first leader to call for enlargement before the European parliamentary elections of 2004 although most believed this was overambitious at the time.[3] The UK has been involved in many programmes to strengthen applicant countries' preparations for accession including Twinning Programmes (EU-funded secondments of experts) and Bilateral Action Plans (projects targeted to give practical assistance, e.g. for training in border control).

1. Economic Advantages

The economic advantages of enlargement were widely appreciated on both sides of the political divide. The UK has more opportunities to take advantage of Eastern enlargement than perhaps any other EU country due to a more dynamic liberal market economy, an advanced service sector and as English is the lingua

[2] However, Europe has traditionally caused splits within UK political parties and Conservative MEPs campaigned against accession countries joining.
[3] Warsaw summit, 30 May 2003.

franca of Eastern Europe.[4] In preparation for EU membership the accession countries opened their markets and reformed economic structures. As a result of these reforms, pre-accession UK trade with the new Member States increased nearly ten-times as fast as with the rest of the world. Before accession around 15,000 British companies were already exporting or investing in the future Member States. Independent research[5] suggested that British industry alone would earn around £1.5 billion from the extension of the common market, that UK GDP would rise by £1.75 billion a year and that over 45,000 new jobs would be created through increased trade, greater exploitation of economies of scale and greater price competition. Concerns that enlargement would mean the loss of existing markets to more cheaply produced manufactured goods were considered unfounded as the new Member States already enjoyed tariff free access to EU markets in most sectors under the Europe Agreements, as subsidies would be limited by state aid rules and as UK firms did not compete on labour costs alone but maximised productivity and higher value-added activity.

2. Political Issues

It was also widely expected that the UK would be able to capitalise, not only on the economic benefits of enlargement, but also from the political alignment of the UK and the new Member States. It was felt that the accession countries shared the UK's vision of Europe as a union of sovereign nations with distinct identities cooperating for mutual good and as a partner and not a rival to the US.

The relationship between the UK and Poland, the 'Trojan donkey of the US',[6] received particular attention within the EU, although similar comments can be made of many of the Eastern accession states Poles and Britons share a similar

[4] Report in the Financial Times on English as the dominant language after expansion, "Enlarged Europa to speak more English", in: Financial Times, 28 November 2004.
[5] *Baldwin/Francois/Portes*, The costs and benefits of Eastern enlargement: the impact on the EU and Central Europe, Centre for Economic policy Research, 1997.
[6] "Poland the US 'Trojan donkey' rattles old men of Europe", in: Sunday Times, 1 June 2003.

attitude towards national sovereignty and the primacy of the nation state and also have common perspectives and interests in terms of the EU's economic policy.[7] The main political forces in both countries are opposed to EU-wide tax harmonization, and the Polish political elites, with the exception of the Self-Defence, and, to a lesser extent, the PSL, prefer the Anglo-Saxon economic model to the German welfare state model.

The events of 11 September also underlined the importance of enlargement in terms of extending the EU's area of security, stability and prosperity through cooperation across borders, intelligence sharing and joint law enforcement operations. The accession countries had already shown support for the anti-terrorist measures agreed by the EU and for the military campaign against terrorism in Afghanistan. The accession was also seen as a means of integrating a number of Atlantic countries into the EU to create a strong EU with a well-developed capability to act in foreign and security policies as a partner to the US.[8]

However the UK Government may be disappointed in its hopes that the new Member States will share its views not only on transatlantic relations but also on the economy and on European integration. The accession countries are, in fact, diverse in their views on foreign policy, the economy and EU integration. Poland allies itself with Spain on Structural Funds and on retaining a large voting weight in EU decisions and with France on agriculture. All the new Member States, except for Poland, fought strongly against proposals led by the UK, France and Spain to create a new president of the European Council.

---

[7] As an example, Poland clearly supported *Tony Blair's* intergovernmental vision presented in Warsaw in 2001.

[8] *Van Oudenaren*, The Changing Face of Europe: EU Enlargement and Implications for Transatlantic Relations, in: AICGS Policy Report 6, 2003, p. 80.

3. *Financial Aspects*

Potential disagreement with new Member States was evident during the Agenda 2000 discussions. The British rebate raised much criticism because enlargement would boost its size as additional costs would be included in the calculation of the abatement. New Member States were unwilling to shoulder the cost of the British budget rebate which London has kept defending with determination. The rebate, which has remained unchanged due to the own resources procedure, requiring unanimity for any alterations to be made, ensures that the UK bears only one-third of its share in financing the bloc's enlargement. The existence of the rebate was also likely to attract more critical attention as its size increased.

During the Agenda 2000 negotiations the UK Government was at the forefront of those pushing for substantial reform of the CAP with a broad consensus between all the main political parties that reform was necessary. The UK saw enlargement as a catalyst to reduce the overall economic burden of the CAP, align EU and world prices more closely and target support measures on sustainable rural development. The UK welcomed the reductions in market support prices and the increase in direct payments to farmers. However, reforms were not considered to go far enough and the UK Government has been persistently putting pressure on the Commission for more fundamental changes to be made in the next Financial Perspective for the period 2007 – 2013.

Despite the cross-party support for enlargement, the British public has consistently demonstrated the greatest ignorance and weakest support of this policy among EU countries.[9] However, immigration is a very volatile issue in the UK, and this aspect of enlargement has received widespread attention.

---

[9] See *flash* Eurobarometer.

4. Free Movement of Labour

The Accession Treaty provides that upon accession, the ten new Member States would have the right to travel and live anywhere in the EU. It also allowed all existing EU states to impose transitional restrictions for up to seven years on freedom of movement of labour from eight of the accession countries.[10] In practice most EU states, including France, Germany, Italy and Spain, decided to introduce some form of restrictions with the exceptions being Sweden, Ireland and the UK.[11]

The UK Government announced in December 2002 that it would allow immediate free movement of citizens to eight of the new Member States following accession. This decision was taken for political and economic reasons. The UK labour market had the lowest levels of unemployment for generations and although immigration has always been a difficult political issue in the UK, the Government supported the view, re-enforced by academic research,[12] that economic migration would offer significant benefits to the economy.

Although the position of the Government did not initially attract much attention, as 1 May drew closer and other EU states imposed restrictions, it became apparent that the UK and Ireland were isolated in this policy. The decision to allow citizens of accession countries immediate access to UK labour markets started to cause uproar in the media. Tabloids were full of articles predicting floods of migrants to the UK sparking fears that enlargement would lead to a drop in the living standards of unskilled workers, the displacement of jobs,

---

[10] A description of the regulatory framework applying to accession country nationals in the existing EU states in the transition period can be found in *Sriskandarajah* et al., EU enlargement and labour migration, IPPR Factfile, 2004.

[11] The minority government in Sweden attempted to impose restrictions but was unable to secure parliamentary support. Ireland also imposed no restrictions, as this would have posed practical difficulties due to the lack of border controls between Northern Ireland, which is part of the UK and Ireland.

[12] *Sriskandarajah* et al, Paying their way: The fiscal contribution of immigrants in the UK, IPPR Research Paper, 2005.

downward pressure on pay and the mass migration of cheap labour, affecting labour markets and social cohesion.[13] The Conservatives also joined the fray demanding that the UK follow the example of other countries and take advantage of transitional derogations available in Treaty.

On 23 February, as a result of the press and political attention the issue was receiving, the Home Secretary, *David Blunkett*, announced a last minute decision to introduce welfare restrictions for immigrants of EU accession nationals stating that, 'tougher benefits will make sure our generosity is not exploited'.[14] Regulations were brought forward by government departments to ensure that income related benefits, housing support and child benefit would not be abused.[15]

Despite this move, the Government maintained its original policy on labour migration but introduced the Worker Registration Scheme (WRS) as an additional measure. Under the WRS, migrants from the new Member States who take up employment for more than two months have to register with the Home Office at a cost of £50 per registration. This registration is automatic for those who can show they are nationals of one of the accession countries.[16] There are no other restrictions or quotas. The WRS was intended to prevent immigrants being pushed onto the black market where they would not pay tax or national insurance contributions.

The timing of the new legislation, which was introduced just days before 1 May, was heavily criticized. In particular the fate of asylum seekers from new Member States after 1 May was overlooked. People in this category are not able

---

[13] See The Sun, A queue of immigrants from Calais to Warsaw, 6 January 2004.
[14] See Home Office press notice 069/2004.
[15] The ability of migrants to claim benefits would nevertheless have been limited due to the Habitual Residence Test. The new measures constituted minor alterations.
[16] For information on the registration process see the www.workingintheuk.gov.uk.

to work in the UK and would not be entitled to claim benefits or live in government-funded accommodation after 1 May.

II. UK Ratification of the EU Accessions Treaty

1. Introduction

The accession of ten new Member states to the EU required the ratification of the EU Accessions Treaty within the UK. Following constitutional practice in the UK, the Secretary of State for Foreign and Commonwealth Affairs or his representative, acting on behalf of the Crown under the 'Royal Prerogative', ratifies treaties. The Prime Minister *Tony Blair* and the Secretary of State, *Jack Straw*, signed the national European Union (Accessions) Act 2003 (EU Act 2003) acting under full powers.[17] Parliament has no formal role in this procedure. This practice differentiates the UK from the majority of legislatures considering most written constitutions require parliamentary approval.

2. Implementing Legislation

All EU treaties and their amendments require implementing legislation in order to become effective in the UK. When the UK joined the Community in 1973, accession was preceded by the passing of the European Communities Act 1972 (ECA) which made the obligations under the Treaty and the law deriving from it applicable in the UK. The implementing of this legislation is necessary to prevent any conflict between obligations under the treaty and domestic law. The passage of this legislation through parliament means that treaties are subject to parliamentary scrutiny before ratification.

The EU Act 2003 provides for the implementation of the Accessions Treaty, signed in Athens on 16 April 2003, in UK law. The Act amends the definition of

[17] See fco.gov.uk/Files/.../Ratification of Treaties Procedure April 2003.pdf.

'the Treaties' and 'the Community Treaties' in the European Communities Act 1972 (c.68). This grants automatic effect to directly applicable treaty provisions and under section 2 (2) of the 1972 Act allows designated ministers to amend existing UK legislation to the extent that this is necessary for the implementation of the Treaty.

Clause 1 Subsection (1) of the Act amends the ECA by inserting the new Accession Treaty in the list of treaties implemented by the ECA. This makes the Treaty a Community Treaty for UK constitutional purposes under Section (2) of the ECA. Clause (2) of the Act makes specific reference to its non-applicability to states that do not ratify the Treaty.

Subsection (2) approves the provisions of the Treaty in so far as they relate to the powers of the European Parliament (EP) for the purpose of Section 12 of the European Parliamentary Elections Act 2002 which states that, 'no treaty which provides for any increase in the powers of the European Parliament is to be ratified by the UK unless it has been approved by an Act of Parliament'.[18]

Clause 2 of the Bill enables the Secretary of State to make regulations allowing nationals of eight of the acceding states[19] to be granted the same rights to work in the UK as nationals from the European Economic Area (EEA)[20] from 1 May 2004. This concession gives the eight states the same rights as are granted to Cyprus and Malta in the Accessions Treaty. Subsection (1) authorises regulations to provide that the rights of EEA nationals to enter and reside in the UK in order to work should also apply to nationals of the relevant acceding states.

[18] C.24, s12(1). This requirement originated in Section 6 of the "European parliamentary Elections Act 1978".

[19] Czech Republic, Estonia, Latvia, Lithuania, Hungary, Poland, Slovenia and Slovakia.

[20] EEA includes the fifteen Member States of the EU and Norway, Iceland and Liechtenstein.

Subsection (2) allows for the extension of this right in case it becomes necessary to restrict entry from some of the relevant states. Subsection (3) allows using this regulation to introduce different provisions for different states. Subsection (4) limits these regulations to those states that have ratified the Accession Treaty. Subsection (5) makes the power to make regulations exercisable by statutory instrument. Subsection (6) requires regulations to be subject to the affirmative resolution procedure in each House of Parliament. Subsections (7) - (10) allow regulations, notwithstanding subsection (6), to be made subject to the delayed affirmative resolution procedure if the Secretary of State deems this necessary in a case of urgency.

This Act passed through parliament as the European Union (Accessions) Bill following the set parliamentary stages of a government bill.[21] The European Union (Accessions) Bill was introduced to the House of Commons on the 30 April 2003. The Bill then went through the House of Commons procedure including a Second reading, Committee Reading, Report and Third Reading. The Bill was passed unopposed from the House of Commons to the House of Lords on the 5 June 2003 where the legislative process is broadly similar. The Third Reading was concluded on the 4 November 2003. Suggested Lord's amendments were then sent to the House of Commons for a consideration on the 11 November.

Suggested amendments from the House of Lords were the inclusion of clauses (6) - (10) allowing parliamentary debate if the introduction of measures against immigrants were required. Although the Government felt that the negative procedure was adequate parliamentary control for the introduction of regulations, the Select Committee suggested that free movement of workers

[21] See www.opsi.gov.uk/cgi-bin/htm for Hansard references to each stage of the Act's passage through Parliament.

would be of continuing political interest and that greater parliamentary control was necessary. The Government contended that the lengthy affirmative procedure would be impractical if emergency safeguards were required. The 'delayed-affirmative procedure' offered a compromise. Regulations under Clause 2 are subject to affirmative resolution of both Houses but, if urgent, the Secretary of State may bring in regulations prior to this resolution. The resolution would then have to be secured in 40 days or the regulation will lapse. The amendment makes clear that the urgency procedure cannot be used for the first set of regulations.

The EU Act 2003 entered into force on Royal Assent on the 13 November 2003. The final step, depositing the instrument of ratification, took place on the 18 December 2003.

3. The Ponsonby Rule

The Ponsonby Rule[22] also ensures that treaties are subject to parliamentary scrutiny. Since the 1920s the Ponsonby Rule required treaties subject to ratification to be laid before Parliament for 21 sitting days in order that Parliament may have the opportunity to debate the matter before ratification is completed by the executive. The Accessions Treaty was laid before Parliament as Command Paper Cm 6312-1 together with an explanatory memorandum.[23] The Treaty itself was ratified on the 18 April 2004.

III. The UK Response to Enlargement

1. Immigration

After 1 May discussions on enlargement virtually disappeared. The issue of immigration received some attention at the beginning of the year due to the

[22] For the history of the Ponsonby Rule see the FCO website www.fco.gov.uk.
[23] See www.fco.gov.uk/treaty.

unexpectedly large number of immigrants from the new Member States that had arrived in the UK since accession.

A Home Office study of 2003[24] had concluded that likely annual net flows to the UK might be between 5,000 and 13,000. These figures were substantially exceeded. Within the first 11 months 176,000 accession country migrants were registered under the WRS. The release of these figures prompted negative press coverage in the UK tabloids.[25] In structurally weaker regions the popularity of the BNP grew marginally as could be seen by their success in local elections. There was very little positive response in the media. However, a number of broadsheets covered the beneficial aspects of immigration.[26]

Evidence suggests that migration has been beneficial for the UK.[27] Economic conditions in the UK are optimal with record numbers in employment, stable unemployment and benign wage pressure. Migration from accession countries has increased both output and total employment with minimal impact on native workers although this migration appears to be associated with small increases in claimant unemployment. Evidence also shows that free movement has contributed to a reduction in illegal or unreported working among nationals from accession states. The UK labour market has adjusted quickly.

2. EU Financing

The enlargement has also fired the ongoing debate on EU financing. As a result of weak economic growth, reform of current budgetary policy is needed to be

[24] Home Office online research Paper RDS OLR 25/03 - The impact of EU enlargement on migration flows (5 June 2003).
[25] "Migrant Madness", in: Daily Star, 11 November 2004; "Blunkett's bungling will be taxpayer's expense", in: Daily Express, 11 November 2004; "Influx from Europe is ten times the level predicted", in: Daily Mail, 11 November 2004.
[26] "Migrant workers boost economy by £120m", in: The Independent, 11 November 2004; "Foreign workers snap up the jobs that Britons on benefit won't do", in: The Times, 11 November 2004.
[27] *Sriskandarajah* et al, see footnote 12.

able to accommodate an enlarged EU. Under discussion are the increase of the own resources ceiling and the reduction of sums available to existing EU members. This would involve reducing receipts from the Common Agricultural Policy (CAP) and Structural and Cohesion Funds. Another option is also the elimination or reduction of the British rebate.

The continued predominance of the CAP in the budget is disputed by the UK Government who considers that the new system of direct income support-transfers strengthens the argument for shifting the burden of financing the CAP back towards the Member States. The Government wants levels of direct income support under the CAP until 2013 to be treated as ceilings for expenditure, not as targets. The budget should focus instead on those areas able to make a contribution to growth and solidarity such as Research & Development and education and infrastructure. It has been proposed that agricultural spending be cut to 15 % of the total budget. The Government has expressed its willingness to negotiate on the British rebate only provided that real reform of the budget, and particularly of the CAP, is offered.

The Government has also set out proposals for reform of EU regional policy in its Consultation Document; 'A Modern Regional Policy for the United Kingdom' of March 2003 and in two written statements to Parliament of 17 September and 11 December 2003. Britain argued that the cost of the EU's regional policy would increase by 50 % and become unsustainable with a Union of 25 members. The UK's concern was that its poorest regions would loose billions of regional aid at the expense of the new EU members. The British Government argued that decisions on regional spending should be made at a local level. This would allow Britain to repatriate £1.5 billion a year from the EU budget.

The Commission dismissed the plan as 'selfish and unrealistic'. Its own proposals were framed in the 'Third Cohesion Report' of February 2004 and in the draft 'Structural and Cohesion Funds Regulations' of July 2004. These proposals would mean a significant increase in UK contributions to the EC budget and would reduce the resources available for domestic spending on regional policy and other areas. The UK and other net contributors to the EU budget such as the Netherlands and Germany retaliated, arguing that the existing Member States should no longer rely on regional aid from Brussels. In December 2003, the Prime Ministers or Heads of State of the UK, France, Germany, Austria, Sweden and the Netherlands wrote to *Romano Prodi*, the then President of the European Commission, to express their intention of maintaining a total EC budget of 1 % of EU GNI. The six countries will not accept a major expansion of the Structural Funds budget along the lines proposed by the Commission.

The debate on the EU's 2007 – 2013 Financial Perspective has thrown the UK into conflict with new Member States, with London supporting a leaner budget, and countries such as Poland demanding sustained aid transfers and more solidarity. Like the other Member States, Poland is unwilling to sponsor the British budget rebate, which London has kept defending with determination.[28]

Negotiations for the 2007 – 2013 Financial Perspective for an enlarged Europe of 25 began in September 2004 and are likely to continue until the end of 2005 or early 2006.[29]

[28] See European Council, Brussels 16/17 June 2005, Conclusions; and the reports in: FAZ, 20 June 2003, pp. 1 – 3.
[29] The speech by *Tony Blair* in European Parliament, Brussels 23 June 2005, caused different reactions, see *Nonnenmacher*, Blairs Europa-Offensive, in: FAZ, 24 June 2005, p. 1.

3. The UK and Turkey

The prospect of further accessions is widely approved of in the UK. The path followed by candidate countries has been supported on similar grounds to those of the Eastern enlargement of 1 May 2004. Turkey's accession prospects and the decision made by EU leaders during the 16/17 December 2004 European Council summit to open negotiations with Turkey in autumn 2005 have received particular attention in contrast to the relatively sparse reports on the preparations of other candidates for EU membership. There has been widespread agreement across the political parties in favour of Turkey joining the EU as well as support from the British public.

Although it has been made clear that Turkey's accession will not be unproblematic and that membership is not a forgone conclusion, Turkey's application has been supported with arguments that the country's accession may help to reconcile the West and Islamic nations[30] and has even been publicly supported by high profile figures such as *Prince Charles*.[31] However, some newspapers have played on immigration fears with articles such as, 'Do we want the Turkish Peasantry here?'[32] It is possible that similar articles will appear more regularly in autumn 2005, when accession talks with Turkey are scheduled to begin.

The political parties in the UK also support Turkish accession. The Labour Party has overseen much of the preparatory negotiations with Turkey. The UK Presidency saw the formal adoption of the Commission's proposal for a European Strategy on Turkey and, on a national level; the UK Action Plan was launched on 3 December 2004 to support Turkey's accession to the EU. The plan covers a wide range of assistance programmes organized by the British

---

[30] See "A Muslim country will benefit Europe", in: The Independent, 18 December 2004; "EU offer to Turkey a triumph for tolerance and world peace", in: The Daily Telegraph, 18 December 2004.

[31] See „Charles backs Turkish campaign to be in EU", in: Daily Express, 26 October 2004.

[32] The Telegraph, 19 December 2004.

Embassy as well as activities of the British Council. In addition to the UK's contribution to European Commission administered programmes for Turkey, which exceeds £29 million, the Foreign and Commonwealth Office has made available over £2.3 million to support bilateral activities under the plan this financial year.[33]

The Government also supported the early opening of accession negotiations. On 6 October 2004, the Commission clearly stated that Turkey had fulfilled the Copenhagen political criteria and Turkey got a fixed date for starting membership negotiations. The UK and Turkey had hoped for an earlier date. Another setback has also been the rejection of the Constitutional Treaty in France and Holland, which was influenced by the issue of Turkish accession. However, the Government has been vocal in its continued support of enlargement and the Foreign Secretary, *Jack Straw*, publicly reassured his Turkish counterpart, *Abdullah Gul*, that negotiations would commence on 3 October 2005 as planned during the UK Council Presidency.

The Conservative Party have also supported Turkish membership with the expectation that, following the rejection of the constitution, the EU would develop as a more open, more flexible, less bureaucratic and centralized group of sovereign states and that Turkey's accession would shape Europe as grouping between countries with a mutual interest in belonging to an economic arrangement.

There is a general consensus that Turkish accession offers the UK many economic benefits. Turkey has enormous economic potential and is one of the world's most rapidly industrialising markets. A youthful labour market of 70 million people and low levels of foreign direct investment offer new markets and invest-

[33] See britishembassy.org.tr for details of individual projects.

ment opportunities for UK businesses. The Turkish economy is growing by more than 10 % a year, backed by solid macro-economic reforms and motivated by the ever-closer prospect of integration with the EU. Turkey is also a major trading partner of the UK. Trade between the UK and Turkey now tops £4 billion and is increasing at an annual rate of 35 % and the UK is the 5th largest investor in Turkey. British firms cover a wide range of sectors, Major British companies such as BP, Shell, Unilever, HSBC, Tesco, Cadbury Schweppes, BAT, Arcadia and Lucas Industries are well established.

Labour mobility also offers advantages for the UK markets as has been shown by the most recent accession. The UK Government has consistently expressed the opinion that Turkey should enter the EU on the same basis as any other Member State if it meets all the required conditions and criteria of the *acquis*. *Günter Verheugen*, the former enlargement Commissioner has indicated that a permanent safety clause, to prevent 'instability' in other European labour markets, should be inserted Britain will oppose European Commission moves to impose permanent restrictions on Turkish workers migrating to other areas of the EU as part of any agreement to admit the country to the Union.

The funding of Turkish accession is also an issue as the EU budget and the UK's contributions are bound to rise as a result of enlargement. The size of the extra costs will depend on the extent of policy reforms achieved before enlargement, in particular to the CAP and to the Structural and Cohesion Funds. The Government has made clear that policy reforms are essential to make enlargement affordable and successful. The likely costs to the UK will depend on the level of policy reform and are complicated by the UK's budget abatement, which returns a proportion of the UK net contributions.

The integration of an Islamic country into the EU after 9/11 has also created new tensions and motivations in political debates on accession. Turkey has become of strategic importance for Europe and the UK.

According to the Foreign Secretary *Jack Straw*, the EU has the obligation to make it clear that the values of pluralism and tolerance are not purely 'Judaeo-Christian' by ensuring that Turkey's application for EU membership is treated 'without fear or favour'. In Britain's opinion, the EU would benefit greatly from integrating Turkey, a key NATO ally at the intersection of the Balkans, thc Middle East and the Caucasus. It is argued that a stable democratic Turkey, within the EU, will contribute significantly to Europe's and, therefore, the UK's security. Turkish membership of the EU offers the prospect of co-operation on terrorism, European defense, energy security and the fight against crime and illegal immigration. Turkey could also potentially play a key role in Europe's relationship with the Muslim world. The UK has also highlighted the importance of accepting Turkey on the same conditions as other Member States in order to demonstrate that the EU is not a Christian club.

The US is also putting pressure on the EU to support Turkish membership as the country is of strategic importance to Washington. *Tony Blair's* attempts to argue the Americans' case in the EU are again highlighting the UK's 'special relationship' with the US. This is creating tensions with the French president, *Jacques Chirac*, who is concerned that he will upset the far right in his country by opening negotiations with Turkey ahead of the next European elections. The issue of Turkish membership has the potential to exacerbate the rift between countries that take a different point of view to Britain and the United States on the war on terror because of Turkey's relationship with NATO.

IV. Prospect

It is also interesting to note the pro-American/British comments of the Romanian president on the planned Romanian accession. *Traian Basescu*, elected in December 2004, has said that his priority is to work closely with Washington and London, a formula, which clearly leaves out Paris and Brussels. *Basescu* has also pointed out that Romania favours, 'a state with minimal involvement in the economy' in contrast to France's *dirigiste* model.

This comment demonstrates the contribution of accession policy to a fundamental ideological split within the EU. Vision of two different European models has alienated France and has been partly blamed for the failed ratification of the Constitutional Treaty. It will be interesting to see whether the EU will be able to recover from this blow and what direction may now be taken on EU policy and the future of enlargement.

Italien

Christiane De Panfilis-Maier[*]

I. Vor der Erweiterung

1. Rolle und Erwartungen

Italien zählt zu den Gründerstaaten der Europäischen Gemeinschaft für Kohle und Stahl (EGKS). Neben *Adenauer* und *Schuman* setzte sich vor allem *Alcide de Gasperi* entschieden für den Bau des Hauses Europa ein. Als Mitunterzeichner der Römischen Verträge 1957 zur Schaffung der Europäischen Wirtschaftsgemeinschaft legte auch Italien die Grundlagen für einen engeren Zusammenschluss der europäischen Völker und leistete seinen Beitrag zur Überwindung der schwierigen Phasen des Einigungsprozesses. Die Schaffung der Wirtschafts- und Währungsunion mit der Einführung des Euro war ein epochaler Einschnitt in der Geschichte der EU. *Carlo Ciampi*, heutiger Staatspräsident Italiens, hat einen großen Anteil daran, dass auch Italien in den Kreis der Euro-Mitglieder aufgenommen werden konnte. Als Schatz- und Haushaltsminister unter *Romano Prodi* steuerte er Mitte der 90er Jahre einen entschiedenen Stabilitätskurs.

Für Italien ist die Erweiterung gleichbedeutend mit der Wiederherstellung der natürlichen wirtschaftlichen, kulturellen und sozialen Bande, die vor einem halben Jahrhundert auf unnatürliche Weise zerrissen wurden.[1] Heute könnte ein

---

[*] Dr.ssa Christiane De Panfilis-Maier, Rechtsberaterin, Europäisches und Internationales Informationszentrum, Comune di Bologna.

[1] Zur wissenschaftlichen Auseinandersetzung mit der EU-Erweiterung in Italien siehe grundlegend AAVV, L'allargamento da 15 a 25 paesi rafforzerà l'Unione europea?: Congresso internazionale Grand Hotel des Iles Borromées, Stresa, 21 – 22 maggio 2004, Milano 2005; *Boeri/Coricelli*, Facendo i conti con l'allargamento, in: La rivista delle Politiche Sociali, 1 (1), 2004, 67 – 78; *Fassino*, Allargamento ad Est e dimensione euro-mediterranea: due sfide europee per l'Italia, in: Politica internazionale, 15 (1), 1997, 13 – 20; *Hinte/Zimmermann*, Gli effetti dell'allargamento a Est sull'immigrazione e sul mercato del lavoro, in: La rivista delle Politiche Sociali, 1 (1), 2004, 229 – 245; *Letta*, L'allargamento dell'Unione europea, Il

solches Unternehmen, diesmal durch die von der EU geschaffene Stabilität untermauert, die durch den Kalten Krieg abgebrochenen Geschäftsbeziehungen wieder aufnehmen.[2] Diese Stabilität erlaubt es Italien und den anderen EU-Ländern, sich mit dem Teil Europas jenseits der Adria wieder zu einigen. Im Rahmen des EU-Stabilisierungs- und Assoziierungsprozesses für die Balkanländer hat Italien die Zusammenarbeit mit den Regionen von großer strategischer Bedeutung in Südosteuropa intensiviert. Schon vor der EU-Erweiterung hat Italien insbesondere mit Slowenien kooperiert. Dessen EU-Mitgliedschaft ermöglicht es nun, die Potenziale des grenzüberschreitenden Wirtschaftsraumes noch intensiver zu nutzen. Dadurch wird auch der Zugang zu weiteren südosteuropäischen Regionen (z. B. Kroatien) erleichtert. Für Europa als Ganzes und für Italien im Besonderen können aus einer engeren politischen, wirtschaftlichen und kulturellen Zusammenarbeit mit Russland, der Ukraine und den Mittelmeerländern eindeutige Vorteile erwachsen.

2. *Einzelfragen*

a) *Kooperationen in der Raumentwicklung*

Italien hat sich im Kontext der EU-Erweiterung viele neue Ziele gesetzt, unter anderem auch bei der europäischen Kooperation in der Raumentwicklung: Bildung einer nachhaltigen und wettbewerbsfähigen Kooperationsregion in Mittel-Ost-Europa; Abbau von Ungleichgewichten und räumliche Integration mit Beitritts- und Nachbarländern; Förderung der räumlichen Integration in europäischen Grenz- und Kooperationsräumen, darunter als Schwerpunkte die Euroregionen, des CADSES-Raumes sowie die Metropolenräume; Förderung der

---

Mulino 2003; *Mele*, Allargamento dell'Unione europea e riforma della politica regionale e di coesione, in: Rivista economica del Mezzogiorno, 16 (4), 2002, 877 – 952; *Rizzo*, L'allargamento ad Est dell'Unione europea: problematiche del Trattato di adesione, Editoriale scientifica, Napoli 2004; *Zielonka*, La diversità come ricchezza nell'UE allargata", in: La rivista delle Politiche Sociali, 1 (1), 2004.

[2] Vor dem Zweiten Weltkrieg wickelte etwa die Banca Commerciale di Trieste 50 % ihrer Geschäfte östlich der Stadt ab.

transnationalen Kooperation zwischen staatlichen, regionalen und kommunalen Körperschaften sowie von privaten Akteuren in Metropolen und Grenzräumen; Berücksichtigung des Europäisches Raumentwicklungskonzeptes.

b) Interne Wanderungsbewegungen

Dabei muss auch an die intensiven innerstaatlichen Wanderungsprozesse erinnert werden. Das Land erlebt aufgrund von sozioökonomischen Ungleichgewichten eine Intensivierung der Wanderbewegungen von Süden nach Norden. Italien ist dasjenige Land der EU-15, das trotz der greifbaren Reduzierung im Zeitraum 1995 – 2003 die relevantesten regionalen Unterschiede im Pro-Kopf-Einkommen hat. 30,4 % der Bevölkerung (ca. 18 Mio. Personen) leben in Regionen mit einem BIP, das unterhalb von 75 % des nationalen Durchschnitts liegt.

II. Ratifizierung des Beitrittsvertrags

Der in Athen am 16.4.2003 unterzeichnete Beitrittsvertrag[3] wurde am 24.12.2003 ratifiziert.[4] Die verfassungsmäßigen parlamentarischen Abstimmungen über den Beitrittsvertrag am 2.12.2003[5] in der Kammer und am 11.12.2003[6] im Senat ergaben jeweils eine große Mehrheit.[7] Damit konnte nach der Ratifikation durch Präsident *Ciampi* am 24.12.2003 das Ratifikationsverfahren abgeschlossen und die Ratifikationsurkunde in Rom hinterlegt werden.

Bei der Abstimmung hat sich nur Rifondazione Comunista enthalten. Die Partei hat bekräftigt, dass sie die EU-Erweiterung zwar befürwortet, aber gegen die „technokratischen und liberalen Methoden des institutionellen Ingenieurwesens

---

[3] Für Italien unterschrieben Premierminister *Berlusconi* und Bundesminister *Frattini*.

[4] Legge 24.12.2003, Nr. 380, in: Gazzetta Ufficiale Nr. 17 v. 22.1.2004, Supplemento Ordinario n. 10.

[5] XIV. Legislatura - Atto parlamentare: 4292.

[6] XIV. Legislatura - Atto Senato n. DDL Nr. 2610, Senatssitzung 506/2005.

[7] Im Senat Befürwortung mit 395 zu 0 und 7 Enthaltungen.

seiner Grundlagen“ ist. Ihre Vorstellung ist die von einem Europa des Friedens, das sich auf Demokratie stützt und die Beteiligung des Volkes vorsieht.

III. Italien am 1. Mai 2004

Der 1.5.2004 wurde von der italienischen Regierung als grundlegende Etappe des europäischen Integrationsprozesses definiert, der 15 Jahre zuvor mit dem Fall der Berliner Mauer am 9.11.1989 begonnen hatte. Die Regierung erklärte ihren Ehrgeiz für eine Wiederbelebung der Wirtschaft im Euroland. Sie hoffte auch darauf, das schwierige Problem der illegalen Einwanderung an den Küsten Süditaliens lösen zu können. Die Probleme mit den "heimlichen" Immigranten könnten nur in Absprachen mit den Herkunftsländern dauerhaft und wirksam bewältigt werden. Schließlich unterstrich die Regierung die Notwendigkeit, in der europäischen Außenpolitik unnötige Konflikte mit den Vereinigten Staaten aus dem Wege zu räumen. Es gelte dabei, die gemeinsamen Überzeugungen und die demokratischen Werte wieder in den Vordergrund zu stellen.

EU-Skeptiker[8] benannten hingegen viele Gefahren, die mit der EU-Erweiterung verbunden seien. Neben Masseneinwanderungen wurden überwältigende Importe zu Niedrigstpreisen sowie Gesundheitsrisiken prognostiziert, die von nicht EU-konformen Nahrungsmitteln herrühren.

Zur Einweihung des erweiterten Hauses Europa wurden in ganz Italien am 1.5. 2004 zahlreiche Feste, Podiumsdiskussionen, Feuerwerke und Konzerte organisiert. An der italienisch-slowenischen Grenze bei den Partnerstädten Gorizia und Nova Gorica fand eine große Feier im Beisein vieler Politiker statt. Eigens von Komponisten zur Feier des Ereignisses geschaffene Musikstücke waren in einer Reihe von Konzerten zu hören. In vielen Veranstaltungen wurde die Öffentlich-

[8] Vor allem Rifondazione Comunista und Lega Nord.

keit nicht nur über die EU-Erweiterung, sondern auch über die kurz danach stattfindenden Europawahlen und die EU-Verfassung informiert.

IV. Bilanz nach einem Jahr

1. Wirtschaftliche Bilanz

Italien hat ein Jahr nach der Osterweiterung der EU eine schlechte wirtschaftliche Bilanz zu verzeichnen.[9] Das Vertrauen der Konsumenten ist auf den niedrigsten Prozentsatz der letzten zehn Monate gesunken. Das Haushaltsdefizit hat mit geschätzten 4,2 % Schulden-BIP[10] schon weit die im Stabilitätspakt bestimmten Werte überschritten. Ein zentrales Problem der Wirtschaft stellen auch die steigenden Arbeitskosten und die mangelnde Konkurrenzfähigkeit Italiens dar.

Die negativen Prognosen und der Vorbehalt der EU-Kommission wegen des schwachen italienischen Wachstums, der Nicht-Berücksichtigung der Schulden mehrerer Staatsunternehmen und der unsoliden Finanzpolitik haben zur Einleitung des Defizitverfahrens geführt, das am 12.7.2005 eröffnet worden ist.[11] Die EU-Kommission kritisiert, dass Italien sein Defizit mehrfach nur durch so genannte Einmalmaßnahmen gedrückt habe, die nicht dauerhaft zur Konsolidierung der Staatsfinanzen beitragen.

2. Auslandsinvestitionen

Durch die neue Gestalt Europas mit nun 25 Mitgliedstaaten hat sich auch der Kapitalmarkt verändert.[12] Die Auslandsinvestitionen waren in den letzten zwei Jahrzehnten die dynamischste Komponente der Produktionsintegration. Italiens

---

9 „Lezioni italiane“, in: Repubblica, 25.6.2005, S. 35.

10 „Le previsioni”, in: Repubblica, 25.6.2005, S. 34. Die OECD spricht von 4,4 % Schulden-BIP in einer Rezension von 0,6 % BIP im Jahr 2005 und von 5 % Schulden-BIP im Jahr 2006 bei wahrscheinlich + 1,1 % Wirtschaftswachstum. Die Gesamtverschuldung wird im Jahr 2006 auf 107 % des BIP bei einem zulässigen Wert von 60 % geschätzt.

11 Neue Zürcher Zeitung v. 13.7.2005.

12 Siehe http://www.confindustria.it/studiric.nsf.

Auslandsinvestitionen in die Länder Zentral- und Osteuropas in der zweiten Hälfte der 90er Jahre, besonders nach Rumänien, waren vor allem Ausdruck des niedrigen Niveaus an Internationalisierung des italienischen Produktionssystems. Die Investitionen betrafen prinzipiell den „traditionellen" Bereich und wurden besonders von KMUs, welche bei Anpassung ihrer Produktion an die EU-Vorschriften (z. B. bei technischen Standards und Umweltregelungen) hohe Kosten tragen müssten, vorgenommen. In Zukunft werden italienische Auslandsinvestitionen in die neuen EU-Mitgliedstaaten weiterhin anhalten, da nun die Kapital- und Dienstleistungsmärkte geöffnet sind. Auch die zukünftige Steigerung des Wirtschaftswachstums in den neuen Mitgliedstaaten wird, parallel zur strukturellen Veränderung der inneren Anfrage mittels Erhöhung des Pro-Kopf-Einkommens, neue Auslandsinvestitionen anziehen.

Zu diesem Themenkreis wird in der wirtschaftlichen Literatur, die den *gravity approach* vertritt, angegeben, dass Ungarn, Polen und die Tschechische Republik[13] bereits 75 % der Auslandsinvestitionen in die EU-10 konzentrieren und sie faktisch schon vor dem 1.5.2004 ein Volumen an Auslandsinvestitionen erreicht haben, das dem eines Mitgliedstaats gleiche. Dagegen ist die Situation in Bulgarien, Rumänien aber auch Slowenien ein Jahr nach der Erweiterung noch nicht auf demselben Stand,[14] wobei eine geringe Steigerung in diesem Bereich in der nahen Zukunft wahrscheinlich ist. Italien hat die Auslandsinvestitionen in die neuen Mitgliedsländer im letzten Jahrzehnt von 2,3 % auf 20,5 % erhöht. In Rumänien zählt Italien heute bei den Auslandsinvestitionen zu den ersten sechs Ländern und besitzt ca. 15 % der ausländischen Unternehmen.

[13] Italienische Auslandsinvestitionen: Ungarn 35,1 %, Polen 21,7 %.

[14] Negativ durch die häufigen Gesetzesänderungen, die vielschichtige Bürokratisierung und die schlechten Infrastrukturen beeinflusst.

3. Land- und Forstwirtschaft, Bauwirtschaft

Im Bereich der Landwirtschaft hat sich Italien schon vor der Erweiterung vor allem durch spezielle lokale und regionale Produkte geschützten Ursprungs[15] ausgezeichnet und seinen Spitzenplatz in der EU-Agrarpolitik halten können. Die Befürchtungen vor heftigen Auswirkungen der verringerten EU-Zuschüsse in der Land- und Forstwirtschaft, die 45 % der Gesamtunterstützungen ausmachen, haben sich bis jetzt als unbegründet erwiesen. Der Agrarsektor wird heute aus einem vollkommen neuen Blickwinkel betrachtet: die internationale Konkurrenz und der geringere Schutz der EU-Agrarpolitik haben einen Modernisierungsprozess ausgelöst, der den Agrarsektor zunehmend in die anderen wirtschaftlichen Bereiche einreiht. Den weitgehenden Tendenzen der Homologierung der Lebensmittelproduktion hat Italien ein Modell entgegengestellt, das sich besonders auf typische, qualitativ hochwertige Produkte stützt. Dieses Modell stellt eine gezielte Antwort auf die Reform der Agrarpolitik der EU dar. Letztere bezieht sich nicht mehr in erster Linie auf die Produktionsmengen, sondern stärker auf die Lohngarantie für die Landwirte, die Sicherheit und die Qualität der Produkte sowie den Umweltschutz.

Was die Bauwirtschaft angeht, dürften die italienischen Investitionen nach den anfänglich trüben Wachstumsaussichten in den Beitrittsländern noch beträchtlich wachsen. Das Wachstum basiert hauptsächlich auf Investitionen in Verkaufsflächen sowie in Wohnungsneubau und -renovierung. Wachsende Investitionen werden auch für das Straßennetz erwartet.[16]

---

[15] Besondere Umweltgegebenheiten und die schon seit Jahrhunderten bewährten Er- und Verarbeitungstechniken von z. B. Käse, Salami und Wein haben den Produkten besondere organolektische, qualitative und marktwirtschaftliche Eigenschaften verliehen, die ihnen auch in Zukunft ein großes Vermarktungspotential sichern.

[16] Bewertungen des Euroconstruct (Europäisches Netzwerk von auf den Bau spezialisierten Forschungsinstituten und Beratungsorganisationen), vgl. http://www.euroconstruct.org.

4. *Übergangsfristen für den Arbeitsmarkt*[17]

Dass es zu keinem Andrang osteuropäischer Anbieter und Arbeitnehmer gekommen ist, ist nicht zuletzt auf die Wirkung der Übergangsfristen zurückzuführen. Die vorübergehend eingeschränkte Dienstleistungsfreiheit für einige Gewerbe und die ausgesetzte Arbeitnehmerfreizügigkeit, von der Italien Gebrauch macht, hat größere Zuwanderungsströme ausgeschlossen. Im Bereich der Arbeitnehmerfreizügigkeit hat Italien mit allen Beitrittsländern außer Malta und Zypern eine gestaffelte Übergangsfrist von bis zu sieben Jahren vereinbart. Die Zugangsbedingungen haben sich dadurch nach der Unterzeichnung des Beitrittsvertrages nicht verschlechtert.

Zwei Jahre nach dem Beitritt überprüft Italien die Situation auf der Grundlage eines Berichts der Kommission an den Rat und teilt der Kommission dann mit, ob es weiterhin seine nationale Regelung oder künftig den gemeinschaftlichen Besitzstand anwenden will. Fünf Jahre nach dem Beitritt ist generell der gemeinschaftliche Besitzstand anzuwenden, allerdings kann Italien im Falle einer schweren Störung des Arbeitsmarktes oder der Gefahr einer solchen Störung seine nationale Regelung für maximal zwei weitere Jahre aufrechterhalten. Bei den Übergangsregelungen ergibt sich folgendes Bild:

- Personen ohne Beschäftigungsverhältnis in Italien (z. B. lettischer Student in Rom) sind nicht von den italienischen Beschränkungsregelungen betroffen. Sie genießen die gleichen Rechte wie im Heimatland.
- Arbeitern mit Beschäftigungsverhältnis in Italien (z. B. Wanderarbeiter, polnischer Arbeiter in Neapel) steht nur eine beschränkte Freizügigkeit zu. Maßgeblich ist Art. 22 des D.Lgs. 286/98. Das Verfahren zum Eingehen eines Beschäftigungsverhältnisses wurde vereinfacht: der Arbeitgeber

[17] Unter Mitarbeit von *Dr.ssa Eloisa Denia Cosimo*, Doktoratsstudentin, Universität "Magna Graecia" Catanzaro.

muss bei der Provinzdirektion für Arbeit einen speziellen Antrag stellen, die nach Prüfung der noch verfügbaren Quoten die Arbeitserlaubnis erteilt.

- Einige Personen sind von der eben zitierten Regelung des Art. 27 des D.Lgs. 286/98 ausgenommen: z. B. Universitätsprofessoren, Dozenten und Wissenschaftler, Übersetzer und Dolmetscher, Hausangestellte italienischer Familien, die vom Ausland nach Italien ziehen, Arbeiter ausländischer Firmen, die in Italien auf beschränkte Zeit tätig sind, Krankenpfleger öffentlicher und privater Einrichtungen. Diese Berufsgruppen müssen bei der Provinzdirektion für Arbeit dennoch einen Autorisierungsantrag stellen.
- Selbständige (etablierte Berufsgruppen, ungarischer Zahnarzt in Mailand) haben bereits einen liberalisierten Status und sind in ihrer Arbeitnehmerfreizügigkeit nicht eingeschränkt.

Für die Auslandsaktivitäten Italiens haben vor allem die unmittelbar angrenzenden Nachbarstaaten Priorität. Zahlreiche Betriebe in den Grenzregionen zu Slowenien und zu Kroatien haben die EU-Erweiterung als Chance genutzt, um innovative Produkte und Verfahren zu entwickeln, neue Märkte zu erschließen und Kostensenkungspotenziale auszuschöpfen. Kooperationen mit ausländischen Partnern sind häufig. Aber auch Niederlassungsgründungen sind eine immer öfter vorzufindende Strategie. Hauptmotiv der meisten dieser Auslandsengagements ist die Erhaltung der heimischen Standorte und Arbeitsplätze.

5. Wanderungsbewegungen und Grenzschutz

In den letzten zwei Jahrzehnten[18] hat nur die zunehmende Zuwanderung einen Rückgang der Bevölkerung Italiens vermieden.[19] Die jährliche Einwanderungs-

[18] *Castels*, Migration and Integration as Challenges to European Society, Oxford 2003.

[19] Die natürliche Bevölkerungswachstumsrate liegt knapp unter Null. 1981 hatte Italien 56,6 Mio. Einwohner, 2001 waren es 57,0 Mio.

zahl beträgt rund 350.000. Eine quantitativ bedeutsame Zuwanderung gibt es erst seit Anfang der 80er Jahre. Vom Ende des 19. Jh. bis in die 70er Jahre war Italien vor allem ein Auswanderungsland.[20] Ende der 90er Jahre verzeichnete Italien[21] die nach Deutschland zweithöchsten jährlichen Zuzugszahlen in Europa.[22] Das Land hat heute einen Ausländeranteil[23] von 4,2 %, während der EU-Durchschnitt bei 5,2 % liegt.

Italien ist mit einer rund 7.500 km langen Küstenlinie Schengen- und EU-Außengrenze. Insbesondere die südliche Adria, das Ionische Meer und die Meeresstraße von Sizilien werden mit Schiffen, Flugzeugen und Hubschraubern ständig überwacht.[24] Italien hat seit 1996 mit Slowenien und mit 26 weiteren Ländern Rücknahmeabkommen unterzeichnet,[25] die letzten 2002 und 2003 mit Sri Lanka, Malta, Zypern und Moldau. Eine bewährte polizeiliche Zusammenarbeit besteht seit 1997 mit Albanien, wo italienische Streitkräfte sogar an der albanischen Küste patrouillieren. Auch an der Grenze zu Slowenien sind die slowenische und die italienische Grenzpolizei seit 2001 gemeinsam tätig. Eine informelle polizeiliche Kooperation wurde 2002 mit dem Ziel, die Einwanderung durch den Suez-Kanal aus Sri Lanka und anderen asiatischen Ländern zu stoppen, auch mit Ägypten eingeführt.

---

[20] Als Folge der Arbeitsmigration der 50er und 60er Jahre leben heute rund 5 Mio. Italiener im Ausland.

[21] Vgl. www.stranieri.it, www.stranieriinitalia.com, www.caritasroma.it/immigrazione, www.cittadinitalia.it.

[22] 1970: 143.000, 1980: 299.000, 1999: 1.252.000 gemeldete Ausländer sowie über 300.000 illegal Zugewanderte.

[23] Die meisten Ausländer mit legalem Aufenthaltsstatus kommen aus Marokko, Albanien, von den Philippinen und aus Tunesien. Stark vertreten sind auch Rumänien, China, Senegal, Sri Lanka und Ex-Jugoslawien.

[24] Kriegsschiffe sind befugt, auch außerhalb der italienischen Hoheitsgewässer Wasserfahrzeuge anzuhalten, zu durchsuchen und zu beschlagnahmen, wenn der Verdacht besteht, dass die Boote der Einschleusung von Ausländern dienen.

[25] Darunter Albanien, Algerien, Marokko und Tunesien. Verhandlungen hinsichtlich Rücknahmeabkommen bzw. polizeilicher Kooperation werden zurzeit mit folgenden Ländern geführt: Bosnien, Bangladesch, China, Ecuador, Kolumbien, Ghana, Indien, Iran, Libanon, Libyen, Pakistan, Peru, Philippinen, Senegal, Syrien, Türkei und Ukraine.

Der Großteil der Flüchtlingsboote kommt aus Tunesien, Libyen und der Türkei. Deren Passagiere sind überwiegend Staatsbürger Liberias, des Sudan, Tunesiens, Marokkos, Somalias, Malis und Ghanas. Ein Großteil von ihnen betrachtet Italien nur als Transitland auf dem Weg in andere EU-Länder. Im Zeitraum 1.7.2001 – 30.6.2004 wurden 52.387 Personen aufgegriffen, die unerlaubt an den italienischen Küsten eingereist waren. In diesem Zeitraum sind 91.570 Abschiebungen durchgeführt worden.[26]

6. Meinung der Bevölkerung

In Bezug auf die Einwanderung von Osteuropa ist die öffentliche Meinung vor allem gegenüber den Ländern misstrauisch, denen die EU nicht den Status als Beitrittskandidat zuerkannt hat, wie Albanien und Ex-Jugoslawien. Die hauptsächliche Sorge betrifft die Zuwanderungswelle und eine erhöhte Arbeitslosigkeit, obwohl generell keine eindeutige Beziehung zwischen Immigration und Arbeitslosigkeit bewiesen werden konnte.[27] Durch die Erweiterung hat außerdem die Zahl der benachteiligten Regionen erheblich zugenommen. Viele Gebiete in Italien, denen heute im Rahmen der Regionalpolitik der EU geholfen wird, werden in der erweiterten Union nicht mehr als benachteiligt anzusehen sein, wenn die maßgeblichen Kriterien nicht revidiert werden.

Auch die Schwierigkeiten bei der Ratifizierung der EU-Verfassung haben die Bevölkerung skeptisch gestimmt. Die italienischen Bürger haben jetzt weniger Vertrauen in die Union und ihre Institutionen[28] (69 % zu 71 % im letzten Jahr), obwohl sie noch immer zu denjenigen gehören, die die EU am meisten befürworten (69 %, EU-Durchschnitt 59 %). Bei dem Tempo der EU-Integration sind 64 % für einen sehr raschen weiteren Fortschritt. 61 % (gegenüber nur 53 % der

---

[26] Dokument des Innenministeriums 2004, http://www.interno.it/assets/files/6/20040816172018_10-113-232-21.pdf.
[27] OECD, Trends in Immigration and Economic Consequences, cap. VII, in: OECD Economic Outlook, n. 68, December 2000, S. 193.
[28] Eurobarometer 2004, Nr. 62, S. 16.

EU-Bürger) befürworten eine weitere Erweiterung. Die Bewertung der EU ist hingegen für die Mehrheit der Italiener bezüglich fast aller wirtschaftlichen Argumente, wie die Erhöhung der Preise, der Steuern und der Inflation, negativ. Vor allem die Wahrnehmung der gestiegenen Lebenskosten aufgrund der Einführung des Euro animiert die Debatte unter den Bürgern.

Diesbezüglich muss erwähnt werden, dass die italienischen Medien nicht regelmäßig europäische Themen aufgreifen und diese oft nur am Rand Erwähnung finden. Zur EU-Erweiterung wird kaum eine Nachricht verzeichnet, weder in der generellen Tagespresse noch in den periodischen Zeitschriften. Eine tiefer gehende Diskussion über die EU und speziell über den Beitritt der neuen Mitgliedsländer findet man vor allem in den spezialisierten periodischen Informationsblättern, zu denen geopolitische und politische Zeitschriften zählen.[29]

Die Wahlen zum Europäischen Parlament am 12./13.6.2004 haben die dargestellte Meinung nach dem 1. Mai noch verdeutlicht. Fehlende Arbeitsplätze, gestiegene Lebenshaltungskosten – das interessiert vorwiegend die Italiener zwischen 18 und 28 Jahren, die die gemäßigten Linken „als kleineres Übel" ins Europaparlament gewählt haben. Dies ist eine unter den fast 50 Mio. Wahlberechtigten sehr verbreitete Sicht. Italien befindet sich in einer schwierigen Lage. Die Wirtschaft stagniert, die Reformen der Regierung bestehen hauptsächlich aus finanziellen Einschnitten. Die Unzufriedenheit in der Bevölkerung ist hoch. Die Italiener fürchten vor allem, EU-Richtlinien hinnehmen zu müssen, die ihre Wettbewerbsfähigkeit schwächen. Auf diese Angst setzten im Wahlkampf die Parteien des Mitte-Rechts-Bündnisses: Forza Italia, Lega Nord, Alleanza Nazionale.

[29] Z. B. Limes, Italiani Europei, Il Mulino, Il Ponte, Micro Mega.

V. Zukunftsperspektiven

Italien möchte die Erweiterung der EU offensiv fördern. Rom hat alle Mitgliedsländer aufgefordert, allen Nachbarstaaten der EU größere Aufmerksamkeit zu schenken: Bulgarien, Rumänien, aber auch der Türkei, den Balkanländern und Russland. Als "Rand"-Staat mit nichteuropäischen Ländern im Süden ist Rom besonders daran interessiert, das Gewicht der EU im Verhältnis zu den arabischen Staaten jenseits des Mittelmeers und im Nahen Osten zu stärken.

Während der künftige EU-Beitritt Rumäniens und Bulgariens keine Kritik hervorruft, und kaum ablehnende Stimmen über einen eventuellen Beitritt von Kroatien oder weiteren Staaten (Ukraine, Moldau, Bosnien) zu vernehmen sind, zeigt sich aktuell eine immer stärker werdende Front einer extrem kritischen Haltung gegenüber einem EU-Beitritt der Türkei, „dessen Bedingungen sowohl kurz- als auch mittelfristig nicht erfüllt sind", wie der ehemalige EU-Kommissionspräsident *Romano Prodi* bekräftigt hat.[30] Die Regierung hingegen hat sich erst vor kurzem neuerlich für einen Beitritt des für Italien wichtigen Wirtschaftspartners Türkei ausgesprochen.[31]

[30] Siehe http://www.ansa.it/main/collezioni/maincollection/awnplus_italia/2005-06-21.
[31] Siehe http://www.ansa.it/main/collezioni/maincollection/awnplus_italia/2005-06-22.

Griechenland

Fotini Tsiotou[*]

I. Einleitung

Griechenland wurde am 1.1.1981 im Rahmen der so genannten Süderweiterung als Mitgliedstaat in die damalige Europäische Gemeinschaft aufgenommen.[1] Wenngleich gelegentlich behauptet worden ist, dass dieser Beitritt wohl mehr aus Respekt und Anerkennung gegenüber der demokratischen Tradition „Hellas“ und der kulturellen Bedeutung als aus wirtschaftlichen Überlegungen erfolgte,[2] konnte Griechenland wesentlich mehr als Tradition und Kultur in die europäische Staatengemeinschaft einbringen, wie der damalige Ministerpräsident *Konstantinos Karamanlis* in seiner Rede anlässlich der Unterzeichnung des Beitrittsvertrags zwischen der EU und Griechenland am 28.5.1979 in Athen feststellte:

> „Griechenland tritt Europa in der Überzeugung bei, dass im Rahmen der europäischen Solidarität für alle Seiten die nationale Unabhängigkeit gefestigt, die demokratische Freiheit gesichert und die wirtschaftliche Entwicklung beschleunigt wird. Gleichzeitig nährt unser Land den Ehrgeiz, im Maße seiner Möglichkeiten zur Verwirklichung der Idee eines geeinten Europas, an das es fest glaubt, beizutragen. Griechenland glaubt, dass es eine Möglichkeit zu einer besseren Arbeitsteilung auf der Grundlage der komparativen Vorteile anbieten kann. Seine geographische Lage, seine politische Vergangenheit und sein kulturelles Niveau bieten die Voraussetzungen zur Entwicklung engerer wirtschaftlicher und kultureller Beziehungen zu dem Balkan und dem Mittelmeerraum. Griechenland ist der Vorposten an der europäischen Grenze und der mediterrane Balkon des gemeinsamen Marktes. Mit seinem menschlichen Potential, das in allen Kontinenten niedergelassen ist, und durch seine mächtige Handelsflotte

[*] Fotini Tsiotou, LL.M., MBA, Rechtsanwältin, Athen/Berlin.

[1] Beitrittsvertrag, ABl.EG Nr. L 291 v. 19.11.1979, S. 17; dazu *Dagtoglou*, Die Süderweiterung der Europäischen Gemeinschaft – insbesondere der Beitritt Griechenlands, in: EuR 15 (1980), 1 – 21.

[2] *Gasteyger*, Europa zwischen Spaltung und Einigung 1945 bis 1993, 1994, S. 288.

kann Griechenland ebenfalls zur Promotion der europäischen Idee beitragen."[3]

Neben der eigenen, sehr positiven Erfahrung mit dem Beitritt zur EU fallen im Hinblick auf die EU-Osterweiterung für Griechenland drei Aspekte sofort ins Auge. So gehen die Ursprünge der europäischen Idee auf das antike Griechenland zurück, so dass in gewisser Weise von einer griechischen Urheberschaft gesprochen werden kann.[4] Zudem wurde der Beitrittsvertrag über die EU-Osterweiterung von den Staats- und Regierungschefs sowie den Außenministern der 15 alten und der zehn neuen Mitgliedstaaten am 16.4.2003 in Athen unterzeichnet, was nicht nur mit der griechischen Ratspräsidentschaft im ersten Halbjahr 2003 zusammenhing, sondern auch eine bestimmte Symbolkraft ausdrücken sollte. Darüber hinaus ist festzustellen, dass Griechenland die Aufnahme der zehn neuen Staaten zwar unumschränkt befürwortete, dass aufgrund seiner geographischen Lage das besondere Interesse jedoch auf die Staaten Südosteuropas, insbesondere Rumänien und Bulgarien, gerichtet ist, die voraussichtlich 2007 beitreten werden.

II. Erwartungen an die EU-Erweiterung

1. Wirtschaftliche Interessen

Mit der EU-Erweiterung verband Griechenland die Erwartung, seine zahlreichen Handelsbeziehungen zu den mittel- und osteuropäischen Staaten zu vertiefen und damit die griechische Wirtschaft zu stärken. Obwohl die Handelsbeziehungen zu den südosteuropäischen Staaten sogar noch stärker sind, existieren auch langjährige Aktivitäten in Ungarn, Tschechien und der Slowakei. Der Handels- und Dienstleistungsverkehr mit diesen Staaten war durch die Assoziierungsabkommen mit der EU zwar schon in weitem Maße liberalisiert worden. Er konnte

---

[3] Rede v. 28.5.1979 (Auszug), Europa-Archiv (EA) 1979, D 456.

[4] *Meier*, Europas ferne Fundamente - Ein unerschöpflicher Quell, in: SPIEGEL-special 1/2002. Experiment Europa, S. 12 – 23.

jedoch mit der EU-Erweiterung auf eine qualitativ neue Stufe gehoben werden. Auf diese Vorteile setzte die griechische Wirtschaft.

2. *Strukturförderung*

Griechenland stand der EU-Erweiterung 2004 positiv gegenüber, verband aber mit seiner Zustimmung die Hoffnung, dass sein Status in der europäischen Struktur- und Regionalförderung durch die Vergrößerung der EU weitgehend unangetastet bleibe. Dieser Erwartungshaltung lag die Tatsache zugrunde, dass das Land seit seiner Aufnahme zur Entwicklung seiner vergleichsweise geringen Wirtschaftskraft[5] erhebliche finanzielle Mittel aus den europäischen Förderprogrammen erhielt.[6] Beachtliche Kenntnisse der Förderpraxis der EU-Kommission und ein geschickter Zuschnitt der Antrag stellenden regionalen Verwaltungseinheiten[7] haben zu einer bemerkenswerten Akquisition europäischer Mittel geführt. Wer heute durch Griechenland fährt und die zahlreichen in Bau befindlichen Infrastrukturprojekte betrachtet, kann die Erfolge der Zusammenarbeit zwischen Griechenland und der Generaldirektion Regionalpolitik der EU-Kommission ermessen.

Griechenland prognostizierte vor der EU-Erweiterung nicht zu Unrecht, dass sich die Grundsätze über die Förderfähigkeit mit dem Beitritt zehn neuer Mitgliedstaaten, deren Bruttoinlandsprodukt geringer ist, zu seinen Ungunsten verändern würden. Obwohl die Verhältnisse selbst also unverändert fortbestehen, wird Griechenland voraussichtlich den Status als Höchstfördergebiet deshalb verlieren, weil die Wirtschaft im Vergleich zu den neuen Mitgliedstaaten als re-

---

[5] Dazu *Axt*, Vom Wiederaufbauhelfer zum Modernisierungsagenten. Die EU auf dem Balkan, in: Aus Politik und Zeitgeschichte, B 10-11/2003, 18 (21).

[6] Zur Förderkonzeption der EU, auch in Bezug auf Griechenland, siehe Europäische Kommission – GD Regionalpolitik -, Im Dienst der Regionen, 2001, S. 20 – 21.

[7] *Auernheimer*, Die öffentliche Verwaltung in Griechenland, in: Südosteuropa 52 (2003), 103 (113); *ders.*, Das politische System Griechenlands. Strukturen und Funktionsprobleme einer europäischen Demokratie, in: Zeitschrift für Politikwissenschaft (ZPol) 13 (2003), 1933 (1953).

lativ stark und damit nur noch eingeschränkt förderfähig gelten könnte.[8] Diese Thematik wird gerade in den bisher umfangreich geförderten Regionen, wie etwa den Inseln in der Ägäis, intensiv diskutiert.[9]

Wegen der zu erwartenden nachteiligen Folgen für die alten EU-Mitgliedstaaten ist die EU-Osterweiterung daher jüngst als „Bumerang“ bezeichnet worden.[10] Der oben beschriebene „statistische Effekt“ führe zu erheblichen Einbußen und mache auch die Griechen zu Verlierern der EU-Erweiterung. Diese Auswirkung ist allerdings nicht nur in Griechenland kritisch registriert worden, sondern auch in anderen europäischen Regionen, wie etwa den deutschen Ländern Sachsen oder Brandenburg, deren Höchstförderstatus in der nächsten Förderperiode von 2007 bis 2013 ebenfalls auslaufen wird.[11]

3. *Lösung der Zypern-Frage*

Ein besonderes Anliegen Griechenlands ist die Lösung der Zypern-Frage. Mit der EU-Erweiterung, konkret der Aufnahme Zyperns in die EU, bot sich die Chance, die seit 1974 andauernde völkerrechtswidrige Besetzung des Nordteils Zyperns durch türkisches Militär zu beenden. Griechenland hoffte insbesondere, dass die Zypern-Frage aus der zweiten Reihe europapolitischer Probleme heraustreten und ihre zügige Lösung zum gesamteuropäischen Auftrag der EU, vor allem der Gemeinsamen Außen- und Sicherheitspolitik, werden würde. Ungeachtet der Tatsache, dass der südliche Teil Zyperns alle Voraussetzungen für eine EU-Mitgliedschaft erfüllte und sich daher für einen Beitritt anbot, musste auf der Grundlage des Völker- und Europarechts davon ausgegangen werden, dass

---

[8] Zur Veränderung der Finanzströme instruktiv *Wieland*, Die Finanzordnung der Europäischen Union nach der Osterweiterung, in: JZ 2004, 774 (777).
[9] *Martens*, Außenstelle Mitilini, in: FAZ v. 31.5.2005, S. 7.
[10] *Poulidou*, Bumerang der Erweiterung, in: Investor's World v. 21./22.5.2005, S. 24.
[11] Handelsblatt v. 3.5.2005, S. 7, sowie allgemein zur EU-Finanzplanung 2007 – 2013 Handelsblatt v. 20./21./22.5.2005, S. 8.

sich die EU nach einem Beitritt Zyperns mit der Besetzung ihres Territoriums durch Truppen eines Drittstaats nicht abfinden würde.[12]

Ab Mai 2004 sollte die Regierung der Republik Zypern, die 1990 in völkerrechtlich allein zulässiger Weise den Beitrittsantrag für die ganze Insel gestellt hatte, auch die tatsächliche Hoheitsgewalt über ganz Zypern wieder ausüben können. Wie die Erfahrung allerdings zeigt (Juni 2005), hat die Türkei trotz mehrfacher Verurteilung durch den Europäischen Gerichtshof für Menschenrechte (EGMR)[13] und trotz der eigenen EU-Ambitionen die etwa 35.000 türkischen Soldaten nicht aus Zypern und damit aus dem Gebiet der EU abgezogen. Dass dies auch Fragen im Hinblick auf die Konsequenz der Haltung der EU gegenüber der Türkei aufwirft, dürfte offensichtlich sein.

III. Zustimmung zur EU-Erweiterung

1. Verfassungsrechtliche Grundlagen

Wie die anderen Mitgliedstaaten war auch Griechenland aufgerufen, durch die innerstaatliche Ratifizierung des EU-Beitrittsvertrags seine Zustimmung zur EU-Erweiterung zu erklären. Während die Verfassungen vieler anderer Mitgliedstaaten für Fragen der europäischen Integration ein Referendum vorsehen, geht die griechische Verfassung einen anderen Weg. Die Ratifizierung internationaler Verträge erfolgt durch parlamentarisches Zustimmungsgesetz. Nach Art. 28 Abs. 1 der Verfassung werden alle internationalen Verträge, die durch Gesetz ratifiziert worden sind, untrennbarer Bestandteil des griechischen Rechts und genießen Vorrang vor diesem.

---

12 *Schladebach*, Rechtsfragen des EU-Beitritts der Republik Zypern, in: Südosteuropa 52 (2003), 136 – 148.

13 *EGMR*, Urteil v. 18.12.1996, EuGRZ 1997, 555 – 563 und erneut bestätigt durch Urteil v. 12.12.2001, NJW 2003, 413 (416, Ziff. 70).

Zwar enthält die griechische Verfassung auch die Option, zu bestimmten Fragen ein Referendum abzuhalten. So sieht Art. 44 Abs. 2 der Verfassung vor, dass in Fragen von nationalem Interesse auf Vorschlag des Ministerrates das Parlament mit absoluter Mehrheit, das heißt mit mindestens 151 von 300 Abgeordneten, einen Beschluss über die Durchführung eines Referendums fassen kann, das sodann vom Präsidenten Griechenlands angeordnet wird. Hierzu zählt jedoch nicht die Ratifizierung internationaler Verträge, die dem in Art. 28 Abs. 1 vorausgesetzten Parlamentsgesetz vorbehalten bleibt.

2. Ratifizierung im Parlament

Das griechische Parlament ratifizierte den EU-Beitrittsvertrag am 10.2.2004. Alle Abgeordneten der beiden großen Parteien *Nea Demokratia* und *PASOK* stimmten für den Vertrag, die *Kommunistische Partei* (KKE) stimmte gegen ihn. Der damalige Premierminister *Kostas Simitis* würdigte die Ratifizierung als historisches Ereignis für Griechenland und für die Entwicklung der EU.[14]

Das Abstimmungsergebnis im Parlament entsprach auch der Position des überwiegenden Teils der griechischen Bevölkerung. Parlamentarische Zustimmungen bergen zwar häufig ein gewisses Risiko, dass die Meinung des Volkes aus bestimmten außenpolitisch motivierten Gründen übergangen werden könnte. Im Hinblick auf die EU-Erweiterung war dies nicht der Fall. Auch das Volk unterstützte sie. Wenngleich Griechenland durchaus auch von einigen negativen Auswirkungen betroffen ist, hat das griechische Volk traditionell und aufgrund eigener Erfahrungen den Wunsch, in internationalen Organisationen wie der EU eng mit Staaten zusammen zu arbeiten, die sich glaubhaft zu Demokratie, Rechtsstaat und den Menschenrechten bekennen. In diesen Fragen ist die Haltung des griechischen Volkes von einem bemerkenswerten Internationalismus bestimmt.

---

[14] Kathimerini v. 11.2.2004, S. 1.

IV. Aktuelle Fragen der EU-Erweiterung

Während sich für Griechenland im Hinblick auf die zehn neuen Mitgliedstaaten mit Ausnahme von Zypern keine nennenswerten Probleme ergeben haben, gibt es hinsichtlich der südosteuropäischen Staaten, die eine engere Anbindung an die EU anstreben, mehrere bedeutsame Entwicklungen.

1. Zypern-Frage

Wie bereits oben angedeutet, hat der EU-Beitritt Zyperns die Zypern-Frage nicht gelöst. Bis kurz vor dem 1.5.2004 ist versucht worden, eine Lösung herbeizuführen, zuletzt in einem Referendum am 24.4.2004, in dem der von der UN ausgearbeitete so genannte *Annan-Plan*[15] zur Abstimmung gestellt wurde. Dieser Plan war jedoch so unausgewogen verfasst worden, dass er im Falle der Annahme praktisch zu einer Legalisierung der völkerrechtswidrigen Zustände im Norden Zyperns geführt hätte. Da er weder den Abzug der türkischen Truppen aus Zypern, noch angemessene Rückkehr- bzw. Entschädigungsregelungen für die ab 1974 erfolgten Vertreibungen und Enteignungen vorsah, war er für die griechischen Zyprioten verständlicherweise unannehmbar und musste aufgrund seiner vielen Schwächen zwangsläufig scheitern.

Auch die Hoffnung, dass sich die EU der Zypern-Frage entschlossen annehmen würde, blieb weitgehend unerfüllt. Zwar hat die EU auf dem Europäischen Rat von Brüssel am 17.12.2004 die Türkei aufgefordert, Zypern anzuerkennen, weil ansonsten die Beitrittsverhandlungen am 3.10.2005 nicht beginnen könnten. Dass es die EU dafür jedoch ausreichen lassen will, dass die Türkei ein zweitrangiges handelspolitisches Protokoll unterschreibt, dessen völkerrechtliche Wirkungen minimal sind, lässt einen ernsthaften Willen der EU zur Lösung der Zypern-Frage fraglich erscheinen. Wer die militärische Besetzung seines Terri-

[15] Dazu ausführlich *Axt*, Gordischer Knoten in Kopenhagen nicht durchschlagen: Zypern, die Türkei und die EU, in: Integration 26 (2003), 66 (69 – 71); *ders.*, Zypern: Vertane Chance, in: Internationale Politik 58 (2003), 23 (24).

toriums duldet, Beitrittsverhandlungen mit einem Staat anstrebt, der ein EU-Mitglied nicht anerkennt, und trotz alledem stets die Verfolgung von Demokratie, Rechtsstaatlichkeit und Menschenrechte als Leitlinie in allen EU-Mitgliedstaaten betont, darf sich über Glaubwürdigkeitsprobleme nicht wundern. Darüber hinaus musste ohnehin mit Verwunderung gefragt werden, warum die EU die Initiativen zur Lösung dieser europäischen Frage fast gänzlich der UN überließ, deren Engagement nach 30 Jahren offensichtlich verbraucht war.

2. Stabilisierung des Westlichen Balkans

Eine aktive Rolle spielt Griechenland bei der Stabilisierung und Assoziierung der Staaten des Westlichen Balkans. Im Mai 1999 hatte die EU-Kommission ein erstes Dokument vorgelegt, in dem sie die Grundlinien einer neuen Strategie für den Westlichen Balkan, d.h. für Albanien, Bosnien-Herzegowina, Kroatien, Serbien-Montenegro einschließlich Kosovo, die ehemalige jugoslawische Republik Mazedonien, vorschlug: den Stabilisierungs- und Assoziierungsprozess (SAP).[16] Er wurde auf dem Europäischen Rat von Köln im Juni 1999 beschlossen und den südosteuropäischen Staaten damit eine „europäische Perspektive" in Aussicht gestellt.[17] Sein wichtigstes Ziel ist es, die Westbalkan-Staaten als potentielle Kandidaten näher an die EU heranzuführen. Er sieht eine Liberalisierung des Handels mit der EU, eine finanzielle Förderung über das CARDS-Programm (Community Assistance for Reconstruction, Development and Stabilisation) und den Abschluss von Stabilisierungs- und Assoziierungsabkommen vor.[18] Für die

[16] Communication to the Council and the European Parliament on the Stabilisation and Association process for countries of South-East Europe, COM (99) 235, 26.5.1999.
[17] Stability Pact for South Eastern Europe, Köln, 10.6.1999.
[18] Ausführlich zum SAP *Calic*, Strategien zur Europäisierung des Westlichen Balkans, in: Südosteuropa 53 (2005), 1 – 37; *Altmann*, Südosteuropapolitik, in: *Weidenfeld/Wessels* (Hrsg.), Jahrbuch der Europäischen Integration 2003/2004, 2004, S. 273 – 278; *Phinnemore*, Stabilisation and Association Agreements: Europe Agreements for the Western Balkans? in: European Foreign Affairs Review 8 (2003), 77 – 103; *van Meurs*, Den Balkan integrieren. Die europäische Perspektive der Region nach 2004, in: Aus Politik und Zeitgeschichte, B 10-11/2003, 34 – 39.

Umsetzung des SAP engagiert sich Griechenland sehr.[19] So ist etwa die „European Agency for Reconstruction“ in Thessaloniki verantwortlich für die Koordinierung der genannten Maßnahmen in Serbien-Montenegro, im Kosovo und in der ehemaligen jugoslawischen Republik Mazedonien.

Einen weiteren Meilenstein auf diesem Weg bildete das Gipfeltreffen zwischen der EU und den westlichen Balkanstaaten im Juni 2003 in Thessaloniki. Bekräftigt wurde, dass der SAP weiterhin den Rahmen für die Annäherung der westlichen Balkanstaaten an die EU bis hin zu ihrem künftigen Beitritt bilde.[20] Beschlossen wurde, den SAP durch zusätzliche Instrumente anzureichern, die aus dem Erweiterungsprozess stammen, wie Europäische Partnerschaften und die Gründung eines hochrangigen EU-Westlicher-Balkan-Forums. Die Staats- und Regierungschefs folgten damit den im Mai 2003 von der EU-Kommission vorgelegten Empfehlungen.[21] Die politische, rechtliche und wirtschaftliche Stabilisierung dieser Staaten liegt wegen der geographischen Nähe im besonderen Interesse Griechenlands.[22]

3. *Investitionen in Südosteuropa*

Ein weiterer Schwerpunkt ist das Erschließen neuer Märkte in Südosteuropa. Hierbei ist die griechische Wirtschaft sehr erfolgreich. Betrachtet man das Gesamtvolumen der Investitionen seit 1990, fällt die zentrale Bedeutung griechischer Unternehmen - vor allem aus dem verarbeitenden Gewerbe, der Telekommunikation und dem Bankensektor – auf.[23] Griechische Unternehmen haben in erster Linie die geographische Nähe und das Wiederaufleben von historischen

[19] Hellenic Republic, Ministry of Foreign Affairs, Stabilization and Association Process of Western Balkans, www.mfa.gr.
[20] Erklärung von Thessaloniki, 21.6.2003.
[21] Communication from the Commission to the Council and the European Parliament: The Western Balkans and European Integration, COM (2003) 285, 21.5.2003; die EU-Perspektive des Westlichen Balkans ist auf dem Europäischen Rat v. 16./17.6.2005 erneut bekräftigt worden, siehe dazu Schlussfolgerungen des Vorsitzes, Dok. 10255/05, Ziff. 41.
[22] „Our major concern is the implementation of the Thessaloniki decisions“, siehe Fußn. 19.
[23] *Bastian*, Investieren in Südosteuropa? in: Südosteuropa 52 (2003), 1 (12 – 15).

Handelsbeziehungen mit Südosteuropa vorteilhaft genutzt. Hinzu kommen ein situatives Verständnis und eine kulturelle Affinität dafür, wie Geschäftsbeziehungen in diesen Staaten zu einem erfolgreichen Abschluss gebracht werden können.[24] Heute ist Griechenland der größte Investor in der Region.

Dabei lassen sich zwei wesentliche Investitionsrichtungen unterscheiden:[25] Zum einen sind die erheblichen griechischen Investitionen zu nennen, die von den Unternehmen selbst vorgenommen worden sind und folgende Bereiche betreffen: Papier-, Glas-, Zement- und Energiewirtschaft, Bauindustrie, Technologie, Telekommunikation, Bankenwesen. Der größte griechische Einzelinvestor in der Region ist das teilprivatisierte Telekommunikationsunternehmen *OTE.*

Zum anderen investieren griechische Unternehmen durch Wagniskapital- und Beteiligungskapitalfirmen. Große Geschäftsbanken gründen Tochtergesellschaften, die mit internationalen Finanzinstitutionen wie der *European Bank for Reconstructing and Development* (EBRD)[26] oder der *International Finance Corporation* (IFC),[27] der privatrechtlichen Finanzierungseinrichtung der Weltbank, zusammenarbeiten. Solche Risikokapitalgesellschaften beteiligen sich vornehmlich an Banken in Südosteuropa. Im Vordergrund stehen dabei Rumänien, Bulgarien, Albanien, Moldau und die ehemalige jugoslawische Republik Mazedonien.

---

[24] *Axt*, Griechenland als Stabilitätsfaktor auf dem Balkan. Chancen der Konfliktbeilegung durch ökonomische und politische Kooperation, in: Südosteuropa Mitteilungen 41 (2001), 141 – 153; *Bastian*, „Ein Gespür haben für die Mentalitäten des Balkans". Griechenlands Investitionsoffensive in Südosteuropa, in: Südosteuropa 52 (2003), 419 – 442.

[25] *Bastian* (o. Fußn. 23), S. 13 – 14.

[26] Dazu *Varwick*, Systemwechsel/Transformation, in: *Woyke* (Hrsg.), Handwörterbuch Internationale Politik, 8. Aufl., 2000, S. 397 (402 f.); siehe auch das Interview mit dem Präsidenten der EBRD, *Jean Lemierre*, in: FAZ v. 18.5.2005, S. 16.

[27] Dazu *Golsong*, International Finance Corporation, in: *Bernhardt* (Hrsg.), Encyclopedia of Public International Law (EPIL), Vol. II (1995), S. 1142 – 1144; *Andersen*, Weltbankgruppe, in: *Woyke* (o. Fußn. 26), S. 513 (518).

4. Integration von Ausländern

a) Probleme mit Albanern

Einen Bezug zu den Erweiterungsaktivitäten der EU in Südosteuropa weist auch das Problem der starken Migration von Albanern nach Griechenland auf. Da Albanien ein Staat ist, der im Rahmen des SAP näher an die EU herangeführt werden soll, erhofft sich Griechenland davon Lösungskonzepte für die Albaner-Frage. Seit Anfang der 90er Jahre sind aufgrund der katastrophalen wirtschaftlichen und sozialen Lage in Albanien viele Albaner ins Land gekommen, die dort einer - zumeist handwerklichen - Beschäftigung nachgehen, mit der oft die Familien in Albanien versorgt werden.[28] Trotz dieser Verdienstmöglichkeiten, die zur Bestreitung des Lebensunterhalts für die albanischen Familien unabdingbar sind, empfinden viele Albaner jedoch eine unerklärliche Abneigung gegen Griechenland und artikulieren diese häufig öffentlich. Integrative Maßnahmen des griechischen Staats müssen daher fast zwangsläufig erfolglos bleiben.

b) Probleme mit anderen Ausländern

Das Albaner-Problem stellt nicht das einzige Problem dar. Griechenland ist aufgrund seiner geographischen Lage als südöstliches Land der EU zu einem Eingangstor für Afrikaner, Pakistaner, Tamilen und andere Staatsangehörige geworden, die aus den Balkanstaaten, der Ukraine oder aus Moldau über die grüne Grenze kommen. Während in der öffentlichen Berichterstattung in Europa oft nur die Schwierigkeiten mit afrikanischen Einwanderern an der spanischen oder italienischen Küste thematisiert werden, ist hervorzuheben, dass sich seit Jahren dramatische menschliche Schicksale auch an der Südküste von Kreta oder an der Küste der Dodekanes abspielen.[29] Türkische Menschenhändler spielen dabei eine besonders unrühmliche Rolle, indem sie die Not der Einwanderungswillligen finanziell ausnutzen. Eine besser abgestimmte Einwanderungspolitik der EU

---

[28] *Eichheim*, Griechenland, 1999, S. 74 – 75.
[29] *Martens* (o. Fußn. 9), S. 7.

würde nicht nur für die betroffenen Menschen, sondern auch für Griechenland selbst eine willkommene Hilfe darstellen.

5. Mazedonien-Frage

Erhebliche politische Diskussionen verursachte in Griechenland auch der Streit um den Namen der ehemaligen jugoslawischen Republik Mazedonien, einem weiteren Staat des SAP. Als dieser 1991 seine Unabhängigkeit erklärte, gab er sich den Staatsnamen „Mazedonien" und verwendete das Sonnenzeichen der mazedonischen Könige als Staatssymbol für die Flagge.[30] Mazedonien ist aber auch der Name einer griechischen Provinz, und Griechenland besteht auf der alleinigen Nutzung des hellenistischen Namens. In dem neuen Staatsnamen sahen die Griechen daher ein Zeichen für Gebietsansprüche und die Errichtung eines großmazedonischen Staates. Griechenland reagierte mit Großdemonstrationen und Handelsembargos gegen den gesamten Warenverkehr.

Nachdem sich die Situation in der Folgezeit wieder beruhigt hatte, spitzte sich der Namensstreit im November 2004 erneut zu. Die erste außenpolitische Entscheidung der Bush-Administration nach den Wahlen in den USA am 4.11.2004 betraf den kleinsten Staat auf dem Balkan und erfolgte äußerst überraschend. Am 5.11.2004 erkannten die USA unter dem Namen „Republik Mazedonien" ein Land an, das von Washington seit 1993 in Übereinstimmung mit der UN und der EU immer nur FYROM (Former Yugoslav Republic of Macedonia) genannt wurde.[31]

Ziel der USA war, der Regierung in Skopje den Rücken zu stärken und eine am 7.11.2004 stattfindende Volksabstimmung entscheidend zu beeinflussen. Gleichzeitig sollte die mazedonische Regierung dafür belohnt werden, dass sie

[30] *Eichheim* (o. Fußn. 28), S. 146.
[31] Dazu ausführlich *Reuter*, Nie mehr FYROM? Makedonien nach der Anerkennung durch die USA, in: Südosteuropa 53 (2005), 46 – 55.

den Krieg im Irak nachdrücklich befürwortet und sogar ein kleines Truppenkontingent von 40 Mann entsandt hatte. Darüber hinaus war auch die demonstrative Nichtberücksichtigung griechischer Interessen beabsichtigt, weil sich Athen im Irak-Krieg neutral verhalten und keine militärische Hilfe geleistet hatte.[32] Schließlich hatte Washington die Ergebnisse einer EU-weiten Umfrage negativ registriert. Danach glauben 85 % aller Griechen, die Außenpolitik der Vereinigten Staaten schade dem Weltfrieden und sei nicht hilfreich im Kampf gegen den Terrorismus.

Die Regierung Griechenlands wurde erst in letzter Minute durch einen Anruf des US-Botschafters bei Ministerpräsident *Karamanlis* informiert. Nach der ersten Schockwirkung setzten intensive Debatten ein, wobei die griechischen Parteien die Entscheidung der USA zwar als falsch, einseitig, rücksichtslos und nicht zur Stabilität in der Region beitragend bezeichnet hatten. Jedoch blieb ihre Reaktion insgesamt recht gelassen.[33] Dies ist aus folgenden Gründen verständlich: Einmal zählt die Namensfrage nicht zu den absoluten Prioritäten der griechischen Außenpolitik. Außerdem behalten UN und EU die international konsentierte Bezeichnung „FYROM" bei und lassen keinerlei Bereitschaft erkennen, sich der wahltaktisch und bündnispolitisch motivierten Entscheidung der USA anzuschließen. Schließlich dürfte das FYROM-Interesse an griechischen Investitionen auch weiterhin so groß sein, dass es zu einer Versachlichung der politischen Debatte kommen wird.

6. *Türkei-Frage*

a) Generelles Verhältnis zur Türkei

Das Verhältnis zwischen Griechenland und dem EU-Beitrittskandidaten Türkei ist seit langem angespannt. Die 400-jährige Besatzung durch das Osmanische

[32] *Reuter* (o. Fußn. 31), S. 46.
[33] *Reuter* (o. Fußn. 31), S. 48.

Reich, die mit dem griechischen Befreiungskampf 1821 – 1827 endete,[34] und die grausame Vertreibung aus Kleinasien während der Kleinasiatischen Katastrophe 1922[35] haben sich tief in das historische Gedächtnis des griechischen Volkes eingebrannt. Die Entweihung von Konstantinopel, des Sitzes des griechisch-orthodoxen Patriarchats, die endgültige Vertreibung aller Griechen aus Konstantinopel 1959 und die Invasion auf Zypern 1974 bildeten die Fortsetzung der gegen die Griechen gerichteten gewaltsamen Aktivitäten. Angesichts dieser Ereignisse darf es nicht verwundern, dass die Türkei auch heute vielfach als Synonym für Gewalt, Aggression und fehlende Zivilisation verstanden wird.

Jedoch ist es in den letzten Jahren zunehmend gelungen, die bilateralen Beziehungen zu entspannen. Zahlreiche vertrauensbildende Maßnahmen, wie etwa die große Hilfeleistung Griechenlands nach dem schweren Erdbeben in der Türkei von 1999, trugen zur besseren Verständigung bei. Wenn auch einige Fragen nach wie vor sehr umstritten sind (z. B. Luftraum, Zypern), hat sich die griechische Außenpolitik in jüngster Zeit verändert. Zum ersten Mal seit über 30 Jahren wird in Athen die Türkei nicht mehr als die größte Gefahr für die nationale Sicherheit betrachtet. In der Anfang März 2005 beschlossenen Verteidigungsdoktrin nehmen stattdessen der Terror, der illegale Waffenhandel und die Folgen möglicher Unruhen auf dem Westlichen Balkan den ersten Platz ein.[36]

Griechenland hat großes Interesse daran, mit allen seinen Nachbarstaaten in freundschaftlicher und zivilisierter Weise zusammenzuleben. Zur Erreichung dieses Ziels erachtet es die griechische Regierung als sehr wichtig, den Europäi-

---

[34] *Heydenreuter*, Die erträumte Nation. Griechenlands Staatswerdung zwischen Philhellenismus und Militärintervention, in: *Heydenreuter/Murken/Wünsche* (Hrsg.), Die erträumte Nation. Griechenlands Wiedergeburt im 19. Jahrhundert, 2. Aufl., 1995, S. 47 – 77; *Hillgruber*, Humanitäre Intervention, Großmachtpolitik und Völkerrecht, in: Der Staat 42 (2003), 165 (169 – 175).
[35] *Clogg*, Geschichte Griechenlands im 19. und 20. Jahrhundert, 1997, S. 120 und 127 – 131.
[36] NZZ v. 3.3.2005, S. 8; FAZ v. 4.3.2005, S. 6.

sierungsprozess der Türkei zu unterstützen und spricht sich deshalb auf politischer Ebene für eine EU-Perspektive Ankaras aus.[37]

b) *Luftraumverletzungen durch die Türkei*

Ein seit Anfang der 80er Jahre ununterbrochenes Problem stellen die Verletzungen des griechischen Luftraums durch türkische Militärflugzeuge dar.[38] Bereits 1931 hatte Griechenland seine Luftraumgrenzen auf 10 Seemeilen festgelegt, was für viele der griechischen Inseln in der Ägäis bedeutet, dass der griechische Hoheitsraum in Übereinstimmung mit dem Völkerrecht bis dicht an die türkische Grenze heranreicht. Diese Luftraumgrenzen werden von der Türkei nicht akzeptiert. Um ihren Protest auszudrücken, dringen täglich mehrfach türkische Militärflugzeuge in den griechischen Luftraum ein und führen gefährliche Flugmanöver - oft sogar über Athen bzw. unter bedrohlicher Annäherung an griechische oder zypriotische Linienflugzeuge - aus. Die griechische Luftwaffe sieht sich jedes Mal gezwungen, die türkischen Flugzeuge zu verfolgen und nach den Regeln des Luftvölkerrechts aus dem griechischen Luftraum abzudrängen. Es folgen diplomatische Proteste bei der türkischen Regierung.

Die Luftraumverletzungen dienen ausschließlich der Provokation, lassen sich auf keinerlei Rechtfertigung (z. B. Notstand, Irrtum, NATO-Befugnisse) stützen und stellen daher in jedem einzelnen Fall eine Völkerrechtsverletzung dar.[39] Eine völkerrechtliche Klärung dieser Frage vor dem Internationalen Gerichtshof in Den Haag oder dem Internationalen Seegerichtshof in Hamburg wird von Griechenland befürwortet, von der Türkei aber abgelehnt, was jedoch schon deshalb nicht verwundert, weil die Türkei der Geltung völkerrechtlicher Normen ableh-

---

[37] Hellenic Republic, Ministry of Foreign Affairs, Greek Presidency's priorities in the field of Enlargement, www.mfa.gr.

[38] *Schladebach*, Luftraumverletzungen durch Militärflugzeuge. Der griechisch-türkische Konflikt in der Ägäis, in: ZLW 2003, 355 – 374; *Klemm*, Aegean Sea, in: *Bernhardt* (Hrsg.), Encyclopedia of Public International Law (EPIL), Vol. I (1992), S. 43 (45 – 46); *Eichheim* (o. Fußn. 28), S. 162 – 163.

[39] *Schladebach* (o. Fußn. 38), S. 374.

nend gegenübersteht und sich deswegen nicht der Jurisdiktion dieser internationalen Gerichtshöfe unterworfen hat. Die Luftraumverletzungen einerseits und die Nichtanerkennung der internationalen Gerichtshöfe andererseits sind als Verhaltensweisen zu werten, die in diametralem Gegensatz zur Rechtsstaatlichkeit stehen, einem europäischen Wert, den die Türkei im Hinblick auf ihre EU-Annäherung lautstark für sich reklamiert.[40] Griechenland vertritt die Position, dass die Luftraumverletzungen sofort einzustellen sind, weil andernfalls das demonstrativ verkündete Bekenntnis der Türkei zur europäischen Werte- und Rechtsgemeinschaft nur begrenzt glaubhaft erscheint.

V. Perspektiven

Griechenland ist ein verlässlicher Partner in der EU und unterstützt aus den beschriebenen Gründen besonders die europäische Perspektive des Westlichen Balkans sowie Rumäniens und Bulgariens. Dabei drängt Griechenland jedoch nachdrücklich darauf, dass die für eine EU-Mitgliedschaft aufgestellten Kriterien eingehalten werden. Ein Schwerpunkt der Außenpolitik liegt in der Stabilisierung der Situation in den Nachbarstaaten, in denen derzeit ein gewisses Risiko für Unruhen besteht, durch die die nördlichen Provinzen Griechenlands bedroht werden könnten. Für das europäische Engagement wünscht Griechenland sich allerdings gleichzeitig, dass sich die EU stärker als bisher für die spezifischen griechischen Angelegenheiten einsetzt und erkennt, dass das Land nur geographisch, nicht aber europapolitisch eine Randlage besitzt.

---

[40] *Schladebach* (o. Fußn. 38), S. 372 – 374.

Schweden

Lars Riensche[*]

I. Einleitung

Für Schweden bedeutet ein Jahr Erweiterung zehn Jahre Mitgliedschaft in der EU. Am 1.1.1995 trat Schweden gemeinsam mit Österreich und Finnland der EU bei. Mit Schweden ist ein Land Mitglied der EU, dessen Verhältnis zu Brüssel und zur europäischen Integration mit zögerlich und abwartend bezeichnet werden könnte.[1] Das Land steht damit unter den skandinavischen Ländern, die die europäischen Werte teilen, ihre Bereitschaft zu integrativer Politik aber auf ein unabdingbares Maß beschränken, nicht allein. Ein Grund hierfür liegt in der neutralen Position, die die schwedische Außenpolitik fast 200 Jahre lang bestimmte.[2] Der traditionelle Neutralitätsanspruch führte dazu, dass Schweden die Bemühungen und Erfolge der EU aufmerksam beobachtete, bevor sich der Staat um eine Aufnahme in die europäische Wirtschafts- und Wertegemeinschaft bewarb.

Das Projekt „Beitritt zur EU" war bis zum Beitrittsreferendum 1994 in der Bevölkerung auf wenig Gegenliebe gestoßen. Nur mit einer knappen Mehrheit von 52 % votierten die Schweden für einen Beitritt. Die Chance, sich als reifes EU-Mitglied zu präsentieren, wurde mit dem am 14.9.2003 gescheiterten Referendum über die Euro-Einführung leichtfertig vergeben. Eine Dekade nach dem Beitritt sahen manche schwedische Euroskeptiker die Kampagne zum Referendum über die Einführung des Euro als Chance, gegen die Mitgliedschaft Schwe-

---

[*] Lars Riensche, Berlin, Assistent im Ausschuss für Europaangelegenheiten und Entwicklungspolitik, Landtag Brandenburg, Potsdam. Der Autor gibt seine persönliche Ansicht wieder.

[1] *Sundberg*, Skandinavien, in: *Weidenfeld* (Hrsg.), Europa-Handbuch, 1999, S. 196 (204).

[2] *Schymik*, Nordische Sonderwege nach Europa, in: Aus Politik und Zeitgeschichte, B 47/2004, 10 (13).

dens zu votieren.[3] Beide Referenden zeigten sehr deutlich, dass in Schweden nicht von einer Europa-Euphorie auszugehen ist.[4]

Schwedens besondere Sicht vor, während und nach der Erweiterung am 1.5.2004 ist weniger auf den Mittelmeerraum oder Mitteleuropa gerichtet. Für das Land bedeutsamer ist vielmehr der Ostseeraum. Schweden ist sehr an guten nachbarschaftlichen Beziehungen zu allen Ostseeanrainern gelegen. Aus diesem Grund hatte es im Vorfeld des Jahres 2004 auch immer die Aufnahme der baltischen Staaten in die EU gefördert und gefordert. Doch auch Polen spielt keine unwichtige Rolle in Schwedens EU-Politik. Das Engagement im Ostseeraum wird durch eine aktive Rolle im Ostseerat begleitet.[5]

Schweden will ein Jahr nach der Erweiterung seine Nettozahlungen an den EU-Haushalt verringern. Es hat nach den Niederlanden und vor Deutschland den größten Anteil am Gemeinschaftshaushalt zu tragen. Hier gab es im Vorfeld der Erweiterung einen Interessenkonflikt zwischen politisch gewollter Aufnahme der mittel- und osteuropäischen Staaten und der Gewissheit, dass eine Erweiterung um zehn neue, generell ärmere Staaten auch Mehrausgaben für den Haushalt bedeuten würde. Dieser Zwiespalt zeigt sich auch in der Diskussion um die finanzielle Vorausschau 2007 bis 2013.

Neben der Randrolle im Norden Europas und der EU spielt Schweden neben Großbritannien und Dänemark eine bereits angedeutete Sonderrolle im Rahmen der Wirtschafts- und Währungsunion (WWU). Alle drei Staaten nehmen an der WWU nicht teil. Auf lange Sicht gibt es keine Anzeichen dafür, dass das Land den Euro einführen will. Die Position könnte sich ändern, sollten Polen und die

[3] *Lindahl*, Schweden, in: *Weidenfeld/Wessels* (Hrsg.), Jahrbuch der Europäischen Integration 2003/2004, 2004, S. 381.
[4] *Schymik* (o. Fußn. 2), S. 14.
[5] *Jahn*, Das politische System Schwedens, in: *Ismayr* (Hrsg.), Die politischen Systeme Westeuropas, 2003, S. 93 (125).

baltischen Staaten ab 2008 den Euro einführen. Der wirtschaftliche Anpassungsdruck auf Schweden würde sich immens erhöhen.

II. Schweden vor der EU-Erweiterung

Schweden verfolgt seit fast 200 Jahren eine bündnisneutrale Politik. Von daher gab es ähnlich wie in Österreich eine breite Diskussion über einen Beitritt zur EU. Es überwog der Gedanke einer Neugewichtung der Außenpolitik nach dem Ende des Kalten Krieges. Die machtpolitische Bedrohung Nordeuropas war auch zu Beginn der 90er Jahre nicht mehr in der Form vorhanden, wie man es für fast 45 Jahre gewohnt war. Mit den geänderten sicherheitspolitischen Rahmenbedingungen und einer immer stärkeren Internationalisierung des Welthandels wuchs in der schwedischen Industrie Anfang der 90er Jahre der Wunsch nach einer stärkeren An- und Einbindung in eines der erfolgreichsten Ökonomie- und Sicherheitsmodelle der Nachkriegszeit: der EU. Mit dem Fall der Mauer rief die Frage nach einem Beitritt zur EU eine sehr lebhafte Debatte im Land hervor.

Die sozialdemokratische Regierung reichte im Juli 1991 einen Aufnahmeantrag in Brüssel ein. Die Beitrittsverhandlungen dauerten knapp ein Jahr. Den Beitrittsvertrag unterzeichneten Schweden und die EU im Jahr 1994 während der griechischen Ratspräsidentschaft. Die Wähler stimmten im gleichen Jahr in einem Referendum mit 52,3 % für einen Beitritt zur EU. Die Beteiligung am Referendum war hoch. 83,3 % gaben ihre Stimme ab. Das schwedische Parlament, der Riksdag, traf am 15.12.1994 die formelle Entscheidung. Am 1.1.1995 nahm die EU Schweden in den Kreis der Mitglieder auf.

Die Erweiterung von 1995 verlief relativ unspektakulär und nahezu reibungslos. Neben Schweden traten Finnland und Österreich der Union bei. Der Beitritt dieser Länder wurde in den übrigen Mitgliedstaaten weder im Vorfeld problematisiert, noch gab es weit ausgreifende Übergangsregelungen etwa auf dem Gebiet der Arbeitnehmerfreizügigkeit. Dennoch gab es auch in Schweden in der Politik und der Bevölkerung sehr kritische Stimmen und durchaus auch eine große Gruppe, die einen Beitritt ablehnte. Doch wie das Ergebnis des Referendums zeigt, setzten sich die Befürworter mit einer knappen Mehrheit durch.

Die Beteiligung am Euro wurde in einem Referendum am 14.9.2003 klar abgelehnt. Nahezu 83 % der Wähler beteiligten sich an der Abstimmung. 56 % stimmten mit „Nein", 42 % mit „Ja". Die Eurokritiker hatten dabei die Frage nach dem Euro bewusst mit der Frage nach einer Mitgliedschaft Schwedens in der EU verknüpft.[6] Dies wurde vor allem von den besonders eifrigen Euro-"Nein"-Parteien, der Linkspartei, der Grünen Partei und der Zentrumspartei, wenn nicht offen, dann doch unterschwellig propagiert.

Als Mitglied der EU hat Schweden aktiv die Erweiterung der EU vor allem um die baltischen Staaten (Estland, Lettland, Litauen) und weiterer Länder Mittel- und Osteuropas vorangetrieben. Die schwedische Regierung hat diesen Schritt als eine Möglichkeit zur Realisierung eines geeinten Europas ohne trennende Grenzen verstanden, der der Sicherung des Friedens in Europa und der Unterstützung und Sicherung des ökonomischen und politischen Reformprozesses in Mittel- und Osteuropa dient. Den Beitrittskandidaten hatte Schweden angeboten, seine Erfahrungen in den Verhandlungsrunden einzubringen, sollte dies gewünscht werden.

Während der Ratspräsidentschaft Schwedens im 1. Halbjahr 2001 genoss die Erweiterung neben den Schwerpunkten Beschäftigung und Umwelt eine besondere Priorität. Der Gipfel von Göteborg 2001 gilt als einer der wichtigsten Schritte zum 1.5.2004. Auf dem Rat wurde entschieden, die Verhandlungen mit den im

---

[6] *Lindahl* (o. Fußn. 3), S. 381 – 382.

Reformprozess am weitesten voran geschrittenen Kandidaten 2002 zu beenden, sodass diese Länder bereits 2004 an den Wahlen zum Europäischen Parlament teilnehmen könnten. Dabei hat sich Schweden immer dafür eingesetzt, dass die Verhandlungen mit den beitrittswilligen Ländern gleichzeitig beginnen und je nach ihrem Fortschritt zum Abschluss geführt werden. Während der Ratspräsidentschaft konnten einige Lösungen bei schwierigen Themen wie Mobilität von Arbeitnehmern, Umwelt und Grundstückserwerb erzielt werden.

Schweden lehnte es neben anderen Ländern im Jahr 2001 ab, dass Deutschland und Österreich Übergangsregelungen bei der Freizügigkeit von Arbeitnehmern für die Zeit nach dem Beitritt bekommen. Zwar legte die sozialdemokratische Regierung dem Parlament im Jahr 2003 ebenfalls ein entsprechendes Papier vor. Als Begründung wurde genannt, dass der Wohlfahrtsstaat einem größeren Missbrauchsrisiko ausgesetzt sei. Ministerpräsident *Persson* warnte vor der Gefahr eines „sozialen Tourismus".[7] Andere Vertreter der Regierung sprachen von der drohenden Gefahr einer Ausnutzung der Migranten aus Mittel- und Osteuropa durch schwedische Arbeitgeber. Der Gesetzentwurf wurde jedoch von allen Parteien am 28.4.2003 abgelehnt. Somit ist Schweden eines der wenigen Länder, die keinerlei Beschränkungen der Arbeitnehmerfreizügigkeit aus den Beitrittsländern verabschiedet haben.[8]

III. Positionen zur Erweiterung

Aus dem gescheiterten Euro-Referendum könnte abgeleitet werden, dass die Zustimmung der schwedischen Wähler zur EU-Mitgliedschaft des Landes relativ gering ist. Meinungsumfragen der Jahre 2003 und 2004 zeigen jedoch ein anderes Bild. Die Mitgliedschaft in der EU wurde zum ersten Mal seit dem Jahr des Beitrittsreferendums von einer Mehrheit der Schweden als positiv bewertet.

---

[7] Zitiert nach: *Örn*, Schwedische Außenpolitik im Frühjahr 2004, www.sweden.se.
[8] Institut für Europäische Politik, Enlargement/Agenda 2000 - Watch, No. 6/2003, S. 1 (99).

Lediglich eine Minderheit befürwortet einen Austritt.[9] Seit dem Beginn der Verhandlungen mit den Kandidatenländern war die Zustimmung zur Erweiterung in Schweden immer hoch gewesen. Selbst die EU-Kritiker der Grünen Partei und der Linkspartei, die ansonsten einen Austritt aus der Union fordern, unterstützen den Erweiterungsprozess.[10] Das ist vor allem deswegen interessant, weil die sozialdemokratische Minderheitsregierung seit den Parlamentswahlen 2002 für einige Politikfelder ein Kooperationsabkommen mit der europaskeptischen Grünen Partei und der Linkspartei geschlossen hatte. Selbst Teile der Regierung *Persson* sehen sich eher dem Lager der Europa-Kritiker als dem Lager der Befürworter zugehörig.[11] Insgesamt gesehen ist die tiefe Spaltung innerhalb der politischen Elite und der Bevölkerung sehr deutlich. Während die gemäßigte bürgerliche Partei *Moderatema*, die liberale Partei *Folkpartiet* sowie die schwedischen Christdemokraten für die EU und die WWU eintreten, sind die Sozialdemokraten zerstritten. Die Grüne Partei sowie die Linkspartei haben sich des öfteren gegen einen Beitritt zur EU ausgesprochen und zum Teil sogar bereits einen Austritt aus der Union gefordert.[12]

Doch wie ist die Stimmung in Schweden zur Erweiterung? Überraschenderweise unterstützt die Bevölkerung mehrheitlich den Prozess der Erweiterung. Diese Meinung wird sogar von denen geteilt, die ansonsten eine Mitgliedschaft Schwedens in der EU ablehnen.[13] Nach einer im Frühjahr 2001 durchgeführten Umfrage des Eurobarometers befürworteten 50 % der Befragten die EU-Erweiterung. Das war zwar ein Rückgang um sechs Prozentpunkte, jedoch lag der Anteil der Befürworter immer noch höher als in den meisten übrigen EU-Mitglied-

---

[9] *Lindahl* (o. Fußn. 3), S. 383.
[10] *Lindahl*, Schweden, in: *Weidenfeld/Wessels* (Hrsg.), Jahrbuch der Europäischen Integration 2002/2003, 2003, S. 393 (396).
[11] *Lindahl* (o. Fußn. 10), S. 393.
[12] *Jungar*, Schweden, in: *Weidenfeld* (Hrsg.), Die Staatenwelt Europas, 2004, S. 311.
[13] *Lindahl* (o. Fußn. 3), S. 383.

staaten.[14] Die breite Zustimmung resultierte vor allem aus der zukünftigen Einbeziehung der baltischen Staaten in die EU. Dass diese von Anbeginn in die Verhandlungen einbezogen wurden, gilt als ein Verhandlungserfolg Schwedens. Anfänglich sollte nur Estland eine Beitrittsperspektive unterbreitet werden.[15]

Für eine Mehrheit der relevanten politischen Akteure sollte im Jahr 2002 die Erweiterung auf den ersten Platz der europäischen Agenda gesetzt werden. Da Schweden damals wie heute zu den Nettozahlern zählt, war eine möglichst rasche Reform der Gemeinsamen Agrarpolitik (GAP) deswegen von besonderer Bedeutung, weil die Beitrittsländer kein defizitäres System implementieren sollten. Dennoch hat die Regierung immer betont, dass sie eine Erweiterung nicht von einer Reform der europäischen Agrarstrukturen abhängig gemacht hätte.[16] Wie bereits mehrfach angedeutet, unterstützte zur damaligen Zeit ein Großteil der politischen und zivilgesellschaftlichen Akteure in Schweden die Erweiterung. Auch wenn zum Teil kritische Bemerkungen hinsichtlich der Effektivität und Richtung der europäischen Integration aufkamen, so wurde keine öffentliche Debatte über die möglichen Folgen der Erweiterung geführt. Alle im Parlament vertretenen politischen Parteien sahen die Erweiterung als notwendigen Schritt auf dem Weg zu einem sicheren, geeinten Europa. Angesichts des allgemeinen Nutzens für die schwedische Wirtschaft wurde aber auch davor gewarnt, dass die Boni für die unterschiedlichen gesellschaftlichen Gruppen verschieden ausfallen würden. In der Konsequenz sind aber keinerlei Ängste und Befürchtungen geäußert worden, wie es etwa in Deutschland der Fall war.[17]

Ähnlich wie im übrigen Europa war man sich in Schweden der großen, geschichtlichen Bedeutung der EU-Erweiterung bewusst. Man war sich auch darü-

---

[14] *Melin*, Die schwedische Ratspräsidentschaft im Rückblick, www.sweden.se.
[15] *Örn* (o. Fußn. 7).
[16] Institut für Europäische Politik, Enlargement/Agenda 2000-Watch, No. 5/2002, S. 1 (48).
[17] Ebenda, S. 49.

ber im Klaren, dass sich ab Mai 2004 der Charakter der Gemeinschaft in einigen Feldern, wie der Umwelt- und der Sozialpolitik, stark wandeln würde. In der wissenschaftlichen Debatte war in erster Linie das zukünftige Verhältnis EU-Russland ein Thema. Als sicher galt, dass beide Seiten auch weiterhin gute nachbarschaftliche Beziehungen pflegen müssten. Dennoch wies man darauf hin, dass die Erweiterung sowohl zu einem Meilenstein, als auch zu einem „Stolperstein" werden könne.[18]

In der Öffentlichkeit war die Zustimmung zur Erweiterung im Jahr 2002 interessanterweise höher, als die Unterstützung einer Mitgliedschaft Schwedens in der EU.[19] Dies trifft vor allem auf die Grüne Partei und die Linkspartei zu, die auf der einen Seite die Erweiterung unterstützten, während sie auf der anderen Seite einer europäischen Vertiefung kritisch gegenüber stehen.

Im Jahr 2003 bewerteten alle Analysten der Wissenschaft und der schwedischen Medienlandschaft das Gesamtpaket des Erweiterungsvertrags als positiv und verhältnismäßig. Wichtig für Schweden war, dass das Verhandlungsergebnis eine sicherheitspolitische Perspektive für ein geeintes Europa bot.[20] Das wurde im Anschluss an den Kopenhagener Gipfel 2002 vom schwedischen Ministerpräsidenten *Persson* betont, was die herausragende Bedeutung für Schweden unterstreicht. Da der Rückhalt in der Öffentlichkeit sehr hoch war, stimmte „nur" das Parlament dem EU-Beitrittsvertrag vom 16.4.2003 zu. Auf die Durchführung eines Referendums verzichtete die Regierung.[21]

Obwohl sowieso alle Parteien mit der Durchführung der Erweiterung und der Anzahl der Beitrittsländer zufrieden waren, unterstrich die damalige Außenmi-

---

[18] Ebenda.
[19] Europäische Kommission, Eurobarometer 56, 2002.
[20] Institut für Europäische Politik (o. Fußn. 8), S. 35.
[21] Ebenda, S. 43.

nisterin *Lindh*, dass Bulgarien und Rumänien nicht aus dem Rennen seien, sondern nun eine klare Zeittafel und mehr Beitrittshilfen erhalten würden. Schweden sprach sich damals auch explizit für einen EU-Beitritt der Türkei aus. Eine Debatte über die Zukunft der EU solle nicht geografisch begrenzt werden. Beitrittsverhandlungen seien mit der Türkei aufzunehmen, sobald sie die Kopenhagener Kriterien von 1993 erfülle. *Lindh* widersetzte sich auch einer religiösen Abgrenzung der muslimischen Türkei gegenüber der christlichen EU. Die Aufnahme der Türkei sei keine Bedrohung für die fundamentalen Werte der EU.[22] Diese Meinung teilte die Bevölkerung im Jahr 2003 nicht. Die Eurobarometer-Umfrage zu den möglichen Beitrittskandidaten der EU ergab, dass die Aufnahme der Türkei von einer Mehrheit der Schweden abgelehnt wurde. 38 % befürworteten einen Beitritt der Türkei, 48 % lehnten ihn ab.[23]

Auch 2003 war die notwendige Reform der GAP angesichts der damals bevorstehenden Erweiterung ein Thema. Eine Reform forderten die schwedischen Politiker weniger als Folge der Erweiterung. Eine Lösung sollte vielmehr nach dem Beitritt der zehn neuen Mitglieder gefunden werden. Ein solcher Schritt sei schon lange überfällig, auch ohne die Erweiterung. Die Intention der Regierung Schwedens war, die Interessen der kleineren Staaten in der EU zu sichern.[24]

Die Befürwortung der Erweiterung ließ in Schweden auch im Jahr 2004 nach dem Beitritt der zehn Beitrittskandidaten nicht nach. Zwar sind die Zustimmungszahlen von 65 % um 11 Prozentpunkte auf 54 % gesunken und die Zahl derer, die gegen eine Erweiterung waren, auf 37 % angestiegen. Es wird jedoch vermutet, dass dies im Zusammenhang mit der Diskussion über den Gesetzentwurf der Regierung stand, der Übergangsfristen bei der Arbeitnehmerfreizügig-

[22] Ebenda, S. 54.
[23] Europäische Kommission, Eurobarometer 58, 2003.
[24] Institut für Europäische Politik (o. Fußn. 8), S. 75.

keit auch für Schweden einführen wollte.[25] Die Position zur Türkeifrage hat sich im Jahr 2004 ebenfalls nicht verändert. Im Gegensatz zur Bevölkerung unterstützen alle Parteien eine zukünftige EU-Mitgliedschaft Ankaras.

IV. Aktuelle Fragen im Hinblick auf die EU-Erweiterung

1. Status als Nettozahler

Stets stand die Position als Nettozahler in kritischer Diskussion. Seit langem fordert Schweden aus diesem Grund die Deckelung der EU-Haushaltsausgaben auf 1 %. Die Argumentation in diesem Falle ist aber äußerst ambivalent. Auf der einen Seite wird immer wieder eine Erweiterung gefordert, so dass in Zukunft der EU nicht nur 25, sondern 30 und mehr Mitgliedstaaten angehören sollen. Diese Erweiterungen kosten auf der anderen Seite jedoch auch immer mehr Geld. Wenn man allein untersucht, mit welchem Wohlstandsgefälle die zehn neuen Staaten beigetreten sind, kann man nicht davon ausgehen, dass die weiteren Erweiterungen für die EU finanziell preiswerter zu haben sind.[26] Trotzdem wird Schweden bei dieser Haltung bleiben und den Club der sechs Nettozahler nicht verlassen.[27]

2. Souveränitätsfragen

Die skandinavischen Staaten sind seit ihrem Beitritt stets um ihre Souveränität besorgt.[28] Bis auf Finnland haben die anderen skandinavischen EU-Mitglieder Dänemark und Schweden gegen die Einführung des Euro und damit gegen eine partielle Abgabe ihrer souveränen Rechte gestimmt. Bereits im Dezember 1997

[25] Institut für Europäische Politik, EU-25 Watch, No. 1, 2004, S. 1 (118).
[26] Klar ist, dass Schweden mit dieser Position nicht allein steht; siehe Institut für Europäische Politik (o. Fußn. 8, 16 u. 25).
[27] Es ist zu befürchten, dass diese Sechs gegenüber den übrigen EU-Staaten das eigentlich längst überholte Argument der *„tied hands“* anführen werden. Es spiegelt vor, dass ihnen aufgrund nationaler Zwänge die Hände gebunden seien. Dieses Argument benutzte zuletzt der britische Premier *Blair* beim Europäischen Rat im Juni 2005 – und setzte sich durch.
[28] Die Länder werden oft sogar als „minimalistische Mitglieder“ bezeichnet; siehe: *Jungar* (o. Fußn. 12), S. 311.

hat sich das schwedische Parlament dagegen ausgesprochen, dass Schweden sich ab dem 1.1.1999 an der WWU beteiligt. Im Gegensatz zu Dänemark verfügt Schweden allerdings über kein vertragliches Recht dazu. Die Kommission rettete sich aus der rechtlichen Misere, indem sie erklärte, dass das Land die Konvergenzkriterien nicht erfülle, was angesichts der Wirtschaftsdaten höchst zweifelhaft erscheint. Auf der anderen Seite kann die schwedische Regierung das Ergebnis einer Volksabstimmung anführen. Deutliche 55,9 % sprachen sich gegen den Euro aus. Eine Analyse behauptet, dass in den Augen der Bevölkerung die Aufgabe der Landeswährung den skandinavischen Weg und das schwedische Wohlfahrtsmodell („Volksheim“) gefährdet hätten. Andere deuten das „Nein“ als den Wunsch nach Beständigkeit der Verhältnisse, der Angst vor dem von außen kommenden Unbekannten, als Zeichen von Selbstgenügsamkeit und Isolationswillen.[29]

Eine einleuchtende Erklärung können diese Ansätze indes auch nicht liefern. Die Schweden scheinen zwischen EU und der WWU trennen zu wollen, als würde es sich um zwei unterschiedliche Organisationen handeln. Klar scheint nur zu sein, dass Schweden sich immer noch im Traum des Wohlfahrtsstaates wähnt und jeden vermeintlichen Angriff von außen darauf mit einem klaren „Nein“ quittiert. Dem Land und der Wirtschaft, und damit auch dem „Volksheim“, schadet dies auf lange Sicht nur. Zwar wuchsen in der Zwischenzeit die Bedenken, dass man aufgrund der Nicht-Teilnahme von bedeutenden wirtschaftspolitischen Entscheidungen in der EU ausgeschlossen sei.[30] Für eine Kurskorrektur gibt es jedoch keinerlei Anzeichen.

---

[29] *Larsmo*, Ein Kampf um Modernität. Was bedeutet Schwedens Nein zum Euro? in: Aus Politik und Zeitgeschichte, B 47/2004, 3 – 9.
[30] *Sundberg* (o. Fußn. 1), S. 205.

3. *Beziehungen im Baltikum*

Schweden und auch Finnland verbinden eine Jahrhunderte lange gemeinsame Geschichte mit den baltischen Staaten, sowohl politisch als auch ökonomisch. Das Land hat ähnlich wie Deutschland bei Polen die Aufnahme der drei baltischen Staaten immer vehement unterstützt.[31] Die derzeitige schwedische Außenministerin *Freivalds* sprach in einem etwas anderen Zusammenhang vom Baltikum und Polen als einer Region von „Nachbarn, Freunden, Partnern".[32] Es ging aber auch immer um eine Stabilisierung der Beziehungen Russlands zu diesen Ländern. Oft wurden diese Herausforderungen bei den Fragen der NATO-Erweiterung, der EU-Erweiterung und der Minderheitenpolitik im Baltikum erörtert. Letztlich konnten sie auf friedlichem Weg geklärt werden, auch wenn es derzeit noch Schwierigkeiten bei der Minderheitenpolitik und den Grenzfragen gibt.

Die „Renaissance des Ostseeraums"[33] vor dem Hintergrund der „Nördlichen Dimension"[34] der EU kann spätestens seit dem Beitritt vom Mai 2004 nicht mehr übersehen werden. Dieser Region mit ihren ungefähr 50 Mio. Einwohnern kommt zwar auch mit der Erweiterung der EU keine größere politische wie ökonomische Bedeutung zu, auch wenn den baltischen Staaten ein enormes wirtschaftliches Wachstum bescheinigt werden kann. Dieses resultiert aber weniger aus eigener wirtschaftlicher Stärke, sondern ist Teil des Aufholprozesses und sollte von daher nicht überbewertet werden.

Eine engere regionale Zusammenarbeit strebt Schweden nicht nur mit Estland, Lettland und Litauen an, sondern auch mit Nordwestrussland, dem Kaliningra-

---

[31] Schwedens ergänzende bilaterale Hilfen für die östlichen Nachbarn betrugen von 1990 bis 1998 rund 350 Mio. €; *Jahn* (o. Fußn. 5), S. 125.

[32] *Freivalds*, Sweden, the Baltic Sea Region and the Future, 2003, www.regeringen.se.

[33] *Stålvant*, Schweden und Ostsee ohne Grenzen, 2004, www.sweden.se.

[34] Zur Nördlichen Dimension, die ein besonderes Interesse Skandinaviens an einer Fortentwicklung einer europäischen Sicherheitspolitik und einer Kooperation mit dem Norden und Nordosten Europas betont, siehe: http://europa.eu.int/comm/external_relations/north_dim/.

der Oblast sowie dem Norden Polens mit den beiden bedeutenden polnischen Häfen Stettin und Danzig. Das enorme Wirtschaftswachstum in der Øresund-Region (Südschweden und Ostdänemark) mit einer breiten Clusterbildung in der Biotechnologie und Medizinindustrie sorgt dafür, dass weniger die Ost-West-Achsen als vielmehr die Nord-Süd-Achsen im Rahmen der Transeuropäischen Netze ausgebaut werden.[35] Sicherlich ist das vordergründige Ansinnen Schwedens, die Demokratie und Unabhängigkeit in der Region zu sichern. Dahinter steckt aber auch immer eine wirtschaftliche Komponente, denn je größer der Bedarf an Verbrauchsgütern in den neuen EU-Nachbarstaaten ist, umso mehr wächst auch der Export Schwedens in diese Länder. Für Schwedens Wirtschaft kann nur eine Ostsee ohne Grenzen das Ziel sein. Die Erweiterung eröffnet enorme Potentiale für Investitionen, Exporte und Importe.[36]

4. Regionale Kooperationen im Ostseeraum

Im Ostseeraum existieren zwei politische Zusammenschlüsse: der Ostseerat und der Nordische Rat.[37] Während der Nordische Rat mit Finnland, Island, Norwegen, Dänemark und natürlich Schweden vor allem die NATO-Staaten vor 1989 umfasst, besteht der Ostseerat[38] aus den Mitgliedern des Nordischen Rates bis auf Dänemark, allen Ostseeanrainern und der EU-Kommission. Über den Ostseerat sollte das schwedische Engagement im Ostseeraum flankiert werden. Vor allem in den Bereichen Politik, Wirtschaft und Technologie sowie Handel versucht der Ostseerat, eine marktwirtschaftliche Wachstumszone in der Region zu bilden. Für die Zukunft soll die gute nachbarschaftliche Zusammenarbeit auch dazu genutzt werden, wirksamer als bisher gegen den grenzüberschreitenden illegalen Menschenhandel vorzugehen. Dazu soll eine Nordisch-Baltische Task

[35] *Freivalds* (o. Fußn. 32).
[36] *Pagrotsky*, The Enlarged EU at a Crossroad: Marking Europe into a Truly Global Partner, 2004, http://www.regeringen.se/sb/d/1276/a/7742.
[37] *Schymik* (o. Fußn. 2), S. 10.
[38] *Hubel/Gänzel*, Der Ostseerat: Neue Funktionen subregionaler Zusammenarbeit im Kontext der EU-Osterweiterung, in: Aus Politik und Zeitgeschichte, B 19-20/2002, 3 – 11.

Force gebildet werden. Andere Task Forces gehen gegen das organisierte Verbrechen im Ostseeraum vor. Ein drittes Ziel beinhaltet einen weiteren für Schweden wichtigen Aspekt, den Umweltschutz. Die Ostsee soll als ein besonders empfindliches Meeresgebiet (Particularly Sensitive Sea Area) ausgewiesen und damit sauberer werden. Ferner ist die Schaffung von regionalen Infrastrukturen beabsichtigt.[39]

5. Beziehungen EU-Russland

Was Russland anbelangt, so hoffen die Schweden auf eine weitere Demokratisierung und Annäherung des „russischen Bären" an die Marktwirtschaft des Westens. Dieser Transformationsprozess wird mit einem wachsamen Auge verfolgt. In Schweden befürchtet man insbesondere, dass Russland Staaten der ehemaligen Sowjetunion als Teil seiner Interessensphäre definiert. Dabei wird auch von einer weiten Auslegung des „befreundeten Auslandes" gesprochen. Dies trifft zuvörderst auf die baltischen Länder zu, in denen auch heute noch eine große russische Minderheit beheimatet ist. Russland ist auch wichtig als Ostseeanrainer und bei der politischen Ausgestaltung und Stärkung des Ostseerats.

Seit 1992 besteht mit Russland und Deutschland im Rat der Ostseeanrainerstaaten eine umfassende Partnerschaft, in der man sich mit Fragen der organisierten Kriminalität, der zivilen Sicherheit und der Zollkontrolle befasst. In Schweden gab es im Vorfeld der Erweiterung eine akademische Debatte über deren Auswirkungen auf die Beziehungen zwischen der EU und Russland. Sie ergab, dass beide Seiten zukünftig weiterhin an guten nachbarschaftlichen Beziehungen interessiert sein werden.[40] Schweden hatte sich seit langem beständig für eine Einbindung Russlands im Ostseerat eingesetzt. Die Sicherheitsarchitektur des nördlichen Europas muss aus schwedischer Sicht mittels einer engeren Kooperation der EU, der NATO und Russlands aufgebaut sein.

---

[39] *Pagrotsky* (o. Fußn. 36).
[40] Institut für Europäische Politik (o. Fußn. 16), S. 49.

Die Erweiterung, so forderte die ehemalige Außenministerin *Lindh*, dürfe keine neuen Grenzen in Europa ziehen. Russland, die Ukraine, Weißrussland und Moldau seien für die Gemeinschaft wichtig. Es könne nur im Interesse Europas sein, wenn die Union diesen Ländern auf ihrem Weg zu Demokratie, Rechtsstaatlichkeit und einer funktionierenden Marktwirtschaft unter die Arme greife.[41] Deshalb sieht Schweden die Beziehungen EU-Russland sowie die weitere Erweiterung als die beiden wichtigsten außenpolitischen Ziele der Unions-Agenda. Schwedische Politiker werfen gerade im Hinblick auf zukünftige Beitrittsländer ein besonderes Auge auf die Ukraine, und das umso mehr, nachdem sich in der Ukraine die prowestlichen gegen die prorussischen Kräfte durchgesetzt haben. Alles in allem ist Schweden eines der Länder, die eine neue Nachbarschaftspolitik der EU ganz besonders einfordern.

V. Perspektiven

Schweden, der Skeptiker in den Reihen der EU, hat ein Hauptproblem, das in der Zukunft zu lösen ist, da ansonsten ein fast schon als Erlösung für das Land zu nennender Austritt aus der EU droht: Das Land darf nicht am Rande der europäischen Staatengemeinschaft verharren und in einer Art „Wagenburg-Mentalität“ alle weiteren Integrationsbestrebungen aus dem unterschwelligen Grund ablehnen, den schönen Traum vom Wohlfahrtsstaat, den es nicht mehr gibt, weiter leben zu wollen. Sollte sich ein Europa der verschiedenen Geschwindigkeiten abzeichnen, so ist bereits heute zu befürchten, dass diejenigen Länder zurückbleiben, die die wichtigsten Schritte hin zu einer Vertiefung der EU nicht mittragen. Dieses Szenario droht auch Schweden. Europa kann nicht auf halber Strecke konserviert werden.

Schweden hat auch als kritisches EU-Mitglied viel Gutes für die Integration bewirkt. Zu nennen sind hier in erster Linie zwei Punkte: Die EU wäre heute bei

[41] Institut für Europäische Politik (o. Fußn. 8), S. 60.

der Vergemeinschaftung der Umweltpolitik sicher nicht so weit ohne das Mitglied Schweden. Das Land war in diesem Bereich immer ein Motor und Antreiber. Ferner hat sich Schweden in jüngerer Zeit stark für die Verminderung des Demokratiedefizits der EU eingesetzt und neue Entscheidungsmechanismen gefordert. Es tritt auch vehement für eine neue und offene Methode der Zusammenarbeit ein. Doch auch hier tritt die ambivalente Haltung Schwedens zu Tage. Auf der einen Seite werden transparentere und effizientere Verfahren eingefordert. Auf der anderen Seite tritt Schweden für ein Vetorecht in einer Reihe substanzieller EU-Politiken ein. So sollen nationale Parlamente stets eine Subsidiaritätsprüfung von EU-Vorhaben durchführen können. Andererseits wird eine Ausweitung der Mehrheitsbeschlüsse abgelehnt. Faktisch hat kein neuer EU-Vertrag in Schweden eine Chance, per Referendum angenommen zu werden, wenn er eine Ausweitung der Kompetenzen für die EU beinhaltet.

Der Skeptiker Schweden scheint ständig am Scheideweg zu stehen. Die tiefe Spaltung innerhalb der politischen Elite und der Bevölkerung wird immer deutlicher. Das Land muss sich über kurz oder lang entscheiden, ob es weiter Mitglied der EU bleiben oder sich mit seinem Austritt auf seine vermeintliche Insel (der gefühlten Glückseligen) zurückziehen will. Mit dieser Erwägung steht das Land innerhalb der EU aber sicherlich nicht allein.

Polen

Kai-Olaf Lang[*]

I. Einleitung

Eineinhalb Jahrzehnte nach der großen Wende des Jahres 1989 ist Polen ein Land, das sich neu finden muss. Es hat den politischen Übergang zur Demokratie rasch und erfolgreich bewerkstelligt. Es ist nach der Schocktherapie der frühen 90er Jahre mit der wirtschaftlichen Transformation weit vorangekommen. Und es hat durch eine konsequente Umsetzung seiner außenpolitischen Prioritäten in den „sicheren Häfen" von NATO und EU angelegt. Diese Entwicklungen belegen für viele Beobachter das Ende der Nachkriegsgeschichte und den Abschluss der labilen Übergangsphase des Postkommunismus.

Doch ist Vorsicht geboten. Weiterhin hat das Land mit „vererbten" Strukturproblemen und hausgemachten Wirrungen zu kämpfen. Das Parteiengefüge ist fluide, immer wieder tauchen neue, oft unberechenbare Parteien auf. Die im Juni 2004 abgehaltenen ersten Wahlen zum Europaparlament zeigten, wie stark populistische und radikale Gruppierungen sein können. Die Parteien des konservativen und national orientierten Bereichs, die voraussichtlich nach dem Herbst 2005 Regierungsverantwortung ausüben, konnten durch markige, teils europaskeptische Parolen reüssieren.

Das Wiederaufbrechen einer Diskussion über den Umgang mit der kommunistischen Vergangenheit und der Ruf nach der Gründung einer neuen, IV. Republik (die sich von der 1989 etablierten III. abgrenzt), verdeutlichen, wie gespalten das Land hinsichtlich des Blicks auf die Nachkriegsepoche ist. Dies alles voll-

[*] Kai-Olaf Lang, Diplom-Verwaltungswissenschaftler, wissenschaftlicher Mitarbeiter, Stiftung Wissenschaft und Politik, Berlin; Forschungsschwerpunkte: Ostmitteleuropa, EU-Erweiterung, Außen- und Sicherheitspolitik der Beitrittsländer.

zieht sich vor dem Hintergrund eines unvollständigen gesellschaftlichen Umbaus, weiterhin überdimensionierter „Problemsektoren" wie Bergbau, Stahlindustrie oder Landwirtschaft und einer hohen Arbeitslosigkeit, die knapp unter 20 % liegt.

Diese internen Probleme treffen zusammen mit einem sich wandelnden internationalen und europäischen Umfeld. Neue Entwicklungen im „nahen Ausland" jenseits der Ostgrenze, Verwerfungen in den transatlantischen Beziehungen und eine durch Verfassungsprobleme, Budgetstreitigkeiten und wachsenden Egoismus der Nationalstaaten in eine handfeste Krise gedrängte EU, bereiten Polen zusätzliche Sorgen und machen es schwierig, sich auf die altbekannten und neu entstandenen Herausforderungen als EU-Mitglied einzustellen. Eingedenk dieser komplexen Situation sollen nachfolgend Polens Erfahrungen und Position im ersten Jahr nach dem EU-Beitritt dargestellt werden. Hierbei wird zunächst nochmals an die wesentlichen Erwartungen erinnert, die man in den Beitritt setzte. Dann wird nochmals das „Ja" zur EU-Mitgliedschaft, also das Beitrittsreferendum vom Juni 2003, analysiert. Daran anschließend wird ein kurzer Überblick über die wichtigsten Erfahrungen gegeben, die Polen im ersten Mitgliedsjahr machte. Schließlich wird diskutiert, welche Rolle Polen künftig in der EU spielen könnte.

II. Polen und die EU: Erwartungen und Ziele

Der Wunsch, sich in den zentralen zivilisatorischen Entwicklungsstrom des Kontinents einzugliedern, wirkte als Triebfeder des polnischen Strebens in die EU. Die in der Ära nach 1989 zu einem der Grundgedanken der polnischen Reformpolitik avancierte Formel der „Rückkehr nach Europa" war Ausdruck des Drangs nach einer definitiven Verankerung in den Strukturen des „Westens" – die Einbindung in NATO und EU sollte, nach Jahrzehnten ungewollter Zugehörigkeit zum „Osten", den Rückfall in ein diffuses Zwischeneuropa verhindern.

Besonders wichtig erschien hierbei die Chance, nicht nur Bestandteil des europäischen Zentrums zu werden, sondern als gleichberechtigtes Mitglied auch politische Gestaltungskraft zu erlangen. Durch den Beitritt zur Union, so Staatspräsident *Kwaśniewski*, werde Polen „endlich die Möglichkeit erhalten, zusammen mit anderen Partnern das gemeinsame Europa zu bauen“.[1]

Aus der Vielzahl von Überlegungen, die in der Diskussion über Polens EU-Beitritt geführt wurden, ragten drei Motive heraus, die sich auf die sozial-ökonomischen Situation, den Zustand des Staatsapparates und die außen- und sicherheitspolitische Position Polens beziehen.

Von immenser Bedeutung war das Argument, Polen werde durch den Beitritt einen mächtigen wirtschaftlichen und gesellschaftlichen Modernisierungsschub erfahren. Durch die Einbindung in den gemeinsamen Markt, den intensivierten Zustrom von Auslandskapital und nicht zuletzt durch massive Finanztransfers aus Brüssel ersehnte man sich einen Stimulus, der die sozial-ökonomische Transformation und den realwirtschaftlichen Aufholprozess mit den Volkswirtschaften Westeuropas beschleunigen sollten. Polnische Ökonomen rechneten vor, dass sich das Bruttoinlandsprodukt per capita (gemessen in Kaufkraftparitäten) bis 2030 von gegenwärtig 40 % des EU-15-Durchschnitts auf 75 % erhöhen wird. Im Falle einer Nichtmitgliedschaft würde die entsprechende Steigerung nur bis 57 % erfolgen.[2] Wirtschaftliche Aspekte waren (und sind) es auch, die die öffentliche Meinung hinsichtlich der EU-Mitgliedschaft prägen – und zwar vor und nach dem Beitritt. So erwarten sich viele Polen durch den Beitritt eine Verbesserung der Arbeitsmarktsituation, stärkeres Wachstum, eine Verbesse-

[1] Orędzie noworoczne Prezydenta RP, 31.12.2003, www.prezydent.pl.
[2] *Czyżewski/Orłowski/Zienkowski*, Makroekonomiczne koszty i korzyści członkostwa Polski w UE, in: Centrum Europejskie Natolin, Korzyści i koszty członkostwa Polski w Unii Europejskiej. Raport z badań, Warszawa 2003, S. 9 – 29.

rung der Lebensbedingungen, aber auch Impulse für die Umgestaltung der Landwirtschaft.

Aus den vor und nach dem Beitritt veröffentlichten Umfragen wird auch der zweite wichtige Beweggrund sichtbar: der Wunsch nach einem effizienteren Staatsapparat, nach einer bürgernahen öffentlichen Verwaltung und insbesondere nach einer zügig arbeitenden Justiz. Offensichtlich haben gerade die langsam mahlenden Mühlen der polnischen Gerichte bei vielen Menschen die Hoffnung geweckt, man könne sich nun auch an europäische Instanzen wenden, um seinen Rechten Geltung zu verschaffen.

Schließlich Polens außen- und sicherheitspolitische Situation. Gerade hier zeigt sich deutlich Polens Interesse, vom *policy taker* zum *policy maker* zu werden. Zunächst hegte man Zweifel an der Stärkung der außen- und vor allem sicherheits- und verteidigungspolitischen Handlungsfähigkeiten der EU, insbesondere im Rahmen der Europäischen Sicherheits- und Verteidigungspolitik (ESVP), da hier das Risiko einer Aufweichung der transatlantischen Beziehungen gesehen wurde. Allerdings erblickte man insbesondere in Sachen „Ostpolitik" große Chancen. Hierbei war und ist Polen daran gelegen, seine nationalen Interessen in Osteuropa, vor allem gegenüber Nachbarstaaten wie der Ukraine und Weißrussland, unter Rekurs auf die Mechanismen und Ressourcen der EU zu realisieren. Schon vor dem Beitritt wurde daher betont, dass Polen seine „Bindungen mit dem Westen in einen Aktivposten zur Schaffung neuer, partnerschaftlichen Beziehungen mit dem Osten umwandeln will und seine guten Beziehungen mit dem Osten in einen Beitrag zur Integration des europäischen Kontinents möchte".[3]

[3] "Ewolucja środowiska międzynarodowego – szanse i zagrożenia" – Vortrag des polnischen Staatspräsidenten *A. Kwaśniewski* im Genfer Diplomatischen Klub, Genf, 22.5.2001, www.zbiordokumentow.pl/2001/2/2.html.

Die am häufigsten genannten Hoffnungen, die an den polnischen EU-Beitritt geknüpft wurden, sind: Verbesserung der Situation auf dem Arbeitsmarkt 43 %, bessere Perspektiven für Jugend und Kinder 22 %, Verbesserung der wirtschaftlichen Situation 16 %, Verbesserung der Lebensbedingungen 14 %, Öffnung der Grenzen, Reisefreiheit 8 %, Verbesserung des Standards des öffentlichen Lebens, Kontrolle der polnischen Behörden durch die EU und weniger Korruption 6 %, Verbesserung der Situation in der Landwirtschaft und dem ländlichen Raum 5 %, besserer Zugang zu Wissenschaft, bessere Schulen und Zugang zu Ausbildung im Ausland 4 %, besseres Recht und transparentere Verfahren 3 %.[4]

Die wichtigsten Gründe, die für den Beitritt Polens zur EU ausschlaggebend waren: Wirtschaftliche Gründe (Zugang zu Fonds) 42 %, Stärkung der Position Polens in der Welt 34 %, bessere Lebensbedingungen 29 %, bessere Zukunft für die Jugend 29 %, so wollten es die Politiker 21 %, Reduzierung der Arbeitslosigkeit 20 %, beschleunigte Modernisierung des Landes 19 %, offene Grenzen 15 %, Polen hatte keine andere Wahl 14 %, bessere Situation der Landwirtschaft 14 %, effizienter arbeitender Staat 10 %.[5]

III. Das Beitrittsreferendum: Ausgangslage, Akteure, Ergebnis

Wie in den meisten anderen Beitrittsländer entschied man sich auch zwischen Oder und Bug, die Bürger über die Unionsmitgliedschaft abstimmen zu lassen; aus Sicht der Beitrittsbefürworter – und somit im Prinzip des gesamten politischen Establishments – ein nicht risikofreies Unterfangen. Erstens war die Mitte der 90er Jahre vorherrschende Europabegeisterung mit 80 % Zustimmung zur EU-Mitgliedschaft, im Laufe der Verhandlungen und innenpolitischen Thematisierung auf Werte zwischen 55 % und 60 % abgesunken. Zwar lagen die EU-

[4] Quelle: Meinungsforschungsinstitut CBOS, Nadzieje i obawy związane z integracją, Raport z badań 110, 2003, www.cbos.pl.

[5] Quelle: Meinungsforschungsinstitut PENTOR, Mai 2005, Społeczne poparcie dla członkostwa Polski w Unii Europejskiej, Mai-Juni 2005 www.ukie.gov.pl.

Gegner in den Umfragen bei lediglich 20 – 25 %, aber der Erfolg europaskeptischer Parteien bei den Parlamentswahlen 2001 war ein Indiz dafür, dass sich eine wachsende Unmut über Polens Verhältnis zur EU auch in Abstimmungsresultaten niederschlagen kann. Das zweite Risiko bestand in der Wahlbeteiligung. Bei allen in Polen zuvor abgehaltenen Referenden lag die Wahlbeteiligung klar unter der 50 %-Marke. Um dieser Abstimmungsmüdigkeit und der Gefahr eines ungültigen Referendums zu entgehen, wurde die Abstimmungszeit auf zwei Tage ausgedehnt. Ferner wurde das Referendumsgesetz so geändert, dass bei einer Beteiligung unter 50 % wieder das Parlament ins Spiel kommen kann, so dass die zur Ratifizierung erforderliche Zustimmung dann auch möglicherweise von Sejm und Senat (jedoch mit einer Zweidrittelmehrheit) hätte erbracht werden können.

Alle wichtigen politischen und gesellschaftlichen Akteure beteiligten sich an der vor dem Referendum angelaufenen Diskussion.[6] Während Staatspräsident *Kwaśniewski*, der damals beliebteste Politiker seines Landes, mit der Parole „Ja für Polen“ klar Stellung bezog, wollte die Regierung offiziell eine neutralere Informationskampagne fahren – die aber implizit pro-EU war.

Auch die politischen Parteien lancierten eigene Referendumskampagnen. Hierbei bildeten die sozialdemokratischen Regierungsparteien, die Demokratische Linksallianz (SLD) und die kleine Arbeitsunion (UP), sowie die liberal-konservative Bürgerplattform (PO) den Kern des Ja-Lagers. Zweideutig verhielten sich lange Zeit die national-konservative Gruppierung „Recht und Gerechtigkeit“ (PiS) und die Bauernpartei (PSL). In beiden Gruppierungen existieren beachtliche EU-Ressentiments, und ihr Einverständnis zur polnischen Mitgliedschaft erteilten sie recht zögerlich. Zwar indossierten PiS und PSL letztlich den Beitritt,

[6] Vgl. zu Kampagne und Resultaten: *Szczerbiak*, The Polish EU Accession Referendum, 7/8 June 2003, Opposing Europe Research Network Referendum Briefing No 5, June 2003, http://www.sussex.ac.uk/sei/documents/poland5.pdf.

doch betonten sie denn auch in ihren Slogans vor allem die Position Polens (PiS: „Ein starkes Polen in der EU!") oder die Unwägbarkeiten der Mitgliedschaft (PSL: „Keine Angst vor der Union. Wir sind mit Euch!").

Das Nein-Lager gruppierte sich um die national-katholische Liga der Polnischen Familien (LPR) und die agrarpopulistische „Selbstverteidigung". Die Liga akzentuierte neben angeblichen wirtschaftlichen Negativeffekten („Ausverkauf" von polnischem Land; Preisanstieg usw.) auch zahlreiche ideologische und sozial-kulturelle Implikationen der EU-Mitgliedschaft. So wurde argumentiert, Polen müsse Homoehe und Euthanasie zulassen, insgesamt drohe ein Verlust der nationalen Identität und der staatlichen Souveränität, Brüssel sei ein „zweites Moskau". Auch die „Selbstverteidigung" und ihre Führungsfigur *Andrzej Lepper* riefen dazu auf, mit Nein zu stimmen. Doch im Unterschied zur LPR betonte die „Selbstverteidigung", man sei nicht prinzipiell gegen die Mitgliedschaft, da jedoch die polnische Regierung schlecht verhandelt habe, seien die Bedingungen des Beitritts insbesondere für die Landwirtschaft inakzeptabel.

Die Argumente der Beitrittsgegner fanden indes nur wenig Widerhall. Nicht nur, weil sämtliche „staatstragende Parteien" und der Präsident für die Mitgliedschaft warben, nicht nur, weil sich mit der „Bürgerinitiative Ja im Referendum!" eine zivilgesellschaftliche Bewegung für den Beitritt formiert hatte, sondern auch angesichts der schwachen Resonanz der Europaskeptiker in den öffentlichen wie privaten Massenmedien. Allein der fundamentalistische katholische Rundfunksender „Radio Maryja" (mit bis zu vier Millionen Hörern) sprach sich gegen den Beitritt aus. Doch selbst dieser Aufruf entfaltete nur wenig Durchschlagskraft, sprach sich doch die katholische Kirche, mit Unterstützung des Papstes, für den Beitritt aus. Nachdem das Episkopat bereits Ende der 90er Jahre von „Skepsis auf vorsichtige Unterstützung", auf eine Position des „Ja, aber" umgeschwenkt war, zeigte vor allem der wiederholte Einsatz von *Papst Johannes Paul II.* Wirkung. Zumal das Oberhaupt der katholischen Kirche wenige Wochen vor dem Referendum abermals deutlich machte, dass Europa Polen und Polen Europa brauchen.[7]

Die Abstimmung, die am 7. und 8.6.2003 abgehalten wurde, produzierte bei einer Wahlbeteiligung von 58 % ein gültiges Ergebnis mit einem eindeutigen Ja: 77,5 % der Polen stimmten dem EU-Beitritt zu, nur 22,5 % waren dagegen. Umfragen zeigten, dass die Mitgliedschaftsbefürworter in allen soziodemographischen Schichten eine klare Mehrheit hatten, wenngleich sich sichtbare Unterschiede zwischen Stadt und Land sowie in Abhängigkeit von Formalbildung und zwischen (stärker proeuropäischen) westlichen und östlichen Landesteilen ergaben. Deutlicher, zwischen 50 % und 92 %, variierte die Zustimmung nach Parteipräferenzen. Allerdings votierten selbst die Anhänger der LPR mehrheitlich für den Beitritt (knapp zwei Drittel). Lediglich die Sympathisanten der „Selbstverteidigung" stimmten hälftig für und gegen die Mitgliedschaft.

Das Abstimmungsverhalten ergab nach soziodemographischen Merkmalen folgendes Bild: Altersgruppe 18 – 24: Anteil „Ja" 80 %, 25 – 39: 81 %, 40 – 59: 83 %, über 60: 82 %; Wohnort: Dörfer 74 %, Kleinstädte bis 50.000 Einw. 84 %, Städte 50 – 200.000 Einw. 86 %, Städte über 200.000 Einw. 86 %; Bildung: Grundschule (8/9 J.) 74 %, Berufsschule 78 %, Mittelschule/Abitur 83 %, Hochschule 88 %.[8]

[7] Od sceptycyzmu do ostrożnego poparcia, in: Rzeczpospolita, 6.6.2003.
[8] Quelle: Meinungsforschungsinstitut PBS, Jak głosowaliśmy w referendum, in: Rzeczpospolita, 9.6.2003.

IV. Das Jahr danach – erste Erfahrungen als Mitglied

Polens erstes Jahr in der Union verlief erfolgreich. Man kann den Einschätzungen polnischer Politiker folgen, denen zufolge es weder „schwarze Szenarien"[9] noch einen „Beitrittsschock" gab.[10] In der Tat gab es, wie es der von der polnischen Regierung in Auftrag gegebene Bericht zur Bilanzierung des ersten Mitgliedschaftsjahres feststellte, „nichts, was die Polen, die polnischen Unternehmer oder Landwirte negativ überrascht hätte" – oder fast nichts, könnte man hinzufügen.

1. Robuste Wirtschaft

Polens Wirtschaft erwies sich im ersten Jahr der Mitgliedschaft als robust. Das Wirtschaftswachstum erreichte mehr als fünf Prozent, schwächte sich allerdings gegen Ende des Jahres/Anfang 2005 ab. Der Export war hier vorrangig, der sich 2004 im Vergleich zum Vorjahr um ein Viertel erhöhte. Während die Ausfuhren nach Deutschland kräftig, aber dennoch unterdurchschnittlich (von 9 % auf 16,5 %) zunahmen, erhöhten sich die Exporte in viele andere EU-Mitgliedsländer (Italien, Großbritannien) überproportional.[11] Eine spürbare Belebung erfuhren auch die ausländischen Direktinvestitionen, die zwar noch nicht das Niveau der Jahre 1999 – 2000 erreichten, allerdings die entsprechenden Anlagen in den Jahren 2003 und 2004 von 6,4 Mrd. Euro auf mehr als 7,8 Mrd. Euro erhöhten.[12] Problematisch erwies sich indes der durch den Beitritt induzierte Preisauftrieb, der allerdings bereits im Herbst wieder nachließ.

---

[9] Udział Prezydenta RP w uroczystej odprawie wart przed GNŻ z okazji Święta Narodowego 3 Maja, Rede von Staatspräsident *Kwaśniewski* anläßlich des polnischen Nationalfeiertags, 3.5.2005, www.prezydent.pl.
[10] *Pietras*, Polska na rynku wewnętrznym UE w pierwszym roku członkostwa, ohne Ort, ohne Datum www.msz.gov.pl/docs/166/broszura%20_cz%20II.pdf.
[11] Vgl. Ein paar Schatten, aber hauptsächlich Licht, CEE Report Polen, 2/2005 www.ba-ca.com.
[12] Polska Agencja Informacji i Inwestycji Zagranicznych, Napływ bezpośrednich inwestycji zagranicznych do Polski w 2004 roku, http://paiz.gov.pl.

Ein gemischtes Bild wird bei einem Blick auf die Situation der Unternehmen sichtbar. Vornehmlich kleine und mittlere Unternehmen spüren den Konkurrenzdruck auf dem polnischen Markt und haben noch Schwierigkeiten bei der Übernahme von EU-Recht und beim Zugang zu EU-Mitteln.[13] Mehr als die Hälfte aller befragten polnischen Unternehmer gab ein Jahr nach dem Beitritt an, die in die Mitgliedschaft gesetzten Hoffnungen hätten sich nicht erfüllt.[14]

2. *Landwirtschaft im Aufschwung*

Für die meisten Beobachter unerwartet kam die positive Entwicklung der polnischen Landwirtschaft. Die Nahrungsmittelausfuhren in die EU konnten nach dem Wegfall der landwirtschaftlichen Handelsbarrieren gegenüber dem Vorjahr substanziell gesteigert werden und nehmen einen Anteil von 72 % ein. Erstmals seit vielen Jahren war daher die Bilanz im Handel mit Agrarprodukten positiv. Gleichzeitig erhöhten sich die Erzeugerpreise teils beachtlich (Rinder 43 %, Schweine 38 %, Milch 21 %).[15] Überdies beantragten 85 % der polnischen Bauern die unmittelbar in ihre Taschen fließenden Direktzahlungen.[16] Neben diesen kurzfristigen und somit für viele Landwirte direkt spürbaren Konsequenzen werden weitere Maßnahmen zur Umgestaltung von Landwirtschaft und zur Entwicklung des ländlichen Raums positive Effekte zeitigen. So kommt Polen im Zeitraum 2004 bis 2006 in den Genuss von etwa 5,4 Mrd. Euro, die im Rahmen des Sektoralen Operationellen Programms „Restrukturierung und Modernisierung des Nahrungsmittelsektors und Entwicklung landwirtschaftlicher Gebiete“

---

13 Pracodawcy: więcej plusów niż minusów, PAP, 28.4.2005, http://euro.pap.com.pl.

14 Opinie przedsiębiorców o wpływie przystąpienia Polski do Unii Europejskiej na warunki prowadzenia działalności gospodarczej, Umfrage des Meinungsforschungsinstituts OPINIA im Auftrag der polnischen Landeswirtschaftskammer KIG, EU-Büro der KIG, Warschau, Mai 2005, www.kig.pl/doc_pdf/wyniki 1 rok w UE.pdf.

15 *Plewa*, Bilans po roku, in: Polska wieś, Nr. 5, 2005, www.krir.pl/pol_wies.htm.

16 Nie taka Unia straszna, in: Przegląd, Nr. 47, 2005.

bzw. des „Entwicklungsplans für den ländlichen Raum“ verausgabt werden sollen.[17]

3. *Polen in der GASP: Erfolge und Schwachstellen*

Ins erste Jahr der polnischen EU-Mitgliedschaft fällt einer der größten außenpolitischen Erfolge Polens: die politische Wende in der Ukraine. Während der „Orangen-Revolution“ konnte sich Polens Staatspräsident geschickt als Vermittler ins Spiel bringen und nicht unerheblich zum friedlichen Machtwechsel in Kiew beitragen. Polen erreichte hierbei zwei Ziele: Einerseits obsiegte in der Ukraine eine Option, die sich deutlich für einen Reform- und Westkurs einsetzt. Die Schaffung einer unabhängigen, westorientierten Ukraine ist aber für Polen von überragender außenpolitischer Bedeutung, da man hierin eine Garantie gegen neoimperiale Entwicklungen im postsowjetischen Raum sieht.

Andererseits will Polen in der EU „Lobbyarbeit“ für die Ukraine betreiben. Die Involvierung des EU-Beauftragten für Außen- und Sicherheitspolitik in die Mediatorenaktivitäten in Kiew war daher ebenso wichtig wie die Thematisierung der Ukraine-Frage durch polnische Europaabgeordnete. Polen war daher von Anfang an daran interessiert, die Ukraine-Krise zu „europäisieren“.[18] Auch wenn Polen mit seinem Werben für eine EU-Mitgliedschaftsperspektive der Ukraine bei den meisten Partnern in der EU auf Ablehnung stößt, so zeigte sich, dass Warschau seine Advokatenrolle für Kiew nicht nur geschickt, sondern einstweilen auch erfolgreich spielt.

Weniger positiv sehen hingegen Polens Beziehungen zu zwei anderen Nachbarn im Osten aus – zu Russland und Weißrussland.[19] Historische Fragen, energie-

---

[17] Olejniczak/Największy sukces pierwszego roku w Unii - to realizacja dopłat bezpośrednich, PAP, 25.5.2005, http://euro.pap.com.pl.
[18] Misja kijowska, Interwiew mit Staatspräsident *Kwaśniewski*, in: Polityka Nr. 51, 2004.
[19] Vgl. *Kai-Olaf Lang*, Polen und der Osten, SWP-Aktuell 22/2005, Mai 2005.

wirtschaftliche Abhängigkeiten und Interessenkonflikte um die Ukraine haben zu neuen Misshelligkeiten im Verhältnis zwischen Polen und Russland geführt. Für Unbehagen haben in Warschau die als „Achse“ empfundenen Dreierkonsultationen Paris, Berlin, Moskau gesorgt. Sie haben Polen vor Augen geführt, dass Moskau sowie wichtige europäische Partner nicht willens sind, ihre Beziehungen vorrangig über „Brüssel“ zu organisieren. Die Spannungen mit Weißrussland wiederum haben verdeutlicht, dass die EU sich nur zögerlich dieser Problematik annimmt. Polens Appell um mehr Aufmerksamkeit für die Lage in Europas letzter Diktatur findet deswegen wenig Gehör, weil aus Sicht der meisten Mitgliedsländer die Relevanz Weißrusslands unklar ist.

4. Steigende Akzeptanz nach dem Beitritt

Vielfach war für die Zeit nach dem 1.5.2004 ein „Beitrittskater“ erwartet worden. Immerhin barg die positiv gefärbte Ja-Kampagne vor dem Beitrittsreferendum das Risiko einer Erwartungslücke: Da viele der in Aussicht gestellten Vorteile der Mitgliedschaft für die meisten Menschen erst mittel- oder längerfristig spürbar werden, hätte es nicht verwundert, wenn es rasch zu einer Europa-Enttäuschung in der polnischen Gesellschaft gekommen wäre. Doch das Gegenteil trat ein. Die Zustimmung für den polnischen EU-Beitritt stieg bis Herbst 2004 kontinuierlich an und erreichte zu diesem Zeitpunkt Werte, die seit der zweiten Hälfte der 90er Jahre nicht mehr notiert worden waren. Mitte 2005 befürworten drei Viertel der Polen die Mitgliedschaft in der Union.[20] Hierbei fällt nicht zuletzt der substanzielle Anstieg der EU-Akzeptanz unter den polnischen Bauern auf. Die deutliche Erhöhung der Erzeugerpreise und die Aussicht auf die Direktzahlungen haben bei den traditionell europaskeptischen Landwirten vorläufig für einen Stimmungsumschwung gesorgt.

---

[20] Vgl. "Społeczne poparcie dla członkostwa Polski w Unii Europejskiej – maj–czerwiec 2005", Komunikat UKIE, www1.ukie.gov.pl; CBOS, OCENA PIERWSZEGO ROKU CZŁONKOSTWA POLSKI W UNII EUROPEJSKIEJ, Raport z badań, www.cbos.pl/.

5. Die Verfassungsdiskussion

Die europapolitische Debatte in Polen stand im Nachbeitrittsjahr im Zeichen der Ratifizierungsproblematik des EU-Verfassungsvertrags. Immerhin hatte Polens Widerstand gegen die Einführung der „doppelten Mehrheit" im Dezember 2003 dazu geführt, dass die Verhandlungen über das Dokument zunächst einmal scheiterten. Als Premier *Belka* dann im Juni 2004 einlenkte und einen Kompromiss für den Verfassungsvertrag ermöglichte, stieß dies in Polen auf teils schroffe Ablehnung. Antieuropäische wie moderat europaskeptische Strömungen bezichtigten *Belka* des Verrats und der Opferung nationaler Interessen. Aus katholischen Kreisen wurde moniert, dass eine polnische Regierung einem Vertragswerk zugestimmt habe, das bewusst nicht auf christliche Werte rekurrieren wolle.

Bald stellte sich jedoch ein verfassungspolitischer Pragmatismus ein. Zumindest aus der Bürgerplattform, deren Führungsfigur *Jan Maria Rokita* mit der Parole „Nizza oder Tod!" zu den Protagonisten der Verfassungsgegner gehörte, kamen allmählich differenziertere Stimmen. Die Partei, in deren Anhängerschaft sich zahlreiche „Europhile" und auch Verfassungsbefürworter befinden, wollte offensichtlich einen pragmatischeren Kurs fahren. Daher hieß es seitens *Rokitas* plötzlich, man müsse zwischen einem noch auszuhandelnden Vertrag und einem bereits unterschriebenen Dokument unterscheiden.[21] Die Haltung der polnischen Parteien zur „Verfassung" manifestierte sich Anfang 2005, als das Europäische Parlament über den Vertrag abstimmte. Damals votierten die Parteien der Linken und die liberale Freiheitsunion mit Ja, während die PiS, die Liga und zwei Abgeordnete der Bauernpartei Nein sagten. Die Parlamentarier der Bürgerplattform enthielten sich.[22]

---

[21] Polska opozycja przeciw konstytucji UE, in: Gazeta Wyborcza, 30.10.2004.

[22] Bis auf eine Ausnahme. Auch vier Parlamentarier der „Selbstverteidigung" sowie ein PSL-Abgeordneter enthielten sich. Insgesamt stimmten 15 polnische Parlamentarier mit Ja, 19 enthielten sich und ebenso viele waren dagegen. Parlament Europejski za konstytucją, większość naszych europosłów – przeciw, in: Gazeta Wyborcza, 13.1.2005.

Nach den Referenden in Frankreich und den Niederlanden erhielt die Verfassungsdiskussion auch in Polen eine neue Wendung. Grundsätzlich hatte man sich an der Weichsel darauf verständigt, den Verfassungsvertrag auch in Polen per Referendum ratifizieren zu lassen. Vor dem Nein der Franzosen und Niederländer ging die Debatte um den Zeitpunkt einer solchen Abstimmung. Während die Linke und der Staatspräsident ein Verfassungsreferendum aus taktischen Gründen mit den im Herbst ebenfalls stattfindenden Präsidentschaftswahlen koppeln wollten, waren die verfassungsskeptischen Parteien der Opposition dafür, möglichst bis 2006 abzuwarten. Nach dem negativen Ausgang der Volksabstimmungen in Frankreich und den Niederlanden nahm aber sogar Präsident *Kwaśniewski* Abstand von seinem ursprünglichen Plan. Anfang Juni 2005 entschied sich das polnische Parlament selbst dagegen, die rechtlichen Voraussetzungen für ein Verfassungsreferendum zu schaffen. Aus Sicht der (vermutlich ab Herbst 2005 regierenden) Parteien der Rechten hat sich die Ratifizierungsfrage ohnehin erledigt, da, so *Jan M. Rokita*, der Vertrag schon längst an die historischen Lehrstühle der europäischen Universitäten geschickt wurde und sich ansonsten niemand mehr damit beschäftige.[23] Anfang Juni 2005 gab es in der polnischen Bevölkerung noch ein deutliches Übergewicht der Verfassungsbefürworter von 43 % zu 24 %. Allerdings sank die Zustimmung nach den Referenden in Frankreich und den Niederlanden um 17 Prozentpunkte.[24]

V. Die Zukunft: Produktive oder konsumtive Mitgliedschaft?

Polen hat eine weiche Landung in der EU hinter sich gebracht. Doch wie geht es weiter? Die Erlangung der EU-Mitgliedschaft ist ein Prozess: Bereits vor dem 1.5.2004 war Polen im Rahmen der Heranführungsstrategie partiell integriert, auch nach dem Beitritt gibt es jedoch Bereiche, in denen Polen noch nicht voll

[23] PO i PIS/ Dobrze, że nie ma uchwały ws. Referendum, PAP, 5.7.2005, http://euro.pap.com.pl.

[24] Sondaż/CBOS: 54 proc. Polaków zamierza uczestniczyć w referendum konstytucyjnym, PAP, 15.06.2005, http://euro.pap.com.pl.

eingebunden ist. Parallel hierzu muss Polen seine Rolle als EU-Mitglied definieren. Lange Zeit war die europapolitische Aufmerksamkeit auf die Beitrittsverhandlungen fixiert, versäumte man es aber, über Polens Position und Interessen als EU-Mitglied zu sprechen. Polen steht damit vor einer doppelten Herausforderung, die sich in einer Vielzahl europapolitischer Aufgaben niederschlägt.

1. Finalisierung der Mitgliedschaft

Polen ist nicht Mitglied der Eurozone, muss und will dies – wie alle anderen Beitrittsländer – aber bald werden. Hierfür sind die sog. Maastricht-Kriterien, also ein beachtliches Maß an monetärer und fiskalischer Konvergenz, zu erfüllen. Zu den entscheidenden Voraussetzungen gehört die Rückführung des Haushaltsdefizits auf 3 % des Bruttoinlandsprodukts. Dieses Unterfangen wird angesichts von negativen Budgetsalden von knapp unter 5 % in den Jahren 2004 – 2005 auf nennenswerten Widerstand stoßen. Allerdings wird die im Frühjahr 2005 beschlossene Aufweichung des Stabilitätspaktes (Berücksichtigung von Kosten der Pensionsreform) eine Abmilderung des Konsolidierungskurses bedeuten. Polens Regierung plant, den Euro 2009 einführen zu können und bereits 2007 die Maastricht-Kriterien zu erfüllen. Experten halten diesen Termin für möglich, sofern sich die neue Regierungskoalition nach den Parlamentswahlen 2005 auf eine kohärente Steuer- und Budgetpolitik einigt.[25]

Möglichst bald will Polen auch in den Genuss des Wegfalls der Personenkontrollen an den Binnengrenzen kommen. Im polnischen Innenministerium geht man davon aus, dieses Ziel im Oktober 2007 zu erreichen.[26] Zu diesem Zeitpunkt will man die Ostgrenze „dicht" und sicher gemacht und das Schengener Informationssystem (SIS II) in Betrieb genommen haben. Bereits im Vorfeld des Beitritts hatte Warschau durch die Einführung der Visumspflicht für Bürger der

[25] Polska/JP Morgan: Polska w strefie euro w 2009 r., jeśli to PO bedzie miała decydujący wpływ na gospodarkę, PAP, 25.7.2005, http://euro.pap.com.pl.
[26] Za dwa lata zniknie granica z Unią, in: Gazeta Wyborcza, 26.1.2005.

östlichen Nachbarländer einen wichtigen Schritt in Richtung Schengen-Zone vollzogen.

2. Innere Voraussetzungen der Mitgliedschaft

Weiterhin gilt es, den Verwaltungsapparat zu modernisieren und leistungsfähig zu machen. Hierbei muss nicht zuletzt das Dauerproblem Korruption angegangen werden. Immerhin schneidet Polen dem vielleicht wichtigsten internationalen Korruptionsranking (dem von Transparency International) zufolge unter allen Beitrittsländern des Jahres 2004 am schlechtesten ab.[27]

Mit der Leistungsfähigkeit der Verwaltung hängt auch die Absorptionsfähigkeit hinsichtlich finanzieller Transfers zusammen. Inwieweit Polen imstande ist, die für das Land vorgesehenen projektgebundenen Mittel beispielsweise aus den Strukturfonds abzurufen, lässt sich zum gegenwärtigen Zeitpunkt nur schwer sagen. Immerhin wird Polen ein besseres Ausschöpfungspotenzial attestiert als einem Land wie Spanien. Während die Südländer erst nach vier Jahren Nettoempfänger wurden, bekam Polen bereits in den ersten Monaten der Mitgliedschaft deutlich mehr aus Brüssel als es in den Gemeinschaftstopf abführen musste. Allerdings sind die Absorptionsfähigkeiten auch älterer Mitglieder zumeist begrenzt (sie schöpfen zumeist nicht mehr als 70 % der Mittel aus),[28] so dass vom großen Kuchen, den sich Polen für die nächsten Jahre erhofft, ein beachtliches Stück in Brüssel liegen bleiben dürfte.

3. Fehlender europapolitischer Konsens

Die EU-Mitgliedschaft war ein übergeordnetes außenpolitisches Ziel, das von allen relevanten politischen Kräften in Polen unterstützt wurde. Nachdem das

[27] Transparency International, Corruption Perceptions Index 2004, www.transparency.org.

[28] Vgl. *Richter*, EU-enlargement: The issues of transfers, in: *ders.* (ed.), The Accession Treaty and Consequences for New EU Members, April 2003 (No. 18), wiiw, Current Analyses and Country Profiles, S. 3 – 11 (5).

Argument für den Beitritt gewonnen war, schoben sich Differenzen zwischen den Parteien in den Vordergrund. Seither existieren zwei große Richtungen. Ein dynamisches Lager aus moderaten oder dezidierten Europaskeptikern, die sich eng an Großbritannien und andere Atlantizisten anlehnen, und eine schwache, pro-europäische Richtung, die auf die Notwendigkeit des Dialogs mit Deutschland und Frankreich hinweist. Sollte sich diese innenpolitische unterfütterte Spaltung vertiefen, so wird Polen erhebliche Schwierigkeiten bei der Definition seiner Rolle in der EU haben.

4. Polens Verortung in der EU

Polen riskierte infolge des Irak-Kriegs und seiner ostentativen Loyalität gegenüber den USA sowie nach seinem vorläufigen Nein zur „doppelten Mehrheit“, von zahlreichen Mitgliedsländern als halsstarriger und egoistischer Partner in der EU wahrgenommen zu werden. Durch sein konstruktives Engagement in der Ukraine-Krise vermochte Warschau es indes erstmals, einen positiven Akzent zu setzen und sich vom Image des Störenfrieds zu befreien. Allerdings dräuen am Himmel schon neue Gefahren. Wie wird sich Polens schwieriges Verhältnis zu Russland auf die Position in der EU auswirken? Wie verhält sich Polen zu der Frage nach der Reform kostenintensiver, aber aus polnischer Sicht essentiell wichtiger Politikfelder wie Landwirtschaft oder Strukturpolitik? Welches langfristige Entwicklungsmodell der europäischen Integration bevorzugt man in Warschau? Polen begab sich während der EU-Doppelkrise des Jahres 2005 nicht ins Zentrum der Auseinandersetzungen. Es versuchte sogar, sich als Schlichter zwischen dem selbstbewussten Großbritannien und Ländern wie Frankreich und Deutschland zu erweisen.

Faktisch ist Polen aber in einer unbequemen Situation – einerseits sympathisiert man mit dem Blairschen Modernisierungsprojekt und generell mit dem angelsächsischen Wirtschafts- und Sozialmodell. Andererseits kann Polen nicht an einer „verwässerten“ Form der europäischen Integration interessiert sein, wie sie immer wieder von britischer Seite ins Spiel gebracht wird. Polen ist an einer solidarischen, eng verflochtenen EU gelegen, deshalb ist man der EU beigetreten.

In Anbetracht dessen, muss Polen darauf achten, nicht zwischen Baum und Borke zu geraten. Warschau muss vielmehr eine nüchterne Analyse der eigenen Interessen vornehmen, um daran anschließend eine europäische Strategie zu entwickeln, die es dem Land ermöglicht, seine Hinwendung zur angloamerikanischen Welt (innerhalb und außerhalb der EU) und den „kontinentaleuropäischen“ Vektor seiner Europapolitik auszutarieren. Nur durch die Schaffung einer proaktiven und flexiblen innereuropäischen Bündnispolitik, durch die Sicherung der inneren Voraussetzungen der europäischen Integration, eine Rekonstruktion des europapolitischen Konsenses und selbstverständlich die Fortsetzung des Reformkurses wird Polen in der Lage sein, vom bloßen Konsumenten des Beitritts zu einem produktiven Unionsmitglied zu werden.

Tschechische Republik

*Aleš Roztočil/Marcus Schladebach**

I. Tschechiens Selbstverständnis in der EU

Mit der Tschechischen Republik ist zum 1.5.2004 ein Staat der EU beigetreten, der seine Rolle als mitteleuropäischer Staat betont. Diese Aussage ist nicht nur die tschechische Antwort auf die begrifflichen Vereinfachungen des gesamten Prozesses der EU-Erweiterung, in dem abwechselnd von ostmitteleuropäischen, mittelosteuropäischen oder osteuropäischen Staaten gesprochen wird.[1] Sie ist auch mehr als der Versuch einer geopolitischen Abgrenzung gegenüber Staaten wie Weißrussland, Russland oder der Ukraine. Der Hinweis auf die Lage in Mitteleuropa drückt vielmehr das Selbstverständnis Tschechiens bei seiner Integration in die EU aus. Kennzeichnend für diese Haltung sind drei Faktoren, die im In- und Ausland einmal Anerkennung, dann wieder Verwunderung oder aber beides zugleich hervorgerufen haben, die aber jedenfalls die tschechische Rolle in der EU maßgeblich prägen.

1. Euroskeptizismus und Eurorealismus

Zuerst ist die skeptische Haltung der politischen Eliten zur Integration Tschechiens in die EU zu nennen. Die Unterstützung ist traditionell niedrig. Allerdings beruht diese Skepsis nicht auf einer mangelnden europäischen Identität. Im Gegenteil sieht sich Tschechien selbstbewusst als integraler Teil Europas, der allein durch die historischen Umstände von der Entwicklung Westeuropas getrennt war, potenziell jedoch zu den europäischen Musternationen gehört. Die

---

* Mgr. Aleš Roztočil, LL.M., Exekutionsamt Ostrava, Tschechien; Dr. Marcus Schladebach, LL.M., Berlin, Referent für Europa- und Internationales Recht, Justizministerium des Landes Brandenburg, Potsdam. Der Aufsatz gibt die persönliche Auffassung der Autoren wieder.

[1] Zur „Mitteleuropa-Debatte“ siehe *Brach*, Die Außenpolitik der Tschechoslowakei zur Zeit der „Regierung der nationalen Verständigung“, 1992, S. 92 – 109; *Wallat,* Tschechien und Slowakei, in: *Weidenfeld* (Hrsg.), Europa-Handbuch, 1999, S. 233 (235).

EU wird zumeist aus einem Gefühl der Überlegenheit heraus als überbürokratisiert und uneffektiv kritisiert.[2] Diese Selbstsicherheit, die von der EU-Kommission gelegentlich als übertrieben bewertet worden ist,[3] prägte die Position der tschechischen Regierung bereits 1996, dem Jahr des Beitrittsantrags. Vertreten wurde die Auffassung, die Beitrittsanforderungen längst zu erfüllen und bereit zu sein für die EU, früher als diese selbst neue Mitglieder aufnehmen könnte.[4]

Im Vergleich mit den anderen Beitrittsstaaten weist Tschechien aber die Besonderheit auf, dass die Kritik an der europäischen Integration von führenden Repräsentanten und oft in ungewöhnlich scharfer Form geäußert wird. An der Spitze dieser Kritikbewegung steht unangefochten der derzeitige Staatspräsident *Václav Klaus*, dem es seit mehreren Jahren gelingt, seine Vorbehalte gegenüber der EU in den Medien des In- und Auslands zu platzieren. Seiner Ansicht nach ist die EU zu bürokratisch, zentralistisch, anti-demokratisch, was zu Gefahren für die tschechische Souveränität und nationale Identität führe.[5] Dies bedeutet jedoch auch nach Meinung der Kritiker nicht eine Absage an eine Verankerung in der EU. Vielmehr fasste *Klaus* seine Haltung zur EU, die er auch als Haltung Tschechiens verstanden wissen will, mit den Worten zusammen, der EU-Beitritt sei kein Traum für ihn, sondern eine „Ehe der Vernunft", da es für ein Land in der Mitte Europas keine Alternative gebe.[6] Die EU-Politik seiner Partei, der ODS, sei nicht Euroskeptizismus, sondern Eurorealismus.

---

[2] *Mildenberger*, Die Europadebatte in Politik und Öffentlichkeit der ostmitteleuropäischen EU-Kandidatenländer, in: Aus Politik und Zeitgeschichte, B 1-2/2002, 3 (6).
[3] EU-Commission, Opinion on the Czech Republic's Application for Membership of the EU, COM (97) 2009 final, S. 8.
[4] *Bugge*, Czech Perceptions of the Perspective of EU Membership: Havel vs. Klaus, EUI Working Paper RSC No. 2000/10, 2000, S. 10.
[5] *Weiss*, Zwischen Euphorie und Euroskeptizismus: Die Erweiterung aus der Sicht der Beitrittskandidaten, in: Landeszentrale für politische Bildung Baden-Württemberg (Hrsg.), Die Osterweiterung der EU, 2004, S. 11 (14).
[6] Interview mit *Vaclav Klaus*, Die Zeit v. 16.4.2003.

Das Hauptproblem der tschechischen Europadebatte bleibe, so stellt *Mildenberger*[7] zutreffend fest, die Diskrepanz zwischen der insgesamt erfolgreichen Beitrittspolitik und einer innenpolitischen Debatte, deren Ende nicht abzusehen sei. Zwar würden die maßgeblichen Parteien keine Politik gegen die EU betreiben, aber sie erliegen häufig der Versuchung, mit harten Worten populäre Kritik an der EU zu üben. Die pro-europäischen Eliten würden sich jedoch weder als entschlossen noch als kompetent genug erweisen, dieser Entwicklung argumentativ etwas entgegen zu setzen.

2. Wirtschaftliche Stabilität

Die vergleichsweise selbstbewusste Haltung resultiert auch aus dem wirtschaftlichen Transformationsprozess in Tschechien. Dieser verlief nach Einschätzung vieler Experten sehr erfolgreich und hat zusammen mit der positiven wirtschaftlichen Entwicklung dazu geführt, dass Tschechien häufig als der Musterknabe der politischen und wirtschaftlichen Entwicklung bezeichnet wurde.[8]

Als Gründe dieses Erfolges wurden über die günstigen Startbedingungen hinaus vor allem drei Faktoren genannt:[9] Erstens konnte in Tschechien vom Beginn der Reformperiode bis in die Gegenwart die politische Stabilität bewahrt werden. Zweitens haben sich hinsichtlich der ökonomischen Transformationsstrategie diejenigen Kräfte durchgesetzt, die einen konsequenten marktwirtschaftlichen Kurs verfolgen. Drittens schließlich ist es den verantwortlichen Politikern – ungeachtet der harschen Rhetorik („Marktwirtschaft ohne Attribut“) – gelungen, die Folgen der ökonomischen Transformation sozial so weit abzufedern, dass der grundsätzliche Konsens zwischen Führung und Bevölkerung aufrecht erhalten werden konnte.

---

[7] *Mildenberger* (o. Fußn. 2), S. 7.
[8] *Wallat* (o. Fußn. 1), S. 236; ausführlich zur wirtschaftlichen Entwicklung *Kosta*, Tschechische Republik, in: *Weidenfeld* (Hrsg.), Demokratie und Marktwirtschaft in Osteuropa, 2. Aufl., 1996, S. 147 – 160.
[9] *Kosta* (o. Fußn. 8), S. 160.

Insbesondere der dritte Aspekt, das Wirtschaftskonzept einer „Marktwirtschaft ohne Attribut", ist seit Jahren Gegenstand zahlreicher Diskussionen. *Václav Klaus*, ehemals auch Wirtschaftsminister, konnte nach früheren Forschungen zu möglichen Wirtschaftsreformen bereits 1989 ein beachtliches Wirtschaftsprogramm vorstellen. Sein Konzept setzte auf die Privatisierung der Staatsbetriebe, die Liberalisierung der Preise und eine strenge Fiskalpolitik.[10] Dem von *Klaus* deklarierten extremen Marktliberalismus stand in der Praxis jedoch eine weit weniger radikale Politik gegenüber, die vor allem bei der Privatisierung der großen Staatsbetriebe einige Schwierigkeiten zu überwinden hatte. Auch dieses Wirtschaftskonzept ließ bei vielen Beobachtern den Eindruck entstehen, dass sich die tschechische Position stark der Haltung Großbritanniens annäherte, die nicht von Euphorie, sondern von vornehmlich wirtschaftlichem Denken bestimmt wird.[11]

3. Rolle Vaclav Havels

Für den erfolgreichen Weg in die EU maßgeblich verantwortlich war der ehemalige Präsident *Václav Havel*, der weltweit als europäischer Staatsmann hoch geachtet wird. Der aus der Bürgerrechtsbewegung stammende *Havel*, der in der Bevölkerung ein hohes Ansehen genießt, setzte sich mit ganzer Kraft für die europäische Einigung ein und stärkte vor allem durch seine wegweisenden Reden das Vertrauen der westlichen Staatengemeinschaft in eine demokratische, rechtsstaatliche und europäisch orientierte Tschechische Republik.

In einer dieser Reden setzte sich *Havel* 1996 mit den Perspektiven der EU-Erweiterung auseinander und ging dabei insbesondere auf die bisherigen und künftigen Konturen Europas ein:[12]

---

[10] *Wallat* (o. Fußn. 1), S. 236.

[11] *Weiss* (o. Fußn. 5), S. 14; siehe auch *Mildenberger* (o. Fußn. 2), S. 6: „EU-Kritik ist thatcheristisch begründet".

[12] Auszug aus der Rede *Vaclav Havels* vom 9.5.1996 vor dem Karlsplenum der Europäischen Akademie der Wissenschaft und Künste in Aachen, in: ZEIT-Punkte, Nr. 4/1996, S. 17 – 18.

„Der Begriff Europa hat heute im Grunde dreierlei Bedeutung. Die erste ist rein geographisch, bestimmt durch die Linien auf der Landkarte, die in jeder Grundschule an der Wand hängt und in jedem Erdkundeatlas zu finden ist.

Die zweite Bedeutung dieses Wortes umfasst im Grunde genommen die Gesamtheit der Länder, denen der Kommunismus erspart blieb und von denen die meisten jetzt Mitglieder der Europäischen Union sind. Man meint damit also jenen Teil Europas, der politisch relativ stabil ist, weil er jahrzehntelang ein demokratisches politisches System und eine Bürgergesellschaft entwickeln konnte, der wirtschaftlich prosperiert und sich im Laufe von Jahrzehnten Schritt um Schritt in ein großes politisches und ökonomisches Bündnis integriert. Dieses Europa erscheint all den anderen gewiss attraktiv und begehrenswert; es ist kein Zufall, dass man in vielen Ländern, die nicht dazugehören, bis zum Überdruss den Slogan über ihre „Rückkehr nach Europa" wiederholt, womit in der Regel Aufnahme in den Klub jener Länder gemeint ist, die geschichtlich glücklicher waren, weil sie sich auf der anderen Seite des Eisernen Vorhangs befanden.

Es gibt aber auch ein Europa in einem dritten Sinne des Wortes. Dieses Europa ist ein gemeinsam geteiltes Schicksal, eine gemeinsame komplizierte Geschichte, gemeinsam geteilte Werte, eine gemeinsame Kultur des Lebens. Und mehr als das: In gewissem Maße ist es auch der Raum eines bestimmten Willens, Verhaltens und Verantwortungsbewusstseins. In diesem Sinne können die Grenzen Europas zeitweise ziemlich verschwommen oder veränderlich sein: Zu ihrer Festlegung genügt weder ein Blick in den Schulatlas noch ein Blick auf die Liste der Mitgliedsländer der Europäischen Union beziehungsweise jener Länder, die - wenn sie es wollten – jederzeit Mitglieder werden könnten, wie zum Beispiel Norwegen, die Schweiz oder Island. Schon deswegen spricht es sich über Europa in diesem Sinne des Wortes schwieriger. Und dabei sollte gerade die Aussprache über dieses Europa am Anfang aller Debatten über Europa und seine Zukunft stehen ...".

II. Diskussionen und Erwartungen vor dem EU-Beitritt

1. Außen- und Sicherheitspolitik

Einer der wichtigsten, wenn nicht sogar der wichtigste Grund für den EU-Beitritt bestand darin, dass die Mitgliedschaft in der EU den Frieden und den Schutz vor außen- und innenpolitischen Gefahren garantiert.[13] Die geopolitische Lage in der Mitte Europas, zwischen den traditionellen Großmächten Deutschland und Russland, hat das Land häufig zu einer Manövriermasse zwischen beiden Ländern gemacht.[14] Diese Erfahrung bestärkte die tschechische Regierung darin, keinesfalls zwischen einem stabilen, sich integrierenden Westeuropa und einem sich destabilisierenden Osteuropa orientierungslos zu verharren. Ein sicherheitspolitisches Vakuum musste unbedingt vermieden werden. Deshalb strebte Tschechien entschlossen und erfolgreich den Beitritt zur NATO (12.3.1999) sowie den Beitritt zur EU und dessen Gemeinsamer Außen- und Sicherheitspolitik (GASP) an, durch die die sicherheitspolitische Ausrichtung Tschechiens in erheblichem Maße neu bestimmt worden ist.[15]

Aufgrund dieser Motivationslage hatte Tschechien dabei nicht nur die eigene Sicherheit im Auge, sondern engagierte sich auch schon vor dem EU-Beitritt sehr für die Weiterentwicklung der GASP. Mehrfach setzte sich der ehemalige tschechische Ministerpräsident, *Vladimir Spidla*, dafür ein, dass die EU eine effektivere Sicherheitspolitik aufbauen müsse. Eine solche sei ein logischer Bestandteil des Integrationsprozesses und liege im Interesse aller Mitgliedstaaten. Eine verbesserte GASP verleihe der EU auch eine größere Glaubwürdigkeit in den internationalen Beziehungen. Tschechien trage, so *Spidla*, als NATO-Mitglied und als künftiges EU-Mitglied Mitverantwortung für die europäische Verteidigung und Sicherheit und wolle sich im höchstmöglichen Maße daran beteiligen.[16]

---

[13] *Vaclav Havels*, Co delat po rozsireni? (Was soll man nach der Erweiterung machen?), in: Respekt v. 3.5.2004.
[14] *Wallat* (o. Fußn. 1), S. 234.
[15] *Pogatschnigg*, Die Tschechische Republik und die Gemeinsame Außen- und Sicherheitspolitik der EU, 2003.
[16] *Vladimir Spidla*: „Altes oder neues Europa - Europäische Sicherheitsidentität", Rede vom 6.5.2003 an der Johann-Wolfgang-Goethe-Universität, Frankfurt am Main; *ders.*: „Europa als Aufgabe", Rede vom 17.2.2004 vor der Friedrich-Ebert-Stiftung, Berlin.

2. *Beneš-Dekrete*

Ein erhebliches Problem vor dem EU-Beitritt stellte besonders in den Augen der Deutschen und Österreicher die Frage nach der Fortgeltung der so genannten Beneš-Dekrete im tschechischen Recht dar. Nach seiner Rückkehr aus dem 1940 angetretenen Londoner Exil hatte der frühere Präsident der Tschechoslowakei, *Edvard Beneš* (1884 – 1948), ab 1945 mehrere Dekrete erlassen, die als Rechtsgrundlage zur Aussiedlung und Enteignung der deutschen Bevölkerung dienten. Zudem sicherte das Straffreiheitsgesetz Nr. 115 vom 8.5.1946 allen an diesen Maßnahmen Beteiligten Straffreiheit zu.

In der politischen Diskussion in Tschechien ist dieses Thema durchaus berührt worden, nicht zuletzt deshalb, weil es von Deutschland, Österreich, aber auch vom Europäischen Parlament wiederholt an die tschechische Regierung herangetragen worden ist. In der tschechischen Öffentlichkeit wurde mit Unverständnis auf diese Frage reagiert, die für viele der Vergangenheit angehört. An der Vergangenheit könne man aber nichts ändern. Außerdem hätten die Maßnahmen in Übereinstimmung mit dem Potsdamer Abkommen vom 2.8.1945 gestanden, das die Umsiedlung der deutschen Bevölkerungsteile vorsah. Es sei jetzt viel wichtiger, in die Zukunft zu schauen und mit Deutschen und Österreichern vertrauensvoll an einem gemeinsamen Europa zu bauen.[17]

In Deutschland wurde vor allem aus dem süddeutschen Raum, in den ab 1945 viele Deutsche aus Tschechien übersiedeln mussten, darauf hingewiesen, dass die völkerrechtlich problematischen Dekrete bisher nicht aufgehoben worden

---

[17] Interview mit *Vladimir Spidla*: „Wir sind sehr europäisch" - Chancen und Bedenken bei Tschechiens EU-Beitritt, in: Die Welt v. 28.4.2004, S. 5, der dazu feststellt: „Ich sehe vor allem in die Zukunft. Die Vergangenheit hatte Ursachen und Folgen. Ich denke, am besten sagt das die tschechisch-deutsche Erklärung von 1997. Und im Aufnahmevertrag mit der EU wurde festgehalten, dass dieses Thema keine Rolle für den EU-Beitritt spielt".

und daher noch immer Bestandteil des geltenden tschechischen Rechts seien.[18] Sie könnten in bestimmten Konstellationen auch heute noch Anwendung finden. Dies sei mit dem Europa- und dem Völkerrecht nicht vereinbar und hätte zwingend vor dem EU-Beitritt Tschechiens geklärt werden müssen.

Insbesondere wurde darauf hingewiesen, dass die deutsch-tschechische Erklärung vom 21.1.1997 keine Zäsur in dieser Frage darstelle. Darin sei lediglich festgestellt worden, dass beide Seiten an ihren jeweiligen Rechtsauffassungen festhalten würden.[19] In einigen deutschen Gutachten wurde die rechtliche Bedeutung dieser Erklärung von 1997, aber auch die europa- und völkerrechtliche Relevanz der Beneš-Dekrete insgesamt untersucht.[20] Allerdings haben diese Gutachten nicht zur Beendigung und Klärung der Thematik beigetragen. In bestimmten Kreisen der CDU/CSU bleibt die Thematik weiterhin aktuell. Gefordert wird eine Aufhebung der Beneš-Dekrete, zumindest aber eine offizielle Distanzierung der tschechischen Regierung. In jüngster Zeit hat zudem die Errichtung eines Denkmals für *Edvard Beneš* zu einer erneuten Irritierung geführt.[21]

Auch das Europäische Parlament hat die Beneš-Dekrete thematisiert. Es gab ein Gutachten in Auftrag, das von drei Europa- und Völkerrechtlern im Oktober 2002 vorgelegt worden ist.[22] Es kam zu dem Ergebnis, dass das EU-Recht keine

---

[18] Jüngst wieder von *Stoiber* auf dem 56. Sudetendeutschen Tag in Augsburg, der die Beneš-Dekrete als eine „offene Wunde in Europa" bezeichnete, siehe FAZ v. 17.5.2005, S. 4.

[19] Dazu etwa *Blumenwitz*, Die deutsch-tschechische Erklärung vom 21. Januar 1997, in: AVR 36 (1998), 19 – 43; *ders.*, Die deutsch-tschechische Erklärung vom 21. Januar 1997, in: BayVBl. 1997, 161 – 165.

[20] *Tomuschat*, Die Vertreibung der Sudentendeutschen. Zur Frage des Bestehens von Rechtsansprüchen nach Völkerrecht und deutschem Recht, in: ZaöRV 56 (1996), 1 – 69; *Nettesheim*, EU-Beitritt und Unrechtsaufarbeitung, in: EuR 38 (2003), 36 – 64; *Görlitz/Neumann*, Europarechtliche Aspekte der Debatte um die so genannten Beneš-Dekrete, in: Jahrbuch für Ostrecht (JOR) 44 (2003), 45 – 72.

[21] *Schwarz*, Nationale Selbstvergewisserung. Der Beneš-Kult in der Tschechischen Republik, in: FAZ v. 23.5.2005, S. 12.

[22] Europäisches Parlament - Generaldirektion Wissenschaft: Gutachten zu den Beneš-Dekreten und zum Beitritt der Tschechischen Republik zur Europäischen Union von *Frowein/Bernitz/Lord Kingsland*, Straßburg 2002.

rückwirkende Geltung beanspruche und damit nicht die formale Aufhebung der Beneš-Dekrete erfordere. Der EU-Beitritt war somit aus der Sicht des Europäischen Parlaments nicht mehr gefährdet. Bei der Abstimmung im April 2003 stimmten die deutschen CSU-Abgeordneten und einige CDU-Parlamentarier dennoch gegen die Aufnahme Tschechiens in die EU oder enthielten sich, wodurch Tschechien mit 489 die wenigsten Stimmen aller Beitrittsstaaten erhielt.[23]

Die in erster Linie politisch und juristisch geführte Diskussion darf aber nicht darüber hinwegtäuschen, dass es auch zahlreiche deutsch-tschechische Initiativen gibt, die seit Jahren engagiert und ohne größere öffentliche Aufmerksamkeit für sich zu beanspruchen erfolgreiche Versöhnungsarbeit leisten. Die verschiedenen Formen der Begegnung, die sich zwischen Deutschen und Tschechen mittlerweile etabliert haben, sind frei von revanchistischen Absichten, auf persönliche Erinnerung und Herkunftsvergewisserung gerichtet und damit viel weiter fortgeschritten, als das angesichts der lautstark erhobenen politischen Forderungen angenommen werden könnte.[24]

3. *Weitere Diskussionen*

a) Arbeitnehmerfreizügigkeit

Die tschechische Öffentlichkeit empfand die deutschen und österreichischen Wünsche nach Übergangsfristen bei der Arbeitnehmerfreizügigkeit gem. Art. 39 EGV i. V. m. VO 1612/68 als ungerecht und zurücksetzend. Zwar zogen nur wenige tschechische Bürger eine Arbeitsaufnahme im EU-Ausland ernsthaft in Betracht. Gerade deshalb aber legten viele Beobachter dieser Übergangsfrist

---

[23] *Vodicka*, Das politische System Tschechiens, in: *Ismayr* (Hrsg.), Die politischen Systeme Osteuropas, 2. Aufl. (2004), S. 247 (280).
[24] *Schlögel*, Tragödie der Vertreibungen, in: Lettre International 60 (2003), 78 (83).

eine symbolische Bedeutung des Inhalts bei, dass Tschechien ein EU-Mitglied zweiter Klasse zu werden drohe.[25]

b) Umweltschutz

Die Übernahme der Umweltstandards des EU-Rechts wurde von Tschechien als große Chance betrachtet. Schon sehr früh bemühte man sich, die relativ stark ausgeprägte Industrielandschaft an die Vorgaben des europäischen Umweltrechts anzupassen. Dass dieser Prozess nicht ohne Schwierigkeiten verlaufen konnte, war angesichts des dafür erforderlichen Finanzierungsaufwandes offensichtlich. Jedoch profitierte etwa die sächsisch-tschechische Grenzregion, die wegen zahlreicher Fabriken im Raum Teplice und Ústí nad Labem stark durch Luftverschmutzungen belastet war,[26] erheblich von der zunehmenden Verbesserung der Umweltstandards.

Einen besonderen Streitpunkt bildete das nahe der österreichischen Grenze gelegene Atomkraftwerk Temelin. Österreich selbst hatte sich gegen Atomkraftwerke entschieden. Daher war der veraltete Zustand dieses Werks vielen Österreichern ein Dorn im Auge.[27] Nach einigen Umrüstungen konnte der Streit, zu dessen Lösung mit dem so genannten „Melker Prozess" auch ein bilaterales Forum ins Leben gerufen worden war, jedoch weitgehend beigelegt werden.

c) Wettbewerbsfähigkeit

Befürchtungen vor dem EU-Beitritt betrafen auch die Wettbewerbsfähigkeit der tschechischen Wirtschaft. Vielfach wurde gefragt, ob sie dem Konkurrenzdruck in der EU tatsächlich Stand halten könne. Zwei Dinge waren hierfür von besonderer Bedeutung: Einmal verfügt Tschechien aufgrund seiner industriellen Vor-

[25] *Handl/Larischová*, Tschechien, in: *Weidenfeld/Wessels* (Hrsg.), Jahrbuch der Europäischen Integration 2003/2004, 2004, S. 399 (401).
[26] *Wallat* (o. Fußn. 1), S. 239.
[27] *Vodicka* (o. Fußn. 23), S. 280; *Wallat* (o. Fußn. 1), S. 239.

prägung und seiner hervorragenden Fachkräfte über sehr gute Voraussetzungen für den europäischen Wettbewerb. Zum anderen hat Tschechien schon recht früh dafür gesorgt, dass die allgemeinen rechtlichen Rahmenbedingungen[28] sowie die speziellen wirtschaftsrechtlichen Grundlagen[29] an das EU-Recht angepasst worden sind. Deshalb steht die Wettbewerbsfähigkeit der tschechischen Wirtschaft heute außer Frage.

III. Zustimmung zum EU-Beitritt

1. Verfassungsrechtliche Grundlagen

In der Verfassung wurden erst in jüngerer Zeit die rechtlichen Voraussetzungen für einen Beitritt zur EU geschaffen. Durch das Verfassungsgesetz vom 18.10.2001 wurde die lang geforderte europäische Integrationsklausel in die tschechische Verfassung eingefügt.[30] Der neue Art. 10a bestimmt in Abs. 1, dass einzelne Aufgaben der Organe der Tschechischen Republik durch völkerrechtlichen Vertrag auf internationale Organisationen oder Institutionen übertragen werden können.[31] Für das Verfahren sieht Art. 10a Abs. 2 i. V. m. Art. 39 Abs. 4 vor, dass zur Ratifizierung eines solchen völkerrechtlichen Vertrags die Zustimmung von drei Fünfteln der Abgeordneten - der Mitglieder der ersten Kammer des tschechischen Parlaments - und von drei Fünfteln der anwesenden Senatoren - der Mitglieder der zweiten Kammer - erforderlich ist. Durch Verfassungsge-

---

[28] *Dauses/Verny/Zemánek*, Allgemeine Methodik der Rechtsangleichung an das EU-Recht am Beispiel der Tschechischen Republik, in: *Dauses* (Hrsg.), Osterweiterung der EU. Rechtsangleichung und strukturpolitischer Rahmen, 1998, S. 23 – 98.

[29] *Knauf*, Angleichung des Wirtschaftsrechts der EU-assoziierten Staaten am Beispiel der Tschechischen Republik, in: *Dauses* (o. Fußn. 28), S. 99 – 196.

[30] Verfassungsgesetz Nr. 395/2001 Sb.

[31] *Niedobitek*, Tschechien und Polen auf dem Weg in die Europäische Union - Politische und rechtliche Aspekte -, in: DÖV 2003, 67 (71); *Nußberger*, Die „Zweite Wende“: Zur Verfassungsentwicklung in den Ländern Mittel- und Osteuropas im Zuge der EU-Erweiterung, in: DÖV 2005, 357 (361).

setz kann allerdings auch ein Referendum vorgeschrieben werden.[32] Dies ist durch das Verfassungsgesetz vom 14.11.2002 geschehen.[33]

2. *Zustimmung durch Referendum*

Der am 16.4.2003 in Athen unterzeichnete EU-Beitrittsvertrag ist am 13./14.6.2003 in einem Referendum zur Abstimmung gestellt worden. Es war das erste Referendum in der Geschichte der Tschechischen Republik. Für den EU-Beitrittsvertrag haben 77,33 %, dagegen 22,67 % votiert. Die Wahlbeteiligung lag bei 55,2 %. Ein Beteiligungsquorum ist im Referendumsgesetz nicht gefordert. Ob aus dieser Tatsache auf die Befürchtung des Gesetzgebers geschlossen werden musste, das Referendum könnte an einer zu niedrigen Wahlbeteiligung scheitern, ist offen.[34] Beim Referendum konnte indessen entgegen bestimmter Befürchtungen ein großer gesellschaftlicher Konsens erreicht werden. Für den EU-Beitritt stimmten mehrheitlich Bürger aller Berufs- und Altersgruppen, aller Regionen und aller Parteien mit Ausnahme der Kommunisten.[35] Die vom Präsidenten ausgefertigte Ratifizierungsurkunde wurde am 3.11.2003 bei der italienischen Regierung hinterlegt.

IV. Auswirkungen des EU-Beitritts

Ein Jahr nach dem EU-Beitritt ist die Bevölkerung mit der Mitgliedschaft in der EU mehrheitlich recht zufrieden. Nach einer Meinungsumfrage vom 19.4.2005 begrüßen 72 % der Tschechen die EU-Mitgliedschaft, 22 % missbilligen sie, 6 % haben keine Meinung.[36] Im Hinblick auf den erfolgten EU-Beitritt werden folgende Themen verstärkt diskutiert.

---

[32] *Niedobitek* (o. Fußn. 31), S. 71.
[33] Verfassungsgesetz Nr. 515/2002 Sb; *Nußberger* (o. Fußn. 31), S. 361 m. Fn. 47.
[34] In diesem Sinne *Vodicka* (o. Fußn. 23), S. 281.
[35] *Vodicka* (o. Fußn. 23), S. 281.
[36] Meinungsumfrage v. 19.4.2005, www.euroskop.cz.

1. Steuerpolitik

Sehr auffallend und in dieser Form nur von wenigen erwartet war die Anhebung der Mehrwertsteuersätze. Früher galten lediglich zwei Steuersätze, und zwar 5 % und 22 %. Nach dem EU-Beitritt wurde zwar der höhere Satz von 22 % auf 19 % verringert. Alle Dienstleistungen jedoch, die früher nur mit 5 % versteuert werden mussten, wurden nun in den höheren Steuersatz von 19 % verschoben. Auch die Steuern für Verbrauchsgüter sind deutlich erhöht worden. Der EU-Beitritt führte also zu einer spürbaren Verteuerung der Lebenshaltungskosten, was von der tschechischen Bevölkerung sehr kritisch registriert worden ist.

2. Arbeitnehmerfreizügigkeit

Anhang V der Beitrittsakte zum EU-Beitrittsvertrag sieht gegenüber Tschechien die bekannten Übergangsfristen (2+3+2 Jahre) vor. Vorgesehen ist darin aber auch die Befugnis, dass Tschechien gegenüber den Mitgliedstaaten, die den Zugang für tschechische Arbeitnehmer zu ihren Arbeitsmärkten zunächst beschränkt haben, seinerseits ebenfalls Beschränkungen für Arbeitnehmer aus dem EU-Ausland erlassen kann (Grundsatz der Reziprozität). Diese rechtliche Befugnis zu „Gegenmaßnahmen" ist in § 103 des Gesetzes über Beschäftigung vom 13.5.2004 konkretisiert worden.[37] Darin ist die Regierung ermächtigt worden, bei Bedarf entsprechende Arbeitsmarkt beschränkende Maßnahmen zu beschließen. Bisher hat die Regierung von dieser Ermächtigung noch keinen Gebrauch gemacht. Alle Arbeitnehmer aus dem EU-Ausland können daher ohne Arbeitserlaubnis in Tschechien beschäftigt werden.

3. Beitritt zur Euro-Zone und zum Schengen-Raum

Mit dem Beitritt zur EU ist Tschechien nicht automatisch Mitglied der Euro-Zone und des Schengen-Raums geworden. Für beide Mitgliedschaften müssen erst weitere fachspezifische Voraussetzungen erfüllt werden.

---

[37] Gesetz Nr. 435/2004 Sb. v. 13.5.2004.

Im Hinblick auf die künftige Einführung des Euro hat Tschechien eine Strategie entworfen, die folgende wesentliche Elemente beinhaltet: Erfolgreiche Konsolidierung der öffentlichen Finanzen, die Erfüllung der Maastricht-Kriterien, Fortschritte bei strukturellen Reformen im Finanzsektor, Erreichung eines ausreichenden Maßes an Konvergenz. In Umsetzung dieser Strategie ist geplant, der Euro-Zone 2009 oder 2010 beizutreten.[38]

Eine Priorität stellt ebenfalls der Beitritt zum Schengen-Raum dar. Der EU-Beitrittsvertrag, genauer Art. 3 der Beitrittsakte, sieht dazu vor, dass die Personenkontrollen an den Grenzen zu den neuen Mitgliedstaaten erst dann entfallen können, wenn diese den Nachweis erbracht haben, dass sie den Anforderungen des Schengener Informationssystems genügen.[39] Deren Einhaltung wird durch den Rat staatenspezifisch geprüft. Die Anwendung des Schengen-Besitzstands wird bei positivem Ergebnis dann angeordnet. Tschechien erwartet diesen Ratsbeschluss für 2006.[40]

4. Neue Erweiterungsrunden der EU

Was die Meinungen zu neuen Erweiterungen der EU angeht, muss unterschieden werden: Diejenigen, die sich positiv und offen zur europäischen Integration äußern, sehen in einer erneuten EU-Erweiterung eine moralische Verpflichtung gegenüber den derzeitigen Kandidatenstaaten. Die Vertreter, die der EU skeptisch bis ablehnend gegenüberstehen, erblicken darin eine Möglichkeit, eine tiefere Integration zu verhindern. Sie setzen auf maximale Erweiterung, um damit eine nur minimale Vertiefung zuzulassen.

---

[38] *Vladimir Spidla*: „Europe: Value and Challenge", Rede vom 10.12.2003 beim Royal Institute for International Relations, Brüssel; *ders.*: „Europa als Aufgabe" (o. Fußn. 16); *ders.*: „Wir sind sehr europäisch" (o. Fußn. 17); *Handl/Larischová* (o. Fußn. 25), S. 401.

[39] *Schladebach*, Der Vertrag über den Beitritt zur EU, in: LKV 2004, 10 (13).

[40] *Vladimir Spidla*: „Europe: Value and Challenge" (o. Fußn. 38).

Eine Extremposition wird ein weiteres Mal vom Präsidenten *Václav Klaus* vertreten. Er sei gegen jede weitere Vertiefung und für die größtmögliche Erweiterung: Ob die Türkei, Marokko, die Ukraine, Kasachstan - je mehr, desto besser.[41] Dementsprechend wird von ihm der auf größere Vertiefung abzielende EU-Verfassungsvertrag vehement bekämpft, was aktuell zu einer außergewöhnlich heftigen Debatte zwischen dem derzeitigen Ministerpräsidenten *Jiří Paroubek* und Präsident *Václav Klaus* über die verfassungsrechtliche Zuständigkeit für die Außenpolitik geführt hat.[42]

V. Perspektiven

Bilanzierend kann festgestellt werden, dass der tschechische EU-Beitritt erfolgreich verlaufen ist. Die markantesten Punkte der tschechischen EU-Politik bilden der Wunsch nach einer verstärkten Außen- und Sicherheitspolitik der EU, die deutliche Betonung des marktwirtschaftlichen Elements und die zum Teil harten Kontroversen über die Ausrichtung der EU-Politik zwischen den höchsten Repräsentanten des Staates. Dass gerade der letztgenannte Aspekt gelegentlich zu Irritationen bei den anderen Mitgliedstaaten führt, dürfte kaum verwundern. Wenn es jedoch gelingt, über Parteigrenzen hinweg und unter Ausblendung innenpolitischer Konflikte eine konsistente EU-Politik zu verfolgen sowie die noch ausstehenden, sehr anspruchsvollen Vorhaben wie den Beitritt zur Euro-Zone und zum Schengen-Raum zu verwirklichen, hat Tschechien in Zukunft beste Chancen, zu den erfolgreichsten EU-Mitgliedstaaten zu gehören.

---

41 Interview mit *Vaclav Klaus*: „Ich habe Angst um Europa“, in: FAZ v. 15.3.2005, S. 5.
42 *Schwarz*, Muss Klaus zu Hause bleiben? in: FAZ v. 28.5.2005, S. 4.

Ungarn

Helge Hornburg[*]

Der Beitritt Ungarns zur EU am 1.5.2004 war im ungarischen Selbstbild eine Heimkehr nach Europa, obgleich man sich nie wirklich von Europa verabschiedet hatte. So wurde in ungarischen Stellungnahmen zum EU-Beitritt darauf verwiesen, dass die Ungarn mit Europa ihre Traditionen, ihre Geschichte und Kultur und ihre Werte teilen[1] und das heutige Europa ohne die Erfahrungen, geistigen Leistungen und die Haltung Mittelosteuropas, inklusive Ungarns, nicht das wäre, was es ist.[2] Mit der EU-Mitgliedschaft wollen die Ungarn in ihrer wechselvollen Geschichte nunmehr als „Sieger in Niederlagen"[3] der europäischen Staatengemeinschaft angehören.[4]

I. Rechtliche und politische Grundlagen der EU-Mitgliedschaft

Wie alle neuen EU-Mitglieder musste auch Ungarn vor dem Beitritt den gemeinschaftsrechtlichen Besitzstand, den *acquis communautaire*, in seine Rechtsordnung übernehmen und diese insgesamt „europatauglich" machen. Neben den dafür notwendigen zahlreichen neuen Gesetzen und Gesetzesänderungen wurde im Jahre 2002 die Verfassung an die EU-Mitgliedschaft Ungarns angepasst.[5] Wichtigste diesbezügliche Änderung war die so genannte Beitritts- oder Europa-

---

* Helge Hornburg, Luxemburg, Doktorand an der Technischen Universität Dresden, Jean-Monnet-Lehrstuhl für das Recht der Europäischen Integration und Rechtsvergleichung unter besonderer Berücksichtigung Mittel- und Osteuropas.

1 Vgl. statt vieler nur: *Medgyessy*, Um die Schaffung des modernen Ungarns, in: Europäische Rundschau 1/2004, 29.

2 *Konrád*, Wir werden normal sein, in: Die Zeit, 19/2004, S. 6.

3 So der Titel eines viel beachteten Buches über Ungarn: *Lendvai*, Die Ungarn – Ein Jahrtausend-Sieger in Niederlagen, 1999.

4 *Mádl*, Europäischer Integrationsprozess - Ungarische Erwartungen, in: *Király* (Hrsg.), Quo Vadis Europa? – A magyar államfő Európában – The Hungarian Head of State in Europe, 2004, S. 129 (132).

5 Gesetz 2002: LXI über die Änderung der Verfassung der Republik Ungarn, Magyar Közlöny 2002, Nr. 161, S. 9330.

Klausel, die als § 2/A in die Ungarische Verfassung[6] eingefügt wurde. Durch diese Norm wird die Übertragung von Souveränitätsrechten auf die EU und die EG ermöglicht und damit die Mitgliedschaft Ungarns in der EU verfassungsrechtlich abgesichert. Die dogmatische Einordnung des Vorrangs sowie der unmittelbaren Wirkung und Anwendbarkeit des Gemeinschaftsrechts in der ungarischen Rechtsordnung ist jedoch umstritten[7] und wird letztlich durch die ungarische Rechtsprechung zu klären sein.

Für die Entscheidung über den EU-Beitritt wurde die ungarische Verfassung in § 79 ergänzt, wonach ein Volksentscheid über den Beitritt mit der Frage „Sind sie damit einverstanden, dass die Republik Ungarn Mitglied der Europäischen Union wird?" am 12.4.2003 stattfand.[8] §§ 28/B ff. UV, die bereits 1997 in die Verfassung eingefügt wurden, sehen die Möglichkeit von Volksabstimmungen über bestimmte Fragen vor, enthalten aber keine ausdrückliche verfassungsrechtliche Verpflichtung zu einem Beitrittsreferendum. Allerdings ließen sowohl politischer Realitätssinn, nach dem für eine derart weit reichende Entscheidung wie der EU-Beitritt ein breiter gesellschaftlicher Konsens hergestellt werden sollte, als auch das Prinzip der Souveränität des ungarischen Volkes es notwen-

---

[6] Im Folgenden UV.

[7] Vgl. dazu *Nußberger*, Die „Zweite Wende": Zur Verfassungsentwicklung in den Ländern Mittel- und Osteuropas im Zuge der EU-Erweiterung, in: DÖV 2005, 357 (364); *Albi*, „Europe" Articles In The Constitutions Of Central And Eastern European Countries, in: CML Rev. 2005, 399 (409); *Czuczai*, Constitutional Preparation for EU Accession in the New Central and Eastern European Member States: Is the Rule of Law Better than the Rule of Politics? in: *de Zwaan/ Jans/Nelissen/Blockmans* (ed.), The European Union - An Ongoing Process of Integration, Liber Amicorum *Alfred E. Kellermann*, 2004, S. 269 (278, 281); *Czuczai*, Utószó, in: *ders.* (Hrsg.), Jogalkotás, jogalkalmazás hazánk EU csatlakozása küszöben, 2003, S. 129 (145); *Kecskés*, Indító tézisek a Magyar Köztársaság Alkotmánya EU-vonatkozású szabályainak továbbfejlesztéséhez, in: Európai Jog 3/2004, 3.

[8] § 79 UV ist mit dem Inkrafttreten des Beitrittsvertrages außer Kraft getreten. Zu den Beitrittsreferenden in den neuen Mitgliedstaaten vgl. *Albi*, Referendums in the CEE Candidate Countries: Implications for the EU Treaty Amendment Procedure, in: *Hillion* (ed.), EU-Enlargement: A Legal Approach, 2004, S. 57.

dig erscheinen, eine Volksabstimmung zur Frage des EU-Beitritts abzuhalten.[9] Ein vor der Durchführung des Referendums eingereichter Normenkontrollantrag gegen das Gesetz über die Verfassungsänderungen in Vorbereitung auf den EU-Beitritt wies das Verfassungsgericht mit der Begründung zurück, dass es unbefugt sei, Verfassungsvorschriften, zu denen es auch verfassungsändernde Gesetze zählte, auf ihre Verfassungsmäßigkeit zu prüfen.[10]

Die Beteiligung am Referendum lag bei knapp 46 %, von denen eine klare Mehrheit von knapp 84 % für den Beitritt stimmte. Die geringe Beteiligung an der Volksabstimmung führte dazu, dass in Ungarn, bezogen auf die Zahl der wahlberechtigten Bürger, die niedrigste Zustimmungsquote (38 %) unter den neun Staaten mit Referendum über den EU-Beitritt 2004 erreicht wurde. Mit Parlamentsgesetz vom 30.4.2004 wurde der Beitrittsvertrag zwischen den 15 alten und den zehn neuen EU-Mitgliedstaaten verkündet[11] und die Vorbeitrittsphase Ungarns abgeschlossen.

Während die Übernahme des *acquis communautaire* vor dem Beitritt[12] als „Trainings-Periode"[13] für die EU-Mitgliedschaft bezeichnet werden kann, ist die Rechtsangleichung seit dem 1.5.2004 nicht mehr die Vorbereitung auf ein zukünftiges Ereignis, sondern die Pflicht eines Mitgliedstaates, die letztlich aus

---

[9] *Paczolay*, Constitutional Principles and Hungary's Accession to the European Union, in: *Ganino/Venturini* (Hrsg.), L'Europa di domani: verso l'allargamento dell'Unione – Europe tomorrow: towards the enlargement of the Union, 2002, S. 195 (199).

[10] Verfassungsgerichtsentscheidung 14/2003 (IV.9.) AB, Igazságügyi Közlöny 2003, Nr. 5, S. 1029.

[11] Gesetz 2004: XXX vom 30. April 2004 über die Verkündung des Beitrittsvertrages Magyar Közlöny 2004, Nr. 60, S. 6384.

[12] Zur Rechtsangleichung in Ungarn vor dem EU-Beitritt vgl. z. B. *Sirchich*, Rechtsangleichung in Ungarn – Entwicklungen, Strategien und Probleme im Hinblick auf einen Beitritt Ungarns zur Europäischen Union, in: *Dauses* (Hrsg.): Rechtstransformation in Mittel- und Osteuropa – Juristische Rahmenbedingungen der EU-Osterweiterung, 2002, S. 18; *Fazekas/-Asztalos/Sós* (Hrsg.), Csatlakozás – Jogközelítés – Az acquis communautaire adaptalása a magyar jog- és intézményrendszerbe, 2003.

[13] *Fazekas*, Post-Accession duties of legal harmonisation, in: European Integration Studies 2004, 9 (13).

Art. 10 EGV abzuleiten ist. Nunmehr kann das Datum der Umsetzung von Richtlinien nicht mehr von Ungarn bestimmt werden, wie es noch unter dem Europa-Abkommen[14] möglich war[15] und verschiedentlich in Anspruch genommen wurde.[16] Vielmehr können nun Verspätungen und Fehler bei der Umsetzung von Richtlinien ein Vertragsverletzungsverfahren nach Art. 226 EGV nach sich ziehen. Der vom Europäischen Parlament im April 2005 angenommene Initiativbericht zum Binnenmarkt in den neuen Mitgliedstaaten[17] bescheinigt Ungarn durchaus gute Ergebnisse bei der Umsetzung der Binnenmarktrichtlinien: Danach betrug das Umsetzungsdefizit Anfang November 2004 bei 1579 Binnenmarktrichtlinien mit Umsetzungsfrist am 15.11.2004 2,4 %. Ungarn liegt damit in der Spitzengruppe der neuen Mitgliedstaaten. Allerdings verschickte die Kommission auch an die ungarische Regierung bereits Mahnschreiben nach Art. 226 Abs. 1, 2. Halbsatz EGV wegen verspäteter Umsetzung bzw. fehlender Meldung der Umsetzung von Gemeinschaftsrecht.[18]

Zwar war im ersten Jahr der EU-Mitgliedschaft noch kein Vertragsverletzungsverfahren gegen Ungarn beim EuGH anhängig, jedoch wurden bereits zwei ungarische Fälle zur Auslegung von Gemeinschaftsrecht dem EuGH vorgelegt. Das erste Vorabentscheidungsersuchen nach Art. 234 EGV, das von einem ungarischen Gericht in Luxemburg eingereicht wurde,[19] betrifft die Auslegung von

[14] Europa-Abkommen zur Gründung einer Assoziation zwischen den Europäischen Gemeinschaften und ihren Mitgliedstaaten einerseits und der Republik Ungarn andererseits, ABl. EG 1993 L 347, S. 2 (im Folgenden EA).
[15] Nach Art. 67 EA war Ungarn verpflichtet, dafür zu sorgen, dass künftige Rechtsvorschriften möglichst weitgehend mit dem Gemeinschaftsrecht vereinbar sind.
[16] *Fazekas* (o. Fußn. 13), S. 13.
[17] Bericht über den Binnenmarkt in den neuen Mitgliedstaaten: Sachstand, Möglichkeiten und Lehren – Ausschuss für Binnenmarkt und Verbraucherschutz, Berichterstatterin *Małgorzata Handzlik*, Dok.: A6-0068/2005.
[18] Vgl. z. B. zur Umsetzung der Richtlinie 2003/30/EG zur Förderung der Verwendung von Biokraftstoffen oder anderen erneuerbaren Kraftstoffen im Verkehrssektor, ABl. EU 2003 L 123, S. 42 (Pressemitteilung IP/05/318, 16.3.2005, http://europa.eu.int/rapid. Auch bezüglich des Luftverkehrsabkommens mit den USA wurde Ungarn ein Mahnschreiben übermittelt (Pressemitteilung IP/05/305, 16.3.2005), http://europa.eu.int/rapid.
[19] EuGH, Rs. C-302/04, Ynos Kft., ABl. EU 2004 C 251, S. 5.

Art. 6 Abs. 1 der sog. Klauselrichtlinie[20] im Hinblick auf § 209 des ungarischen BGB, der diese europäische Vorgabe ins ungarische Recht umsetzen sollte.[21] In diesem Zusammenhang wird neben Auslegungsfragen zur Frage des Verhältnisses von Nichtigkeit und erfolgreicher Anfechtung von missbräuchlichen Klauseln auch die Frage gestellt, ob es für die Entscheidung des ungarischen Ausgangsverfahrens erheblich ist, dass der nationale Rechtsstreit vor dem Beitritt Ungarns zur EU, aber nach der Anpassung des ungarischen Rechts an die Richtlinie, eingeleitet worden ist. Ein weiteres beim EuGH anhängiges Vorlageverfahren aus Ungarn betrifft die Auslegung des gemeinschaftsrechtlichen Diskriminierungsverbotes im Zusammenhang mit dem in Ungarn unter Strafe gestellten öffentlichen Gebrauch oder Tragens des aus einem fünfzackigen roten Stern bestehenden Symbols.[22]

Innerstaatlich ist die Zusammenarbeit zwischen Parlament und Regierung in Angelegenheiten der europäischen Integration in § 35/A UV verfassungsrechtlich geregelt. Die Kontrollfunktion des Parlaments über die Tätigkeiten der Regierung in den europäischen Institutionen wird einfachgesetzlich[23] durch die Berechtigung des Parlaments konkretisiert, einen Standpunkt zu geplanten europäischen Rechtsakten zu formulieren, der von der Regierung auf europäischer Ebene zu vertreten ist. Sollte während der Verhandlungen auf dieser Ebene Bedarf bestehen, diesen Standpunkt zu modifizieren, kann die Regierung die entsprechende Änderung jedoch vornehmen. Sollte eine vorherige Anhörung des Parlamentes nicht möglich sein, ist die nachträgliche Unterrichtung im Ausnahmefall zulässig. Entscheidungen des Parlamentes in Angelegenheiten der EU trifft nicht

[20] Richtlinie 93/13/EWG über missbräuchliche Klauseln in Verbraucherverträgen, ABl. EG 1993 L 95, S. 29.

[21] Vgl. dazu: *Vékás*, A Ptk. 209. §-ának megmérettetése az Európai Közösségek Bírósága előtt, in: Európai jog 6/2004, 8.

[22] EuGH, Rs. C-328/04, Vajnai Attila, ABl. EU 2004 C 262, S. 15. Dazu *Osztovits*, Az első magyar előzetes döntéshozatali eljárás iránti kérelem, in: Európai jog 5/2004, 16.

[23] Gesetz 2004: LIII über die Zusammenarbeit von Parlament und Regierung in Angelegenheiten der Europäischen Union, Magyar Közlöny 2004, Nr. 83, S. 8225.

das Parlament als Plenum, sondern der Europaausschuss allein und verbindlich.[24]

Innerhalb der Regierung ist seit dem Amtsantritt von Ministerpräsident *Ferenc Gyurcsány* im Herbst 2004 ein Minister ohne Portfolio für Europaangelegenheiten zuständig.[25] Daneben wurde ein Amt für Europaangelegenheiten,[26] das innerhalb des Ministerpräsidentenamtes für die Koordinierung der europapolitischen Aktivitäten der Regierung zuständig ist, geschaffen. Die Aufgabenverteilung zwischen den Ministerien bei der Erarbeitung der ungarischen Gesetze zur Rechtsharmonisierung wird durch einen Regierungsbeschluss[27] geregelt, der die Verantwortlichkeit für die Koordinierung der Rechtsharmonisierung den Ministerien bzw. Behörden, die für die Entwicklung des ungarischen Standpunktes auf europäischer Ebene verantwortlich sind und am Entscheidungsprozess der EU teilgenommen haben, überträgt.

II. Übergangsregelungen und Anpassungsprozesse

Wie vorherige Erweiterungen hat auch der Beitrittsvertrag 2003[28] nicht sofort sämtliche Rechte und Pflichten des Gemeinschaftsrechts für die neuen Mitgliedstaaten bzw. deren Staatsangehörige in Kraft gesetzt. Vielmehr wurden Übergangsregelungen[29] ausgehandelt, denen entweder alle neuen Mitgliedstaaten

---

[24] Das ungarische Parlament gestaltet eine eigene Internet-Seite zur EU-Integration: http://www.parlament.hu/biz/europa/index.htm.

[25] Aufgaben und Kompetenzen des Ministers regelt die Regierungsverordnung 334/2004. (XII.15.) Korm. r., Magyar Közlöny 2004, Nr. 191. Zuständiger Minister ist seit 2004 *E. Baráth.*

[26] Regierungsverordnung 356/2004. (XII.23.) Korm. r., Magyar Közlöny 2004, Nr. 199, S. 15497. Das Amt gestaltet eine eigene Internet-Seite: http://www.euhivatal.hu/euh.

[27] Regierungsbeschluss 1036/2004. (IV. 27.) Korm. h., Magyar Közlöny 2004, Nr. 57, S. 5959.

[28] ABl. EU 2003 L 236, S. 17. Umfassend dazu: *Merli/Huster* (Hrsg.), Der Beitrittsvertrag 2003, Handbuch zur Osterweiterung der EU, Berlin 2005 (Im Erscheinen). Vgl. auch *Hillion*, The European Union is dead. Long Live the European Union... A commentary on the Treaty of Accession 2003, in: E.L.Rev. 2004, 583.

[29] Dazu vgl. z.B. *Inglis*, The Accession Treaty and its Transitional Arrangements: A Twilight Zone for the New Members of the Union, in: *Hillion* (o. Fußn. 8), S. 77.

identisch oder nur einzelne neue Mitgliedstaaten unterliegen. Im Anhang X zur Beitrittsakte[30] finden sich die spezifischen Übergangsbestimmungen für die Republik Ungarn, die zum Teil noch bis 2011 gelten.

1. Grundfreiheiten

Im zentralen Bereich des Binnenmarktes gibt es für den freien Warenverkehr keine Übergangsregelungen für Ungarn.[31] Die Übergangsregelungen im Bereich des freien Dienstleistungsverkehrs beschränken sich auf Übergangsfristen für die Mindestausstattung bei den Sicherungssystemen für Bankeinlagen und/oder Wertpapiergeschäfte bis 2007.

Weit reichender und umstritten sind die Übergangsvorschriften, die im Bereich der Personenfreizügigkeit geschaffen wurden.[32] Mit Ungarn, wie mit allen neuen Mitgliedstaaten außer Malta und Zypern, wurde für eine gestaffelte Übergangsfrist von bis zu sieben Jahren (nach der so genannten 2+3+2-Formel[33]) die Gültigkeit der Art. 39 Abs. 1 und Art. 49 Abs. 1 EGV eingeschränkt. In dieser Übergangszeit dürfen die alten Mitgliedstaaten der EU-15 ihre nationalen Regelungen über den Zugang zum Arbeitsmarkt beibehalten, die sich nach der Unterzeichnung des Beitrittsvertrages jedoch nicht verschlechtern dürfen. Gleiches gilt für bilaterale Abkommen zwischen den neuen Mitgliedstaaten und den Alt-Mitgliedern. Darüber hinaus können Deutschland und Österreich in bestimmten

---

[30] ABl. EU 2003 L 236, S. 846.

[31] Vgl. zu möglichen bestehenden Hindernissen des Warenverkehrs: *Herzig*, Hemmnisse im grenzüberschreitenden Warenverkehr und EU-Recht: Slowakei, Tschechien, Ungarn, 2004.

[32] Vgl. dazu z.B. *Dougan*, A Spectre is Haunting Europe ... Free Movement of Persons and the Eastern Enlargement, in: *Hillion* (o. Fußn. 8), S. 111; *Adinolfi*, Free Movement And Access To Work Of Citizens Of The New Member States: The Transitional Measures, in: CML Rev. 2005, 469; *Nowak*, Übergangsfristen im Rahmen der EU-Osterweiterung und alternative Arrangements zur Migrationssteuerung, in: *Bruha/Schäfer/Graf Wass von Czege* (Hrsg.), Die Europäische Union nach der Erweiterung - Deutsche und ungarische Standpunkte, 2004, S. 98. Zur österreichischen Sicht vgl. *Sajdik/Schwarzinger*, Die EU-Erweiterung – Hintergrund, Entwicklung, Fakten, 2003, S. 129.

[33] Die Zahlen bezeichnen jeweils die Jahre der Übergangsphase, nach der die nationalen Beschränkungen des Arbeitsmarktzugangs überprüft werden.

Bereichen der grenzüberschreitenden Dienstleistungen auf ungarische Arbeitnehmer weiterhin ihre nationalen Zugangsregelungen anwenden.[34] Dies soll der Flankierung der Einschränkung der Arbeitnehmerfreizügigkeit dienen. Als Reaktion Ungarns auf diese Einschränkungen, die die meisten Alt-Mitglieder von EU (und EWR) ungarischen Staatsbürgern beim Zugang zu ihren Arbeitsmärkten übergangsweise auferlegt haben, wendet Ungarn dieselben Beschränkungen für die Staatsbürger der jeweiligen EU- und EWR-Staaten an.[35]

Hintergrund dieser Regelungen waren befürchtete Migrationsbewegungen erheblichen Ausmaßes aus den neuen Mitgliedstaaten in die Alt-Mitglieder der EU. Schätzungen über das Potential ungarischer Arbeitsmigration gingen von bis zu 200.000 ungarischen Arbeitssuchenden aus.[36] Dieser Strom ist allerdings, zumindest für Ungarn, offenbar bisher auch in die Altmitglieder ausgeblieben, die auf die Übergangszeit verzichtet haben. Nach Angaben des ungarischen Nationalen Entwicklungsbüros haben im ersten Jahr der EU-Mitgliedschaft im Arbeitsmarkt Großbritanniens 3900, Irlands 2000 und Schwedens 180 ungarische Staatsbürger eine Arbeit aufgenommen.[37]

Dies scheint die ungarischen Argumente gegen die Übergangszeit zu bestätigen, die u. a. auch aus der innerungarischen Immobilität der Arbeitskräfte abgeleitet werden. Von ungarischen Politikern wird beklagt, dass Arbeitslose aus Ostun-

---

[34] In Deutschland betrifft dies das Baugewerbe einschließlich verwandter Wirtschaftszweige, die Reinigung von Gebäuden, Inventar und Verkehrsmitteln sowie Innendekorateure. In Österreich betrifft dies darüber hinaus die Erbringung von gärtnerischen Dienstleistungen, die Be- und Verarbeitung von Natursteinen, die Herstellung von Stahl- und Leichtmetallkonstruktionen, Schutzdienste, die Hauskrankenpflege sowie das Sozialwesen, nicht jedoch die Innendekorateure.

[35] Die so genannte Reziprozitätsklausel ist im Anhang X zur Beitrittsakte, Abschnitt 1 (Freizügigkeit), Nr. 10 enthalten, die durch Regierungsverordnung 93/2004 (IV.27.) Korm. r. über die Regeln der Gegenseitigkeit auf dem Arbeitsmarkt, die nach dem Beitritt der Republik Ungarn zur EU anzuwenden sind (Magyar Közlöny 2004, Nr. 57, S. 5756), konkretisiert wird.

[36] Jól sikerült az EU-esküvő, Interview der Zeitung „Népszabadság" mit *Péter Balázs*, Népszabadság Online, 27.4.2005, http://www.nol.hu/cikk/360269/.

[37] Az európai uniós tagság első évének értékelése, http://www.nfh.hu.

garn, einer Region, die mit hohen Arbeitslosenraten zu kämpfen hat, kaum in freie Arbeitsplätze in Westungarn wechseln.[38] Eine grenzüberschreitende Mobilität großen Ausmaßes wird daher für unwahrscheinlich gehalten. In Deutschland machten hingegen Aktionen der „Finanzinspektion Schwarzarbeit" des deutschen Zolls Schlagzeilen, bei der es um den Vorwurf der bandenmäßigen Einschleusung von mindestens 1.500 ungarischen Arbeitern ging.[39] Unterschiedliche Perspektiven auf das Migrationspotential bleiben auch nach dem ersten Jahr der EU-Mitgliedschaft Ungarns bestehen[40] und lassen die Ergebnisse der Überprüfung der Übergangsfristen in den zwölf Mitgliedstaaten der EU-15 mit Zugangsbeschränkungen offen erscheinen.

Im Bereich des freien Kapitalverkehrs wurde Ungarn, wie auch einigen anderen Neumitgliedern, eine Übergangsfrist von sieben Jahren eingeräumt, während der Erwerb von landwirtschaftlichen Flächen durch andere EU-Bürger in Ungarn beschränkt werden darf. Bei ernsthaften Störungen des Marktes für Agrarland bzw. bei der Gefahr dieser Störungen kann die Übergangsfrist verlängert werden. Für selbständige Landwirte von EWR–Staaten, die drei Jahre ununterbrochen ihren Wohnsitz in Ungarn hatten und dort mindestens drei Jahre ununterbrochen tätig waren, gelten diese Beschränkungen nicht. Ungarn darf darüber hinaus während einer Übergangszeit von fünf Jahren bestehende Beschränkungen beim Erwerb von Zweitwohnungen aufrechterhalten, nicht jedoch für EWR-Bürger, die bereits mindestens vier Jahre lang ihren ununterbrochenen Wohnsitz rechtmäßig in Ungarn hatten.[41]

---

[38] Vgl. z. B. *Etelka Barsi-Pataky* (MEP) im Deutschlandfunk, 5.5.2005, www.dradio.de/dlf/sendungen/hintergrundpolitik/373820/

[39] Für Hungerlohn filetieren Polen das „Russenfleisch", in: F.A.Z., 17.5.2005, Nr. 112, S. 3.

[40] Zum Migrationspotential nach der Erweiterung vgl. z.B. *Ochmann*, Potential Migration After The First Round Of EU Eastern Enlargement. Impacts On Germany's Labour Market And Welfare System, Institute for World Economics, Hungarian Academy of Sciences, Working Paper No. 156, http://www.vki.hu/workingpapers/wp-156.pdf.

[41] Beide Ausnahmetatbestände fanden ihren Niederschlag im Gesetz 2004: XXXVI über die Änderung des Gesetzes 1994: LV über den Produktivboden, Magyar Közlöny 2004, Nr. 61, S.

2. *Wettbewerbspolitik*

In diesem Bereich wurden Ungarn drei vorübergehende Ausnahmen von Art. 87 und 88 EGV eingeräumt.[42] Übergangsregelungen wurden für die so genannten 3 Mrd. HUF- bzw. 10 Mrd. HUF-Regelungen für steuerliche Beihilfen geschaffen. Danach dürfen kleineren und mittleren Unternehmen (KMU)[43] bis Ende 2011 Steuerbegünstigungen bei der Körperschaftssteuer gewährt werden. Für große Unternehmen und Unternehmen des Kraftfahrzeugsektors sind die steuerlichen Begünstigungen in regionale Beihilfen umzuwandeln und dabei auf einen bestimmten Prozentsatz des Investitionsvolumens zu begrenzen, der sich nach dem Zeitpunkt der Investitionen richtet. Außerdem wurden Übergangsfristen für die Körperschaftssteuerermäßigungen für Offshore-Gesellschaften in Ungarn bis Ende 2005 geschaffen. Steuerliche Beihilfen der ungarischen Gebietskörperschaften dürfen bis Ende 2007 gewährt werden.

3. *Landwirtschaft*

Ungarns Vorbereitung auf den EU-Beitritt im Landwirtschaftsbereich stand bis kurz vor dem Beitritt in der Kritik der EU-Kommission.[44] Schwierigkeiten bleiben auch nach dem EU-Beitritt bestehen. In Bauernprotesten Anfang 2005 demonstrierten ungarische Bauern vorrangig gegen die stockende Auszahlung von EU-Fördergeldern aus 2004 und die konkrete Verteilung der Subventionen innerhalb der ungarischen Landwirtschaft.[45] Die Proteste wurden mit einer Erhö-

---

6408. Allgemein zum Immobilienerwerb in Ungarn: *Udvaros*, Immobilienerwerb in Ungarn, in: eastlex 2003, 17.

[42] Vgl. dazu *Janssen*, EG-Beihilfenrecht nach der Osterweiterung – Wann müssen Unternehmen mit Rückforderungen rechnen? in: EWS 2004, 343; *Schütterle*, Beihilfenkontrolle in den neuen Mitgliedstaaten, in: EWS 2004, 485.

[43] Vgl. zu den KMU in Ungarn *Szanyi*, EU-Beitritt – Herausforderungen für ungarische KMU, in: *Bruha/Schäfer/Graf Wass von Czege* (o. Fußn. 32), S. 194.

[44] EU-Kommission, Umfassender Monitoringbericht über die Vorbereitungen Ungarns auf die Mitgliedschaft in der Europäischen Union, SEK (2003) 1205, S. 35.

[45] Farmers To Demonstrate in Budapest, hvg.hu, 21.2.2005, http://hvg.hu/english/20050221farmersontheroad.aspx.

hung der Unterstützung für ungarische Bauern beendet.[46] Obwohl in den Bauernprotesten Unzufriedenheit der ungarischen Bauern mit ihrer Lage nach der EU-Erweiterung zum Ausdruck kam, zählen sie doch zu den Gewinnern des EU-Beitritts, da sich ihre Einkommen inklusive der Direktzahlungen nach unterschiedlichen Studien um 20 – 25 % erhöht haben.[47]

In der Beitrittsakte wurden verschiedene Übergangsregelungen im Bereich der gemeinsamen Agrarmarktordnungen und in den Bereichen Tier- und Pflanzengesundheit einschließlich des Tierschutzes vereinbart. Die Bedeutung solcher Regelungen illustriert sich im Streit zwischen ungarischen und italienischen Winzern um die Verwendung der Bezeichnungen „Tocai“ bzw. „Tokaj“, der aus dem Europaabkommen mit Ungarn[48] herrührt. Das Urteil des EuGH vom Mai 2005[49] bestätigte die Übergangsfrist zu dieser Frage zugunsten der ungarischen Winzer. Demgemäß dürfen ab 2007 nur ungarische Winzer die Bezeichnung „Tokaj“ als geografische Ursprungsangabe verwenden, während italienische Weine der Rebsorte „Tocai“ unter dieser Bezeichnung nicht mehr vertrieben werden dürfen.

Allerdings sind weitere diesbezügliche Verfahren beim EuGH bzw. EuG anhängig. Dabei handelt es sich um ein weiteres Vorabentscheidungsersuchen eines italienischen Gerichtes, das im Wesentlichen die Fragen des inzwischen entschiedenen Vorlageersuchens wiederholt[50] sowie drei Nichtigkeitsklagen gegen die bis März 2007 beschränkte Verwendung der Bezeichnung „Tocai friulano“.[51]

---

[46] Einigung, F.A.Z., 15.3.2005, Nr. 62, S. 14. Farmers Stop Demonstrations in Budapest, hvg.hu, 16.3.2005, http://hvg.hu/english/20050316peacefullands.aspx.
[47] Die ungarischen Bauern beneiden ihre polnischen Kollegen, in: Die Welt, 4.2.2004; Landwirtschaft: Puszta-Bauern sind in der Bredouille, in: Die Presse, 9.3.2005.
[48] ABl. EG 1993 L 347, S. 2.
[49] EuGH, Rs. C-347/03, Autonome Region Friuli Venezia Giulia und ERSA.
[50] EuGH, Rs. C-231/04, Confcooperative Unione Regionale della Cooperazione Fvg Federagricole u.a., ABl. EU 2004 C 201, S. 10.
[51] EuG, Rs. T-417/04, Autonome Region Friuli Venezia Giulia/Kommission, ABl. EU 2004 C 300, S. 52; EuG, Rs. T-318/04, Confcooperative u.a./Kommission, ABl. EU 2004 C 300, S. 53 und EuG, Rs. T-431/04, Italien/Kommission, ABl. EU 2004 C 314, S. 26.

Inzwischen wird auch auf dem bilateralen Verhandlungswege zwischen Ungarn und Italien nach einer Lösung des Problems gesucht.[52]

4. *Sonstige Übergangsbestimmungen*

Von weiteren spezifischen Übergangsregelungen seien einige noch kurz erwähnt. So sind bis zum Ende des dritten Jahres nach dem EU-Beitritt die in Ungarn niedergelassenen Verkehrsunternehmen vom innerstaatlichen Güterkraftverkehr in den anderen Mitgliedstaaten und *vice versa* ausgeschlossen. Im Umweltrecht sind verschiedene Grenzwerte nur schrittweise in Ungarn einzuführen.[53] Ermäßigte Mehrwertsteuersätze von mindestens 12 % für Restaurantdienstleistungen und für Brennstoffe können jeweils bis maximal Ende 2007 beibehalten werden. Im Bereich der Verbrauchsteuern muss Ungarn den globalen Mindeststeuersatz auf Zigaretten[54] erst bis Ende 2008 einführen.[55]

III. Strukturpolitik

Während der Vorbereitung auf den EU-Beitritt konnte Ungarn, wie die anderen neuen Mitgliedstaaten, von den finanziellen Instrumenten der Heranführungsstrategie (PHARE[56], ISPA[57] und SAPARD[58]) profitieren. Gemäß Art. 32 Abs. 1

---

[52] Italy To Contest EU Ruling On Tokaji, hvg.hu, 20.5.2005, http://hvg.hu/english/20050520.aspx.

[53] Zur Rechtsangleichung im Umweltrecht *Küpper*, Kodifizierung des ungarischen Umweltrechts im Hinblick auf den EU-Beitritt, in: *Geistlinger* (Hrsg.), Umweltrecht in Mittel- und Osteuropa im internationalen und europäischen Kontext, Festgabe für *Henn-Jüri Uibopuu*, 2004, S. 333; *Fodor*, Umweltrecht vor dem Beitritt Ungarns zur Europäischen Gemeinschaft, in: Osteuropa-Recht 2003, 569.

[54] Richtlinie 92/79/EWG zur Annäherung der Verbrauchsteuern auf Zigaretten, ABl. EWG 1992 L 316, S. 8.

[55] Zur Rechtsangleichung im Steuerrecht vgl. *Gálffy/Nagy*, Steuersystem und steuerliche Änderungen in Ungarn, in: eastlex 2004, 66; *Kühmayer*, Umsetzung der 6. EG-Richtlinie durch neue Mitgliedsländer, in: eastlex 2004, 181.

[56] Verordnung 3906/89/EWG über Wirtschaftshilfe für die Republik Ungarn und die Volksrepublik Polen, ABl. EWG 1989 L 375, S. 11.

[57] Verordnung 1267/1999/EG über ein strukturpolitisches Instrument zur Vorbereitung auf den Beitritt, ABl. EG 1999 L 161, S. 73.

[58] Verordnung 1268/1999/EG über eine gemeinschaftliche Förderung für Maßnahmen in den Bereichen Landwirtschaft und Entwicklung des ländlichen Raumes zur Vorbereitung des

Beitrittsakte werden seit dem 31.12.2003 daraus keine neuen Mittelbindungen mehr für die neuen Mitgliedstaaten vorgenommen. Nach Art. 32 Abs. 3 Beitrittsakte nehmen die neuen Mitgliedstaaten seit dem 1.1.2004 an den Gemeinschaftsprogrammen und –einrichtungen teil.

Die Verhandlungen Ungarns mit der Kommission über die Strategie zur Durchführung der Strukturfonds in Ungarn im Zeitraum 2004 – 2006 wurden bereits im Dezember 2003 erfolgreich abgeschlossen.[59] Insgesamt sollen Ungarn im Zeitraum von 2004 – 2006 europäische Fördermittel aus dem Kohäsionsfonds in Höhe von ca. 1,1 Mrd. und aus dem Strukturfonds ca. 2,1 Mrd. Euro gezahlt werden, von denen im Jahre 2004 Ungarn bereits ca. 36 Mio. aus dem Kohäsionsfonds und ca. 124 Mio. Euro aus dem Strukturfonds erhielt.[60] Der Nationale Entwicklungsplan Ungarns,[61] der Voraussetzung für die Unterstützung durch die Fonds ist,[62] enthält fünf operative Programme, die der Verbesserung der Wettbewerbsfähigkeit der Wirtschaft, der Humanressourcenentwicklung, dem Umweltschutz und der Infrastruktur, der Agrar- und ländlichen Entwicklung sowie der regionalen Entwicklung gewidmet sind. Bis Ende April 2005 bewarben sich mehr als 20.000 Interessenten für die Programme. Aufgrund der schwerfälligen ungarischen Bürokratie konnten bis dahin erst 9,7 Mrd. Forint (ca. 38,8 Mio. Euro) ausgezahlt werden.[63]

Beitritts der Bewerberländer in Mittel- und Osteuropa während des Heranführungszeitraums, ABl. EG 1999 L 161, S. 87.

[59] Zu den Strukturfonds in den neuen EU-Staaten u. Ungarn *Nagy*, Die Zukunft der EU-Strukturfonds: Wie weit werden die Beitrittsländer in der Lage sein, die Möglichkeiten der europäischen Strukturpolitik auszuschöpfen? in: *Bruha/Schäfer/Graf Wass von Czege* (o. Fußn. 32), S. 156.

[60] Pressemitteilung IP/05/516, 29.4.2005.

[61] Der Nationale Entwicklungsplan Ungarns ist abrufbar unter: www.nfh.hu.

[62] Verordnung 1260/1999/EG mit allg. Bestimmungen über Strukturfonds, ABl. EG 1999 L 161.

[63] Belül tágasabb? hvg, 7.5.2005, S. 97; Local Bureaucracy Slows EU Funding Programs, hvg.hu.

IV. (Un-)lösbare Aufgaben?

Da gemäß Art. 4 der Beitrittsakte die neuen Mitgliedstaaten ab dem Tag des Beitritts ohne opt-out-Möglichkeit an der Wirtschafts- und Währungsunion teilnehmen, sind diese gehalten, die Konvergenzkriterien des Art. 121 EGV zu erfüllen und den Euro als Zahlungsmittel einzuführen.[64] Diese Aufgabe stellt Ungarn vor erhebliche Probleme. Nach dem Konvergenzbericht der Europäischen Zentralbank vom Oktober 2004[65] ist das Land unter den neuen Mitgliedstaaten wegen hoher langfristiger Zinsen, des Haushaltsdefizits und der Inflation einer der schwächsten Anwärter auf die Einführung der gemeinsamen Währung. Bereits seit Mai 2004 läuft gegen Ungarn das Defizitverfahren nach Art. 104 EGV.

Im März 2005 sprach der Finanzministerrat (ECOFIN) wegen des hohen Haushaltsdefizits eine auf Art. 104 Abs. 7 EGV basierende Empfehlung aus, die eine Reihe von Korrekturmaßnahmen beinhaltet, mit denen das Defizit bis 2008 unter die 3 %-Grenze gesenkt werden soll. Der ECOFIN gestattete Ungarn allerdings, die Korrektur seines übermäßigen Defizits nicht kurz-, sondern mittelfristig anzustreben, da in Ungarn besondere Umstände, d.h. laufende Strukturanpassungen im Rahmen des EU-Beitritts, vorliegen würden.[66]

Im Juni 2005 endeten die Verhandlungen über die finanzielle Vorausschau 2007 – 2013 ohne Ergebnis. Das (vorläufige) Scheitern der Haushaltsverhandlungen wurde in Ungarn mit Bedauern und Enttäuschung aufgenommen, konnten doch damit etwa auch die für Ungarn von den Verhandlungen erwarteten Mittelzuwei-

---

[64] Zur Euro-Einführung in den neuen Mitgliedstaaten vgl. *Fatur*, What Challenges Do The Central And Mediterranean States Face In Trying To Join The Third Stage Of European Monetary Union? in: Fordham International Law Journal 2005, 145. Zu Ungarn *Ferkelt*, Geld- und Fiskalpolitik in Ungarn im Spiegel des EU und EWWU-Beitritts, in: *Bruha/Schäfer/Graf Wass von Czege* (o. Fußn. 32), S. 183.

[65] http://www.ecb.int/pub/pdf/conrep/cr2004de.pdf.

[66] Council Opinion on the updated Convergence Programme of Hungary, 8.3.2005, Dok. 7131/05.

sungen nicht festgeschrieben werden.[67] Ungarn gehörte zu den Ländern, die die Kompromisslinie der Luxemburger Ratspräsidentschaft unterstützte und vor dem Scheitern der Haushaltsverhandlungen gemeinsam mit anderen neuen Mitgliedstaaten mit dem Angebot des Verzichts auf Gelder aus dem EU-Haushalt die Verhandlungen zu retten versuchte. Aus Sicht der ungarischen Regierung wäre der schlechteste Kompromiss noch immer besser als keine finanzielle Perspektive ab 2007 gewesen.[68]

Im Ratifizierungsprozess des Vertrages über eine Verfassung für Europa[69] gehörte Ungarn zu den Vorreitern in der EU, als es nach Litauen als zweiter Mitgliedstaat im Dezember 2004 diesen nur zwei Monate nach der Unterzeichnung ratifizierte.[70] In Umfragen des Eurobarometers vom Juli 2004 und Januar 2005 fand die Verfassung einen mehrheitlichen Rückhalt in Ungarn. Danach sprachen sich 90 % für die Annahme einer Verfassung durch die EU aus[71] und 60 % begrüßten den Entwurf des Verfassungsvertrags.[72] Nach dem Scheitern der Verfassungsreferenden in Frankreich und den Niederlanden im Frühsommer 2005 reagierten die politischen Lager in Ungarn unterschiedlich. Während der amtierende Ministerpräsident *Gyurcsány* eine Einigkeit der ungarischen Regierungs- und Oppositionsparteien dahingehend sah, dass es ein großer Fehler wäre, den Ratifizierungsprozess zu stoppen[73] und die beim Brüsseler Gipfeltreffen vom Juni 2005

---

[67] Ungarn ging mit dem Ziel, 3,7 % des BIP an Förderungen zu erreichen, in die Haushaltsverhandlungen. Vgl.: *Gyurcsány*, Magyarország legyen az első ötben, MTI, 14.6.2005, www.mti.hu/eu/cikk/73022.
[68] *Gyurcsány*, politikai nyomásgyakorlás volt a kelet-európai országok kezdeményezése, MTI, 18.6.2005, http://www.mti.hu/eu/cikk/73735/.
[69] ABl. EU 2004 C 310, S. 1; im Folgenden VVE.
[70] Parlamentsbeschluss 133/2004 (XII. 23.) OGY h., Magyar Közlöny 2004, Nr. 199, S. 15551.
[71] Flash Eurobarometer 159/2, The Future European Constitution, S. 90.
[72] Eurobarometer Special 214, The Future Constitutional Treaty, S. 15.
[73] *Gyurcsány*, Magyarország legyen az első ötben, MTI, 14.6.2005, www.mti.hu/eu/cikk/73022.

gefundene Formel der „Zeit der Reflexion" bis zum ersten Halbjahr 2006[74] unterstützte, hielt der ehemalige Ministerpräsident *Viktor Orbán* die Verfassung für „gestorben".[75]

Inhaltlich stimmen die aus ungarischer Sicht wichtigsten kontrovers diskutierten Punkte im Verfassungsvertrag nur teilweise mit den ursprünglichen ungarischen Vorstellungen überein.[76] Das spezielle Interesse Ungarns, Minderheitenrechte in der Verfassung zu verankern, hatte erst nach dem Verfassungskonvent in der Regierungskonferenz mit der ausdrücklichen Aufnahme der Wahrung der Minderheitenrechte in die Werteklausel des Art. I-2 VVE Erfolg. In institutionellen Fragen würde nach einer Ratifizierung der Verfassung das vorrangig von den kleineren Mitgliedstaaten, inklusive Ungarn, geforderte Prinzip „Ein Mitgliedstaat - ein Kommissar" nur noch bis 2014 gelten. In der Frage des Ratsvorsitzes gehörte Ungarn zu den Mitgliedstaaten, die einen rotierenden gemeinsamen Vorsitz der nunmehr vorgesehenen auf zweieinhalb Jahre gewählten Ratspräsidentschaft vorzogen. Bei der in Art. I-25 VVE enthaltenen doppelten Mehrheit für Entscheidungen des (Europäischen) Rates hatte Ungarn für ein Quorum von je 60 % Staaten- und Bevölkerungsmehrheit geworben, letztlich jedoch auch hier den gefundenen Kompromiss akzeptiert.

---

74 Erklärung der Staats- und Regierungschefs der Mitgliedstaaten der EU zur Ratifizierung des Vertrages über eine Verfassung für Europa (Europäischer Rat vom 16./17.6.2005), 18.6.2005, SN 117/05. Vgl. zu Lösungsvorschlägen: *Monar*, Optionen für den Ernstfall: Auswege aus einer möglichen Ratifizierungskrise des Verfassungsvertrages, in: integration 2005, 16; *Jopp/Kuhle*, Wege aus der Verfassungskrise – die EU nach den gescheiterten Referenden in Frankreich und den Niederlanden, in: integration 2005, 257.

75 Orbán az európai alkotmány ratifikálásának felfüggesztését javasolja, MTI, 16.6.2005, www.mti.hu/eu/cikk/73413.

76 Dazu *Vida*, Der Verfassungsvertrag des Konventes aus ungarischer Sicht, in: *Bruha/Schäfer/Graf Wass von Czege* (o. Fußn. 32), S. 177; *Gordon/Ódor*, Az EU alkotmányozási folyamata magyar szemszögből a Kormányközi Konferencia alapszakasza után, in: Európai Jog 1/2004, 15.

In der Frage zukünftiger Erweiterungen der EU[77] ist die im April 2005 erfolgte Unterzeichnung der Beitrittsverträge Bulgariens und Rumäniens auch im ungarischen Interesse. Insbesondere der Beitritt Rumäniens liegt im Interesse Ungarns, lebt doch eine große ungarische Minderheit im Nachbarland. Ungarn gehört zu den Mitgliedstaaten der EU, die die Aufnahme von Beitrittsverhandlungen mit Kroatien trotz der Nichtauslieferung des als Kriegsverbrecher gesuchten Ex-Generals *Ante Gotovina* an den Internationalen Strafgerichtshof für das ehemalige Jugoslawien in Den Haag befürworten. Für die Ukraine macht sich Ungarn für eine klare europäische Perspektive stark.

V. Angekommen in der EU

Der Beitritt zur EU wird nach dem ersten Jahr der Mitgliedschaft in Ungarn überwiegend positiv bewertet. Dies gilt sowohl für die politischen Eliten[78] als auch für die Mehrheit der Bevölkerung. Für mehr als zwei Drittel der Ungarn sind die Reiseerleichterungen innerhalb der EU die beeindruckendste Erfahrung der EU-Mitgliedschaft. Positiv wird wahrgenommen, dass die zwischenmenschlichen Beziehungen zivilisierter werden sowie Wohlstand und Demokratie wachsen, während andererseits Arbeitslosigkeit und Bürokratie beklagt werden. Vier von fünf Ungarn einer im Januar 2005 durchgeführten repräsentativen Umfrage zeigen sich über die Erhöhung der sozialen und öffentlichen Sicherheit erfreut. Ein gleich hoher Anteil befürchtet durch die EU-Mitgliedschaft allerdings auch Gefahren für die Souveränität Ungarns und die ungarische Kultur.[79]

Ein Jahr nach dem EU-Beitritt ist die Rückkehr Ungarns nach Europa unbestritten. Trotz weiter anstehender und z. T. schwieriger Aufgaben ist Ungarn auf gu-

[77] Vgl. dazu *Somogyi*, Magyar érdekek, uniós értékek - Az euroatlanti bővítés új helyzetbe hozta Magyarország szomszédságpolitikáját, Népszabadság Online, 2.4.2005, http://www.nol.hu/cikk/357249/.

[78] Lendületben az ország, A köztársaság kormányának programja a szabad és igazságos Magyarországért (Regierungsprogramm 2004 – 2006).

[79] Ergebnisse einer Umfrage des Meinungsforschungsinstituts TARKI: Az utazás növekvő szabadsága az uniós csatlakozás fő eredménye, MTI, 8.6.2005.

tem Wege, seinen Platz in der EU einzunehmen. Die Einschätzung *György Konráds* auf die Frage, was er sich vom EU-Beitritt erhofft, könnte auch nach dem ersten Jahr Ungarns in der EU gelten: „Wir haben schon größere Katastrophen überlebt. Wir werden genießen, was zu genießen ist, und ertragen, was zu ertragen ist".[80]

[80] Stern-Serie: Das neue Europa, Teil 3: Ungarn, Die Donau-Republik, http://www.stern.de/politik/ausland.

Lettland

*Daniel Bärmann**

I. Einleitung

Der 27.8.1991 leitete die Beziehungen der Republik Lettland zur EG ein. Noch vor den USA erklärte das institutionelle Europa an diesem Tag die Anerkennung der Unabhängigkeit des Ostseestaates. Eine Woche zuvor war die vollständige Souveränität des Landes vom Lettischen Obersten Rat ausgerufen worden.[1] Alsbald nach seiner Unabhängigkeit fasste das Land einen EU-Beitritt ins Auge.[2] Bereits am 1.1.1992 wurde Lettland in das PHARE-Programm der EU aufgenommen. Ein Handels– und Kooperationsvertrag wurde 1992 unterzeichnet. Am 18.7.1994 wurde das Freihandelsabkommen unterschrieben, das ab dem Beginn des Folgejahres Rechtswirkung entfaltete.

Ein Meilenstein im Streben Lettlands nach der EU-Mitgliedschaft war das am 12.6.1995 unterzeichnete Europa-Abkommen,[3] das allerdings erst am 1.2.1998 in Kraft trat. Diese Vereinbarung zeichnete in Gestalt einer Beitrittsperspektive den weiteren Weg vor. Als erster der drei baltischen Staaten reichte Lettland dann auch am 13.10.1995 sein Beitrittsersuchen ein. Ende 1997 aber wurde Lettland vom Europäischen Rat von Luxemburg – im Gegensatz zum nördlichen Nachbarn Estland – noch nicht zu Beitrittsverhandlungen eingeladen. Die erste

---

* Ass. iur. Daniel Bärmann, Berlin, wiss. Mitarbeiter bei einem Mitglied des Deutschen Bundestages, das auch den Parlamentarischen Versammlungen des Europarates und der WEU angehört. Der Beitrag gibt die persönliche Auffassung des Autors wieder.

[1] Als Unabhängigkeitstag Lettlands gilt dennoch der 4.5.1990, obwohl der Lettische Oberste Rat an diesem Tag die Wiederherstellung der Unabhängigkeit mit einer Übergangsperiode erklärte; *Onken*, Staatsbürgerliche Demokratisierung der Geschichte in Lettland, 2003, S. 255.

[2] Vgl. Stellungnahme des Wirtschafts- und Sozialausschusses zum Thema Lettland und Litauen auf dem Weg zum Beitritt, ABl. C 61 v. 14.3.2003, S. 80; ebenso Agenda 2000 – Stellungnahme der Kommission zum Antrag Lettlands auf Beitritt zur EU, DOC/97/14, S. 8.

[3] ABl. L 26 v. 2.2.1998, S. 3 – 255. In Kapitel III war bereits die Rechtsangleichung an einen erheblichen Teil des acquis communautaire vorgesehen.

Beitrittspartnerschaft mit Lettland wurde im März 1998 beschlossen. Die Verhandlungen[4] begannen am 15.2.2000. Maßstab und Ziel waren die vom Europäischen Rat von Kopenhagen 1993 aufgestellten Beitrittskriterien.

Bereits in ihrem Regelmäßigen Bericht von 1998 stellte die Kommission fest, dass „das Land die politischen Kriterien von Kopenhagen erfüllt".[5] Im Bereich des wirtschaftlichen Kriteriums hielt der Bericht Lettland erst „mittelfristig" für gewappnet, den Marktkräften in der Union standzuhalten.[6] Im Dezember 2002 schloss der Europäische Rat die Verhandlungen auch mit Lettland ab.

II. Beweggründe für einen EU-Beitritt in Lettland und in der EU

Die Erwartungen und Befürchtungen Lettlands gegenüber einem EU-Beitritt waren naturgemäß zahlreich und vielschichtig. So standen sich in der politischen Debatte trotz Übereinstimmung[7] im Ziel zum Teil Extrempositionen gegenüber. Während die Staatspräsidentin *Vike-Freiberga* die Auffassung vertrat, für Lettland ergäben sich von Europa „nur Vorteile",[8] verfocht der damalige Außenminister *Berzins* im EU-Verfassungskonvent die Idee einer „Austrittsklausel"[9] und der deutsche Rechtsextremist *Siegerist* verbreitete die These, „Europa werde Lettland zugrunde richten".[10]

---

[4] Dazu etwa *Kesteris*, Die drei baltischen Staaten in Startposition, in: *Freter-Bachnak* (Hrsg.), Erweiterung der EU und die Baltischen Staaten, 2001, S. 64 (72 ff.).

[5] Regelmäßiger Bericht der Kommission über Lettlands Fortschritte auf dem Weg zum Beitritt, 1998, S. 13 f.

[6] Regelmäßiger Bericht (o. Fußn. 5), S. 22 f.

[7] Alle maßgeblichen Parteien befürworteten einen EU-Beitritt. Ausnahmen bildeten die Sozialistische Partei Lettlands, vgl. *Apinis/Dimants*, Lettland am Scheideweg, S. 5, www.kas.de, und die pro-russischen Parteien der PCTVL, dazu *Schmidt*, Das politische System Lettlands, in: *Ismayr* (Hrsg.), Die politischen Systeme Osteuropas, 2. Aufl., 2004, S. 111 (148).

[8] *Ebel*, Wir können viel aushalten, in: Die Welt v. 30.4.2004.

[9] *Klebb*, Skepsis dominiert, Meldung des Norddeutschen Rundfunks v. 14.3.2003.

[10] *Rozitis*, Gesundheitlich günstige Wetterprognose, in: Le Monde diplomatique Nr. 7028 v. 11.4.2003, S. 9.

In der Gesamtschau ist festzustellen, dass die Ängste der Letten weitaus konkreter als ihre Hoffnungen waren. Die Sorge vor steigenden Lebenshaltungskosten bei stagnierenden Renten und Gehältern oder vor einer Fülle neuer Vorschriften, die die Leistungskraft der Betroffenen übersteigen würde, teilten nicht wenige.[11] Insbesondere in den ländlichen Regionen haftete dem Beitritt in den Augen mancher Letten der Makel einer in „Riga ausgebrüteten Kopfgeburt"[12] an. Demgegenüber war der klare Nutzen für den Einzelnen schwerer zu vermitteln. Dass einige Bauern errechnen konnten, durch die EU-Subventionen per saldo ihren Lebensstandard heben zu können,[13] blieb die Ausnahme. Vereinzelt wurde angenommen, dass man mit einem EU-Beitritt die Russen „loswerden"[14] könne. Obwohl mit der wirtschaftlichen Prosperität das Selbstbewusstsein und damit die EU-Skepsis wuchsen,[15] zeigten sich die Letten gegenüber rationalen Erwägungen aufgeschlossen. Die Mitarbeit in einem System, das sowieso ihr Leben bestimmte, schien sinnvoller als eine Verweigerung.[16] Im Hinblick auf die Stimmungslage kann die Ansicht des Staatssekretärs im Lettischen Außenministerium, *Maris Riekstins*, dienen, die er 2003 äußerte:

> „Damals, 1991 und davor, hatte die Rückkehr nach Europa[17] symbolische Bedeutung. Wir kamen dahin zurück, wo wir vor dem Zweiten Weltkrieg waren. Heute ist das natürlich anders. Wenn die Leute heute an Europa denken, denken sie eher an praktische Dinge, und jeder prüft für sich, ob das eine gute Sache für Lettland ist und für ihn persönlich, für seine Kinder und Enkel. Lettland ist ein kleines Land, und selbst, wenn es außerhalb der EU bliebe, wäre es trotzdem von den Entscheidungen in Brüssel oder in anderen Hauptstädten betroffen. Da ist es besser, wenn wir in der

[11] *Mühling*, Lettische Brüche und Trennlinien, in: Neues Deutschland v. 10.4.2004.
[12] *Rozitis* (o. Fußn. 10).
[13] *Rozitis* (o. Fußn. 10).
[14] *Winter*, Die Kinder der breithüftigen Freiheitsfrau, in: Frankfurter Allgemeine Sonntagszeitung v. 21.9.2003.
[15] *Syromyatnikova/van Meurs*, EU-Referenda im Baltikum: Führen alle Wege nach Brüssel? in: Europäische Zeitung v. 31.10.2003.
[16] So *Vike-Freiberga* an der Universität Zürich, 31.10.2002, http://www.unipublic.unizh.ch.
[17] Die „Rückkehr nach Europa" war eine häufig verwendete Formel im Beitritts- und Transformationsprozess, mit der nicht nur eine kulturhistorische Zugehörigkeit begründet, sondern auch eine Abgrenzung von Russland bekräftigt werden sollte. Überdies offenbarte sie das Selbstverständnis der Letten.

EU drin sind, denn nur dann können wir an den Entscheidungen mitwirken. Das ist der Hauptgrund, weshalb wir uns für die EU-Mitgliedschaft entschieden haben".[18]

1. Sicherheitsbedürfnis

Einer der wesentlichen Beweggründe des früh aufkeimenden Integrationswillens war das stark ausgeprägte Sicherheitsbedürfnis. Die Ursachen hierfür lassen sich im kollektiven Gedächtnis der Letten finden. Die Geschichte des Territoriums des heutigen Lettlands ist durchzogen von langen Phasen der Fremdbestimmtheit.[19] So war etwa die deutsche Gründung Riga einst Ausgangspunkt der Kolonisierung. Den nachhaltigsten Einfluss hatten die Ereignisse des vorigen Jahrhunderts. Am 18.11.1918 hatte der Lettische Volksrat die Republik Lettland ausgerufen. Die nationalen Bestrebungen der ehemaligen russischen Provinz hatten zunächst Erfolg. Im Friedensvertrag von Riga vom 11.8.1920 bescheinigte die neu gegründete Sowjetunion Lettland eine Unabhängigkeit „auf ewige Zeiten". In den geheimen Zusatzprotokollen zum Nichtangriffspakt zwischen *Hitler* und *Stalin* von 1939 wurde jedoch unter anderem Lettland der sowjetischen Einflusssphäre zugeordnet. Insbesondere dieser Vorgang wirkt in den Erinnerungen der Letten bis heute nach. *Stalin* schickte Vertrauensmänner ins Baltikum, um die Einverleibung der Länder in die Sowjetunion voranzutreiben.[20]

Als die Deutschen die Sowjetunion überfielen, wurde ihr Einmarsch in Lettland als „Befreiung" betrachtet. Unter der Beteiligung von Letten wurde fast die gesamte jüdische Bevölkerung ermordet. Nachdem die Rote Armee Lettland zurückerobert hatte, führte der NKWD die zweite Massendeportation durch, bei der etwa 43.000 Menschen verschleppt wurden. Die meisten von ihnen kehrten nicht mehr zurück. Da dieses Schicksal in erster Linie die Eliten betraf, empfand

[18] Zitiert nach *Dornblüth*, Von der Sowjetrepublik zum EU-Mitglied. Lettlands Rückkehr nach Europa, Deutschlandfunk vom 10.9.2003.
[19] *Garleff*, Die Geschichte der baltischen Länder, in: Der Bürger im Staat, 2-3/2004, S. 92 ff.
[20] Siehe etwa *Deutscher*, Stalin – Eine politische Biographie, 1997, S. 569.

sich Lettland als eine „geköpfte Nation“. Im Zuge des Anschlusses an die Sowjetunion setzte Moskau auf eine massive „Russifizierung“ des Baltikums. Lettland war von dieser Politik am stärksten betroffen. Lag der Anteil der ethnischen Letten im Lande 1935 noch bei 77 %, so betrug er 1989 nur noch 52 %. In demselben Zeitraum stieg der Bevölkerungsanteil der Russen von 8,8 % auf 34 %.[21]

Vor allen Dingen die leidvolle Erfahrung mit dem übermächtigen Nachbarn Russland hatte den Letten die Verwundbarkeit ihres Landes vor Augen geführt. Nach der Wiedererlangung der Unabhängigkeit entstand somit ein sicherheitspolitisches Vakuum.[22] Für ein Land, das die Fläche Bayerns umfasst und die Einwohnerzahl des Landes Brandenburg erreicht, stellten sich die Begehrlichkeiten und zunehmenden Angriffe der Russischen Föderation als eine ernstzunehmende Bedrohung dar.[23]

Wegen dieser Situation nimmt es nicht Wunder, dass die ebenso avisierte NATO-Mitgliedschaft Vorrang vor einem Beitritt zur EU genoss.[24] Doch bis zum NATO-Gipfel von Prag im Jahre 2002 blieb ein Beitritt zu dem attraktiveren Militärbündnis ein Wunschtraum. Insoweit war die EU-Perspektive ein Ersatz. Ende 2003 sprachen sich schließlich rd. 60 % für die Notwendigkeit einer europäischen Sicherheitspolitik aus und machten damit ihre Erwartungen deutlich.[25]

---

[21] Vgl. Tabelle bei *Schmidt* (o. Fußn. 7), S. 112.

[22] Vgl. *Lange*, Das Baltikum als eine Aufgabe für die integrative Gestaltgebung Europas, in: Aus Politik und Zeitgeschichte, B 37/1998, 3 (6).

[23] *Henning*, Die baltischen Staaten und die EU, in: *Clemens* (Hrsg.), Die Integration der mittel- und osteuropäischen Staaten in die EU, 1999, S. 217 (225 f.).

[24] Vgl. etwa *Küller*, Erfolgsstory mit Schattenseiten, in: Bundesarbeitsblatt 4/2002, S. 14; ferner Arbeitsgruppe des Generalsekretariats Erweiterung des Europäischen Parlaments, Sicherheits- und verteidigungspolitische Fragen und die Erweiterung der EU, Themenpapier Nr. 31 v. 30.10.1998, S. 4; in der offiziellen Darstellung galt der Beitritt zur NATO als „mindestens“ gleichwertig, dazu *Dornblüth* (o. Fußn. 18).

[25] Interview mit Verteidigungsminister *Atis Slakteris*, in: Europäische Sicherheit v. 11.7.2004.

Ein anderer Aspekt trübte die Stimmung. Die staatliche Eigenständigkeit ist ein Gut, das höchstes Ansehen in der lettischen Bevölkerung genießt.[26] Eine neuerliche Eingliederung wurde zwangsläufig mit einer Unterordnung gleichgesetzt und stand daher in deutlichem Widerstreit zur jüngst erkämpften nationalen Wiedergeburt. Der Begriff „Union" rief in Erinnerung an die „Sowjetunion" bei vielen Letten negative Assoziationen wach. Das Wort von Brüssel als dem „neuen Moskau"[27] beschrieb die aufkommende Sorge, ohne Not der errungenen Souveränität wieder verlustig zu gehen.

2. Wohlstandsteilhabe

Bereits die Unabhängigkeitsbewegung (Atmoda) der späten 80er Jahre hatte die Mehrung des gesamtgesellschaftlichen Wohlstands im Blick. Sie stritt im Kern für die politische Souveränität des Landes, griff aber auch ein natürliches Bedürfnis der Menschen auf und machte die Losung „Freiheit, Demokratie und Wohlstand"[28] zum Leitmotiv der „singenden Revolution". Das macht deutlich, wie eng der Gedanke der Wiedergewinnung staatlicher Freiheit mit der Hoffnung auf persönliches Wohlergehen verknüpft war.

Lettland galt als die wohlhabendste Republik der ehemaligen Sowjetunion.[29] Vor dem Zweiten Weltkrieg hatte das Land einen höheren Lebensstandard als Finnland.[30] Durch die angestrebte EU-Integration war man im Stande, daran anzuknüpfen. In einer Rede wies die Präsidentin darauf hin, dass Lettland den EU-Beitritt auch betreibe, weil diese Organisation Wachstum und Wohlstand gewährleiste: „Vorausgesetzt, dass wir in der Lage sind, alle notwendigen politischen und rechtlichen Voraussetzungen dafür zu schaffen, wird die EU-Erweite-

---

[26] *Schmidt* (o. Fußn. 7), S. 143 m. w. N.
[27] Siehe bei *Klebb* (o. Fußn. 9).
[28] Siehe *Onken* (o. Fußn. 1), S. 13.
[29] Siehe Agenda 2000 (o. Fußn. 2), S. 24.
[30] *Pistohlkors*, Estland, Lettland und Litauen, 1920 – 1940, in: *Fischer/van Houtte/Kellenbenz* (Hrsg.), Hdb. der europ. Wirtschafts- und Sozialgeschichte, Bd. 6, 1987, S. 729 – 768.

rung den unumgänglichen wirtschaftlichen Aufschwung in allen Beitrittsländern bewirken."[31] An anderer Stelle bekräftigte sie die Sichtweise, dass ein lettisches Streben nach Europa zuerst wirtschaftliche Gründe habe.[32]

3. Motive der EU

Schwerer sind die Motive der EU zu fassen, Lettland in die EU-Erweiterung einzubeziehen. Sie erschöpften sich zumeist im Abstrakten und richteten sich an alle Bewerberländer. Ausgangspunkt ist wohl der „gesamteuropäische Ordnungsanspruch",[33] der auf dem Straßburger Gipfel 1989 verkündet wurde. Die praktische Zuweisung dieser Rolle war allerdings weniger das Ergebnis einer Selbstbetrachtung der EU als ein Resultat des Drängens der jungen ost- und mitteleuropäischen Demokratien. Das Beitrittsprozedere, nämlich die Zugangsmöglichkeit beitrittswilliger Länder Europas in die EU seit dem Vertrag von Maastricht, trug dazu bei, dass klare Motive von der EU nicht erzwungen wurden. Seither geht es bei der Frage des Beitritts eines europäischen Landes nicht um das „Ob", sondern nur um das „Wie". Das versetzte die Beitrittskandidaten in die Lage, auch „politisch-moralische"[34] Ansprüche auf einen Beitritt geltend zu machen. Im Falle Lettlands und Litauens etwa wurde ersichtlich, dass die isolierte Behandlung Estlands, für das sich Finnland eingesetzt hatte,[35] wie eine ungerechtfertigte Benachteiligung gewirkt hätte.[36]

---

[31] Rede der lettischen Staatspräsidentin an der Freien Universität Berlin am 18.3.2003, http://www.botschaft-lettland.de.
[32] Interview mit der coop-Zeitung v. 30.10.2002; Meldung von russland-aktuell v. 19.9.2003.
[33] *Lippert*, Von Kopenhagen bis Kopenhagen. Eine erste Bilanz der EU-Erweiterungspolitik, in: Aus Politik und Zeitgeschichte, B 1-2/2003, 7 f.
[34] *Lippert* (o. Fußn. 33), S. 7.
[35] Siehe etwa *van Meurs*, Der Weg der baltischen Staaten in die EU, in: Der Bürger im Staat, 2-3/2004, S. 134.
[36] So der Tenor bei der „baltischen Teilung" zu Beginn der Verhandlungen mit Estland; dazu *Hort*, Die Rückkehr des Baltikums nach Europa, in: *Freter-Bachnak* (o. Fußn. 4), S. 10 (15).

4. Minderheiten – ein Sonderproblem

Die beschriebene Zusammensetzung der Einwohnerschaft führte nach Wiedererlangung der Unabhängigkeit zu der Frage, wer künftig Teil der Republik sein solle.[37] Anders als Litauen entschied sich Lettland für einen radikalen Weg. Das Land betrachtete sich völkerrechtlich als Fortsetzung der Zwischenkriegsrepublik und setzte dementsprechend am 15.2.1992 seine alte Verfassung von 1922 wieder in Kraft.[38] Den Grundgedanken der Kontinuität vorwegnehmend war in einer Resolution Ende 1991 klargestellt worden, dass nur diejenigen als Staatsbürger zu betrachten seien, die es bereits vor 1940 gewesen waren oder die von solchen Personen abstammten. Wer sich danach im Land angesiedelt hatte – egal aus welchen Gründen – blieb außen vor.

Da es seit dem völkerrechtlichen Untergang der Sowjetunion im Dezember 1991 keine sowjetische Staatsbürgerschaft mehr gab, wurden rund 40 % der Bevölkerung zu Staatenlosen. Damit hatte sich die wiedererstandene Republik eines überwiegend russischstämmigen und -sprachigen Teils ihrer Einwohner faktisch entledigt, denn die politischen Gestaltungsrechte, allen voran das Wahlrecht, standen den Betroffenen nun nicht zu.[39] Wer in Lettland blieb – und das betraf die meisten – war, sofern er die lettische Staatsbürgerschaft begehrte, auf ein Naturalisierungsverfahren angewiesen.

Während Lettland die rasche Integration in die EU suchte, verhielt es sich im eigenen Verantwortungsbereich bei der Eingliederung großer nicht-lettischer Bevölkerungsteile recht integrationsunwillig, denn das entsprechende Staatsbürgerschaftsgesetz trat erst 1995 in Kraft. Es war auf Druck des Europarats und der OSZE zustande gekommen und wies offensichtliche Mängel auf. Neben den üb-

---

[37] Im Einzelnen *Schmidt* (o. Fußn. 7), S. 112.

[38] Zur Rechtsetzung *Lammich/Usacka*, Grundzüge der Entwicklung des Rechtssystems Lettlands seit der Unabhängigkeitserklärung von 1990, in: Recht in Ost und West 1995, 65 – 71.

[39] Zu den akzessorisch wirkenden weiteren Benachteiligungen *Heidenhain*, Ausgewählte Minderheitenfragen in Litauen, Lettland und Estland, in: Osteuropa-Recht 2004, 317 (323).

lichen Voraussetzungen für eine Einbürgerung, wie Sprachprüfungen und Tests zur Verfassung, zur Hymne usw., beinhaltete es z. B. ein so genanntes „Naturalisierungsfenster“. Danach waren jährlich nur bestimmte Altersgruppen antragsberechtigt. Diese Quotenregelung war an objektive Kriterien gebunden und somit von den Betroffenen nicht zu beeinflussen. Internationalen Standards entsprach dieses Verfahren folglich nicht. Die Regelung wurde erst im Oktober 1998 durch ein Referendum abgeschafft. Praktische Hindernisse im Einbürgerungsverfahren blieben bestehen. So wurden etwa die hohen Gebühren erst 2001 abgesenkt. Die vielfältigen Erschwernisse geben in ihrer Summe Anlass zu der Vermutung, dass der Staat nicht gewillt war, die Assimilierung der Staatenlosen und des Teils der russischsprachigen Minderheit nachhaltig voranzutreiben.[40]

In den Beitrittsverhandlungen musste diese Sachlage thematisiert werden, denn der politische Teil der Kopenhagener Kriterien erwartete die Achtung und den Schutz von Minderheiten. Wegen der nationalen Regelungskompetenz dieser Fragen konnte diese Formel allerdings nur ein politischer Appell und bestenfalls Verhandlungsmasse im Beitrittsprozess sein. Die EU-Kommission hat immer wieder auf die Missstände beim Minderheitenschutz hingewiesen. Dies betraf die Beschleunigung der Verfahren und die Einbürgerungszahlen. Für die Förderung des Sprachenunterrichts wurden PHARE-Gelder zur Verfügung gestellt.

Bei der strukturellen Lösung dieser Frage ist auf Seiten der EU ein konsistenter Eifer jedoch nicht sichtbar geworden. Dabei wäre es wohl weniger von Bedeutung gewesen, ob sich die vorgefundene Problematik unter die Kopenhagener

[40] So wurden viele Rechte auch an das Vorliegen lettischer Sprachkenntnisse geknüpft. Zu den bislang drei Verfahren vor dem Europäischen Gerichtshof für Menschenrechte *Heidenhain* (o. Fußn. 39), S. 321 ff. außerdem *Hanovs*, Die ganze Palette der Probleme, in: die tageszeitung v. 14.2.2001; *Kiehne*, Staatenlos in der Heimat, Bericht des ZDF v. 28.4.2004; *Stork*, Wir sind einfach anders, in: Moskauer Deutsche Zeitung v. 16.5.2005.

Kriterien subsumieren lässt,[41] sondern ob sich der Zustand von etwa 500.000 Staatenlosen mit dem Wertesystem[42] der Union vereinbaren lässt. Die verabsäumte Einbindung eines erheblichen Teils der Bewohner in das lettische Rechtssystem stellt auch für die EU einen Unsicherheitsfaktor[43] dar. Mit dem Abschluss der Beitrittsverhandlungen hat sich die EU der unmittelbaren Einflussnahme auf die Rechtsetzung Lettlands beraubt.

III. Der Beitrittsvertrag

1. Verfassungsrechtliche Grundlagen

Am 16.4.2003 wurde unter griechischer EU-Präsidentschaft in der Stoa des Attalos in Athen der Beitrittsvertrag[44] unterzeichnet. Nach Art. 2 bedurfte der Vertrag der Ratifizierung, um in Kraft zu treten. Im Vorgriff auf den Beitritt hatte sich Lettland entschieden, in seiner Verfassung (Satversme) ein spezifisch zugeschnittenes Referendum zu installieren. Obwohl die lettische Verfassung, verglichen etwa mit dem deutschen Grundgesetz, reich an plebiszitären Elementen ist,[45] sah sie eine Volksabstimmung zum EU-Beitritt zunächst nicht vor. Mit einem Gesetz zur Änderung der Verfassung vom 8.5.2003 wurde Art. 68[46] erheblich erweitert und in Abs. 3 ein Referendum über den EU-Beitritt aufgenommen.

Ferner wurde Art. 68 in Abs. 2 die Möglichkeit hinzugefügt, Teile staatlicher Kompetenzen an internationale Institutionen zu delegieren. Abs. 4 ordnet an, dass im Falle wesentlicher Änderungen, die die Mitgliedschaft Lettlands in der

---

[41] Die Existenz einer „nationalen Minderheit" wurde von Lettland bestritten, siehe *Heidenhain* (o. Fußn. 39), S. 318. Einschlägig wäre aber wohl „ethnische Minderheit".
[42] Zumal Lettland die EU als „Wertegemeinschaft" begreift, Ministerpräsidenten *Indulis Emsis* in Berlin am 9.7.2004, http://www.botschaft-lettland.de.
[43] Zur konkreten Gefahr eines Eingriffs durch Russland *Heidenhain* (o. Fußn. 39), S. 336; ähnlich *Franz*, Lettlands Beitrag zur EU: 500.000 aliens? 2003, S. 3.
[44] ABl. L 236 v. 23.9.2003, S. 17 ff.
[45] So wird dem Volk u. a. in Art. 64 Verf. ein Initiativrecht zur Gesetzgebung eingeräumt.
[46] Hier wird die Bezeichnung „Art." gewählt, da die Verfassung nur eine numerische Aufzählung enthält.

EU betreffen, ebenso eine Volksabstimmung abzuhalten ist, sofern mindestens die Hälfte der Saeima-Mitglieder dies verlangt. Mit demselben Gesetz wurde Art. 79 neu formuliert. Danach wurde der Umfang der notwendigen Wahlbeteiligung abgesenkt. Um eine Annahme des Referendums zu gewährleisten, musste somit wenigstens eine halb so große Wahlbeteiligung wie bei der Wahl zur 8. Saeima erreicht werden, was als Reflex auf die sinkenden Umfrageergebnisse zu werten ist.[47] Der Passus wurde so gefasst, dass die auf diese Weise erzielte Mehrheitsentscheidung bindend ist und sie somit zum Proprium des lettischen Volkes gehört.[48] Das Gesetz wurde am 22.5.2003 durch die Staatspräsidentin verkündet. Die rechtliche Grundlage für das Prozedere der Abhaltung bildete das Gesetz über „Nationale Referenden und Gesetzgebungsinitiativen".[49]

2. *Das Referendum*

Als letztes aller Kandidatenländer stimmte „Wackelkandidat"[50] Lettland am 20.9.2003 ab. Der lettische Souverän entschied sich bei einer Beteiligung von 72,53 % der Wahlberechtigten, was in etwa einer Million Wähler entspricht, mit 66,96 % für einen Beitritt zur EU. 32,3 % votierten dagegen. Im Konzert der Beitrittskandidaten, die ein Referendum abhielten, waren nur Malteser und Esten noch EU-skeptischer. Gleichwohl war dies ein Resultat, das in der Eindeutigkeit überraschte. Die regionale Aufschlüsselung der Ergebnisse[51] zeigte ein sehr diversifiziertes Bild. Die größte Zustimmung erfuhr der Integrationsgedanke in den wirtschaftlich prosperierenden Hafenstädten der Westküste. Die gut in die Infrastruktur des Ostseeraumes eingebundene Stadt Liepaja war mit 77 %

---

47 Vor dem Referendum lag die Zustimmung nur bei 53 %. 30 % nahmen eine ablehnende Haltung ein, 25 % waren unentschlossen. Vgl. etwa CEE Kommentar Nr. 10/2003 v. 2.10.2003 der Bank Austria Creditanstalt, S. 3.

48 Der Text lautet: "A draft law, decision regarding such membership submitted for national referendum shall be deemed adopted if the number of voters is at least half of the number of electors as participated in the previous Saeima election and if the majority has voted in favour of the draft law, membership of Latvia in the European Union..."

49 Vgl. Central Election Commission of Latvia, http://web.cvk.lv/pub/?doc_id=28429.

50 *Holz*, Der letzte Dominostein ist gefallen: Lettland sagt Ja! europa-digital v. 22.9.2003.

51 Zum Ganzen siehe *Syromyatnikova/van Meurs* (o. Fußn. 15).

Spitzenreiter. 73 % erreichte die aufstrebende Stadt Ventspils. Hingegen war die Stimmungslage im strukturschwachen östlichen Landesteil Lettgallen entgegengesetzt. In den ländlichen Gebieten dort überwog die Ablehnung mit 50 %. In der südöstlich gelegenen Industriestadt Daugavpils entschieden sich bemerkenswerte 67 % gegen einen Beitritt.

Anders als in Estland hat es in Lettland zwar keine ernstzunehmende Gruppierung gegeben, die sich ausdrücklich gegen einen EU-Beitritt ausgesprochen hat. Während der Entscheidungsfindung fiel das Gewicht der Fürsprecher jedoch weitgehend aus, da sich die aus vier Parteien bestehende Regierungskoalition wegen interner Querelen mit sich selbst beschäftigte.[52] Die von der Regierung verantwortete Werbekampagne pro Europa verlief derart schleppend, dass sich sogar die EU-Kommission zur Kritik veranlasst sah.[53] Folgerichtig wurde in den Beurteilungen das größte Verdienst am Ausgang des Referendums der Staatspräsidentin *Vike-Freiberga* zugewiesen.[54] Das angesehene Staatsoberhaupt, das sich bislang als die stabilste politische Kraft[55] im Lande erwiesen hat, setzte sich unermüdlich für einen EU-Beitritt ein. Sie argumentierte, die Letten hätten zum ersten Mal die Chance, selbst zu entscheiden, in welche Richtung sich Staat und Gesellschaft entwickelten.[56]

3. *Ratifizierung und Übergangsbestimmungen*

Technisch betrachtet war der Ratifizierungsprozess damit jedoch noch nicht abgeschlossen, da lediglich die Frage des Beitritts und nicht die Ratifizierung des Beitrittsvertrags zur Abstimmung stand. Art. 73 der Verfassung erklärt es sogar für unzulässig, ein Referendum über Gesetze zu völkerrechtlichen Verträgen

[52] Noch am Abend des Wahltages kündigte eine Partei den Austritt aus der Koalition an und forderte den Ministerpräsidenten zum Rücktritt auf.
[53] Siehe *Dornblüth* (o. Fußn. 18).
[54] Lettland entscheidet sich für Europa, Konrad-Adenauer-Stiftung (Riga) v. 29.9.2003.
[55] Im Durchschnitt fand bislang einmal jährlich ein Regierungswechsel statt, obwohl sich die Legislaturperiode seit Ende 1997 über vier Jahre erstreckt (Art. 10 der Verfassung).
[56] Kommentar (o. Fußn. 54).

durchzuführen. Art. 68 Abs. 1 ist zu entnehmen, dass darüber das Parlament zu beschließen hat. Das begleitende Gesetz zum Beitrittsvertrag[57] wurde schließlich am 30.10.2003 mit der überwältigenden Mehrheit von 91 Stimmen durch die Saeima verabschiedet.[58] Das Ratifikationsverfahren endete am 17.12.2003.[59]

Seit dem 1.5.2004 ist Lettland Vollmitglied der EU.[60] Die gem. Art. 24 der Beitrittsakte geltenden Übergangsbestimmungen befinden sich für Lettland im Anhang VIII. Die ersten drei Kapitel befassen sich mit der vorübergehenden und zumeist partiellen Beschränkung von drei der vier Grundfreiheiten. Im Bereich der Freizügigkeit wird grundsätzlich die Regelungshoheit in die Hände der alten Mitgliedsländer gelegt. Sie können nach einem abgestuften System bis zu höchstens sieben Jahren den Zugang zu ihren Arbeitsmärkten regeln.

Für die vom Erweiterungsprozess am meisten tangierten Staaten Österreich und Deutschland gelten Sondervorschriften im sektoralen Dienstleistungsbereich. Ebenso wird der Kapitalverkehr temporär anders ausgestaltet. Die am 1.5.2004 geltenden lettischen Rechtsvorschriften über den Erwerb von landwirtschaftlichen Flächen und Wäldern durch EU-Ausländer dürfen danach längstens sieben Jahre beibehalten werden. Das gesamte Dokument ist durchzogen von den Prinzipien der Gemeinschaftspräferenz und der Meistbegünstigung. Häufig ist es Lettland gestattet, auf ungünstigere Regelungen eines Mitgliedstaates diesem gegenüber ebenso zu handeln.

---

[57] LV Nr. 76 v. 22.5.2003, zitiert nach *Klauberg*, in: Jahrbuch für Ostrecht 45 (2004), 131.
[58] Gem. Art. 5 der Verfassung besteht die Saeima aus 100 Mitgliedern.
[59] Auswärtiges Amt, Referenden und Ratifikation des Beitrittsvertrags, 17.3.2004.
[60] Vgl. Art. 2 II des Beitrittsvertrages.

IV. Bilanz im Lichte der Erwartungen

Alles in allem kann die EU-Erweiterung 2004 aus lettischer Sicht als Erfolg gewertet werden. Die sicherheitspolitischen Erwartungen sind, soweit sie die Sicherung des Friedens und der Stabilität betrafen, nicht enttäuscht worden.

Die neue Situation hat allerdings nicht zur Lösung der noch immer virulenten Grenzfrage zwischen Russland und Lettland beigetragen. Lettland ist nunmehr der einzige baltische Staat ohne eine geregelte Grenze zu Russland.[61] Seit zehn Jahren ist das Abkommen inhaltlich ausgehandelt. Es schreibt die Demarkationslinie dort fest, wo sie vor 1991 verlief. Der zuletzt avisierte Termin der Unterzeichnung im Mai dieses Jahres kam nicht zustande, weil die lettische Regierung unter Verweis auf die Verfassung der Vereinbarung eine Zusatzerklärung hinzufügen wollte, die Moskau nicht akzeptierte.

Darin wollte die Ostseerepublik im Rückgriff auf den Friedensvertrag von 1920 darauf hinweisen, dass mit der Anerkennung des Grenzverlaufs nicht die Aufgabe der völkerrechtlich gesicherten Ansprüche auf den Kreis Abrene (russ.: Pytalowo) einhergehe. Der ehemals lettische Landkreis war 1945 der russischen Sowjetrepublik zugeschlagen worden. Das Vorgehen ist juristisch nicht aus der Luft gegriffen. Tatsächlich darf ein Gebietsverzicht laut Art. 77 i. V. m. Art. 3 der Verfassung letztlich nur per Referendum ausgesprochen werden.[62] Politisch aber kann dieser Weg in die Sackgasse führen, weshalb er auch in Lettland nicht unumstritten ist.[63] Die anfälligen Beziehungen zwischen Russland und Lettland sind abermals belastet worden, wie der unwirsche Ton beweist, der bisweilen

[61] Der Grenzvertrag Russlands mit Litauen besteht seit 2003, der mit Estland seit 2005. Der estnisch-russische Vertrag muss allerdings noch von der russischen Duma ratifiziert werden.

[62] Die Handlungsfreiheit der Regierung ist dadurch aber nicht beschnitten, da ein Referendum erst im Nachhinein den politischen Willen zu bestätigen hätte.

[63] Die Saeima und die Staatspräsidentin sprachen sich für den Verzicht auf die Deklaration aus, Meldung der Deutschen Presseagentur v. 8.5.2005.

nicht mehr den diplomatischen Gepflogenheiten entspricht.[64] Darüber hinaus dürfte Lettland bis zur Klärung dieser Frage der Eintritt in den Schengen-Raum verwehrt bleiben, weil es sich bei der lettisch-russischen Trennlinie um eine EU-Außengrenze handelt.

Ganz anders stellt sich die Bilanz bei der Bekämpfung der in allen Beitrittsländern weit verbreiteten Korruption dar. Durch die seit kurzem bestehende Verwaltungsgerichtsbarkeit ist dieses Phänomen spürbar zurückgedrängt worden. Besonders korruptionsanfällige Behörden stehen neuerdings unter der Rechtsaufsicht der Ministerien.[65] Der institutionelle Schutz der Bürger ist dadurch erheblich verbessert worden.

Seit Überwindung der Rubelkrise 1999 wächst die Wirtschaft stetig. Im letzten Jahr war Lettland mit einem Wirtschaftswachstum von 8,5 % gar EU-Primus.[66] Dabei kam dem Land nicht nur zugute, dass es als kleiner Staat schnell und wendig reagieren konnte, sondern auch ein „nationaler Konsens",[67] den nicht jeder Erweiterungskandidat vorweisen konnte. Der Ostseeanrainer konnte sich somit das Image eines „baltischen Tigers" erwerben.

Die Voraussetzungen dieser beachtlichen Erfolge wurden freilich deutlich früher geschaffen. Schon bald nach der Unabhängigkeit begann ein Transformationsprozess,[68] der sich in weiten Teilen an den westlichen Staaten orientierte. Bereits 1991 wurden die Preise frei gegeben. 1992 wurde das Zivilrecht der ersten Re-

---

[64] So ließ sich immerhin der russische Präsident *Putin* zu der Bemerkung hinreißen: „Sie werden nicht den Landkreis Pytalowo, sondern die Ohren eines toten Esels bekommen.", RIA Novosti v. 24.5.2005. An anderer Stelle sprach *Putin* von „idiotischen Forderungen", RIA Novosti v. 11.5.2005.

[65] Siehe *von Lucius*, Zeichen des Umbruchs und Aufbruchs, in: FAZ v. 30.5.2005, S. 10.

[66] Statistische Angaben nach Eurostat.

[67] Dazu *van Meurs*, Der gegenwärtige Stand der politischen und wirtschaftlichen Beitrittsfähigkeit der baltischen Staaten zur EU, in: *Freter-Bachnak* (o. Fußn. 4), S. 20 (44).

[68] *Dauderstädt*, Transformation und Integration der Wirtschaft der postkommunistischen Länder, in: Aus Politik und Zeitgeschichte, B 5-6/2004, 15 (17); *Schmidt* (o. Fußn. 7), S. 113.

publik von 1937 wieder in Kraft gesetzt. Die 1992 gegründete Zentralbank schloss die Wiedereinführung der alten lettischen Nationalwährung, des Lats, im Oktober 1993 ab. Innerhalb von drei Jahren bewirkte sie ein Absenken der Inflation von 951 % auf 8 %.[69] 1991 hatte die Privatisierung kleiner Unternehmen begonnen, die 1998 zum Abschluss gebracht wurde. Über die kostenlose Ausgabe von Anteilsscheinen partizipierte die Bevölkerung am Privatisierungsgeschehen. Bis 2003 wurde der Großteil staatlicher Monopolbetriebe privatisiert.[70]

Die Übernahme des acquis gelang bei der marktwirtschaftlichen Ausrichtung recht schnell. Stellvertretend für die Rechtsanpassungen im Wirtschaftsrecht seien das Urheberrechtsgesetz,[71] das in mehreren Schritten eingeführte Wettbewerbs- und Kartellrecht[72] und das nach deutschem Muster verfasste Handelsgesetzbuch[73] genannt. Die Einrichtung eines Handelsregisters wurde 2005 abgeschlossen.[74] Das Arbeitsrecht wurde 2002 auf eine neue Grundlage gestellt.[75]

Ein Jahr nach der EU-Erweiterung formulierte die ehemalige Außenministerin: „Die Menschen im Baltikum gehen aufrecht".[76] Soviel Interpretationsspielraum dies zulässt, so janusköpfig stellt sich das Gesamtbild der veränderten Lebensumstände dar. Seit der EU-Zugehörigkeit boomt insbesondere die Tourismuswirtschaft. Im Vergleich zum Vorjahresquartal stieg die Zahl der ausländischen Besucher in 2005 um 32 %.[77] Davon profitiert vor allem Riga, die „Perle des

[69] Ländergutachten Lettland der Bertelsmann-Stiftung, S. 2.
[70] Näher dazu Bericht (o. Fußn. 37), S. 7 f.
[71] *Balodis*, Chronik der Rechtsentwicklung, in: Osteuropa-Recht 2001, 232 ; *Kleinke*, Die Rechte am geistigen Eigentum in Lettland, in: WiRO 2005, 207 – 212.
[72] *Schulze*, Chronik der Rechtsentwicklung, in: Osteuropa-Recht 2004, 86; vertiefend *Eisfeld*, Lettisches Wettbewerbs- und Kartellrecht, in: WiRO 2004, 325 – 329.
[73] *Balodis* (o. Fußn. 71), S. 235; ferner *Klauberg*, in: Jahrbuch für Ostrecht 44 (2003), 194; umfassend *ders.*, Gesellschaftsrecht in Estland, Lettland und Litauen, 2004, S. 23 – 46.
[74] Meldung Nr. 45, in: Außenwirtschaft aktuell, 5/2005, S. 9.
[75] *Schulze* (o. Fußn. 72), S. 84.
[76] Beitrag des SWR, Schönes neues Europa? Ein Jahr EU-Erweiterung v. 10.5.2005.
[77] Central Statistical Bureau of Latvia v. 17.5.2005, http://www.csb.lv.

Baltikums". Dieser Flughafen konnte 2004 die Passagierzahlen vom Vorjahr verdoppeln und wird diese Steigerung 2005 wohl wiederholen können.[78]

Der Wegfall von Zollgrenzen und bürokratischen Hürden wirkte sich belebend auf den Handel aus. Fast 80 % des Außenhandelsvolumens wurden 2004 mit den EU-Staaten abgewickelt.[79] Annähernd die Hälfte der lettischen Exporte machten Holzartikel und Möbel aus. In diesem Segment konnte das Land an die Stellung in der Zwischenkriegszeit anknüpfen. Für deutsche Unternehmen wirkte der 1.5.2004 wie ein „magisches Datum".[80] Folgerichtig sind 2004 die Direktinvestitionen[81] um bemerkenswerte 23,9 % gestiegen. Durch steigende Löhne hat auch die Binnennachfrage stark angezogen. Exemplarisch kann auf die Steigerungsrate der Neuzulassungen von PKW verwiesen werden. Dieser Indikator brachte es im März 2005 im Vergleich zum Vorjahrsmonat auf einen Zuwachs von 53 %.[82] Nicht zuletzt wegen der starken Binnenkonjunktur[83] zeigen sich jedoch Überhitzungssignale. Gleichwohl wurde das Land ein Jahr nach dem Beitritt in das EU-Wechselkurssystem aufgenommen.[84] Eine zweijährige Teilnahme daran ist eine Voraussetzung für die Einführung des Euro.

Die Erfolge schreiben die Menschen nicht per se Europa zu.[85] Einige mit dem Beitritt verknüpfte Befürchtungen sind hingegen eingetreten. Die Lebenshaltungskosten sind immens gestiegen. Im April 2005 betrug die Steigerung der Konsumausgaben 6,9 % im Vergleich zum Vorjahresmonat.[86] Nicht nur die

---

[78] Reiseboom durch Beitritt, Stern v. 28.4.2005.
[79] Länderinformation des Auswärtigen Amtes, Stand März 2005, www.auswaertiges-amt.de.
[80] Siehe *Frank*, Zu Europa zu gehören ist für mich so selbstverständlich wie das Atmen, in: Moskauer Deutsche Zeitung v. 2.5.2005; ebenso die Leiterin des lettischen Wirtschaftsbüros in Hamburg, in: HSH Nordbank Ostsee Report vom August 2004, S. 6.
[81] Lettland will Euro ab 2008, in: Wiener Zeitung v. 9.5.2005.
[82] Meldung der Nachrichtenagentur Agence France Presse v. 16.3.2005.
[83] Vgl. Konvergenzbericht 2004 der EZB, S. 19.
[84] Malta, Lettland und Zypern auf dem Weg zum Euro, in: Handelsblatt v. 30.4.2005.
[85] Das sagen 43 %, bei 39 % ist ein positives, bei 16 % ein negatives Gefühl im Zusammenhang mit der EU vorherrschend, Eurobarometer 62, 2004, National Report Latvia, S. 3.
[86] Central Statistical Bureau of Latvia v. 10.5.2005 (o. Fußn. 77).

Preise für die lebensnotwendigen Produkte wie Gas, Elektrizität und Benzin sind mit teilweise zweistelligen Prozentsätzen gestiegen, sondern auch für symbolische Güter. Es schmerzte die Letten, dass sie seit dem Beitritt „dank Brüsseler Marktordnung" für Bananen etwa 20 % mehr bezahlen müssen.[87] Das ohnehin bestehende Wohlstandsgefälle zwischen Städten und den ländlichen Gebieten ist seit gut einem Jahr eher vertieft worden. Gerade für ausländische Investoren gibt es zu Riga zumeist keine Alternative. Wer in Lettland oder im Baltikum wirtschaftlich Fuß fassen will, geht zuerst in diese Stadt. Der Ballungsraum vereint gut ein Drittel der Bevölkerung Lettlands auf sich. Mehr als 60 % der ausländischen Investitionen fließen allein nach Riga.[88] Unter dieser Vormachtstellung leiden vor allem die strukturschwachen Landesteile. Sie haben insbesondere mit dem Problem der Landflucht, zuvörderst der jüngeren Bevölkerungsschichten, zu kämpfen. Der fortschreitenden Pauperisierung dieser Landstriche wird somit augenscheinlich nicht Einhalt geboten.

Die Letten vermögen es aber, ihre erlernten Fähigkeiten, auch in den schwierigsten Situationen bestehen zu können,[89] gut einzusetzen. Die sich seit der EU-Erweiterung bietenden Gelegenheiten sind angenommen worden. Da z. B. Irland den Zugang zu seinem Arbeitsmarkt EU-weit ermöglicht, nehmen viele Letten die Chance wahr, dort für einige Jahre das Geld zu verdienen, das sie nach der Rückkehr investieren.[90] Freilich können bei weitem nicht alle die neuen Möglichkeiten nutzen und bleiben auf den heimischen Arbeitsmarkt angewiesen. Zwar hat Lettland den größten Rückgang bei der Langzeitarbeitslosigkeit zu verzeichnen,[91] gleichzeitig schneidet das Land aber beim BIP pro Kopf im EU-Vergleich am schlechtesten ab. Nach den Zahlen von Juni 2005 erwirtschaftete der Einzelne für sich nur 43 % des Mittelwertes der EU. Das Reichtumsgefälle zwi-

[87] Lettische Presseschau v. 29.5. bis 5.6.2004, http://www.lettische-presseschau.de.
[88] Siehe *Dornblüth* (o. Fußn. 18).
[89] Die Präsidentin nannte diese Eigenschaft den „esprit letton", siehe *Ebel* (o. Fußn. 8).
[90] *Johannsmeier*, Mit Geld in der Tasche zurück, Bericht von Radio Bremen v. 29.4.2005.
[91] Meldung euractiv v. 23.3.2005, www.euractiv.com.

schen Lettland und dem Spitzenreiter Luxemburg betrug das Fünffache. Selbst geringfügige Preissteigerungen können große nachteilige Wirkungen entfalten. Es ist daher nicht verwunderlich, wenn 20 % angeben, ihr Lebensstandard sei seit dem EU-Beitritt gesunken.[92] So dürfte sich wohl jeder Fünfte in dem Ausspruch wieder finden: „Der Durchschnittsbürger hat durch den EU-Beitritt nichts gewonnen und das wird sich auch in Zukunft nicht ändern…“.[93]

V. Ausblick

Führt man sich das Geleistete der wenigen zurückliegenden Jahre vor Augen, wird sich Lettlands Wirtschaft voraussichtlich sehr positiv entwickeln. Das Land scheint angesichts geringer Steuern, der niedrigsten Arbeitskosten[94] und Elektrizitätspreise in der EU[95] und des großen Potentials an motivierten Menschen seine Attraktivität für Investoren ausbauen zu können. Inwieweit die Bürger an diesem Aufschwung teilnehmen, bleibt abzuwarten, denn das Land wird auch auf absehbare Zeit zu den ärmsten Regionen Europas zählen. Die Einführung des Euro ist laut Wirtschaftsminister *Karins* für den 1.1.2008 vorgesehen.[96]

In der Minderheitenproblematik sind nur mit Mühe Fortschritte auszumachen. Die 1995 unterzeichnete Konvention zum Schutz nationaler Minderheiten wurde im Mai dieses Jahres endlich ratifiziert. Die Saeima nahm das Übereinkommen jedoch nur unter Vorbehalten an. Danach soll es zwar auch auf Nicht-Staatsbürger anwendbar[97] sein, aber die Benutzung der Minderheitensprache in staatli-

---

[92] *Flückinger*, Schlusslicht bei der Lebensqualität, in: Die Welt am Sonntag v. 1.5.2005.
[93] So der Geschäftsführer eines lettischen Reisebüros, in: Ein Jahr EU-Erweiterung: Wenig Euphorie, Beitrag der Deutschen Welle v. 1.5.2005.
[94] Sie liegen bei durchschnittlich 316 Euro im Monat. Der gesetzliche Mindestlohn beträgt derzeit 80 Lats und entspricht damit rund 120 Euro.
[95] Das ermittelte das Centre for European Reform, siehe Meldung euractiv (o. Fußn. 91).
[96] Lettland wirbt mit niedrigen Steuern, Hamburger Abendblatt v. 13.5.2005.
[97] Gemeint sind jedoch nur solche, die legal in Lettland leben. Seit 2004 erhält eine Aufenthaltserlaubnis nur, wer lettische Sprachkenntnisse nachweisen kann.

chen Institutionen weiterhin nicht ermöglichen.[98] Die gesellschaftliche Eingliederung und die Bindung an Lettland werden den Minderheiten auf diese Weise nicht erleichtert. Verstärkte Anstrengungen bei der Integration dürften aber in Lettlands Interesse sein, denn der Anteil der Staatenlosen an der Gesamtbevölkerung wird bei unveränderter Rechtslage voraussichtlich auch langfristig nicht unter 20 % sinken.[99]

---

[98] Siehe *Romanow*, Umstrittener Minderheitenschutz in Lettland, Beitrag Deutsche Welle v. 2.6.2005.

[99] *Heidenhain* (o. Fußn. 39), S. 324; zum Gesamtproblem bilanzierend jüngst *Reetz*, Die vierten Parlamente in Estland, Lettland und Litauen: Ähnliche Voraussetzungen, verschiedene Pfade, in: Zeitschrift für Parlamentsfragen (ZParl) 2005, 326 – 348 (337).

Republik Zypern

Maria Papakyriakou/Evangelos Savva[*]

I. Die erste Phase der Beziehungen zur EU

1971 trat die Regierung der Republik Zypern in Verhandlungen mit der EWG, die am 19.12.1972 zur Unterzeichnung eines Assoziierungsabkommens zwischen beiden Parteien führten. Ziel des Abkommens war die Errichtung einer über zwei Phasen innerhalb von zehn Jahren angelegten Zollunion.

Die erste Phase des Abkommens sah die schrittweise Reduzierung der Zölle auf Industrie- und Landwirtschaftsprodukte vor und sollte im Juni 1977 abgeschlossen sein, wurde aber dann bis Ende 1987 verlängert, als das Zusatzprotokoll für die Implementierung der zweiten Phase unterschrieben wurde. Grund für diese Verzögerung war die türkische Invasion und die daraus resultierenden katastrophalen Konsequenzen für die Wirtschaft des Landes.

Dieses Protokoll, das den Weg hin zu einer schrittweisen Umsetzung der Ziele einer Zollunion bereiten sollte, trat am 1.1.1988 in Kraft. Es sah vor, dass die Zollunion bis allerspätestens Ende 2003 abgeschlossen sein sollte. Aufgrund des Beginns der Beitrittsverhandlungen im März 1998 sah man es dann jedoch als unnötig an, zusätzliche Verhandlungen zur Implementierung dieser letzten Phase zu beginnen.

---

[*] Maria Papakyriakou, M.A. (Europastudien), D.E.A. (Sciences Politiques, Politikwissenschaften), Diplomatin. Nach der Tätigkeit als II. Botschaftssekretär und Gesandte an der Botschaft der Republik Zypern in Berlin nun tätig im Außenministerium in Nicosia, Politische Abteilung (Zypern-Frage, Beziehungen EU – Türkei; Evangelos Savva, M.A. (Politikwissenschaften), Diplomat. Nach Stationen an den Botschaften der Republik Zypern in Tel-Aviv und in Berlin nun tätig im Außenministerium in Nicosia, Politische Abteilung (Türkei, Naher Osten). Wir danken Ernest Stolz, Mitarbeiter der Botschaft der Republik Zypern in Berlin, für seine wertvolle Unterstützung. Der Beitrag gibt die persönliche Ansicht der Autoren wieder.

II. Der Weg zur EU-Mitgliedschaft

Am 4.7.1990 stellte die Republik Zypern ihren Antrag auf Mitgliedschaft in der EWG. Nach genauer Prüfung des Antrags veröffentlichte die Europäische Kommission am 30.6.1993 ihre Einschätzung zu Zyperns Antrag, in welcher sie die europäische Identität und den europäischen Charakter Zyperns und seine Berufung zur Mitgliedschaft in der EWG anerkannte. Die Einschätzung der Kommission bestätigte auch, dass Zypern die Kriterien für eine Mitgliedschaft erfülle und geeignet sei, ein Mitglied der EWG zu werden.

Substanzielle Verhandlungen zwischen der Republik Zypern und der Kommission im Rahmen der oben genannten Einschätzungen (*avis*) begannen 1993 und wurden 1995 abgeschlossen. Am 24.6.1994 gab der Europäische Rat bei seinem Treffen in Korfu bekannt, dass die nächste Phase der Erweiterung Zypern und Malta beinhalten werde. Am 6.3.1995 bestätigte der Rat der Außenminister die Fähigkeit Zyperns, der EU beizutreten und legte fest, dass die Beitrittsverhandlungen mit Zypern sechs Monate nach Abschluss der Regierungskonferenz von 1996 beginnen sollten und deren Ergebnisse mit in die Verhandlungen einfließen sollten.

Der Europäische Rat von Luxemburg im Dezember 1997 beschloss, eine neue Initiative für einen Erweiterungsprozess mit zehn Beitrittskandidaten aus Zentral- und Osteuropa zu starten. Diese Initiative beinhaltete erweiterte Strategien und Hilfen für die Kandidaten in der Phase vor dem Beitritt. Zudem wurde beschlossen, die Beitrittsverhandlungen mit Zypern, Ungarn, Polen, Tschechien, Estland und Slowenien zu beginnen, was dann auch am 31.3.1998 geschah.

Am 12.3.1998 lud der Präsident der Republik Zypern die türkischen Zyprioten dazu ein, Vertreter zu ernennen, die als vollwertige Mitglieder in der Verhandlungsdelegation teilnehmen sollten. Die türkisch-zypriotische Führung lehnte diese Einladung, die von allen EU-Mitgliedstaaten unterstützt und begrüßt wurde, ab.

Die erste Phase der Beitrittsverhandlungen mit Zypern begann am 3.4.1998 und beinhaltete eine Analyse des *acquis communautaire*. Die inhaltlichen Verhandlungen über die einzelnen Kapitel des *acquis* begannen am 10.11.1998.

Während der gesamten Dauer der Beitrittsverhandlungen war sich die Regierung der Republik Zypern völlig bewusst, dass es bei diesem Prozess nicht nur um eine Harmonisierung mit dem *acquis* ging, sondern auch um eine Stärkung ihrer Verwaltungskapazitäten, um die Umsetzung des europäischen Rechts bewältigen und überwachen zu können. Dahingehend unternahm sie alle notwendigen Schritte zur Schaffung und Stärkung dieser Institutionen und Mechanismen.

Im dritten Fortschrittsbericht der Kommission zu Zyperns Beitritt (November 2000) wurde ausdrücklich betont, dass Zypern einer von nur zwei Beitrittskandidaten sei, welche die politischen und wirtschaftlichen Kopenhagener Kriterien voll erfüllen, und dass es substanzielle Fortschritte bei der Harmonisierung zahlreicher Felder des *acquis* erzielt hätte.

Der Fortschrittsbericht vom 13.11.2001 hob die großen Fortschritte Zyperns auf dem Weg zur kompletten Harmonisierung mit dem *acquis* hervor und unterstrich Zyperns starkes Engagement hinsichtlich eines erfolgreichen baldigen Abschlusses der Verhandlungen. Der Bericht stellte auch fest, dass Zypern weiterhin die politischen Kopenhagener Kriterien erfülle und betonte die Erfolge sowohl auf dem Weg zur weiteren rechtlichen Anpassung, als auch beim Aufbau und der Verbesserung der notwendigen nationalen Verwaltungseinrichtungen. Ebenso wurden die Fortschritte bei der Umsetzung der im nationalen Programm und in der Beitrittspartnerschaft festgesetzten Prioritäten betont.

Der Europäische Rat in Laeken unterstrich im Dezember 2001 den Willen der EU, die Beitrittsverhandlungen mit den Kandidaten bis Ende 2002 zu einem erfolgreichen Abschluss zu bringen, so dass diese Länder bereits an den Europawahlen von 2004 als vollwertige Mitglieder teilnehmen können. Der Fortschrittsbericht 2002 bezeichnete Zypern und Malta als die beiden einzigen Kandidaten, die sowohl die politischen als auch die wirtschaftlichen Kopenhagener Kriterien voll erfüllen.

Der Beitrittsprozess wurde beim Europäischen Rat in Kopenhagen im Dezember 2002 mit der historischen Entscheidung abgeschlossen, Zypern zusammen mit neun anderen Kandidaten als vollwertige Mitglieder zum Mai 2004 in die EU aufzunehmen, wobei Zypern das erste Land war, welches seinen Beitrittsverhandlungen innerhalb des festgesetzten Zeitrahmens abgeschlossen hatte.

Es muss angemerkt werden, dass die erfolgreiche Umsetzung des Beitrittsprozesses in Zypern ein von allen Vertretern des politischen Spektrums geteiltes Ziel war. Die Harmonisierung mit dem *acquis* bedurfte einer kolossalen und konzertierten Anstrengung sowohl von Seiten der Exekutive und der Legislative als auch der öffentlichen Verwaltung. Diese Anpassung war eine große Leistung angesichts der Größe, und damit verbunden, der menschlichen Ressourcen des Landes. Dabei hatten Malta und Zypern natürlich im Vergleich zu den acht anderen Anwärtern einen Vorteil, da sie schon eine marktwirtschaftliche Tradition und einen verwaltungstechnischen und rechtlichen Rahmen hatten, der den europäischen Standards sehr nahe kam.[1]

Am 16.4.2003 unterzeichnete der Präsident der Republik Zypern, *Tassos Papadopoulos*, den Beitrittsvertrag Zyperns zur EU. Die Unterzeichnung dieses historischen Vertrages im Rahmen einer feierlichen Zeremonie in Athen war ein ent-

[1] Rede des Außenministers *Iacovou* am 4.2.2005 im Europaausschuss des Parlaments der Republik Zypern.

scheidender Schritt hin zur europäischen Einheit und ein Meilenstein in der jüngeren Geschichte Zyperns. Gleichzeitig war es der krönende Abschluss eines langen und beschwerlichen Weges, den Zypern unternahm, um der europäischen Familie formell beizutreten, zu der sie schon immer sowohl geographisch, als auch historisch, kulturell, wirtschaftlich und politisch gehörte.

Das Parlament der Republik Zypern ratifizierte den Beitrittsvertrag in einer Sondersitzung am 14.7.2003 und Präsident *Papadopoulos* unterschrieb das entsprechende Zustimmungsgesetz einen Tag später. Somit war Zypern das erste der neuen Mitgliedsländer, das den Beitrittsvertrag ratifizierte.

III. Die politische Dimension der Mitgliedschaft

Als die Regierung der Republik Zypern ihren Antrag für eine Mitgliedschaft in der EU im Juli 1990 vorlegte, ging der Ost-West-Konflikt bereits seinem Ende zu. Seit der Unabhängigkeit von Großbritannien 1960 war die Außenpolitik Zyperns charakterisiert durch Neutralität und aktives Engagement in der Blockfreienbewegung. Nach der türkischen Invasion von 1974 und der faktischen Teilung der Insel gelang es der international anerkannten Regierung der Republik Zypern erfolgreich, ihre Souveränität und Legalität durch Resolutionen des Sicherheitsrates und der Generalversammlung der UN zu gewährleisten, wobei sie sich in ihrem Bemühen auf die Mitglieder der Blockfreienbewegung stützen konnte.

In einem solchen Kontext gingen die verschiedenen Regierungen der Republik Zypern die Möglichkeit einer Bewerbung für einen Beitritt zur EU vorsichtig an, da ein solcher wahrscheinlich einen Rückzug aus der Blockfreienbewegung und die Verlagerung des Zypernproblems in ein anderes Forum – das im Kalten Krieg allgemein dem „Westen“ zugerechnet wurde – nach sich ziehen würde.

Diese Befürchtungen wurden teilweise durch den Fall des Eisernen Vorhangs relativiert. Auch fanden die zypriotischen Politiker eine neue Herangehensweise an den Beitrittswunsch, welche im Beitrittsprozess eine katalytische Wirkung für die Lösung der Zypernfrage sah. Folglich änderten sich die Erwartungen bis zum Beitritt 2004 im Kontext zweier Prozesse – Beitrittsverhandlungen einerseits und Lösung des Zypernproblems andererseits – dahingehend, dass diese parallel verlaufen würden und somit ersterer zwingend letzteren positiv beeinflussen würde. Diese Argumentation basierte auf der Annahme, die sich als richtig erweisen sollte, dass die Türkei und die türkisch-zypriotische Führung sich verpflichtet fühlen würden, ernsthaft in Bemühungen zur Lösung des Zypernproblems einzutreten, weil der Beitritt eines geteilten Zyperns in die EU den strategischen Interessen der Türkei zuwiderlaufen würde.

Diese Erwartung sollte sich erfüllen, als nach den Entscheidungen des Gipfels von Helsinki im Dezember 1999 klar wurde, dass eine Lösung des Zypernproblems keine Grundbedingung für einen Beitritt war und es Ankara rechtzeitig bewusst wurde, dass sein Ziel eines Vetos gegen Zyperns Mitgliedschaft vor einer Lösung nicht haltbar sein würde. In diesem Kontext beschloss die Türkei ein Jahr später die Hinhaltetaktik gegenüber den Bemühungen des UN Generalsekretärs aufzugeben und zum Verhandlungstisch zurückzukehren.

Es muss unterstrichen werden, dass unter der Regierung *Ecevit*, die im November 2002 in geradezu eklatanter Weise abgewählt wurde, die türkische Position absolut kompromisslos war. Dies zeigte sich an gleich lautenden Äußerungen von *Ecevit* und dem Führer der türkisch-zypriotischen Volksgruppe, Politikveteran und Hardliner *Rauf Denktasch*. Sie stellten in Aussicht, dass der illegal besetzte Teil Zyperns namens „Turkish Republic of Northern Cyprus (TRNC)“ durch die Türkei annektiert werden würde, falls die Republik Zypern der EU beitrete. Gelegentlich drohten sie auch mit einer Intervention in Zypern. Dies wurde selbstverständlich von den EU-Mitgliedstaaten vehement zurückgewiesen.

Angesichts der Dominanz der Zypernfrage für die Innenpolitik des Landes und dem steigenden Bewusstsein aller Parteien, dass eine Vollmitgliedschaft die Souveränität der Republik und die unbestrittene Legalität ihrer Regierung gewährleisten würde, fokussierte sich der Beitrittsprozess vom ersten Tag an auf eine Politik der raschen Aufnahme in die EU und somit der Schließung der 31 Kapitel des *acquis*. Die Sicht des Staatssekretärs im zypriotischen Außenministerium, Botschafter *Zackheos*, die er in einer Rede im Dezember 2004 darlegte, ist bezeichnend für diesen Ansatz: Dieser erkennt, ohne die verschiedenen wirtschaftlichen Vorteile nach einem Beitritt beiseite zu lassen, politische Gründe als Hauptfaktor an: Die Regierung der Republik Zypern und alle politischen Kräfte waren der festen Überzeugung, dass der Beitritt zu einer Organisation, die den Prinzipien des internationalen Rechts und der Achtung der Menschenrechte verpflichtet ist, die Bemühungen zur Erreichung einer Lösung des Zypernproblems – auf der Basis der entsprechenden UN-Resolutionen und der grundlegenden Prinzipien der EU – erleichtern würde.

Ebenso war die ausgesprochen positive Haltung der öffentlichen Meinung während des ganzen Beitrittsprozesses zum größten Teil auch politisch motiviert. In einer Umfrage von Eurobarometer im Herbst 2004, wenige Monate nach dem Beitritt, gaben 73 % der griechischen Zyprioten an, dass der wichtigste Gewinn aus dem EU-Beitritt die Sicherheit sei.[2]

Zwischenzeitlich gewann der Prozess der Verhandlungen zur Lösung des Zypernproblems in den Jahren 2001 und 2002 an Fahrt. Höhepunkt war der Annan-Plan im November 2002 (Plan des Generalsekretärs der Vereinten Nationen,

[2] Eurobarometer 62, Public Opinion in the EU, 2004, Comparative Analysis, Cyprus.

Kofi Annan, zur Lösung der Zypern-Frage). Doch weder die erste Version des Plans, noch die zwei nachfolgenden hatten eine Chance zur Basis für weitere Verhandlungen zu werden, da weder die im November 2002 an die Macht gelangte neue türkische Regierung unter Premierminister *Erdogan*, noch *Rauf Denktash* – der unerschütterlich in seiner Rolle als Führer der türkischen Zyprioten und seiner Ablehnung aller Vorschläge jenseits einer Zwei-Staaten-Lösung blieb – bereit waren, sich darauf einzulassen. Es war daher vorhersehbar, dass das durch UN-Generalsekretär *Annan* in Den Haag anberaumte Treffen im März 2003 ein kompletter Fehlschlag werden würde.

Einen Monat später, am 16.4.2003, unterzeichneten Präsident *Papadopoulos* und Außenminister *Iacovou* den Beitrittsvertrag Zyperns zur EU. In seiner Ansprache betonte *Papadopoulos* u. a., dass „...von nun an, Zypern die Möglichkeit hat, allen seinen Bürgern, einschließlich der türkischen Zyprioten, nicht nur die Bedingungen für Frieden, mehr Sicherheit und die Wahrung ihrer Rechte zu geben, sondern auch seine Visionen, Ziele und immensen Möglichkeiten, die unser Beitritt zur Europäischen Union eröffnet...“.

Zypern trat der EU formell mit neun anderen Mitgliedsstaaten am 1.5.2004 bei. Im Unterschied zu den anderen Staaten waren die Freude und der Stolz in Zypern dadurch getrübt, nicht als geeintes Land beitreten zu können; eine Folge der zahlreichen und offensichtlichen Ungereimtheiten in der fünften Version des Annan-Plans, welche die griechischen Zyprioten in ihrer breiten Mehrheit dazu brachten, in einem Referendum sechs Tage zuvor, am 24.4.2004, den besagten Plan abzulehnen. Die weit verbreitete Kritik, die den griechischen Zyprioten nach ihrer mutigen und legitimen Entscheidung entgegenschlug, ignorierte auf eklatante Weise zwei wichtige Dimensionen des Problems, die der frühere Staatssekretär im israelischen Außenministerium, *Schlomo Avineri*, in einem Artikel in der Financial Times beschrieb.

Er stellte fest, dass erstens die griechischen Zyprioten spürten, dass „... der Plan nicht nur keine Antwort auf ihre Besorgnisse war, sondern auch UN- und EU-Normen und Werten entgegenstand“, und zweitens „... die fehlende Unterstützung für den Annan-Plan ... zeigte, dass es Grenzen dafür gibt, was massiver internationaler Druck erreichen kann, wenn zumindest einer der Betroffenen in einem Konflikt den Eindruck hat, dass seinen Befürchtungen nicht angemessen Rechnung getragen wurde“.[3]

Zwei Tage nach dem Referendum, am 26.4.2004, beschlossen die Außenminister der EU (einschließlich Zyperns Außenminister *Iacovou*), entschlossen mit weiteren Maßnahmen auf ein Ende der Isolation der türkischen Zyprioten hinzuwirken und die Wiedervereinigung Zyperns durch Förderung ihrer wirtschaftlichen Entwicklung zu erleichtern. In diesem Zusammenhang forderten sie die Kommission auf, umfassende Maßnahmen mit dem Schwerpunkt auf der wirtschaftlichen Integration der Insel und verbesserten Beziehungen sowohl zwischen den Volksgruppen als auch mit der EU vorzulegen. Des Weiteren empfahlen sie, dass 259 Mio. Euro, die bereits für den nördlichen Teil für den Fall einer Lösung vorgesehen waren, für die wirtschaftliche Unterstützung genutzt werden.[4] Die daraus resultierende Debatte sollte dann Zyperns erstes Jahr der EU-Mitgliedschaft dominieren.

IV. Zypern als Mitglied der EU

Die umstrittenste Maßnahme, die die Kommission in Umsetzung der Beschlüsse des Rates der Außenminister vom 26.4.2004 fällte, war der Vorschlag einer so genannten Direct Trade Verordnung, welche die Aufnahme direkter Handelsbeziehungen zwischen dem türkisch-besetzten Teil und der EU vorsah. Die Regierung der Republik Zypern protestierte aufs schärfste gegen diesen Vorschlag, da ihrer Meinung nach eine solche Entwicklung dem erklärten Ziel einer Wieder-

[3] *Avineri*, Realities behind the Failure over Cyprus, in: Financial Times, 28.4.2004.
[4] Siehe http://europa.eu.int/constitution/futurum/documents/other/oth270404-en.pdf.

vereinigung der Insel entgegenlaufen würde. Nikosia hat auch mit Erfolg die von der Kommission angeführte Rechtsgrundlage angefochten, da diese Handelsbeziehungen mit Drittstaaten regelt, wohingegen der Norden Zyperns rechtlich ein Teil Zyperns ist, das zu diesem Zeitpunkt schon EU-Mitglied war.[5]

Was die Regelungen zur finanziellen Unterstützung (Financial Aid Verordnung), namentlich die 259 Mio. Euro betraf, so nahm die Regierung der Republik Zypern den betreffenden Text im Oktober 2004 an. Sie rief auch dazu auf, die Mittel direkt zu verteilen. Dagegen beabsichtigten die Kommission und andere Mitgliedstaaten (vor allem Großbritannien), die Mittel an die Direct Trade Verordnung zu knüpfen und ein so genanntes Paket zu schnüren. Nikosia lehnte dies selbstverständlich mit dem Argument ab, dass diese – von der Türkei und der türkisch-zypriotischen Führung begrüßte – Regelung nicht das Ziel habe, die wirtschaftliche Situation im besetzten Teil Zyperns zu verbessern, sondern das von der Türkei installierte sezessionistische Regime politisch aufzuwerten. Interessant ist, dass die Umsetzung der finanziellen Unterstützung immer noch aussteht und der türkisch-zypriotischen Gemeinschaft diese Geldmittel vorenthalten werden, da immer noch darauf bestanden wird, diese an die Direct Trade Verordnung zu knüpfen, deren wirtschaftlicher Nutzen im Vergleich jedoch unbedeutend wäre. Des Weiteren besteht nun die Gefahr, dass aufgrund des festgelegten Zeitrahmens zumindest ein Teil der 259 Mio. Euro bald nicht mehr zur Verfügung steht.[6]

Es muss betont werden, dass die Ziele, der die Direct Trade Verordnung dienen würden, bereits von der am 29.4.2004 angenommenen und im August 2004 in Kraft getretenen Green Line Verordnung abgedeckt werden. Diese sieht die

---

[5] Cyprus and EU Constitution on Papadopoulos' Brussels agenda, in: The Financial Mirror, 1.3.2005.

[6] Government Spokesman on EU regulations for T/C, Public Information Office, Republic of Cyprus, 16.6.2005, http://www.moi.gov.cy/moi/pio/pio.nsf.

Durchführung des Handels innerhalb der Insel und der Exporte von türkisch-zypriotischen Produkten nach Europa über die legalen Ein- und Ausreisepunkte des Territoriums der Republik Zypern vor. In der Tat basiert die Haltung der Regierung der Republik Zypern zu diesem Thema genau auf diesem Grund. Sie vertritt den Standpunkt, dass die Entscheidung des Rates vom 26.4.2004 in Bezug auf die direkte Hilfe und den Handel schon im Rahmen der Green Line Verordnung und der Financial Aid Verordnung voll realisiert wurde.[7]

Weitaus positiver waren zwei ermutigende Entwicklungen während des ersten Jahres der EU-Mitgliedschaft, welche die entschlossene Haltung Zyperns zu den Ideen und Zielen der europäischen Integration verdeutlichten. Der erste Erfolg war die Aufnahme des zypriotischen Pfunds in den Wechselkursmechanismus (ERM II), was den wichtigsten Schritt hin zum Euro bedeutet. Diese Entscheidung wurde einstimmig von den Mitgliedern der Eurozone, den anderen ERM II-Ländern und der Europäischen Zentralbank (EZB) beschlossen. Zypern ist dadurch verpflichtet, eine solide Fiskalpolitik, eine effektive Finanzkontrolle, eine angemessene Lohnpolitik und strukturelle Reformen umzusetzen. Die Umsetzung dieser Verpflichtungen wird in zwei Jahren einer Prüfung unterzogen (dies ist Bedingung zur Teilnahme an ERM II), bevor dann entschieden wird, ob das Land die notwendigen Kriterien für die Einführung des Euro erfüllt.[8]

Der zweite Erfolg war die Ratifizierung des Vertrages zur Europäischen Verfassung Ende Juni 2005. Sie erfolgte durch eine deutliche Mehrheit im zypriotischen Parlament. Die Kommission erklärte im Anschluss an diese Entscheidung, dass diese Entwicklung den Willen Zyperns bekunde, die Vorteile der Verfas-

---

[7] *Antoniadou*, Papadopoulos briefs Commission on the north, in: Cyprus Mail, 24.2.2005.
[8] EC Representation in Cyprus, Background information on ERM II and euro membership criteria, in: MEMO/05/147, 2.5.2005, http://www.delcyp.cec.eu.int/en/qa/erm2.htm.

sung Realität werden zu lassen und fügte hinzu, dass dies ein starkes und ermutigendes Zeichen sei, das den europäischen Willen Zyperns bekunde.[9]

V. Künftige Erweiterungsrunden

Die Position Zyperns zum für Anfang 2007 geplanten Beitritt Rumäniens und Bulgariens ist von uneingeschränkter Unterstützung geprägt. Sicherlich haben beide Staaten bis dahin noch viel Arbeit vor sich. Aber Zypern ist mit den anderen EU-Mitgliedstaaten auf einer Linie, wenn es darum geht, in ihnen schon jetzt künftige Mitglieder zu sehen.

Zypern hat ebenso die Kandidatur Kroatiens unterstützt, obwohl der Antrag des Landes für einen baldigen Start der Beitrittsverhandlungen fürs erste ausgesetzt wurde im Hinblick auf die uneingeschränkte Zusammenarbeit mit dem Internationalen Gerichtshof für das Frühere Jugoslawien in Den Haag.[10]

Aus verständlichen Gründen ist die Türkei ein Beitrittskandidat, dem Zypern besondere Aufmerksamkeit zukommen lässt. Der mögliche Beitritt der Türkei ist natürlich ein kontroverses Thema in ganz Europa. Zu verzeichnen ist eine Stimmungslage in einigen Mitgliedstaaten, die absolut dagegen ist, und von prominenten Politikern vertreten wird, wie der CDU-Vorsitzenden *Angela Merkel* in Deutschland oder Innenminister *Nicolas Sarkozy* in Frankreich, die sich öffentlich für eine privilegierte Partnerschaft aussprechen.[11]

Die Skepsis, die sich bei vielen in Europa widerspiegelt, ob bei Politikern oder in der öffentlichen Meinung, wurde nochmals belebt, als die Franzosen und Niederländer letzten Mai die EU-Verfassung ablehnten und zahlreiche Analysten

---

[9] Declaration by the European Commission on the occasion of the ratification by Cyprus of the Treaty establishing a Constitution for Europe, 4.7.2005, http://www.mfa.gov.cy/mfa/mfa.nsf/.

[10] All or nothing, in: The Guardian, 16.3.2005.

[11] *Dymond*, French Clouds Turkey's EU Dreams, in: BBC News, 31.5.2005.

die Aussicht einer türkischen Mitgliedschaft als einen der vielen Gründe für das negative Ergebnis benannten. Diese Analyse schien auch den Präsidenten der Kommission, *Jose Manuel Barroso*, dazu gebracht zu haben, zu einer ernsten Debatte über die mögliche Mitgliedschaft der Türkei aufzurufen, indem er hervorhob, dass es keine Garantie dafür gebe, dass Verhandlungen zwangsläufig in einer Mitgliedschaft enden würden.[12]

Die Türkei wiederum zeigt selten ihren deutlichen Willen, Befürchtungen, die, zu Recht oder Unrecht, in Europa bestehen, zu mildern. Sei es, dass sie den Beitrittsprozess fälschlicherweise als einen Tauschhandel betrachtet statt ein reguläres Prozedere anzuerkennen, sei es, dass das türkische Militär sich in das politische Leben der Türkei einmischt (wie sich jüngst in einer Rede des Armeechefs *Hilmi Ozkok* an der Militärakademie Istanbul bestätigte, in welcher er die außenpolitische Agenda der Türkei analysierte) – die Türkei scheint ihren Kritikern manchmal Recht zu geben.[13]

Die Position der Regierung der Republik Zypern hinsichtlich eines möglichen Beitritts besteht darin, dass sie diesen für möglich hält, vorausgesetzt, dass die Türkei bereit ist, sämtliche Verpflichtungen, die aus der Mitgliedschaft erwachsen, auch anzuerkennen. Der Präsident der Republik Zypern, *Tassos Papadopoulos*, hat dies in einem Interview mit der Agentur Reuters klar ausgedrückt, indem er sagte, dass „... solange die Türkei ihre Verpflichtungen erfüllt, wir keinen Grund haben, ein Veto auszusprechen. Wir haben auch definitiv nicht den Wunsch, dies zu tun...“.[14]

Von Seiten der zypriotischen Politik ist diese Haltung verbunden mit dem Wunsch, zu einer Verhandlungslösung in der Zypernfrage zu kommen. Der

[12] EU President Urges Turkey Debate, in: The Journal of Turkish Weekly, 22.6.2005.
[13] Mountains still to climb, in: The Economist, 12.5.2005.
[14] Nicosia Doubts Unity Ahead of Turkey's EU Talks, in: Kathimerini (engl.), 6.5.2005.

Staatssekretär im zypriotischen Außenministerium, Botschafter *Zackheos*, verdeutlichte dies in einer Rede in Athen im Dezember 2004, als er Zyperns Unterstützung für den Beitritt der Türkei unterstrich – unter der Voraussetzung, dass sie alle Bedingungen und Kriterien für eine Mitgliedschaft erfülle –, da eine „europäische" Türkei per Definition ein konstruktiver Gesprächspartner in einer neuen Runde zur Lösung der Zypernfrage wäre.

Auch unter den optimistischsten Bedingungen ist jedoch absehbar, dass der Beitritt der Türkei am Ende einer langen und schwierigen Prozedur stehen wird, die höchstwahrscheinlich zwölf bis 15 Jahre dauern wird. Zusätzlich enthält der Verhandlungsrahmen, den die Kommission Ende Juni 2005 als Entwurf festgelegt und dem Rat zur Diskussion und Annahme zugeleitet hat, einige entscheidende Bedingungen, deren wichtigste sind, dass die Verhandlungen beendet werden, wenn die Türkei dauerhaft internationales Recht und Menschenrechte bricht, sowie, dass die Verhandlungen nicht zwangsläufig zu einer Vollmitgliedschaft führen.[15]

Doch noch vor Beginn der für den 3.10.2005 angesetzten Verhandlungen, ist die Türkei verpflichtet, ein Protokoll zu unterzeichnen und zu implementieren, das die bestehende Zollunion mit der EU auf die zehn neuen Mitgliedstaaten, einschließlich Zyperns, ausweitet. Die EU besteht darauf, dass die Türkei diese Verpflichtung erfüllt, die anlässlich des Europäischen Rates im Dezember 2004 festgelegt wurde, obwohl die Türkei wiederholt dagegen protestiert hat, dass die Ausweitung des Protokolls nicht und in keinerlei Form eine formelle Anerkennung der Republik Zypern ihrerseits bedeutet.[16] Die EU sieht sich folglich mit der Anomalie konfrontiert, dass ein Kandidat, der seinen Beitritt verhandelt, sich eisern weigert, einen Mitgliedstaat anzuerkennen.

---

[15] *Bowley*, EU Unveils Draft Rules for Talks on Turkey, in: International Herald Tribune, 30.6.2005.
[16] Turkey Offers Reluctant Nod to Cyprus, in: Der Spiegel (engl.), 17.12.2004.

In den Monaten nach der weit reichenden Entscheidung des Europäischen Rates 2004 hat sich die Türkei hinsichtlich ihrer Verpflichtung zur Unterzeichnung des Protokolls zur Zollunion der verschiedensten Hinhaltetaktiken bedient. Angesichts dieser vorhersehbaren Obstruktion hat die Regierung der Republik Zypern deutlich betont, dass sie kein grünes Licht für den Start der Beitrittsverhandlungen am 3.10.2005 geben wird.[17] Es scheint, dass die Türkei solange wie möglich an ihrer Haltung festhalten und die Implementierung des Protokolls auf restriktive Weise interpretieren wird. Zypern besteht darauf, dass der Unterzeichnung auch die Implementierung folgt; eine Haltung, die auch von der EU geteilt wird, wie es Erweiterungskommissar *Olli Rehn* zum Ausdruck brachte.[18]

Für die Regierung der Republik Zypern stellt die Unterzeichnung und Implementierung des Protokolls einen kritischen Teil in ihren Beziehungen zur Türkei dar, deren Kernstück die Lösung der Zypernfrage im gegenseitigen Einvernehmen ist. Sie sieht die Ausweitung des Protokolls als einen wichtigen Schritt hin zur Normalisierung ihrer Beziehungen mit der Türkei.[19] Am 29.7.2005 hat nun die Türkei das Zollabkommen unterzeichnet, diesem jedoch eine Zusatzerklärung hinzugefügt, dass mit der Unterzeichnung nicht die Anerkennung der Republik Zypern verbunden sei.[20] Es wird zu prüfen sein, welche politische und rechtliche Bedeutung diese Zusatzerklärung für die Eröffnung der Beitrittsverhandlungen mit der Türkei hat.[21]

---

[17] *Evripidou*, No Recognition – No EU-Turkey Talks, in: Cyprus Mail, 24.3.2005.
[18] *Antoniadou*, A clear message to Turkey on Cyprus, in: Cyprus Mail, 30.6.2005.
[19] *Evripidou* (o. Fußn. 17).
[20] Türkei tritt Zollunion ohne Anerkennung Zyperns bei, in: Financial Times Deutschland, 30.7.2005; EU-Zollabkommen: Türkei lehnt volle Anerkennung Zyperns ab, in: FAZ, 30.7.2005.
[21] Deutlich äußerte sich etwa der französische Ministerpräsident *Dominique de Villepin*: "Es erscheint mir nicht nachvollziehbar, dass ein Verhandlungsprozess jedweder Art mit einem Land beginnen kann, das nicht jeden Mitgliedstaat der Europäischen Union anerkennt", siehe FAZ, 3.8.2005.

Bulgarien

Milena Wenske[*]

I. Einleitung

Am 25.4.2005 unterzeichneten die Vertreter Bulgariens und Rumäniens die Beitrittsabkommen zwischen ihnen und den Europäischen Gemeinschaften.[1] Damit sollte der letzte Schritt zu einer EU-Vollmitgliedschaft zum 1.1.2007 vollbracht sein. Dass dies noch nicht so ist, wird dieser Beitrag zeigen, der sich zunächst mit den Entwicklungen bis zum Beitrittsvertrag befassen, dann seine wichtigsten Regelungen vorstellen und zuletzt auf die Erwartungen Bulgariens, der Bevölkerung und mögliche Entwicklungen eingehen wird.

II. Beitrittsverhandlungen

Die Beitrittsverhandlungen mit Bulgarien begannen im Februar 2000 und wurden im Juni 2004 abgeschlossen.[2]

1. Beitrittspartnerschaft

Derzeit ist die Beitrittspartnerschaft 2003 entscheidend[3] und ergänzt die Fahrpläne für den Beitritt Bulgariens und Rumäniens, die detailliert die erforderlichen Maßnahmen bis zum Zeitpunkt des Beitritts des Staates aufführen. Als Pri-

---

[*] Milena Wenske, LL.M. ist als Rechtsanwältin in Berlin tätig.

[1] Beitrittsvertrag, ABl. L 157 v. 21.6.2005, S. 11 – 27, http://www.eu2005.lu.

[2] Zum Verlauf der Beitrittsverhandlungen siehe www.evropa.bg.

[3] Beschluss 2003/396/EG des Rates vom 19.5.2003 über die Grundsätze, Prioritäten, Zwischenziele und Bedingungen der Beitrittspartnerschaft mit Bulgarien, ABl. L 145 v. 12.6.2003, S. 1. Beitrittspartnerschaft 1998, ABl. 1998 L 121/36. Erstmals wurde die Beitrittspartnerschaft im Dezember 1999 aktualisiert, ABl. 1999 L 335/48. Sich auf den regelmäßigen Bericht der Kommission für 2001 stützend, wurde sie dann 2001 abermals überarbeitet, ABl. 2002 L 44/1. Die gemeinschaftsrechtliche Grundlage findet sich in der VO 622/98/EG, ABl. 1998 L 85/1. Die wichtigste rechtliche Grundlage für die Beziehungen bildet das Europaabkommen, ABl. L 358 v. 31.12.1994, S. 3 – 222. Bei ihm handelt es sich um ein Assoziationsabkommen, wie es auch mit den vorherigen Kandidatenstaaten sowie mit der Türkei abgeschlossen wurde.

oritäten der Beitrittspartnerschaft wurden die Verbesserung der Leistungsfähigkeit der Verwaltung und des Justizwesens, die für die praktische Durchführung der Rechtsangleichung und der Wirtschaftsreformen unabdingbar sind, festgelegt.[4] Die in der Beitrittspartnerschaft enthaltenen Ziele und Schwerpunkte wurden seitens der bulgarischen Regierung in nationalen Programmen, den sog. NPPA (*National Programmes for the Adoption of the acquis)* bestimmt.[5]

2. *Kopenhagener Kriterien*

An den Kopenhagener Kriterien[6] wurden die Beitrittsverhandlungen ausgerichtet. Im Folgenden werden wichtige Punkte erörtert, die seitens Bulgariens vor dem Beitritt noch zu bewältigen sind. Sie wurden in den Beitrittsverhandlungen zwischen Bulgarien und der EU festgelegt, und Bulgarien hat zugesichert, diese Anforderungen innerhalb der vereinbarten Zeiträume zu erfüllen.[7]

a) Politische Kriterien

Die politischen Kriterien erfüllt Bulgarien. In den regelmäßigen Berichten der EU-Kommission[8] wurde das Land stets als politisch stabil eingeschätzt, es gibt eine stabile Demokratie und Rechtsstaatlichkeit garantierende Institutionen.[9] In zwei Bereichen bestehen jedoch weiterhin Probleme: Das sind die Organisation der Exekutive und des Justizwesens sowie die Minderheitenrechte und der Minderheitenschutz.

---

[4] Vgl. die Beitrittspartnerschaft 2003 (o. Fußn. 3), S. 6; Fahrpläne, ebd., S. 7 – 9.

[5] NPAA Bulgariens, in Englisch unter www.evropa.bg.

[6] Die Kopenhagener Kriterien (1993 vom Europäischen Rat in Kopenhagen festgelegt) beinhalten die politischen Kriterien der Demokratie, Rechtsstaatlichkeit, Menschenrechte und Minderheitenschutz sowie die wirtschaftlichen Kriterien einer funktionierenden Marktwirtschaft und der Fähigkeit, dem Wettbewerbsdruck und den Marktkräften innerhalb der Union standzuhalten. Schließlich ist auch die Übernahme und Einbindung des *acquis communautaire* in das Rechtssystem des Kandidatenstaates notwendig.

[7] Siehe Report on the Results of the Negotiations on the Accession of Bulgaria and Romania to the European Union, abrufbar unter www.europa.eu.int/comm/enlargement.

[8] Die regelmäßigen Berichte der Kommission über die Fortschritte Bulgariens auf dem Weg zum Beitritt sind unter www.europa.eu.int/comm/enlargement abrufbar.

[9] Vgl. den regelmäßigen Bericht der Kommission 2004, SEK (2004) 1199, S. 16.

(1) Reformen im Justizwesen und der öffentlichen Verwaltung

Im Bereich der Exekutive muss eine konsequente Reform der öffentlichen Verwaltung verfolgt werden. Bulgarien führte 2003 und 2004 mehrere Gesetze zur Organisation der öffentlichen Verwaltung ein,[10] deren praktische Ergebnisse bleiben jedoch abzuwarten. Ähnlich ist es auch bei der Organisation des Gerichtswesens. Es wurden entscheidende Änderungen des Gerichtsverfassungsgesetzes vorgenommen, allerdings bedarf es weiterer Reformen bezüglich der Immunität der Richter sowie der Organisation des Ermittlungsverfahrens.[11]

Problematisch ist hierbei Folgendes: Die Zuständigkeiten im Ermittlungsverfahren sind im bulgarischen Strafverfahrensrecht zweigeteilt. Es gibt die Staatsanwaltschaft als Teil der Rechtsprechung sowie die „Ermittler", die als Ermittlungsorgane zur Staatsanwaltschaft parallel verlaufende Kompetenzen haben. Der Ermittler kann allerdings nicht über die Anklageerhebung entscheiden, dies bleibt dem Staatsanwalt vorbehalten. Ermittler und Staatsanwälte sind im Ermittlungs- und Hauptverfahren tätig, wobei die Ermittler an die Weisungen der Staatsanwälte gebunden sind. Ermittler, Staatsanwälte sowie Richter gehören gemäß der bulgarischen Verfassung[12] zur Rechtsprechung. Diese Zweiteilung führt zu teilweise undurchsichtigen und langen Ermittlungsverfahren und führte zu einigen Urteilen des Europäischen Gerichtshofs für Menschenrechte.[13]

Nach Ansicht der EU-Kommission ist eine Kompetenzteilung zwischen den Ermittlern, der Staatsanwaltschaft und den Gerichten notwendig, so dass die Unab-

---

[10] Vgl. Bericht der Kommission 2004 (o. Fußn. 9), S. 18.
[11] Vgl. Bericht der Kommission 2004 (o. Fußn. 9), S. 20 f.
[12] Vgl. dazu eingehender unten.
[13] Auf der Seite des Bulgarischen Helsinki Komitees, www.bghelsinki.org, findet sich eine Liste von Verfahren gegen Bulgarien vor dem EGMR. Mehrmals wurde Bulgarien dabei wegen der Verletzung von Art. 5 EMRK (Recht auf Freiheit und Sicherheit) und Art. 6 EMRK (Recht auf faires Verfahren) verurteilt. Insb. die überlange Verfahrensdauer war Anlass für Verurteilungen, da auch die Dauer der Untersuchungshaft unzumutbar lang ist.

hängigkeit des Richters gewährleistet sei.[14] Die Reformen im Justizwesen werden als zentrales Erfordernis angemahnt,[15] die Kommission fordert, dass sie bis Ende 2005 vollzogen werden.[16] Sollte dies nicht erfolgen, droht Bulgarien der Aufschub des Beitritts um ein Jahr auf den 1.1.2008, denn die Zusage der Justizreform muss eingehalten werden.[17] Sie ist aber verfassungsrechtlich problematisch[18] und innenpolitisch umstritten.[19] In der letzten Legislaturperiode wurde erst im Mai 2005 ein Gesetzentwurf vorgestellt, der aufgrund der Parlamentswahlen am 25.6.2005 nicht verabschiedet werden konnte. Es bleibt abzuwarten, ob der Entwurf so von der künftigen Regierung abgestimmt werden wird. Im Falle der Ausarbeitung eines neuen Entwurfs besteht die Gefahr, dass eine Verabschiedung zum Ende 2005 nicht möglich ist.[20]

Für die Bekämpfung der Korruption sind die Reformen in der öffentlichen Verwaltung und im Justizwesen entscheidend. Korruption ist ein weiteres zentrales

[14] Dies liegt daran, dass in die Rechtsprechung Bulgariens sowohl die Ermittler als auch die Staatsanwälte einbezogen werden. So kann die Richterschaft durch den Einfluss der „Ermittler“ oftmals nicht mehr unabhängig entscheiden, Vgl. *Zdravkova*, Efektivnost na sadebnata sistema i merki za odobrjavaneto i (Die Effizienz des Gerichtssystems und Maßnahmen zu deren Verbesserung), in: Dokladi ot konferencijata na evropejskija institut v ramkite na evropejskija forum, Sofija 21.1.2002 (Vorträge der Konferenz des Europäischen Instituts im Rahmen des Europäischen Forums, Sofia 21.1.2002), Sofia 2002, S. 18 – 32 (20 – 22).

[15] Vgl. die Ausführungen im Bericht der Kommission 2004 (o. Fußn. 9), S. 21, 133 – 141.

[16] Vgl. Dnevnik v. 20.3.2005, ES iska sudebna reforma do kraja no godinata (Die EU will die Gerichtsreform bis zum Ende des Jahres), www.dnevnik.bg.

[17] Der Aufschub um ein Jahr ist aufgrund einer Schutzklausel im Beitrittsvertrag von Bulgarien möglich (Art. 39), s. III im Text. Kürzlich wurde der Regierung Bulgariens von der Kommission angekündigt, dass diese beabsichtige, das Land offiziell zu verwarnen, weil sich die Umsetzung der Verpflichtungen bei den Maßnahmen und Reformen im Justizwesen, den inneren Angelegenheiten, Landwirtschaft, Umweltschutz, Verbraucherschutz und Regionalpolitik verzögere. Vgl. Kapital 22/2005, S. 3; Dnevnik v. 19.5.2005, www.dnevnik.bg u. www.euractiv.com.

[18] Zur Verfassung s. unter IV.1 im Text.

[19] In den Justizkreisen selbst besteht Uneinigkeit, so sprach sich der Generalstaatsanwalt *Nikola Filchev* vor Kollegen dagegen aus, s. Kapital 20/2005, S. 3.

[20] Es ist wohl anzunehmen, dass ein neues Gesetz noch in diesem Jahr verabschiedet werden wird. Denn auch eine neue Regierung wird den rechtzeitigen Beitritt Bulgariens zum 1.1.2007 anstreben, und eine zügige Reform des Strafverfolgungssystems ist dafür unabdingbar. Vgl. *Georgieva*, NPK vse pak shte bude priet (Das Strafprozessgesetzbuch wird trotzdem angenommen), in: Dnevnik v. 24.5.2005, www.dnevnik.bg.

Problem der bulgarischen Gesellschaft und in vielen Bereichen des gesellschaftlichen Lebens verbreitet.[21] Besonders schwer wiegt dabei, dass auch Sektoren wie das Gesundheits- und Bildungswesen korrupt sind.[22] Trotz eines Programms zur Bekämpfung der Korruption und umfassender Gesetzesänderungen für den öffentlichen Dienst besteht weiterhin Handlungsbedarf, um die Korruptionsmöglichkeiten in Justiz und Verwaltung zu unterbinden.[23]

(2) Menschenrechte und Minderheitenschutz

Die Menschenrechte werden grundsätzlich gewahrt.[24] Die türkische Minderheit (9,4 %) ist in das öffentliche Leben integriert, die soziale und wirtschaftliche Integration dagegen sollte, wie auch bei anderen, kleineren Minderheiten, verstärkt werden.[25] Schwerwiegende Probleme bestehen bezüglich der Situation der Roma-Minderheit (4,6 %). Dabei gilt es zunächst hervorzuheben, dass es ihnen an dem Zugang zu guter Schulbildung, guter Gesundheitsversorgung[26] sowie Beschäftigungsmöglichkeiten mangelt, so dass es zu großen sozialen Unterschieden zwischen der Mehrheitsbevölkerung und ihnen kommt.[27] Es wurde eine Initiative „Jahrzehnt der sozialen Eingliederung der Roma" gegründet und Lang-

---

[21] Siehe den Korruptionsindex 2004 von Transparency International, www.transparency.org Bulgarien steht an 54. Stelle, mit einem Punktwert des Corruptions Perception Indexes von 4.1. So hatte kürzlich sogar der Generalstaatsanwalts Bulgariens, *Nikola Filchev*, eingeräumt, dass es korrupte Staatsanwälte gibt, die von „verbrecherischen Kreisen" gelenkt würden, Kapital 20/2005, S. 3. Die Mehrheit der Bevölkerung meint, dass Korruption in vielen Bereichen allgegenwärtig ist, zuvörderst im Gesundheitssystem. Weiterhin wird die Justiz als sehr korrupt angesehen, gefolgt von der Polizei. Vgl. *Bachvarova*, Mnogo korupcija, mnogo tarpimost (Viel Korruption, viel Duldung), in: Kapital 9/2005, S. 5. Der Beitrag wertet eine Meinungsumfrage durch die Firma „Market Links" vom 14. – 24.2.2005 aus.

[22] Bericht der Kommission 2004 (o. Fußn. 9), S. 22.

[23] *Bachvarova* (o. Fußn. 21), S. 5.

[24] Vgl. Bericht der Kommission 2004 (o. Fußn. 9), S. 23 – 28, 30 f. Probleme gibt es nach ihrer Ansicht noch in der praktischen Gewährleistung, so im Strafvollzug, bei den Verhörmethoden, der Heimunterbringung Behinderter, dem Menschenhandel, dem Recht auf freie Meinungsäußerung für Journalisten (üble Nachrede, Diffamierung sind für diese strafbewehrt).

[25] Bericht der Kommission 2004 (o. Fußn. 9), S. 30.

[26] Bei der Reform der Sozialversicherungssysteme droht vielen Roma die Gefahr, dass sie aus dem staatlichen System herausfallen, weil sie nicht krankenversichert sind, s. den Alternativen Bericht der NGO über den Fortschritt Bulgariens im Beitrittsprozess zur EU 2004, Okt. 2004: www.bghelsinki.org, S. 19.

[27] Kommission 2004 (o. Fußn. 9), S. 29 f.; Bericht der NGO (o. Fußn. 26), S. 17 – 20.

zeitprogramme erstellt, die zwar durch europäische Mittel unterstützt werden, dennoch mit mangelhaften Finanzierungen zu kämpfen haben.[28] Für die erfolgreiche und dauerhafte Gleichstellung der Roma-Minderheit mit der bulgarischen Bevölkerung sind die Verbesserung ihrer wirtschaftlichen Lage sowie eine gute Schulbildung unabdingbar. Hierfür gilt es bereits angenommene Gesetze effektiv umzusetzen, um eine Gleichbehandlung der Schüler aller ethnischen Gruppen zu erreichen.[29]

Für eine erfolgreiche Integration müssen in der bulgarischen Gesellschaft auch die Vorurteile gegenüber den Roma abgebaut werden. Es bedarf einer öffentlichen Auseinandersetzung, denn aufgrund der schlechten sozialen Lage der Roma und der bulgarischen Bevölkerung besteht viel Konfliktpotential.[30]

b) Wirtschaftliche Kriterien

Wirtschaftlich hat sich Bulgarien seit der schweren Krise 1996/1997 erholt, und es sind ein stabiles Wirtschaftswachstum, eine niedrige Inflationsrate, ein deutlicher Rückgang der Arbeitslosigkeit sowie ein Anstieg der Kaufkraft zu verzeichnen.[31] Im Vergleich zu den EU-Staaten ist die Wirtschaft jedoch schwach entwickelt. So ist das Pro-Kopf-Einkommen sehr niedrig und beträgt 29 % des

---

[28] Vgl. Bericht der NGO (o. Fußn. 26), S. 16.
[29] Vgl. Bericht der NGO (o. Fußn. 26), S. 18, wonach hier noch erheblicher Handlungsbedarf besteht. Insbesondere muss eine Unterrichtung in der Muttersprache der ethnischen Minderheiten möglich sein, dies ist gesetzlich nicht vorgesehen.
[30] Verwiesen sei auf die Parlamentswahl vom 25.6.2005, in der die nationalpopulistische Partei „Ataka“ mit dem Slogan „Bulgarien den Bulgaren“ 8,2 % der Stimmen errang und so erstmalig einer nationalpopulistischen Partei der Einzug in die Bulgarische Nationalversammlung gelang. Zu den Ergebnissen www.izbori.dnevnik.bg. Wie empfindlich die Lage ist, zeigte sich auch im Mai 2005, als in einem Wohnviertel in Sofia einige Angehörige der Roma eine bulgarische Abiturientenfeier störten und die Gäste teilweise schwer verletzten. Daraufhin organisierten viele Bulgaren Demonstrationen gegen die Roma und verlangten deren Umsiedlung. In solchen Fällen ist es wichtig, dass das öffentliche Bewusstsein keinen Rassismus zulässt und keine Differenzierung stattfindet. *Angarev*, Masov boj nastarva bulgari sreshtu romi (Massenschlägerei hetzte Bulgaren gegen Roma auf), in: Dnevnik v. 24.5.2005.
[31] Bericht der Kommission 2004 (o. Fußn. 9), S. 32 f., Tab. mit Wirtschaftsdaten seit 1997.

Durchschnittseinkommens der 25 Mitgliedstaaten.[32] Es wird auch nach einem EU-Beitritt noch Jahrzehnte dauern, bis es in Bulgarien zu dem EU-Durchschnitt vergleichbaren Einkommen kommt.[33]

Die Privatisierung der Wirtschaft ist fast abgeschlossen, die Investitionen werden fast ausschließlich von ausländischen Unternehmen getätigt.[34] Dennoch steht die Privatisierung einiger Großunternehmen aus. Diese haben aber stets auch politische und soziale Bedeutung, denn mit der Privatisierung staatlicher Unternehmen werden häufig viele Menschen von der Arbeitslosigkeit bedroht. So scheiterte z. B. die Privatisierung des bulgarischen Tabakkonzerns „Bulgartabak" in der letzten Legislaturperiode gleich zweimal.[35]

Entscheidend für einen erfolgreichen Beitritt ist, ob das Land dem Wettbewerbsdruck und den Marktkräften innerhalb der Union standhalten kann. Diese Frage hängt mit dem Einflussgrad des Staates auf die Wirtschaft, verbunden mit der Wirtschaftskraft und Wettbewerbsfähigkeit der Unternehmen, zusammen. Hier gibt es noch Handlungsbedarf. So wäre die Stellung der kleinen und mittleren Unternehmen (KMU) und die eigentliche Umstrukturierung und Liberalisierung netzgebundener Industrien zu verbessern.[36]

c) Übernahme des acquis communautaire

Insgesamt hat Bulgarien schon viele Fortschritte bei der Rechtsangleichung an den *acquis communautaire* gemacht, dennoch sind bis zum Beitritt für alle Kapi-

[32] Bericht der Kommission 2004 (o. Fußn. 9), S. 33.
[33] Bez iljuzii za dochodite sled 2007g. (Ohne Illusionen über die Einnahmen nach 2007), in: Kapital 12/2005, S. 9 – 13 (11).
[34] Sie wurden vor allem im Bereich der Daseinsvorsorge und im Finanzsektor vorgenommen. Bericht der Kommission 2004 (o. Fußn. 9), S. 35.
[35] *Meglena Kuneva* (Europaministerin) meint, dass die gescheiterte Privatisierung keinen Einfluss auf den Beitrittsprozess habe, Interview in: Kapital 5/2005, S. 17. Dagegen wurde kürzlich der Zuschlag in einer Ausschreibung über die Flughäfen Bourgas und Varna erteilt: Copenhagen Airports erhält die Konzession für Varna und Burgas, in: Dnevnik v. 6.4.2005.
[36] Bericht der Kommission 2004 (o. Fußn. 9), S. 41 – 46.

tel weitere Veränderungen vorgesehen.[37] Herauszunehmen sind hier die entscheidenden Kapitel: Umweltschutz, Landwirtschaft, Energiepolitik.[38] Sie wurden vorläufig abgeschlossen, und es werden von Bulgarien große Anstrengungen verlangt, um die ausstehenden Bedingungen zu erfüllen.

Bei der Landwirtschaft ist die Umsetzung der Veterinär- und Pflanzenschutzvorschriften, der Modernisierung der Kontrolleinrichtungen mit Hinblick auf die EG-Standards sowie die Umstrukturierung des Ernährungssektors notwendig.[39] Diese sind der Kommission zufolge nicht zufrieden stellend.

Die Energiepolitik war seit Beginn der Verhandlungen ein in der bulgarischen Öffentlichkeit viel diskutiertes Thema. Grund dafür ist, dass das Land fast die Hälfte des Energiebedarfes durch den vom Kernkraftwerk Koslodui erzeugten Strom abdeckt.[40] Die EU stellte sich stets auf den Standpunkt, dass aus Gründen der nuklearen Sicherheit sämtliche Blöcke des Kernkraftwerkes abgeschaltet werden müssen, Block 1 und 2 bereits 2002, Block 3 und 4 im Jahre 2006.[41] Um den Energiebedarf der Bevölkerung decken zu können, wird im Rahmen des PHARE-Programms sowie durch Projekte, die von der Europäischen Bank für Wiederaufbau und Entwicklung finanziert werden, die Modernisierung der Blöcke 5 und 6 vorgenommen.[42] Zudem wird ein neues, privat finanziertes Wärmekraftwerk bei Stara Zagora, „Marica Iztok“, gebaut – doch es bleibt fraglich,

---

[37] Eine gute Übersicht über die Kapitel und die bevorstehenden Änderungen findet sich unter www.dnevnik.bg/evropa.

[38] Es kann nicht auf alle wichtigen Kapitel eingegangen werden, so sind z.B. für die Gewährleistung der Grundfreiheiten u. der Wettbewerbsfähigkeit weitere gesetzgeberische Maßnahmen notwendig, Bericht der Kommission 2004 (o. Fußn. 9), S. 52 – 70, außerdem Fußn. 37.

[39] Kommission, ebd., S. 79; Report on the Results of Negotiations, S. 8. Aufgrund der großen strukturellen Probleme wurden in der Landwirtschaft Übergangsbestimmungen bei der Entwicklung des ländlichen Raums sowie der Einhaltung der Milchvorgaben vorgesehen.

[40] Bericht der Kommission 2004, ebd., S. 102.

[41] Bericht der Kommission 2004, ebd., S. 103; Art. 30 BA, ferner Fußn. 37.

[42] Bericht der Kommission 2004, ebd., S. 103; zur bulgarischen Energiepolitik finden sich viele Informationen unter www.doe.bg.

ob bei der geforderten Abschaltung der Blöcke 3 und 4 im Jahre 2006 der Energiebedarf des Landes überhaupt gedeckt werden kann.

Erfolgreich war für Bulgarien die Privatisierung der bulgarischen Stromnetze 2004, bei denen auch hohe Preise erzielt werden konnten. Der gesetzliche Rahmen für die Förderung erneuerbarer Energien wurde geschaffen und es besteht starkes Interesse an der Gewinnung von Energie aus Wasserkraft, was sich bei der Privatisierung der bulgarischen Wasserkraftwerke zeigte.[43] Aktuell gibt es Handlungsbedarf bei der Öffnung des Gasmarktes.[44] Dabei besteht in Bulgarien die Besonderheit, dass das Gasnetz bisher vor allem den Großverbrauch sichert und nunmehr auch auf die Hausgasversorgung erweitert wird.[45]

Anders ist es im Bereich des Umweltschutzes. Hier ist es für Bulgarien schwer, die EG-Standards umzusetzen. Daher wurden bei den Beitrittsverhandlungen Übergangsfristen vereinbart, welche bis 2014 Aufschub für die Anwendung der EU-Vorschriften gewähren.[46] Die Umsetzung des *acquis communautaire* erfordert insbesondere bezüglich der Vorschriften zum Schutz der Luft- und Wasserqualität und in der Abfallwirtschaft erhebliche finanzielle Aufwendungen, da oftmals die Infrastruktur in den einzelnen Gemeinden fehlt. Auch hierfür werden bereits im Vorfeld zum Beitritt Projekte durch EU-Förderprogramme unterstützt, insbesondere durch die Durchführung einzelner ISPA-Projekte.[47]

Für die Umsetzung all dieser Vorschriften ist eine effektive Verwaltung unabdingbar, denn nach den Kriterien von Madrid muss das Land in der Lage sein,

---

[43] Bericht der Kommission 2004, ebd., S. 102 u. Angaben www.doe.bg.
[44] Bericht der Kommission 2004, ebd., S. 102. Interview mit *Kuneva* (Europaministerin) zur 11. Jahrestagung des Assoziationsrates am 17.6.2005, in: Dnevnik v. 20.6.2005.
[45] Erschließungen werden regional vorgenommen, so bestehen bereits Netze in der Region um Sevlievo, Stara Zagora und Plovdiv, der Aufbau des Netzes für den Privatverbrauch in Sofia beginnt.
[46] Bericht der Kommission 2004 (o. Fußn. 9), S. 129; www.dnevnik.bg/evropa.
[47] Bericht der Kommission 2004, ebd., S. 11.

die europäischen Vorschriften effizient anzuwenden und auszuführen.[48] Es wird daher für die Beitrittsfähigkeit entscheidend darauf ankommen, ob es gelingt, die erforderlichen Strukturen aufzubauen.[49]

3. *Finanzielle Heranführungsinstrumente*

Für den Zeitraum 2000 – 2004 betrug die Finanzhilfe der EU jährlich ca. 178 Mio. € an PHARE-Mitteln, 57,6 Mio. € an SAPARD-Mitteln sowie 127 Mio. € an ISPA-Mitteln.[50] Die finanzielle Unterstützung durch die einzelnen Programme wird nur dann gewährt, wenn die Bewerbungskriterien erfüllt sind, so z. B. ordnungsgemäße Vergabeverfahren stattgefunden haben.[51] Das SAPARD-Programm spielt für die bulgarische Landwirtschaft eine wichtige Rolle. Die finanziellen Mittel werden von der akkreditierten nationalen SAPARD-Stelle verwaltet.[52] Im Vergleich zu den bisherigen Beitrittsländern gelang es Bulgarien bisher, eine große Summe an SAPARD-Mitteln zu beanspruchen.[53] Dennoch sind lediglich für die Hälfte der angenommenen Projekte die finanziellen Mittel tatsächlich ausgezahlt worden.[54] Unterstützt werden vor allem Produktionsbetriebe im landwirtschaftlichen Bereich, dagegen haben sich Klein- und Mittelbauern nicht für SAPARD qualifiziert, vor allem wegen fehlender Kenntnisse und der komplizierten Antragsformalitäten. Bisher ist es auch nicht gelungen, die Betriebe

---

[48] Der Europäische Rat von Madrid 1995 stellte dieses zusätzliche Kriterium auf.

[49] Dies ergibt sich auch aus dem Aufforderungsschreiben der Kommission vom Juni 2005.

[50] Mit Hilfe von ISPA-Projekten werden wichtige grenzüberschreitende Fernstraßen, wie eine Autobahn von Rumänien nach Griechenland, und Infrastruktur für die Abwasserbehandlung und Abfallbeseitigung finanziert. Bericht der Kommission für 2004, S. 8 – 11.

[51] In diesem Zusammenhang ist derzeit die Finanzierung des Weiterbaus der Autobahn „Trakija" auf der Strecke Sofia - Burgas gefährdet, denn der Auftrag zum Bau einiger Streckenabschnitte wurde ohne öffentliche Ausschreibung vergeben. Dies wurde von der Kommission kritisiert und die Europäische Investitionsbank (EIB) erwägt, die zugesagte Kreditfinanzierung zu widerrufen. Vgl. EIB, Eine Ausschreibung für „Trakija" ist eine unabänderbare Bedingung, in: Dnevnik v. 25.5.2005; Die Befragung vor dem EP, Europaabgeordnete wollen erneut den Aufschub für die bulgarischen Beobachter, in: Dnevnik v. 6.7.2005.

[52] Bericht der Kommission 2004 (o. Fußn. 9), S. 11, 77 f.

[53] In der Gesamtsumme der erlangten Finanzmittel liegt Bulgarien hinter Polen und der Tschechischen Republik. *Velinova*, (Ne)uspechite na programta SAPARD (Die (Nicht-)Erfolge des SAPARD-Programms), in: Kapital 18/2005, S. 18.

[54] Ebd.

der Milch- und Fleischverarbeitung, die große Probleme bei dem Erreichen der EG-Standards haben, mit SAPARD-Mitteln zu unterstützen.[55]

III. Regelungen des Beitrittsvertrages

Den am 25.4.2005 in Luxemburg unterzeichneten Beitrittsvertrag mit Bulgarien und Rumänien[56] haben Bulgarien und die Slowakei bereits ratifiziert.[57] Er stellt das Ergebnis der Beitrittsverhandlungen dar. Der Beitrittsvertrag selbst regelt in Art. 1 bis 6 den Beitritt der Staaten zur EU, wobei von der Geltung der EU-Verfassung ausgegangen wurde. Ein Beitritt ist selbstverständlich auch zu den derzeit geltenden Verträgen möglich, vgl. Art. 2 des Beitrittsvertrages, die Geltung der Verfassung ist also keine Bedingung dafür.

Die Regelungen zum Ablauf des Beitritts finden sich in der Beitrittsakte (BA) und die einzelnen Übergangsbestimmungen in den Anhängen, die alle Bestandteil der Beitrittsakte sind.[58] Es werden Änderungen im EU-Recht festgelegt (Art. 16 – 24 BA), finanzielle Regelungen für den Beitritt getroffen (Art. 25 – 36 BA) und verschiedene Schutzklauseln festgeschrieben (Art. 37 – 42 BA).

Diese Schutzklauseln sind von zentraler Bedeutung für den bevorstehenden Beitritt. Sie sollen die Möglichkeit bieten, nach dem Beitritt auftretende Probleme, die zu großen Schwierigkeiten innerhalb der EU oder in dem Beitrittsstaat führen, durch Schutzmaßnahmen oder gar das Aussetzen einiger gemeinschaftsrechtlicher Regelungen zu lösen. Dies regelt Art. 36 BA für die wirtschaftlichen Sektoren und sieht die Derogation von Gemeinschaftsrecht als Mittel vor.[59] Art. 37 stellt eine Schutzklausel für das Funktionieren des Binnenmarktes dar,

---

[55] Ebd.

[56] Beitrittsvertrag, ABl. L 157 v. 21.6.2005, S. 11 – 27, in Bulgarisch www.government.bg.

[57] Das Parlament hat den Vertrag am 11.5.2005 ratifiziert. Vgl. www.euractiv.com.

[58] Vgl. Art. 59 BA.

[59] Für das Ausüben dieser Rechte sieht Art. 36 BA das Verfahren vor: auf Antrag der Beitrittsstaaten oder eines Mitgliedstaats entscheidet die Kommission über Schutzmaßnahmen.

die gem. Art. 37 Abs. 2 bereits vor dem Beitritt angewandt werden kann. Gleichlautende Vorschriften finden sich auch in der Beitrittsakte für die zehn neuen, am 1.5.2004 der EU beigetretenen Mitgliedstaaten.[60] Weiterhin ist, wie bereits in Art. 39 BA der im Mai 2004 beigetretenen Staaten, in Art. 39 BA für Bulgarien und Rumänien vorgesehen, dass die Geltung von EU-Recht in Bezug auf die justizielle Zusammenarbeit in Straf- und Zivilsachen ausgesetzt werden kann, wenn ernste Mängel auftreten. Für die Anwendung dieser Schutzklausel ist der Antrag eines Mitgliedstaates oder die Initiative der Kommission ausreichend. Auch sie kann bereits vor dem Beitritt und auf drei Jahre befristet (wie alle bisher erwähnten Klauseln) angewandt werden, in Einzelfällen sogar länger (Art. 39 Abs. 2 BA).

Neu ist in der Beitrittsakte für Bulgarien und Rumänien die Schutzklausel des Art. 39 BA, wonach der Beitritt der Staaten bis spätestens 1.1.2008 verschoben werden kann. Diese Schutzklausel soll nach Art. 39 Abs. 1 in Bezug auf Bulgarien dann zur Anwendung kommen, wenn die Kommission aufgrund eines ununterbrochenen Monitorings der Beitrittsvorbereitungen und auf Grundlage ihrer regelmäßigen Berichte zu dem Ergebnis gelangt, dass für Bulgarien die Gefahr besteht, dass das Land in wichtigen Bereichen nicht den Erfordernissen eines Beitritts genügen kann. Diese Entscheidung kann der Rat gemäß Art. 39 Abs. 1 BA nur einstimmig treffen.[61]

Es bleibt abzuwarten, ob diese Klausel angewandt werden wird. Wie bereits erwähnt, wurde Bulgarien seitens der Kommission auf Verzögerungen in den oben erörterten Bereichen hingewiesen, die zu einer Gefährdung des Beitritts zum 1.1.2007 führen könnten.[62] Allerdings gilt es zu bedenken, dass im Juni 2005 Parlamentswahlen stattfanden und so eine Verzögerung der ausstehenden Ge-

[60] Beitrittsakte zum EU-Beitrittsvertrag v. 16.4.2003, ABl. L 236 v. 23.9.2003, S. 33 – 988.
[61] Für Rumänien ist gem. Art. 39 Abs. 2 – 4 bereits eine qualifizierte Mehrheit ausreichend.
[62] Vgl. Kapital 22/2005, S. 3, Dnevnik v. 19.5.2005 sowie www.euractiv.com.

setzgebung entstand. Entscheidend ist nun, wie schnell sich eine stabile Regierung bilden wird und ob diese insbesondere die überfällige Justizreform zügig durchführen wird.[63] Für die Beurteilung der Beitrittsfähigkeit werden der regelmäßige Bericht der Kommission für 2005 sowie ein Frühjahrsbericht 2006 ausschlaggebend sein.[64]

In Bulgarien wächst die Angst, dass aufgrund von politischen Interessen einiger Mitgliedstaaten, die eine weitere EU-Erweiterung wegen anti-europäischer Stimmungen in der Bevölkerung[65] fürchten, der Beitritt verhindert werden soll. Dabei wird der Aufschub um ein Jahr gefürchtet, weil man meint, dass dies zum Aussetzen des gesamten Beitrittsprozesses führen könnte.[66] Schließlich ist es aufgrund des vorläufigen Scheiterns der EU-Verfassung und der fehlenden Einigung über den Haushalt 2007 – 2013 möglich, dass einige Mitgliedstaaten den Beitrittsvertrag mit Bulgarien und Rumänien nicht ratifizieren. Dann würde dieser keine Wirkung entfalten und ein Beitritt wäre schon deshalb nicht möglich.[67]

---

[63] Siehe dazu obige Ausführungen zu den politischen Kriterien und zur Verfassung.

[64] Nach Ansicht der rumänischen Zeitung „Cottidianul" wird der Aufschub des Beitritts immer wahrscheinlicher. Sie beruft sich auf einen hochrangigen EU-Beamten, der die Ansicht äußerte, beide Staaten benötigten noch Zeit, um die maßgeblichen Reformen durchzuführen. Der Artikel findet sich in der bulgarischen Presse unter www.dnevnik.bg/evropa.

[65] In diese Richtung etwa der französische Innenminister *Sarkozy* oder CDU-Kanzlerkandidatin *Merkel*, die forderte, dass der Beitrittsvertrag mit Bulgarien und Rumänien neu zu verhandeln sei. *Semerdzhieva*, Vaprositelnite za Balgarija sled sreshtata v Brjuksel (Die Fragezeichen für Bulgarien nach dem Treffen in Brüssel), in: Dnvenik v. 20.6.2005.

[66] Interview mit *Kuneva* (Europaministerin), Es gibt kein gefährliches Szenarium für Bulgarien, in: Dnevnik v. 19.6.2005.

[67] So wie die Ratifizierung der EU-Verfassung in vielen Staaten ausgesetzt ist, wird dies auch für den Beitrittsvertrag befürchtet; *Kuneva*, ebd.

IV. Innerstaatliche Voraussetzungen für den Beitritt Bulgariens

1. Verfassung Bulgariens[68]

Für den EU-Beitritt Bulgariens mussten Änderungen der Verfassung vorgenommen werden. So wurde stets kritisiert, dass der Erwerb von Grundeigentum durch Ausländer verboten war.[69] Die Nationalversammlung stimmte im März 2005 Änderungen zu, die für einen Beitritt Bulgariens notwendig waren. Nunmehr können EU-Ausländer nach dem Beitritt und dem Ablauf der im Beitrittsvertrag genannten Übergangsfristen zur Regelung des Erwerbs von Grundbesitz für Zweitwohnsitze durch EU-Bürger (Übergangsfrist von fünf Jahren) und zum Erwerb von land- und forstwirtschaftlichen Flächen sowie Wäldern (Übergangsfrist von sieben Jahren),[70] Grundeigentum in Bulgarien erwerben.[71]

Für die Zustimmung zum Beitrittsvertrag wurde Art. 85 Abs. 1 Nr. 9 der Verfassung dahingehend geändert, dass die einfache Nationalversammlung über die Abgabe der von der Verfassung verliehenen Rechte an die EU entscheidet, wobei gem. Art. 85 Abs. 2 der Verfassung eine 2/3-Mehrheit notwendig ist.[72] Die Ratifikation des Beitrittsvertrages wurde vom bulgarischen Parlament noch in der letzten Legislaturperiode vorgenommen.

Die Frage der Justizreform ist ebenfalls verfassungsrechtlich relevant, sie wurde bei der letzten Verfassungsnovelle jedoch ausgespart. Denn für die grundlegen-

---

[68] Verkündet in: Darzhaven Vestnik (DV) Nr. 56/1992. Deutsche Übersetzung in: *Brunner* (Hrsg.), Verfassungs- und Verwaltungsrecht der Staaten Osteuropas VSO, Bd. 2, Stand Jan. 1999, Länderteil Bulgarien 1.1.

[69] Vgl. Art. 22 der Verfassung.

[70] Zu den Fristen: Bericht der Kommission 2004 (o. Fußn. 9), S. 64, Anhang 6 zu Art. 20 BA.

[71] Juristische Personen bulgarischen Rechts mit Mehrheitskapital von Ausländern können bereits jetzt nichtlandwirtschaftliches Grundeigentum erwerben. Diese Möglichkeit wird in großem Umfang von natürlichen ausländischen Personen genutzt, denn das Stammkapital einer GmbH beträgt 2.500 € und kann gleich in die Immobilie investiert werden.

[72] Das Verfassungsgericht entschied in Nr. 3/2004, DV Nr. 61/2004, www.constcourt.bg, dass die vorgenommenen Änderungen in die Kompetenz der einfachen Nationalversammlung fallen. Zur Großen Nationalversammlung s. unten im Text.

de Frage der Zugehörigkeit der Ermittlungsorgane zur Judikative[73] müsste eine Verfassungsänderung vorgenommen werden.[74] Die größten Schwierigkeiten ergeben sich daraus, dass eine einfache Verfassungsänderung fraglich ist,[75] denn das Verfassungsgericht hatte in einer abstrakten Entscheidung[76] bestimmt, dass eine Änderung des Aufbaus der Staatsverfassung nur durch die Große Nationalversammlung nach Art. 157 ff. der Verfassung vorgenommen werden kann, die zunächst (Art. 160 der Verfassung) gewählt werden müsste.[77] Dem Verfassungsgericht wurden jetzt Fragen zur Auslegung der Verfassung in Bezug auf die geplante Justizreform vorgelegt, eine Entscheidung wird im September 2005 erwartet.[78]

Diese verfassungsrechtlichen Probleme und die gegensätzlichen Auffassungen der politischen Parteien sowie der Justizangehörigen selbst verhinderten bisher eine umfassende Justizreform.[79] Dadurch wird auch klar, weshalb die letzte bulgarische Regierung lediglich den Entwurf einer neuen Strafprozessordnung vorlegte, in der über die Neuregelung des Ermittlungsverfahrens die dargestellten

---

[73] Vgl. Art. 127 ff. der Verfassung.

[74] Siehe dazu *Chipova*, Reformata na predvaritelnoto proizvodstvo (Die Reform des Ermittlungsverfahrens), in: Savremenno Pravo 1997, Heft 6, S. 83 – 94 (88 f.). Sie ist der Ansicht, dass die Verfassung sehr wohl Spielraum für eine Reform ohne Verfassungsänderung lässt, da sich Art. 127 (Staatsanwaltschaft) und Art. 128 (Ermittler) so verstehen ließen, dass die Staatsanwaltschaft gerade nicht Teil der Rechtssprechung sei.

[75] Vgl. *Arabadzhiev*, Kak pravosadieto da se sreshtne s chustvoto za spravedlivost (Wie die Rechtsprechung sich mit dem Gerechtigkeitsgefühl treffen soll), in: Kapital 10/2005, S. 6; *Vladimirova*, Sadebna Reforma? Matricata e sbarkana, in: Dnevnik v. 16.6.2005. Schon eine einfache Verfassungsänderung nach Art. 153 der Verfassung wäre nur bei einem breiten politischen Konsens möglich. Hierfür müssten nämlich nach Art. 155 der Verfassung drei Viertel der Abgeordneten stimmen, anderenfalls kann das Gesetz bei einer 2/3-Mehrheit dann nach frühestens zwei und spätestens fünf Monaten nochmals zur Abstimmung gestellt werden.

[76] Urteil Nr. 3/2003, DV Nr. 36/2003, www.constcourt.bg.

[77] Es würde hierfür eine gesonderte direkte Wahl stattfinden müssen, die Große Nationalversammlung würde zu diesem Zwecke einberufen. Näheres wird durch das Gesetz zur Wahl der Großen Nationalversammlung geregelt (DV Nr. 45 v. 30.4.2002).

[78] *Georgieva*, KS otnovo shte talkuva sadebnata reforma (Das Verfassungsgericht wird wieder die Justizreform auslegen), in: Dnevnik v. 16.6.2005.

[79] *Arabadzhiev*, *Vladimirova* (beide o. Fußn. 75).

Probleme gelöst werden sollen.[80] Ob die hohe Hürde für eine umfassende Justizreform genommen werden kann, hängt von der zu bildenden neuen Regierung und einem breiten politischen Konsens ab.

2. *Notwendigkeit eines Referendums*

Gemäß Art. 42 der Verfassung besteht die Möglichkeit, in Bulgarien Volksbefragungen durchzuführen. Allerdings ist sie für keinerlei Gesetzesvorhaben, auch nicht für einen Beitrittsvertrag, notwendig.[81] Dennoch gab es intensive politische Diskussionen, ob ein Referendum zum Beitritt stattfinden soll. Bei einer öffentlichen Debatte im Jahre 2004 wurde die Idee von dem bulgarischen Präsidenten *Parvanov*[82] unterstützt und von der damaligen Regierung abgelehnt.[83] Begründet wurde die Ablehnung mit einer breiten Unterstützung des Beitritts durch die bulgarische Bevölkerung.[84] Weiterhin wäre festzulegen gewesen, ob die Ergebnisse des Referendums für das Parlament bindend sein sollten. Ein bindendes Referendum wäre für den Beitritt Bulgariens nicht mehr möglich, da der Beitrittsvertrag durch die einfache Nationalversammlung bereits ratifiziert wurde und damit bei Ratifikation durch alle Staaten die völkerrechtliche Verpflichtung wirksam wird. Eine nicht bindende Volksbefragung könnte zwar stattfinden, ist derzeit aber nicht Gegenstand der öffentlichen Diskussion.

3. *Öffentliche Meinung zum Beitritt sowie zur EU*

Die öffentliche Meinung in Bulgarien ist bisher sehr pro-europäisch.[85] 39 % der Bevölkerung stehen voll hinter dem Beitrittsprozess, weitere 30 % sind eher da-

---

[80] Siehe z. B. *Vladimirova* (o. Fußn. 75).
[81] S. oben IV.1., Art. 85 der Verfassung.
[82] Mediapool v. 22.1.2004, Der Präsident schlug ein Referendum zum EU-Beitritt vor, die Nationale Bewegung Simeon II. und Bewegung für Recht und Freiheit waren skeptisch, www.mediapool.bg.
[83] Mediapool v. 22. und 23.1.2004, *Kuneva* (o. Fußn. 35), S. 17, wo sie die fehlende Notwendigkeit eines Referendums begründet.
[84] Zur öffentlichen Meinung s. IV.3 im Text.
[85] Analyse der Resultate von „Eurobarometer“ in Bulgarien, in: Kapital 12/2005, S. 6, wonach die EU einen sehr guten Ruf in der bulgarischen Bevölkerung hat.

für.[86] Dagegen sind 18 % und 10 % geben an, nicht daran interessiert zu sein. Unter den landwirtschaftlichen Produzenten beläuft sich die Zahl der Befürworter auf 69 %.[87] Allerdings fühlt ein Großteil der Bevölkerung sich nicht ausreichend über die EU und den Beitrittsprozess informiert, nur 30 % sehen sich als eher informiert.[88]

Aufgrund der schlechten wirtschaftlichen Lage für die Mehrheit der bulgarischen Bevölkerung, ihrer pessimistischen Grundeinstellung[89] oder übertriebener Erwartungen kann die pro-europäische Stimmung bis zum anvisierten Beitritt noch umschlagen, wenn die Menschen negative Auswirkungen des Beitritts fürchten.[90] Ängste der Bevölkerung bestehen vor allem vor steigenden Preisen, z. B. bei Grundstücken oder Lebensmitteln und davor, dass die Wirtschaft dem Konkurrenzdruck auf dem europäischen Binnenmarkt nicht standhalten könne.[91]

V. Zusammenfassung

Bulgarien hat in Vorbereitung des EU-Beitritts viel erreicht. Das Land hat sich zielstrebig bemüht, die Vorgaben der EU trotz ungünstiger Bedingungen zu erfüllen und damit unter Beweis gestellt, dass es in der Lage ist, eine Mitgliedschaft in der EU zu meistern. Die weiterhin bestehenden Probleme im Zusammenhang mit der Justizreform, der Leistungsfähigkeit der Verwaltung und der

---

[86] Die Angaben stützen sich auf Untersuchungen des Instituts für Marketing und soziale Umfragen, das im März 2005 u. Nov. 2004 Umfragen durchführte, www.mbmdresearch.com.
[87] Umfrage unter den landwirtschaftlichen Produzenten, ebd., März 2005, S. 4.
[88] Umfrage (o. Fußn. 86), S. 4; Eurobarometer (o. Fußn. 85). Der bulgarischen Bevölkerung ist es jedoch durchaus möglich, sich über die EU und den Stand des Beitrittsverfahrens zu informieren. So hat die Delegation der EU-Kommission ein Informationsbüro in Sofia, auch online-Informationen sind möglich, www.evropa.bg. Es gibt zudem viele Euroinformationszentren im Land, eine Auflistung unter: www.evropa.bg. Die mangelnde Information begünstigt nicht zwingend die positive Einstellung, denn die befragten Optimisten waren meist sehr gut informiert, Eurobarometer (o. Fußn. 85).
[89] Sieben von zehn befragten Bulgaren erwarten keine positiven Entwicklungen und sind auch mit ihrem derzeitigen Lebensstandard sehr unzufrieden, siehe Eurobarometer (o. Fußn. 85).
[90] Eurobarometer (o. Fußn. 85).
[91] Umfrage (o. Fußn. 86), März 2005, S. 3; Kapital 17/2005, S. 26 f.

Umstrukturierung der Landwirtschaft sind natürlich entscheidend für einen erfolgreichen Beitritt.

Die Entscheidung, ob der EU-Beitritt Bulgariens zum 1.1.2007 erfolgen kann, sollte ausschließlich aufgrund der zu erfüllenden Beitrittsvoraussetzungen gefällt und nicht von innenpolitischen Gegebenheiten und parteipolitischem Kalkül in den Mitgliedstaaten abhängig gemacht werden. Ein solches Vorgehen wäre unbillig und würde für den Stabilisierungsprozess auf dem Balkan falsche Signale setzen.

Kroatien

Aida Grgić[*]

I. Einleitung

Etwas mehr als einen Monat nach der ersten Osterweiterung der EU mit zehn neuen Mitgliedstaaten wurde Kroatien auf dem EU-Gipfel in Brüssel am 17./18.6.2004 der Status eines Beitrittskandidaten verliehen. So wurde Kroatien das erste Land des sog. westlichen Balkans, dem dieser Status zugestanden wurde – ob zu Recht oder nicht, wird andauernd debattiert.

Der Dialog zwischen Kroatien und der EU hat sich nach dem Regierungswechsel im Jahre 2000, bei dem die Sozialdemokraten an die Macht gekommen waren, intensiviert. Nach einem längeren Stillstand der Beziehungen wurden endlich Verträge abgeschlossen und Kroatien in den Stabilisierungsprozess einbezogen. Das Land begann, eine an regionalen Interessen orientierte Politik zu führen, die von besonderer Wichtigkeit war. Dies geschah nicht nur wegen der übernommenen Verpflichtungen gegenüber der EU, sondern auch, um die Erreichung einer funktionierenden Marktwirtschaft zu beschleunigen. Seit Ende 2003 hat die neue HDZ-Regierung diese Politik weiterentwickelt. Eine europäisch-orientierte Idee wurde Anliegen der Politik und der Regierung. Im letzten Jahr wurde dieses Interesse endlich auch belohnt.

Damit öffnete sich ein neues Kapitel in den Verhältnissen Kroatiens zur EU. Eine Ära, in der sich Kroatien als vertrauenswürdig erweisen sollte und in der es anstreben sollte, alle gegenüber der EU übernommenen Verpflichtungen zu erfüllen. Eine Ära, in der jedoch die EU und ihre Mitgliedstaaten weitere Hilfe

---

[*] Aida Grgić, LL.M., Straßburg, Rechtsreferendarin beim Europäischen Gerichtshof für Menschenrechte. Der Beitrag gibt die persönliche Ansicht der Autorin wieder.

und Führung anbieten sowie klare Kriterien des Beitrittsverfahrens festlegen sollten. Schließlich ist eine Phase der weiteren Osterweiterung der EU eingeleitet worden, die nicht nur Kroatien, sondern auch andere Länder der Region erfasst, die ihre Zukunft ebenfalls in der EU sehen.

II. Überblick über die bisherigen Beziehungen der EU und Kroatiens

1. Stabilisierungs- und Assoziierungsabkommen

Es ist wenig bekannt, dass die ersten Verhandlungen zwischen der EG und Kroatien noch aus dem Jahre 1995 datieren, als die beiden beabsichtigten, ein Kooperationsabkommen und einen Verkehrsvertrag abzuschließen. Diese Idee wurde aber wegen der eingefrorenen politischen Beziehungen zwischen der EU und Kroatien nie verwirklicht. Im Rahmen ihrer Außenpolitik in Bezug auf die Länder des westlichen Balkans legte die Kommission in ihrer Mitteilung vom 26.5.1999 über den Stabilisierungs- und Assoziierungsprozess für Bosnien und Herzegowina, Kroatien, die Bundesrepublik Jugoslawien, die ehemalige jugoslawische Republik Mazedonien und Albanien[1] einen neuen Rahmen für die Intensivierung der Beziehungen fest. Gleichzeitig entstand die Grundlage für eine neue Art von Europaabkommen, das sog. Stabilisierungs- und Assoziierungsabkommen (SAA), das den Vertragsstaaten als langfristige Perspektive den Beitritt zur EU in Aussicht stellt.

Nach den Wahlen Anfang 2000 und dem neuen Aufschwung der bilateralen Verhältnisse zwischen Kroatien und der EG wurde schon am 29.10.2001 das SAA[2] unterzeichnet. Damit erhielt Kroatien den Status eines assoziierten Staates mit Aussicht auf eine EU-Mitgliedschaft. Dieses Abkommen trat erst am 1.2.2005 in Kraft, nachdem es in allen Mitgliedstaaten sowie durch das Europäische und das kroatische Parlament ratifiziert worden war.

[1] KOM (1999) 235 endg., 26.5.1999.
[2] KOM (2001) 371 endg.

Die Ziele der Assoziation bestehen darin, einen geeigneten Rahmen für den politischen Dialog zu schaffen, der die Entwicklung enger politischen Beziehungen zwischen den Vertragsparteien ermöglichen soll. Weiterhin übernahm Kroatien die Verpflichtung, seine Rechtsvorschriften an die der EU anzugleichen, um dadurch die wirtschaftliche und internationale Zusammenarbeit auszubauen. Außerdem soll die Assoziation die Bestrebungen Kroatiens unterstützen, den Übergang zur Marktwirtschaft zu vollenden, ausgewogene wirtschaftliche Beziehungen zwischen der EU und Kroatien zu entwickeln und schrittweise eine Freihandelszone zu schaffen. Letztlich hat sich Kroatien verpflichtet, die regionale Zusammenarbeit in allen Bereichen des SAA zu fördern. Dieses bleibt bis zu einem künftigen Beitritt Kroatiens zur EU in Kraft.

Das SAA schafft weiterhin die Mechanismen für die Umsetzung, Verwaltung und Begleitung der Beziehungen in sämtlichen Bereichen der Assoziierung. So wird von den Mitgliedern des Ministerrates und der Kommission einerseits und den Mitgliedern der kroatischen Regierung andererseits ein Stabilitäts- und Assoziationsrat[3] geschaffen, der die Anwendung und Durchsetzung des SAA überwacht. Der Assoziationsrat wird von einem Assoziationsausschuss unterstützt, der auch Unterausschüsse einsetzen kann, wo lediglich technische Fragen behandelt werden. Es wird zudem ein Parlamentarischer Stabilitäts- und Assoziationsausschuss geschaffen, der das Forum für Gespräche auf hochrangiger Beamtenebene bildet und für die Lösung der Probleme bei der Umsetzung des SAA zuständig ist.

Bis zum Inkrafttreten des SAA galt allerdings das am 1.3.2002 in Kraft getretene Interimsabkommen. Dieses Abkommen war schon auf einige Teile des SAA anwendbar, und zwar in Bezug auf die Warenverkehrsfreiheit und die Wettbewerbsbestimmungen sowie die Bestimmungen zu den Rechten an geistigem, ge-

[3] Der Assoziationsrat hatte sein erstes Treffen im April 2005 in Luxemburg.

werblichem und kommerziellem Eigentum. Es gründete, im Einklang mit den einschlägigen WTO-Bestimmungen, ebenfalls eine Freihandelszone zwischen den Parteien. Schon mit dem Interimsabkommen wurde daher Kroatien für praktisch sämtliche Waren der zollfreie Zutritt zum EG-Markt gewährt (ausgenommen Wein, Kälberfleisch, bestimmte Fischerzeugnisse). Natürlich handelt es sich um eine Kroatien begünstigende asymmetrische Liberalisierung, wobei Kroatien seine Einfuhrbeschränkungen für Waren aus der EG lediglich schrittweise bis zum Ablauf der Übergangszeit am 1.1.2007 beseitigen muss.

2. Avis der Kommission

Kroatien hat seinen Beitritt zur EU am 21.2.2003 in Athen beantragt. Danach beschloss am 14.3.2003 der Rat die Einleitung des Verfahrens nach Art. 49 EUV und beauftragte die Kommission, ihm einen Bericht über Kroatien und dessen möglichen Beitritt vorzulegen. Daraufhin stellte die Kommission nun 4.560 Fragen an die kroatischen Behörden, die die verschiedenen Bereiche des Funktionierens des Staates, der Wirtschaft sowie andere Bereiche umfassten. Im Dezember folgten 184 zusätzliche Fragen, die alsbald auch beantwortet wurden.

Am 20.4.2004 erfolgte der *avis* der Kommission[4] – und er war positiv. Die Kommission stellte fest, dass Kroatien die Kopenhagener Kriterien von 1993 sowie die besonderen, 1997 festgestellten Kriterien des Europäischen Rates für die Länder des Stabilisierungs- und Assoziierungsprozesses,[5] erfülle. Daher empfahl sie dem Rat, die Beitrittsverhandlungen mit Kroatien zu eröffnen.

a) Politische Kriterien

Die Kommission ist der Ansicht, Kroatien verfüge über solide demokratische Institutionen, die ordnungsgemäß funktionieren, die Grenzen ihrer jeweiligen Zu-

---

[4] KOM (2004) 257 endg.

[5] In diesem Zusammenhang werden insbesondere die Voraussetzungen der Zusammenarbeit mit dem Haager Tribunal und die regionale Zusammenarbeit hervorgehoben.

ständigkeiten respektieren und untereinander zusammenarbeiten. Die Opposition erfüllt in der Arbeit der Institutionen die ihr zustehende Funktion. Die Wahrung der Rechtsstaatlichkeit und der Grundrechte ist zufrieden stellend.

Allerdings gebe es zahlreiche Bereiche, in denen es weitere Schritte zu unternehmen gelte. So muss Kroatien das Funktionieren seiner Justiz erheblich verbessern, um den Rückstand von etwa 1,38 Mio. anhängigen Rechtssachen aufzuarbeiten. Die Bekämpfung der Korruption müsse auch noch an Wirksamkeit gewinnen. Gleichzeitig müsse Kroatien weitere Bemühungen unternehmen, um die Rechte der Minderheiten in vollem Umfang zu gewährleisten. In diesem Zusammenhang empfahl die Kommission, zügig das Verfassungsgesetz[6] über die nationalen Minderheiten[7] umzusetzen sowie weitere Anstrengungen für die Rückkehr der geflüchteten kroatischen Serben[8] zu unternehmen. Diese Verpflichtung umfasst auch die Lösung der Wohnungsprobleme der zurückkehrenden Flüchtlinge, wofür einschlägige Rechtsvorschriften zwar erlassen wurden, jedoch die vielfältigen Probleme der praktischen Umsetzung dieser Bestimmungen nach wie vor ungelöst bleiben.[9]

Zuletzt betonte die Kommission die Verpflichtung Kroatiens zur vollen Zusammenarbeit mit dem Internationalen Strafgerichtshof für das ehemalige Jugosla-

---

[6] *Ustavni zakon o pravima nacionalnih manjina*, NN 155/2002 (alle Gesetze sind unter www.nn.hr zu finden). Das Verfassungsgesetz gibt den Minderheiten das Recht, bis zu acht Sitze im Parlament zu haben und auf der Ebene der kommunalen Selbstverwaltung eigene Minderheitenvertreter zu entsenden. Außerdem haben sie das Recht auf gleichberechtigten Gebrauch ihrer jeweiligen Muttersprache im Amtsverkehr, wenn der Anteil der jeweiligen Minderheit im Gebiet einer Stadt bzw. Gemeinde mindestens ein Drittel der Gesamtbevölkerung ausmacht oder wenn eine entsprechende internationale Regelung vorliegt. Sie haben zudem ein Anrecht auf muttersprachlichen Schulunterricht von der Grundschule bis zur Sekundarstufe.

[7] In Kroatien gibt es 16 nationale Minderheiten, die nach der Volkszählung von 2001 7,5 % der Bevölkerung ausmachen.

[8] Nach der Volkszählung von 1991 machte die serbische Minderheit 13 % der Bevölkerung aus. Zehn Jahre später (2001) waren es jedoch nur 4,5 %.

[9] Vgl. dazu den Fall *Blečić gegen Kroatien* (59532/00), der beim Europäischen Gerichtshof für Menschenrechte auf eine Entscheidung der Grossen Kammer wartet.

wien (ICTY) und zur regionalen Zusammenarbeit. Insbesondere müsse Kroatien weitere politische Bemühungen zur Lösung der Grenzstreitigkeiten mit den Nachbarländern[10] unternehmen und die aus der einseitigen Entscheidung zur Ausrufung einer Umweltschutz- und Fischereischutzzone in der Adria folgenden Probleme lösen.

b) Wirtschaftliche Kriterien

Die Kommission stellte hierzu fest, dass Kroatien als eine funktionierende Marktwirtschaft betrachtet werden könne. Es solle mittelfristig in der Lage sein, in der Union im Wettbewerb zu bestehen und sich den Marktkräften gewachsen zu zeigen. Es wachse der politische Konsens in grundlegenden Fragen der Wirtschaftspolitik; das Land hat einen wesentlichen Grad an makroökonomischer Stabilität bei gleichzeitig niedriger Inflation erreicht. Die Marktmechanismen funktionieren frei, insbesondere die Preise und der Handel, in geringerem Maße auch die Privatisierung. Die Arbeitskräfte haben ein relativ hohes Ausbildungsniveau, im Lande existieren ein gut ausgebautes Straßennetz und eine gute Telekommunikationsinfrastruktur. Kurz gefasst ist die kroatische Volkswirtschaft bereits weitgehend in die Wirtschaft der EU integriert.

Das Funktionieren der Marktmechanismen ist jedoch noch verbesserungsbedürftig. Obwohl der Rechtsrahmen für viele Wirtschaftsbereiche dem *acquis communautaire* in kurzer Zeit angeglichen worden ist, bleibt die Leistung des Justizapparates schwach. Die Gerichte funktionieren nicht in zufrieden stellender Weise und sind bei der Durchsetzung der Gläubiger- und Eigentumsrechte nicht effizient genug. Nach wie vor spielen einige staatliche Großbetriebe in der Wirtschaft immer noch eine wichtige Rolle. Umstrukturierung und Privatisierung im

[10] Mit Serbien und Montenegro bestehen Probleme bei der Grenzziehung an der Donau und bei der Grenzregelung für die Halbinsel Prevlaka. Mit Bosnien und Herzegowina ist die Regelung bezüglich des Hafens Ploče noch immer offen, während mit Slowenien der Grenzverlauf in der Piraner Bucht ein heißes politisches Thema der beiden Länder bleibt.

Unternehmensbereich verlaufen langsamer als erwartet. Auch die staatlichen Beihilfen und die Förderung spezifischer Sektoren nehmen erhebliche Ausmaße an, die mit der Annäherung an die EU verringert werden müssen.

Schließlich prognostizierte die Kommission, dass die kroatische Wirtschaft bei einer jetzigen Mitgliedschaft in der EU dem Wettbewerbsdruck nicht standhalten könne. Sie empfahl die Beseitigung der sichtbar gewordenen Schwachstellen, die zu einem größeren Investitions- und Wachstumsschub führen dürfte,[11] was gleichzeitig der Wettbewerbsfähigkeit der kroatischen Wirtschaft zugute käme.

c) Fähigkeit zur Übernahme der Mitgliedschaftsverpflichtungen

In den vergangenen Jahren hat Kroatien laut der Kommission erhebliche Anstrengungen unternommen, den *acquis communautaire* mit seiner staatlichen Gesetzgebung zu harmonisieren, insbesondere in den den Binnenmarkt und den Handel betreffenden Bereichen. Weitere erhebliche Anstrengungen sollten das Land mittelfristig in die Lage bringen, die übrigen aus einer Mitgliedschaft erwachsenden Verpflichtungen zu erfüllen. Eine vollständige Angleichung an das EU-Recht im Bereich des Umweltschutzes kann allerdings nur langfristig erreicht werden und erfordert zudem höhere Investitionen.

Unentbehrlich sei, betonte die Kommission weiter, dass Kroatien mit der Rechtsharmonisierung fortfahre, aber dass gleichzeitig der Verwaltungs- und Justizapparat, der für eine wirksame Anwendung des gemeinschaftlichen Besitzstands erforderlich ist, weiter ausgebaut werde.

---

[11] Zur Investitionstätigkeit siehe *Kušić/König*, Ausländische Direktinvestitionen in Kroatien – Qualität statt Quantität? in: Südosteuropa 52 (2003), 583 – 596.

3. Kroatien als Beitrittskandidat

Aufgrund des positiven Berichts der Kommission hat der Europäische Rat auf seinem Gipfel in Brüssel am 17./18.6.2004 beschlossen, dass Kroatien den Status eines Bewerberlandes erhält und der Beitrittsprozess eingeleitet wird. Der Rat bestätigte, dass das Land nun die politischen Kopenhagener Kriterien sowie die von ihm 1997 festgelegten Konditionalitäten des Stabilisierungs- und Assoziierungsprozesses erfülle. Weiterhin verpflichtete sich der Rat, 2005 die Verhandlungen mit Kroatien zu eröffnen.

Auf der nächsten Sitzung des Rates im Dezember 2004 wurde beschlossen, die Beitrittsverhandlungen mit Kroatien am 17.3.2005 zu eröffnen, sofern das Land uneingeschränkt mit dem ICTY zusammenarbeite. Einen Tag vor der geplanten Eröffnung wurden die Verhandlungen allerdings auf unbestimmte Zeit verschoben, da festgestellt wurde, dass Kroatien nicht uneingeschränkt mit dem ICTY kooperiere.

4. Europäische Partnerschaft

Am 20.4.2004 hat die Kommission dem Rat gleichzeitig mit dem *avis* einen Beschluss über die Grundsätze, Prioritäten und Bedingungen einer Europäischen Partnerschaft mit Kroatien vorgelegt.[12] Die Idee der Europäischen Partnerschaft entstand auf dem Gipfel des Rates in Thessaloniki im Juni 2003 und wurde in der „Agenda von Thessaloniki für die westlichen Balkanstaaten: auf dem Weg zur Europäischen Integration“[13] als eines der Mittel zur Verstärkung des Stabilisierungs- und Assoziierungsprozesses genannt. Einmal von der Kommission

---

[12] KOM (2004) 275 endg.

[13] In der Agenda hebt die EU hervor, *„dass das Tempo des Beitritts der westlichen Balkanstaaten zur EU von diesen selbst bestimmt wird und davon abhängt, wie schnell jedes einzelne Land mit der Umsetzung der Reformen im Hinblick auf die Erfüllung der vom Europäischen Rat von Kopenhagen im Jahr 1993 festgelegten Kriterien und bei der Erfüllung der Bedingungen des Stabilisierungs- und Assoziierungsprozesses vorankommt“.*

vorgeschlagen, soll die Partnerschaft in der Zukunft jedoch vom Rat mit qualifizierter Mehrheit gebilligt werden.

Die Europäische Partnerschaft enthält für jedes der von der Kommission angesprochenen Probleme eine Empfehlung in Form von kurz- und mittelfristigen Zielen, die Kroatien helfen soll, die Beitrittskriterien im Ganzen zu erfüllen. Die Prioritäten sollen auch die Grundlage für die Programmierung der finanziellen Gemeinschaftshilfe darstellen, die weiterhin über die vorhandenen Finanzierungsinstrumente bereitgestellt wird.[14] Die geplante Ausführung der übernommenen Verpflichtungen stellt sich folgendermaßen dar.

III. Übernommene Verpflichtungen im Einzelnen

1. Allgemeines

Von den kroatischen Behörden ist das Ministerium für Außenbeziehungen und europäische Integration (*Ministarstvo vanjskih poslova i europskih integracija*) für die Koordination der Umsetzung des SAA zuständig. Es erfüllt seine Aufgaben, wie in dem *avis* der Kommission bestätigt wird, mit „viel Erfolg und mit großem Professionalismus". In allen Teilen der staatlichen Verwaltung wurden Koordinatoren mit dem Aufgabenbereich der europäischen Integration eingesetzt sowie eine Reihe von Arbeitsgruppen aus verschiedenen Ministerien im Bereich der Rechtsharmonisierung organisiert. Die Regierung hat ein Nationales Programm[15] zur Integration in die EU verabschiedet, das die Ziele und Aufgaben Kroatiens in Bezug auf die politischen und wirtschaftlichen Kriterien sowie die Harmonisierung des kroatischen Rechts mit dem *acquis communautaire* darlegt.

---

[14] Vier verschiedene Finanzierungsformen sind für Kroatien geplant: PHARE, ISPA, SAPARD und CARDS. Kroatien ist an CARDS seit dem SAA beteiligt, die anderen Programme sind für das Jahr 2005 auf 105 Mio. Euro geplant (davon 80 Mio. Euro für PHARE, 25 Mio. Euro für ISPA, SAPARD soll erst ab 2006 für Kroatien wirksam werden).

[15] Programm unter: http://www.mei.hr/download/2005/06/27/NPIEU_2005_en1.pdf.

2. *Reformen angesichts der politischen Kriterien*

Wie bereits ausgeführt, bedarf insbesondere der kroatische Justizapparat einer umfangreichen Reform. Unentbehrlich ist eine solche deshalb, weil sie die bedeutendste ist, denn sie betrifft alle drei entscheidenden Kriterien, und ohne sie droht allen anderen Bemühungen der Rechtsharmonisierung die Gefahr, bloße Makulatur zu bleiben. Die Regierung hat sich weit reichende Reformen vorgenommen. So wurde das Gesetz über die Gerichtsbarkeit (*Zakon o sudovima*) geändert, womit es unter anderem ermöglicht wird, die Zuständigkeit in einigen Streitigkeiten von mehr belasteten an weniger belastete Amtsgerichte zu übertragen. Den Gerichtsreferendaren wurde auch eine bedeutsame Rolle zugedacht.

Eine zweite wichtige Reform betrifft das Grundbuchsystem, das auch den größten Anteil der noch anhängigen Rechtsstreite ausmacht. Dazu wird die einschlägige Gesetzgebung novelliert, wodurch das Institut der sog. „berechtigten Grundbuchreferendare" geschaffen wurde.[16] Außerdem sind kürzlich die Grundbücher der meisten Amtsgerichte auch über das Internet zugänglich gemacht worden.[17]

Als eine neue Art der Verringerung der Anzahl von Rechtsstreitigkeiten und damit auch der Belastung der Gerichte wurde eine Kommission zur außergerichtlichen Lösung der Streitigkeiten gegründet. Aufgrund des Gesetzes von 2003 über die außergerichtlichen Streitigkeiten (*Zakon o mirenju*) sollte diese Kommission in erster Linie für individuelle, aus den Arbeitsverhältnissen stammende, Streitigkeiten zuständig sein.

---

[16] Deren Aufgabe wird es sein, in unstreitigen Sachen zu entscheiden (*ovlašteni zemljišnoknjižni referenti*). Dagegen hat jede Partei das Beschwerderecht, worüber dann ein Richter der Grundbuchabteilung entscheidet.

[17] Unter http://e-izvadak.pravosudje.hr/mpweb/main.jsp zu finden.

Weiterhin sind Bemühungen im Bereich der Antikorruption erforderlich. Zu diesem Zwecke wurden alle Arten von Korruption im Geschäftsleben als Straftaten eingestuft. Die Regierung hat sich darüber hinaus dazu verpflichtet, ein neues Nationalprogramm zur Bekämpfung der Korruption auszuarbeiten und einen Aufsichtsrat zu dessen Durchführung zu schaffen.

Bezüglich der Menschenrechte verpflichtete sich die Regierung, in der begonnenen Weise fortzufahren. Das neue Minderheitengesetz wurde bereits in lokalen Wahlen zum ersten Mal in der Praxis angewandt, und Kroatien ratifizierte auch das Rahmenübereinkommen zum Schutz nationaler Minderheiten des Europarats. Nach wie vor bleiben die Probleme der Rückkehr der Flüchtlinge und der Rückgabe und/oder des Wiederaufbaus ihres Eigentums. Diese und andere Probleme der Wohnrechte und der ehemaligen Wohngenossenschaften sollten bis Ende 2006 endlich gelöst werden,[18] wozu sich Kroatien bereits auf einer Ministerkonferenz in Sarajevo im Januar 2005 verpflichtet hat.

Im Bereich der regionalen Zusammenarbeit hat Kroatien auch für die kommenden Jahre Einiges vor. Mit Italien müssen die Entschädigungen für die nach dem Zweiten Weltkrieg vertriebenen und enteigneten Italiener bezahlt werden, was im Jahr 2005 beginnen solle. Weiterhin müsste das Problem der Fischerei zu Gunsten aller interessierter Parteien gelöst werden.

Mit Slowenien bestehen noch einige offene Fragen. So plädiert Kroatien dafür, dass die Streitigkeit über die Meeresgrenze zwischen den beiden Ländern von einem internationalen Schiedsgericht gelöst wird. Außerdem müssten in der nä-

[18] Bis Mitte Nov. 2004 wurden 17.899 Wohnungen an ihre Eigentümer zurückgegeben. Es verbleiben noch die Schadensersatzansprüche der Eigentümer, die ihre Immobilien nicht innerhalb der gesetzlichen Frist zurückerhalten haben. 2004 wurden auch 10.800 im Krieg zerstörte Wohnobjekte wiederaufgebaut und es gibt noch 14.800 unentschiedene Anträge vor den administrativen Behörden. Auch den ehemaligen Trägern des Rechts der Wohngenossenschaft (meistens Rückkehrer und Flüchtlinge) wurden Wohnungen und Häuser anvertraut (meistens durch Miete, eine geringere Anzahl durch Schenkung der staatlichen Landfläche).

heren Zukunft bilaterale Abkommen zur Zurückzahlung der Beträge der *Ljubljanska Bank* an kroatische Staatsbürger und zur Lösung der Frage des Kraftwerks „*Krško*" vereinbart werden.

Mit Serbien und Montenegro wurden bereits 33 bilaterale Abkommen geschlossen. Es besteht auch eine gute wirtschaftliche Zusammenarbeit der beiden Länder. Nach wie vor ungelöst sind die Kriegsentschädigung und die Rückkehr der Flüchtlinge.[19]

3. Reformen angesichts der wirtschaftlichen Kriterien

Obwohl in diesem Kapitel von der Kommission viele Themen erwähnt worden sind, ist eines der wichtigsten eindeutig der Bereich der Privatisierung. Der kroatische Privatisierungsfond besitzt geringe Anteile an 930 kroatischen Handelsgesellschaften, wovon er in 143 allerdings noch der Mehrheitseigentümer ist, meistens in den Bereichen Landwirtschaft, Tourismus und Schiffbau. Die Anteile haben einen Wert von etwa 14 Milliarden kroatischen Kuna.

Die bestehenden Probleme sollten nach dem Nationalprogramm bis Ende 2005 größtenteils gelöst sein. Erstens sollte eine „dringende Privatisierung" der landwirtschaftlichen und touristischen Gesellschaften durchgeführt werden. Weiterhin sollte die Privatisierung der großen Unternehmen, die sich teilweise noch immer im Eigentum des Staates befinden, in demselben Zeitraum beendet werden.[20] Diese Schritte sollten die ökonomische Effizienz der Wirtschaft ver-

[19] Bis Ende 2004 sind 77.000 geflohene Serben nach Kroatien zurückgekehrt, weitere 20.000 haben daran Interesse gezeigt. Die kroatische Regierung erklärte, es bestünden in dieser Hinsicht weder politische noch rechtliche Hindernisse.

[20] So werden weitere 15 % der Aktien der Erdöl- und Gas-Gesellschaft INA verkauft, ein Plan zur Privatisierung der Versicherungsgesellschaft „Croatia Osiguranje" ausgearbeitet sowie die letzte Phase der Privatisierung der Telekommunikationsgesellschaft HT beendet. In den drei größten Unternehmen (INA, HT und Energieversorgungsgesellschaft HEP) hat der Staat allerdings vor, zwischen 25 % und 49 % der Aktien zu behalten.

größern sowie mittelfristig der Verringerung der Auslandsverschuldung dienen.[21]

Weitere Bemühungen sind auch im Bereich des Wettbewerbs vorgesehen. Obwohl das kroatische Wettbewerbsgesetz größtenteils den EG-Vorschriften angeglichen ist, müssten weitere Anstrengungen bei seiner Implementierung vorgenommen werden, insbesondere in der Angleichung des Systems der staatlichen Beihilfen.

IV. Aktuelle Probleme

1. ICTY

Nach wie vor bleibt das Hauptproblem Kroatiens auf dem Weg in die EU die „uneingeschränkte Zusammenarbeit mit dem ICTY".[22] Trotz guter Kooperation fehlt jedoch die Auslieferung eines Angeklagten, *Ante Gotovina*. Der ehemalige Angehörige der *Légion des étrangers* (Fremdenregion) wurde 2001 wegen der persönlichen sowie der Verantwortung des Oberkommandos[23] während der militärischen Aktion der kroatischen Armee „Sturm" 1995 angeklagt. Gleich nach der Anklageerhebung tauchte *Gotovina* unter. Seitdem behaupten die kroatischen Behörden, nicht zu wissen, wo er sei. Dennoch wurde ihm 2003 vom Innenministerium ein neuer Reisepass ausgestellt. Seine Person hat die kroatische Öffentlichkeit völlig geteilt. Ein erheblicher Anteil der Bevölkerung meint, *Gotovina* sei ein Nationalheld; die anderen sind der Auffassung, er halte sein Land und die Leute als seine Geisel.

---

[21] Ende 2003 betrug die Außenverschuldung Kroatiens 18,8 Milliarden Euro. 2004 waren dies 77,3 % des BNP.

[22] Dazu etwa: EU verschiebt Verhandlungen mit Kroatien, http://www.netzeitung.de/spezial/-europa/330069.html; Croatia: Suspension of EU accession sends strong signal against impunity, http://www.amnesty.org.uk/news/press/15997.shtml; EU postpones talks with Croatia, http://www.iht.com/articles/2005/03/16/news/union.php.

[23] Zu den Anklagen *Rožić*, Kroatiens Integrationsfortschritte unter der „neuen" HDZ-Regierung, in: Südosteuropa 52 (2003), 566 – 582.

Jedenfalls besteht die untragbare Situation, dass die Zukunft Kroatiens von einem einzigen Mann abhängt. Die Eröffnung der Beitrittsverhandlungen wurde aus dem Grund seiner Nichtauslieferung auf unbestimmte Zeit verschoben, bis Kroatien beweisen könne, alles in seiner Macht stehende unternommen zu haben, um den Flüchtigen festzunehmen. Da der Ex-General ebenfalls die französische Staatsbürgerschaft hat, hat sich auch Frankreich an der Jagd auf ihn beteiligt.[24] Weiterhin wurde eine Untersuchungskommission gegründet und mit der Aufgabe nach Kroatien geschickt, festzustellen, ob die Regierung tatsächlich alles unternimmt, um uneingeschränkt mit dem ICTY zusammenzuarbeiten. Der letzte Bericht dieses Ausschusses ist für Kroatien positiv gewesen. Im Juli 2005 sollte der Ministerrat die potentielle Eröffnung der Verhandlungen wieder auf der Agenda haben. Bisher tauchte der von Den Haag Angeklagte noch nicht auf. Allerdings gibt es auch keine Verhandlungen über den Beitritt. Wie und wann eines der beiden Ereignisse stattfindet, weiß niemand.

2. *Umweltschutz- und Fischereizone*

Am 3.10.2003 proklamierte das kroatische Parlament einseitig eine Umweltschutz- und Fischereischutzzone in der Adria (*Odluka o proširenju jurisdikcije Republike Hrvatske na Jadranskom moru*; im weiteren Text: „die Entscheidung"), deren Vorschriften am 3.10.2004 in Kraft getreten sind. Nachträglich hat das kroatische Parlament entschieden, die Entscheidung gegenüber den EU-Mitgliedstaaten nicht anzuwenden, bis ein Partnerschaftsabkommen über die Fischerei zwischen Kroatien und der EU abgeschlossen wird.

Auf dem Seerechtsübereinkommen der Vereinten Nationen vom 10.12.1982[25] basierend, sieht die Entscheidung vor, dass Kroatien seine souveränen Rechte zum Zweck der Erforschung und Ausbeutung, Erhaltung und Bewirtschaftung

---

[24] La fuite d'un chef de guerre entrave l'adhésion de la Croatie a l'UE, in: Le Monde, 16.3.2005, S. 2.

[25] Bundesgesetzblatt, deutsch (BGBl.) 1994 II S. 1798.

der lebenden natürlichen Ressourcen der Gewässer über dem Meeresboden sowie der wissenschaftlichen Meeresforschung und des Schutzes und der Bewahrung der Meeresumwelt, ausüben wird. Dadurch werden allerdings keinerlei völkerrechtlichen Berechtigungen, vor allem die Freiheiten der Schifffahrt, des Überflugs und der Verlegung unterseeischer Kabel und Rohrleitungen sowie andere völkerrechtlich zulässige, mit diesen Freiheiten zusammenhängende Nutzungen des Meeres, behindert.

Die Kommission hält es in ihrem *avis* für „bedauerlich, dass sich Kroatien entschlossen hat, eine Umweltschutz- und Fischereischutzzone in der Adria zu proklamieren, ohne dass ein angemessener Dialog und eine Koordinierung mit den anderen betroffenen Ländern stattgefunden hätten". Ihrer Ansicht nach muss für diese Frage eine Lösung auf der Grundlage der Schlussfolgerungen der Konferenz von Venedig über die nachhaltige Entwicklung der Mittelmeerfischerei gefunden werden. Die italienischen und slowenischen Behörden, am Anfang erstaunt über die kroatische Entscheidung, sind aber zufrieden, dass eine gemeinsame Lösung zu der Frage „im Geiste der EU" gefunden werden solle.[26]

Obwohl es widersprüchlich erscheint, dass ein Land parallel zu seiner Annäherung an die EU restriktive anstatt liberalisierende Rechtsvorschriften verabschiedet, muss die kroatische Entscheidung aus einer anderen Perspektive betrachtet werden. Die proklamierte Schutzzone ist ein völkerrechtliches Institut, das auch viele andere Länder proklamiert haben.[27] Die Absicht des kroatischen Gesetzgebers war ausschließlich die Optimierung der Meerespotentiale und die Begünstigung der ökologischen Situation in der Adria. Als ein touristisches Land hat Kroatien außerdem ein vitales Interesse daran, sein Meer auch ökologisch zu

[26] Slovenski premijer i mediji o ekološko-ribolovnoj zoni, 5.6.2004, www.index.hr.
[27] Verschiedene Arten von Schutzzonen haben bis heute ungefähr 121 Länder weltweit proklamiert, davon haben 15 eine Fischereischutzzone (z.B. Spanien im Mittelmeer und eine Wirtschaftsschutzzone im Atlantischen Ozean). Vgl. *Turkalj*, Isključivi gospodarski pojas – da li proglasiti i kako ga razgraničiti, in: Hrvatska pravna revija Nr. 10/2001.

schützen. Für die Zukunft wird ein Partnerschaftsabkommen zwischen Kroatien und der EU erwartet, das für diesen, für beide Parteien sehr delikaten Bereich, eine Lösung bieten sollte.

V. Öffentliche Meinung und Verfassungsbestimmungen

1. Öffentliche Meinung

Traditionell und geschichtlich gehört Kroatien nach mehrheitlicher Ansicht zum Raum Mitteleuropas. Es strebt seit seiner Gründung als unabhängiger Staat das Ziel der EU-Integration an.

Die Resultate der Meinungsumfragen[28] sind insoweit eindeutig – seit Mitte 2000 bis Ende 2003 waren mehr als 75 % der Bevölkerung dafür, dass Kroatien der EU beitritt und hatten eine positive Meinung zur EU als solcher. Im Juni 2004 und im Dezember 2004 verringerte sich allerdings dieser Anteil – nur etwas mehr als 50 % waren für den Beitritt, wobei bescheidende 56 % behaupteten, eine positive Meinung über die EU zu haben.

Die Gründe für diesen raschen Abfall der Popularität der EU in den Augen der kroatischen Öffentlichkeit sind vielfältig. Einigermaßen eindeutig ist es im Hinblick auf das Insistieren an einer uneingeschränkten Zusammenarbeit der Regierung mit dem ICTY durch die Organe der EU. Außerdem gab es 2004 eine starke Kampagne einer euroskeptischen Partei, die versuchte, die Bevölkerung zu überzeugen, dass ihr im Falle eines EU-Beitrittes viele traditionelle Produkte nicht mehr zur Verfügung stünden. Durch die Lösung des Angeklagtendramas sowie durch eine von der Regierung organisierte pro-europäische Kampagne sollte die Meinung der Bevölkerung zu den höheren positiven Umfragewerten zurückkehren. So erhofft es wenigstens der intellektuelle Teil der Bevölkerung.

---

[28] Die Ergebnisse sind nur in der kroatischen Fassung unter http://www.mei.hr/download/2005/02/01/EU_prezentacija_X_val_v2.ppt zu finden.

2. *Verfassung und EU-Beitritt*

Laut Art. 141 der kroatischen Verfassung bedarf die Entscheidung eines Beitritts Kroatiens zu einem Bündnis mit anderen Ländern der Zustimmung der qualifizierten Mehrheit des Parlaments. Anschließend muss innerhalb von 30 Tagen dasselbe Ergebnis durch ein Referendum in der Bevölkerung erreicht werden.

VI. Zusammenfassung

Während die EU derzeit ihre eigenen Probleme zu lösen versucht, bleibt Kroatien am Rand dieser Union, allerdings mit der großen Chance, ihr eines Tages, früher oder später, beizutreten. Manche Kritiker[29] meinen, Kroatien wäre kaum bereit, die Beitrittsverhandlungen zu beginnen, weswegen manche Mitgliedstaaten der EU Jahre bräuchten, um das SAA zu ratifizieren. Dieser Ansicht stehen aber die im letzten Jahr unternommenen Schritte und Erfolge Kroatiens entgegen.[30]

Kommission und Rat sind sich einig, dass Kroatien bereit ist, die Verhandlungen zu beginnen. Es hat außerdem auch den Status eines Beitrittskandidaten erhalten. Es bestehen nur noch wenige Probleme, die die weiteren Schritte des Landes bei seiner EU-Integration behindern. Mit einer europäisch orientierten Politik und dem großen Willen, die begonnenen Reformen energisch fortzusetzen, könnte Kroatien eine helle Zukunft vor sich haben. Es hängt in erster Linie von dem Land und seiner Bevölkerung ab, wie intensiv die Integration in die EU erfolgen wird.

---

[29] Sehr kritisch dazu *Oschlies*, Die EU hat Kroatien die Tür gewiesen. Zu Recht?, Hintergründe zu den gescheiterten EU-Beitrittsverhandlungen, in: Eurasisches Magazin, 5.3.2005.

[30] In der ersten Runde der Osterweiterung haben Slowenien und Estland ihre Mitgliedschaft in der EU beantragt und sind Beitrittskandidaten geworden, bevor ihre jeweiligen Europaabkommen in Kraft getreten sind.

Serbien und Montenegro

*Ljubica Djordjević**

I. Einleitung

Die Staatsunion Serbien und Montenegro gehört zu den Staaten, die von den Konflikten auf dem Balkan in den 90er Jahren direkt betroffen waren, und deren Beziehungen zur Europäischen Union (EU) durch diese Konflikte stark geprägt sind. Obwohl die Region nach der EU-Osterweiterung im Mai 2004 an der Außengrenze der Union geblieben ist, ist sie von der EU-Integrationspolitik nicht ausgeschlossen. In einer schrittweisen Integration sieht man die Chance, die Region dauerhaft zu stabilisieren und ihr Demokratie und Wohlstand zu bringen.

Nachfolgend werden im ersten Teil der Stabilisierungs- und Assoziierungsprozess (SAP) als Rahmen für die Beziehungen zwischen der Staatsunion und der EU sowie das Stabilisierungs- und Assoziierungsabkommen (SAA) als Kernelement dieses Prozesses dargestellt (II.). Im zweiten Teil werden einige Probleme betrachtet, die sich auf die Reformen in der Staatsunion negativ auswirken und somit ihre Annäherung an die EU erschweren (III.).

II. Der Stabilisierungs- und Assoziierungsprozess als Rahmen

1. Die wesentlichen Merkmale der EU-Strategie für die Region

Als Reaktion auf den Konflikt im Kosovo entwickelte die EU 1999 den SAP als eine neue Strategie für die Region,[1] für die mit „Westlicher Balkan" ein gemein-

* Ljubica Djordjević, LL.M. (Dresden), Doktorandin am Jean-Monnet-Lehrstuhl für das Recht der Europäischen Integration und Rechtsvergleichung unter besonderer Berücksichtigung Mittel- und Osteuropas an der TU Dresden.

[1] Mitteilung der Kommission an den Rat und das Europäische Parlament über den SAP für die Länder Südosteuropas (Bosnien und Herzegowina, Kroatien, Bundesrepublik Jugoslawien, Ehemalige Jugoslawische Republik Mazedonien und Albanien), KOM (1999) 235 endg.,

samer Begriff eingeführt worden ist.[2] Der SAP ist auf dem sog. Regionalkonzept (Regional Approach)[3] aufgebaut und stellt dessen Überarbeitung und Weiterentwicklung dar. Der SAP zielt auf drei wesentliche und sich gegenseitig beeinflussende Punkte. Zum einen soll er die tief greifende Reform (Demokratie, Rechtsstaatlichkeit, Marktwirtschaft, offene Gesellschaft) unterstützen und fördern. Zum zweiten beinhaltet er die regionale Komponente aus dem Regionalkonzept, hebt sie hervor und besteht auf der Versöhnung und der Zusammenarbeit zwischen den Staaten des Westlichen Balkans. Drittens wird der SAP durch die bilaterale Beziehung des jeweiligen Staates mit der EU geprägt. Anders als das Regionalkonzept stellt der SAP einen klaren Mechanismus für die Annäherung an die EU dar. Diese Punkte stehen in engem Zusammenhang Der Stand der Reformen im jeweiligen Land sowie seine Bereitschaft, mit den anderen Staaten aus der Region zusammenzuarbeiten, beeinflusst entscheidend das Tempo seiner Integration in die EU; andererseits wirkt die Aufnahmebereitschaft der EU für die Länder des Westlichen Balkans als ein wesentlicher Anreiz für die Reformen und Versöhnungsprozesse.

Obwohl 1999 eingeführt, konnte der SAP erst seit 2000 eine erfolgreiche Perspektive bieten. Denn erst als die autoritären Regime in Kroatien (Jan. 2000) und in Serbien (Okt. 2000) abgelöst wurden, konnte man in der ganzen Region das

26.5.1999; grundlegend jüngst *Calic*, Strategien zur Europäisierung des Westlichen Balkans. Der Stabilisierungs- und Assoziierungsprozess auf dem Prüfstand, in: Südosteuropa 53 (2005), 1 – 37; *Altmann*, Südosteuropapolitik, in: *Weidenfeld/Wessels* (Hrsg.), Jahrbuch der Europäischen Integration 2003/2004, 2004, S. 273 – 278.

[2] Der Begriff bezieht sich auf die südosteuropäischen Länder, für die die EU keine Mandate für die Aushandlung von Assoziierungsabkommen festgelegt hat und umfasst Albanien, Bosnien und Herzegowina, Staatsunion Serbien und Montenegro, Kroatien und (die Ehemalige Jugoslawische Republik) Mazedonien.

[3] Um in der Region Frieden, Stabilität und Prosperität zu unterstützen, hat die EU 1996 das Regionalkonzept ausgearbeitet. Es hatte den Wiederaufbau und die Beseitigung der Kriegsschäden zum unmittelbaren Ziel, siehe Schlussfolgerungen des Rates zum ehemaligen Jugoslawien v. 26.2.1996, Bulletin EU 1-2/1996.

Vorhandensein von (zwar formalen[4]) Demokratien feststellen und den Weg zum Systemwechsel bahnen. Der Beginn der Demokratie ermöglichte die Einbeziehung der EU-Beitrittsperspektive für die Länder des Westlichen Balkans in den SAP. Der Status der potentiellen Kandidaten wurde den betreffenden Ländern vom Europäischen Rat in Feira 2000 zugestanden,[5] was auf dem EU-Balkan-Gipfel in Zagreb bestätigt wurde.[6]

Ein weiterer wichtiger Schritt erfolgte im Juni 2003 auf dem EU-Westlicher-Balkan-Gipfel in Thessaloniki. Der SAP wurde als Rahmen für die Annäherung an die EU, und zwar bis zur vollen Integration in die Union,[7] bekräftigt. Wegen der stärkeren Einbeziehung der „Integrationskomponente" in den Prozess wurde er mit Elementen aus dem Erweiterungsprozess angereichert, vor allem durch die Errichtung von Europäischen Partnerschaften und die Öffnung von EU-Programmen. Trotz des offenen Bekenntnisses der EU zur Integration des Westlichen Balkans in ihre Strukturen, wurde in Thessaloniki klar darauf verwiesen, dass es auf dem Weg zur Mitgliedschaft keine Abkürzung gebe. Die Annäherung des jeweiligen Landes an die EU hänge von seiner Leistung bei der Reformdurchsetzung ab.[8]

---

[4] Formale Demokratien erfüllen die Anforderung an regelmäßige, freie und faire Wahlen und lassen einen politischen Raum für die Tätigkeit der Opposition und der Zivilgesellschaft. Jedoch gelingt es ihnen nicht, weitere Demokratieelemente durchzusetzen. dazu *Diamond*, Assessing Global Democratization a Decade after the Communist Collapse, in: Romanian Journal of Political Science, September 2002, 4 – 15; *Carothers*, The End of the Transition Paradigm, in: Journal of Democracy, January 2002, 5 – 21 (9 – 10).

[5] „Alle betroffenen Länder [*gemeint sind die Länder des Westlichen Balkans*] sind potentielle Bewerber für den Beitritt zur EU", siehe Schlussfolgerungen des Vorsitzes, Europäischer Rat (Santa Maria da Feira), 19./20.6.2000, Ziff. 67.

[6] „It [*gemeint ist die EU*] reaffirms the European perspective of the countries participating in the stabilization and association process and their status as potential candidates for membership in accordance with the Feira conclusions." EU-Balkan-Gipfel in Zagreb, 24.11.2000, Final Declaration, Ziff. 4.

[7] Auch wenn der jeweilige Staat den Kandidatenstatus erhält und Beitrittsverhandlungen eröffnet werden, bleibt er im SAP.

[8] Agenda von Thessaloniki für die westlichen Balkanstaaten: Auf dem Weg zur europäischen Integration, Anlage A, 16.6.2003; Gipfeltreffen EU-Westliche Balkanstaaten in Thessaloniki, Erklärung v. 21.6.2003; *Cyrus*, Das Gipfeltreffen EU-Westliche Balkanstaaten in Thessaloniki, in: Südosteuropa Mitteilungen 4-5/2003, 7 – 13.

Die aktive Teilnahme der Staatsunion am SAP begann erst nach der Wende im Oktober 2000.[9] Am 9.10.2000 hob der Rat der EU die Sanktionen gegen die damalige BR Jugoslawien auf und bezog sie in den SAP ein.[10] Sie wurde am genannten Gipfeltreffen in Zagreb beteiligt und ist seitdem ein Akteur im SAP.

2. *Das SAA als Kernelement im SAP*

Das SAA stellt das zentrale Element des SAPs dar, durch das die Beziehungen zwischen der EU und dem jeweiligen Staat des Westlichen Balkans institutionalisiert werden. Es wurde als ein neues Vertragsmodell ausgearbeitet, das den genannten Staaten zur Unterzeichung angeboten wird, sobald sie die bestimmten Kriterien erfüllen. Bei der Konzipierung des SAA hat sich die EU an die mit den Staaten Mittel- und Osteuropas abgeschlossenen Europaabkommen angelehnt, wobei sie die besonderen Bedürfnisse des Westlichen Balkans berücksichtigen musste. Die Herausforderungen der „Krisenregion", die über den Rahmen der politischen und ökonomischen Transformation in den mittel- und osteuropäischen Staaten hinausgehen, mussten ebenfalls bedacht werden.[11]

Bis heute hat die EU mit zwei Staaten ein SAA abgeschlossen: mit Mazedonien[12] (April 2001) und mit Kroatien[13] (Oktober 2001). Obwohl das SAA als flexibles Instrument vorgesehen ist, dessen Konzipierung der spezifischen Lage im jeweiligen Staat entspricht (sog. „tailor-made"), geben die mit Mazedonien und Kroatien abgeschlossenen Abkommen schon den Umriss eines „Modellabkommens" zu erkennen.

---

[9] Während der Herrschaft *Miloševićs* wurde die Förderung der EU vor allem an die „befreiten" Gemeinden und Städte und die NGOs in Serbien und, solange die formalen Souveränitätsfragen dies nicht hinderten, an Montenegro und den Kosovo geleistet.
[10] Erklärung zur BR Jugoslawien v. 9.10.2004, Bulletin EU 10-2000, Nr. 1.6.22.
[11] *Phinnemore*, Stabilisation and Association Agreements: Europe agreements for the Western Balkans? in: European Foreign Affairs Review 8 (2003), 77 – 103 (79).
[12] KOM (2001) 90 endg.; ABl. EG C 213 E vom 31.7.2001, S. 23 – 226.
[13] KOM (2001) 371 endg.; ABl. EG C 332 E vom 27.11.2001, S. 2 – 221.

Das SAA stützt sich auf Art. 310 EGV, der die Europäische Gemeinschaft (EG) zur Assoziierung mit Drittstaaten und Organisationen befugt. Es gehört zu den sog. gemischten Abkommen, bei denen nicht nur die EG, sondern auch ihre Mitgliedstaaten als Vertragspartei auftreten. Diese Eigenschaft wirkt auf das Inkrafttreten des Abkommens zurück: Es bedarf der Ratifikation sowohl durch die EG als auch durch alle ihre Mitgliedstaaten. Da der Ratifizierungsprozess länger dauert,[14] wird für die im SAA erhaltenen Fragen, für die die EG ausschließlich zuständig ist, ein Interimsabkommen geschlossen, das bis zum Inkrafttreten des SAA gilt.[15]

Das SAA ist in die Präambel und zehn Titel gegliedert. Es enthält eine Reihe von Rechten und Pflichten für die Vertragsparteien[16] und nähert das betroffene Land schrittweise[17] an die EU an. Die zwischen der EU und dem betroffenen Land gegründete Assoziation hat eine politische, wirtschaftliche und rechtliche Dimension. Der politische Aspekt spiegelt sich in der Einbeziehung der Achtung der demokratischen Prinzipien, der Menschenrechte,[18] des Rechtsstaatsprinzips und ihrer Aufwertung zu wesentlichen Bestandteilen des Abkommens wieder.[19] Zudem wird das Abkommen im politischen Bereich besonders durch die Regelungen über den politischen Dialog geprägt.[20]

---

[14] Das im April 2001 abgeschlossene SAA mit Mazedonien trat am 1.4.2004 in Kraft; das SAA mit Kroatien, das im Oktober 2001 abgeschlossen wurde, trat am 1.2.2005 in Kraft.

[15] Interimsabkommen EG – Ehem. Jugosl. Rep. Mazedonien v. 9.4.2001, ABl. EG L 124 v. 4.5.2001, S. 2 – 196; Interimsabkommen EG – Kroatien v. 29.10.2001, ABl. EG L 330 v. 14.12.2001, S. 3 – 203.

[16] Die Vertragsparteien sind jedoch nicht gleichberechtigt, da de facto nur die eine Partei bewertet, ob die Vertragsbedingungen erfüllt sind; dazu *Chandler*, Governance: the Unequal Partnership, in: *van Meurs* (Hrsg.), Prospects and Risks Beyond EU Enlargement. Southeastern Europe: Weak States and Strong International Support, 2003, S. 79 ff. (85).

[17] Im SAA mit Mazedonien ist vorgesehen, dass die Assoziation in zehn Jahren vollendet wird. Die Assoziierung mit Kroatien soll nach sechs Jahren vollendet werden; Art. 5 Abs. 1 des jeweiligen SAA.

[18] Siehe Art. 2 des jeweiligen SAA.

[19] Ebenda.

[20] Siehe Titel zwei des jeweiligen SAAs.

Wirtschaftlich zielt es auf die schrittweise Liberalisierung. Der zentrale Punkt ist die allmähliche Errichtung einer Freihandelszone. Dieser Prozess entwickelt sich asymmetrisch: Während die EG die Zölle bzw. die Maßnahmen gleicher Wirkung auf die aus dem betreffenden Land der Region stammenden Waren schon beim Inkrafttreten des Abkommens beseitigt, werden Zölle auf die Waren aus der EU im betroffenen Land schrittweise gesenkt und ab dem Inkrafttreten des Abkommens[21] völlig beseitigt.[22] Im Bereich des Rechts sind die Angleichung des Rechts des Staates mit dem der EG[23] sowie die Zusammenarbeit der Vertragsparteien in den Bereichen Justiz und Inneres[24] wesentlich.

Mit der Gründung Europäischer Partnerschaften hat die EU 2004 die Beziehungen mit den westlichen Balkanländern durch ein wichtiges Instrument angereichert.[25] Sie enthalten Prioritäten,[26] auf die sich die Vorbereitungen für die weitere Integration in die EU konzentrieren müssen.[27] Aufgrund dieser „generellen" Verordnung zu den Europäischen Partnerschaften hat der Rat der EU in einem gesonderten Beschluss die wesentlichen Leitlinien zur Reform in der Staatsunion (Serbien, Montenegro und Kosovo) gelegt.[28] Zur Durchsetzung dieser Prioritäten hat die Regierung Serbiens im November 2004 einen Aktionsplan ange-

[21] Da diese Angelegenheiten in das Interimsabkommen einbezogen werden, wird die Zeit ab dem Inkrafttreten dieses Abkommens gerechnet; siehe jeweils Art. 5 und 18 SAA.
[22] Die landwirtschaftlichen Produkte, Textilien und Stahl werden gesondert geregelt.
[23] Siehe Art. 68 SAA Mazedonien bzw. Art. 69 SAA mit Kroatien.
[24] Die Zusammenarbeit soll zur Festigung des Rechtsstaaates beitragen. Sie zielt auf den Ausbau der Verwaltung, Gesetzgebung, Rechtspflege und wird im Justizbereich besonders auf die Unabhängigkeit der Justiz, die Steigerung ihrer Effizienz und die Juristenausbildung konzentriert (Art. 74 SAA mit Mazedonien bzw. Art. 75 SAA mit Kroatien).
[25] Verordnung (EG) 533/2004 des Rates über die Gründung Europäischer Partnerschaften im Rahmen des SAP vom 22.3.2004, ABl. EU L 86 vom 24.3.2004, S. 1.
[26] Beschluss des Rates über die Grundsätze, Prioritäten und Bedingungen der Europäischen Partnerschaft mit Serbien und Montenegro einschließlich des Kosovo im Sinne der Res. 1244 des UN-Sicherheitsrats vom 10.6.1999, 2004/520/EG vom 14.6.2004, ABl .EU L 227 vom 26.6.2004, S. 21 – 34.
[27] Art. 1 der VO (EG) 533/2004.
[28] Beschluss des Rates (o. Fußn. 26).

nommen.[29] Es wird erwartet, dass die Verhandlungen über ein SAA mit der Staatsunion im Herbst 2005 eröffnet werden.[30]

III. Schwierigkeiten auf dem Weg in die EU

Obwohl die Integration in die europäische Strukturen auf der politischen Tagesordnung Serbien und Montenegros hoch positioniert ist, nähert sich die Staatsunion eher schleppend der EU an. Sie steht erst vor der Eröffnung der Verhandlungen für ein SAA und gehört somit zusammen mit Bosnien und Herzegowina zu den Nachzüglern unter den SAP-Staaten.[31] Die Gründe dafür sind vor allem politischer Natur.

1. Ungeklärte Souveränitätsfragen

Im Zerfallsprozess des früheren Jugoslawiens wurde eine Vielfalt territorialer Fragen aufgeworfen,[32] von denen einige bis heute nicht gelöst sind. Von fünf Staaten, die auf dem Territorium des früheren Jugoslawiens entstanden, haben nur zwei[33] eine abgeschlossene Staatlichkeit. Die anderen drei völkerrechtlich anerkannten Staaten stehen unter mehr oder weniger direktem Einfluss der internationalen Gemeinschaft. So stehen Bosnien und Herzegowina sowie Serbien und Montenegro in einem Teil (Kosovo) unter internationalem Protektorat,[34] in Mazedonien wird die Sicherheit durch ausländische Kräfte gewährleistet.[35]

---

[29] Akcioni plan za realizaciju prioriteta iz Evropskog partnerstva, 5.11.2004, http://www.seio.sr.gov.yu.

[30] „Evropski komesar Oli Ren najavio je da će pregovori o Sporazumu o stabilizaciji i priključenju SCG Evropskoj uniji početi na jesen“; www.b92.net (Nachrichtenarchiv für den 26.4.2005).

[31] Im Juni 2004 wurde Kroatien Beitrittskandidat, im März 2004 stellte Mazedonien den Antrag auf EU-Mitgliedschaft; im Januar 2003 wurden die Verhandlungen über ein SAA mit Albanien eröffnet.

[32] Es wäre jedoch falsch, die Kriege im ehem. Jugoslawien als Kriege um Territorien zu bezeichnen.

[33] Slowenien und Kroatien.

[34] Geregelt im Dayton-Abkommen; siehe zu den Grundlagen der militärischen Aktionen der EU: Gemeinsame Aktion 2004/570/GASP des Rates über die militärische Operation der EU in Bosnien und Herzegowina, 12.7. 2004, ABl. EU L 252 vom 28.7.2004, S. 10 – 14. Um die Lage nach den Ereignissen im Kosovo 1998 und 1999 sowie den NATO-Bombenangriffen

Dagegen wurde die Staatsunion Serbien und Montenegro durch das Engagement der EU ins Leben gerufen[36] und erhalten. Sie wurde mit dem Ziel gegründet, die Beziehungen zwischen den Teilstaaten rechtlich neu zu gestalten und somit das Scheitern der BR Jugoslawien zu überwinden. Sie ist in einer festen politischen Ratio verankert, die Desintegrationsprozesse auf dem Westlichen Balkan zu verhindern und erneuten Konflikten um Territorien und Grenzen vorzubeugen. Demzufolge liegt der Staatsgrund der Staatsunion nicht in der Selbstbestimmung der verschiedenen Völker und Teileinheiten, im gemeinsamen Staat zusammen zu leben, sondern vielmehr in einem politischen Arrangement zwischen der EU und einheimischen Akteuren mit dem klaren Ziel, die zarte Stabilität der Region zu bewahren.[37] Die Staatsunion ist somit ein erzwungenes Provisorium. Die endgültige Lösung ist auf gewisse Zeit verlegt und ein dreijähriges Moratorium bezüglich der Auseinandersetzung zwischen den herrschenden Eliten in Serbien und Montenegro aufgenötigt worden.[38]

2. *Desinteresse gegenüber dem Verfassungsrecht*

Schon von Anfang an leidet die Staatsunion an der schleppenden Funktionalität und der latenten Ignoranz ihres rechtlichen Rahmens.[39] So wurde bei der Wahl des Ministerrats durch bloße Abmachung zwischen der serbischen und der montenegrinischen Seite gegen Art. 35 Abs. 3 der Verfassungscharta[40] verstoßen, und sowohl für den Außenminister als auch für den Verteidigungsminister wur-

---

gegen die BR Jugoslawien 1999 zu regeln, hat der Sicherheitsrat der UN die Res. 1244 S/RES/1244 (1999) vom 10.6.1999 angenommen.

[35] Die Militärpräsenz endete am 15.12.2003.

[36] Belgrader Abkommen (Proceeding Points for the Restructuring of Relations between Serbia and Montenegro), v. 14.3.2002.

[37] Den Charakter des politischen Arrangements merkt man daran, dass bei Gründung der Staatsunion die in der Verfassung der BR Jugoslawien vorhandenen Änderungsmöglichkeiten völlig unberücksichtigt blieben.

[38] *Vučetić*, Srbija i Crna Gora- od federacije do konfederacije, in: *Vujadinović/Veljak/-Goati/Pavićević* (Hrsg.), Izmedju autoritarizma i demokratije: Srbija, Crna Gora i Hrvatska. Knjiga I Institucionalni Okvir, Beograd 2002, S. 67 ff. (75).

[39] *Reljic*, Reformstau in Serbien, in: Südosteuropa 52 (2003), 30 – 49.

[40] Art. 35 Abs. 3 verlangt, dass Außenminister und Verteidigungsminister aus unterschiedlichen Teilrepubliken kommen müssen.

de der Kandidat Serbiens gewählt. Das fehlende Interesse der Teilrepubliken am Funktionieren der Staatsunion ist an der Missachtung der gesetzten Fristen klar zu erkennen. Der Text der Verfassungscharta wurde den beiden Parlamenten erst im Januar 2003 zugestellt, obwohl dies nach dem Belgrader Abkommen spätestens Ende Juni 2002 geschehen sollte.[41]

Dieser Trend setzte sich nach der Verabschiedung der Verfassungscharta fort. Obwohl alle Institutionen innerhalb von 30 Tagen nach der Annahme der Verfassungscharta gebildet werden sollten,[42] wurden die Richter zum Gericht der Staatsunion erst im Mai 2004 gewählt.[43] Die Staatsunion ist im März 2005 erneut in eine Verfassungskrise geraten, als das ursprüngliche zweijährige Mandat des Parlaments[44] abgelaufen war und in den Teilstaaten keine Wahlen[45] durchgeführt wurden. Auf diese Weise wird die Legitimität des Parlaments gemindert und nicht nur seine, sondern auch die Entscheidungen des Ministerrats[46] werden in Frage gestellt. Die Krise wurde wiederum mit Hilfe der EU „gelöst".[47] Durch die Vermittlung des Hohen Vertreters für die GASP haben sich die Spitzenfunktionäre des Staates darauf geeinigt, die Wahlen für das Parlament der Staatsuni-

[41] Siehe o. Fußn. 36, Elections and Appointments, Abs. 3.

[42] Art. 3 Abs. 1 des Gesetzes zur Durchführung der Verfassungscharta der Staatsunion Serbien und Montenegro (Zakon za sprovodjenje Ustavne povelje Državne zajednice Srbija i Crna Gora), v. 4.2.2003.

[43] Siehe www.b92.net (Nachrichtenarchiv für den 5.5.2004).

[44] Nach Art. 20 Abs. 2 und Abs. 3 ist eine Übergangsperiode von zwei Jahren vorgesehen, in der die Abgeordneten des Parlaments aus der Volksversammlung Serbiens und der Versammlung Montenegros delegiert werden.

[45] Art. 20 Abs. 2 der Verfassungscharta besagt, dass die Abgeordneten des Parlaments der Staatsunion aufgrund der Gesetze in den Mitgliedstaaten gewählt werden. Montenegro will jedoch an der Praxis des Delegierens festhalten. In Serbien wurde dagegen 2004 ein Wahlgesetz verabschiedet.

[46] Nach Art. 37 Verfassungscharta ist der Ministerrat dem Parlament der Staatsunion verantwortlich.

[47] Die Staatsunion bleibt nach wie vor ineffektiv.

on in der jeweiligen Teilrepublik gesondert durchzuführen. Das Mandat des amtierenden Parlaments wird bis zu diesem Zeitpunkt verlängert.[48]

Die Schwierigkeiten beim Funktionieren der Staatsunion verlangsamen erheblich ihre Annäherung an die EU. Im Lichte der bevorstehenden SAA-Verhandlungen stellt sich die Frage, wie das Verhandlungsteam zusammengesetzt sein sollte. Wenn mit der Staatsunion ein SAA abgeschlossen würde, wäre zudem fraglich, ob sie den Verpflichtungen aus dem Abkommen nachkommen könnte. Denn die fehlende Koordination zwischen den Teilrepubliken könnte die einheitliche Umsetzung des SAA ernsthaft beeinträchtigen.

Obwohl die EU nur die Staatsunion als Partner im völkerrechtlichen Sinne akzeptiert, ignoriert sie die Wirklichkeit nicht. So hat der Rat der EU seine Unterstützung für den zweigleisigen Ansatz („twin-track approach“) zum Ausdruck gebracht, mit dem ein einziges SAA bei getrennten Verhandlungen mit den Republiken über Handel, Wirtschaft und anderen relevanten Politikbereichen ermöglicht würde.[49] Zudem zieht die EU-Kommission bei der Bewertung der Lage die Situation auf der Ebene der Staatsunion, der Teilrepubliken und des Kosovo in Betracht.[50]

3. *Die Verankerung der Europäischen Idee*

Anders als die neuen EU-Mitgliedstaaten gehört Serbien nicht dem westeuropäischen Kulturkreis an. Die (christliche) Orthodoxie, die byzantinische und ottomanische Prägung sowie die traditionellen Beziehungen zu Russland haben die serbische kollektive Identität bestimmt. Die Ereignisse, auf denen die

[48] Das entsprechende Abkommen wurde am 7.4.2005 in Belgrad unterzeichnet. Die Änderungen wurden am 2.6.2005 von der Versammlung Serbiens und am 23.6.2005 von der Versammlung Montenegros angenommen.
[49] Ratstagung vom 11.10.2004, Dok. 12770/04.
[50] Commission, Report on the preparedness of Serbia and Montenegro to negotiate a Stabilisation and Assotiation Agreement with the EU, SEC (2005) 478 v. 12.4.2005, S. 7.

(west)europäische Kultur aufgebaut wurde (Feudalismus, Renaissance, Reformation, Aufklärung, Französische Revolution, industrielle Revolution), haben die Entwicklung der serbischen Kultur nur gering beeinflusst.

Demnach sind auch die aus den genannten Prozessen hervorgegangenen Werte und Prinzipien des Individualismus, des Liberalismus, des Konstitutionalismus, der Menschenrechte, der Gleichheit, der Freiheit, der „*rule of law*", der Demokratie, des freien Markts und der Trennung von Kirche und Staat dem serbischen Kulturmuster nicht immanent.[51] Wenn sie dort auch in gewisser Form zu finden sind, so sind sie „von oben" (durch die Rezeption) angenommen. Daher ist es nicht verwunderlich, dass die Befürworter eines auf der Tradition beruhenden Serbiens sich gegen die Annährung an die „die westlichen Ideale" verkörpernde EU aussprechen.

Durch sein Schweben zwischen dem Nationalen und dem Bürgerlichen zeigt Serbien die Symptome eines Landes, das *Huntington* als „*torn country*" bezeichnet.[52] Ein solches Land gehört durch ein dominantes Kulturmuster zu einer „Zivilisation", in ihm besteht jedoch der Wille, zu einer anderen „Zivilisation" zu wechseln. Häufig sind das die Länder, die ihrer Geschichte, Kultur und Tradition nach dem Westen nicht angehören, diesem jedoch angeschlossen werden möchten.[53] Um erfolgreich zu sein, muss der Identitätswechsel von den politi-

---

[51] Der Serbisch-Orthodoxen Kirche als dem Träger des traditionellen Kulturmusters sind die Prinzipien, auf denen der Westen beruht (der im Zentrum positionierte Mensch, Individualismus, Humanismus, Wissenschaft) typischerweise fremd. Grundsätzlich richtet sie die Werte auf den Gottmenschen, auf das durch das Kollektiv verwirklichte Individuum und auf die Versammlung aus.

[52] *Huntington*, The Clash of Civilizations and the Remaking of World Order, New York 1996, S. 138.

[53] Das typische Beispiel stellt die Türkei dar. Mit den Reformen von *Kemal Atatürk* wurde ein Schnitt mit der islamisch-ottomanischen Vergangenheit gemacht und der Weg in den Westen gebahnt.

schen und wirtschaftlichen Eliten und dem Volk des Landes sowie von den entscheidenden Strukturen in der annehmenden „Zivilisation" unterstützt werden.[54]

Dass in Serbien eine solche Unterstützung unzweifelhaft besteht, kann man nicht mit Sicherheit behaupten. Obwohl der Staat sich wenigstens deklaratorisch zur Beachtung der europäischen Werte und zur Annäherung an die EU äußert,[55] bleiben die wichtigen Strukturen der serbischen geistlichen Elite (Orthodoxe Kirche und Akademie der Wissenschaften) dieser Idee gegenüber distanziert. Zudem hemmen gewisse, aus der autoritären Vergangenheit gebliebenen Strukturen (Armee, Polizei, Geheimdienste sowie die sog. „tycoons") die Prozesse der Europäisierung, um ihre Macht- und Einflusspositionen zu bewahren. Auch die Unterstützung durch die Bevölkerung ist nicht vollkommen. Wenn auch eine Mehrheit für die Annäherung des Landes an die EU eintritt,[56] liegen dem zumeist rein ökonomische Interessen zugrunde. Die Union wird selten als eine Wertegemeinschaft angesehen. Vielmehr wird sie als eine Chance zum besseren Leben im Sinne von materiellem Lebensstandard betrachtet.[57] Eine grundsätzliche Bereitschaft, Serbien aufzunehmen, ist bei der EU gegeben. Jedoch zeigt die Union mit der Ausformulierung der Annäherungs- bzw. Beitrittsvoraussetzungen klar, dass sie nur jene Staaten aufnehmen will, die sich zu den europäischen, d.h. westlichen Werten bekennen.

---

[54] *Huntington* (o. Fußn. 52), S. 139.

[55] Die serbische Volksversammlung hat im Oktober 2004 die Resolution zur Assoziierung mit der EU angenommen, Rezolucija o pridruživanju Evropskoj Uniji, vom 13.10.2004, in: Službeni glasnik RS 112/2004 v. 13.10.2004, S. 1.

[56] Nach einer im September 2004 durchgeführten Befragung hätten 71 % der Bevölkerung in einem Referendum für einen Beitritt zur EU gestimmt, www.seio.sr.gov.yu.

[57] Treffend hat der bekannte, bürgerlich orientierte Kolumnist *Teofil Pančić* in einem Interview mit dem Radio B92 anlässlich der Unterzeichnung des EU-Verfassungsvertrags am 29.10.2004 bemerkt: „Alles was sich die Leute hier von den europäischen Standards wünschen, ist ein Mercedes".

IV. Ausblick

Seit Oktober 2000 befindet sich Serbien auf dem steinigen Weg zur Demokratie, zum Rechtsstaat, zur Marktwirtschaft und zur offenen Gesellschaft. Diese Reform ist in ihren Zielen durch die Integration in die EU vorbestimmt. Sie muss zum Aufbau eines Staates führen, der mit den EU-Prinzipien in Einklang steht, mit dem EU-System kompatibel und somit integrationsfähig ist. Es ist jedoch wichtig, die Integration in die EU keinesfalls als Ersatz für die inneren Reformen zu verstehen. Denn das grundlegende Ziel ist es, die europäischen Standards und Werte im Staate anzunehmen. Die EU-Mitgliedschaft soll dann nur eine Folge dieses Prozesses darstellen.

Die Ukraine

Herbert Trimbach[*]

I. Komplizierte Vergangenheit

Die Republik Ukraine hat nach dem Amtsantritt von *Viktor Juschtschenko* am 23.1.2005 das eindeutig erklärte Ziel, der EU beizutreten. Sie ist mit über 600.000 km² nach Russland und Kasachstan der drittgrößte und mit 48 Mio. Einwohnern nach der Russischen Föderation der bevölkerungsreichste Nachfolgestaat der Sowjetunion. Flächenmäßig ist sie der zweitgrößte Staat Europas – nach Russland und vor Frankreich. Sie grenzt an Rumänien, Moldau, Ungarn, die Slowakei, Polen, Weißrussland und Russland. Der geographische Mittelpunkt des europäischen Kontinents liegt in der Westukraine.[1]

Die Ukraine gehört zu der Gruppe der postkommunistischen Transformationsstaaten, in denen der Umwandlungsprozess des politischen, ökonomischen und gesellschaftlichen Systems noch lange nicht abgeschlossen ist.[2] Als ein Erklärungsfaktor für die relative Rückständigkeit der Ukraine ist ihre komplizierte nationale Vergangenheit anzusehen. Diese ist geprägt von der weitgehend fehlenden Erfahrung staatlicher Eigenständigkeit. Nach der Zersplitterung der Kiewer Rus' Mitte des 12. Jh. in unabhängige Fürstentümer, deren Nachfolgestaat u. a. die Ukraine war, ist sie meist ein umstrittenes Gebiet zwischen den Groß-

---

[*] Dr. jur. utr. Herbert Trimbach, Ministerialrat, Potsdam/Berlin. Der Autor ist Referatsleiter im Ministerium der Justiz des Landes Brandenburg und stellvertretender Vorsitzender der Deutsch-Ukrainischen Juristenvereinigung. Er gibt hier seine persönliche Auffassung wieder.

[1] In Dilove, in den Karpaten, an der Grenze zu Rumänien, wo sich drei Staaten zur Mitte Europas erklärt haben: Österreich-Ungarn 1887 auf blau-weißem Kalkstein, die UdSSR auf Eisen und die Ukraine mit einer Metallskulptur, dazu 3 SAT, Europas verstecktes Zentrum, Noch nicht Westen – nicht mehr Osten vom 25.6.2005.

[2] *Bos*, Das politische System der Ukraine, in: *Ismayr* (Hrsg.), Die politischen Systeme Osteuropas, 2. Aufl., 2004, S. 469.

mächten Polen, Russland, dem Osmanischen Reich und Österreich-Ungarn gewesen.

Im 17/18. Jh. übte auch Schweden, im 20. Jh. vorübergehend Deutschland Einfluss auf die Ukraine aus. Insbesondere aber stand sie über Jahrhunderte hinweg im Schatten der benachbarten Staaten Polen und Russland, die ihre Eigenständigkeit nicht anerkannt haben. Nicht ganz zufällig bedeutet das russische Wort „Ukraine" übersetzt „Randland". Da ihr heutiges Territorium seit dem 17. Jh. auf verschiedene Herrschafts- und Kulturräume aufgeteilt war, konnte sie sich nicht einheitlich entwickeln. Die Entwicklung der Sprache und der Kultur wurde mehrfach unterbrochen.[3] Zudem verhinderten bewaffnete Auseinandersetzungen zwischen Russland und der Ukraine sowie ein verheerender Bürgerkrieg, der zwischen 1918 und 1921 tobte, die Herausbildung einer ukrainischen Nation.

Auf dem Gebiet der Ostukraine wurde die Ukrainische Sozialistische Sowjetrepublik proklamiert und die Westukraine, die zunächst noch unter der Verwaltung des neu gebildeten polnischen Staates stand, wurde schließlich 1939 auf der Basis des Hitler-Stalin-Paktes in die Sowjetunion eingegliedert.[4] Die im Rahmen von *Lenins* „Politik der Verwurzelung" kurz gewährte nationalkulturelle Eigenständigkeit wechselte mit Beginn der Amtszeit *Stalins* zu einer extremen Politik der Russifizierung. Zahlreichen Deportationen, der Vernichtung des größten Teils der ukrainischen Parteikader und der nationalen Intelligenz sowie einer durch Zwangskollektivierung der Landwirtschaft und brutale Getreiderequirierung hervorgerufene Hungersnot fielen mehreren Millionen Menschen zum Opfer. Auch nach dem Tode Stalins am 5.3.1953, als sich die ukrainische Kultur und Literatur durch *Chruschtschows* Politik stärker artikulieren konnte und lokale Machtorgane wieder stärker ukrainisch besetzt wurden, verblieb es bei der

[3] *Bos* (o. Fußn. 2), S. 470; *Götz/Halbach*, Ukraine, in: *dies.*, Politisches Lexikon GUS, 2. Aufl., 1993, S. 250 – 283 (253 – 258).
[4] *Bos* (o. Fußn. 2), S. 470; *Götz/Halbach* (o. Fußn. 3), S. 261.

Fremdbestimmung aus und durch Moskau, wobei nicht übersehen werden darf, dass viele „Russen“ in Politik, Kultur und Wissenschaft etc. eigentlich Ukrainer waren, z. B. *Chruschtschow* selbst, der 1894 im ukrainischen Kalinowka als Bergmannssohn geboren wurde, oder auch *Tschechow* in Taganrog.[5]

Kennzeichnend für das problematische Verhältnis ist auch der Umgang mit der Katastrophe im Kernkraftwerk Tschernobyl vom 26.4.1986. Die verantwortungslose Verharmlosung und die Verschleppung notwendiger Hilfsmaßnahmen - trotz der mit dem Amtsantritt von *Michail Gorbatschow* 1985 einsetzenden Politik von Glasnost und Perestroika - hatte verheerende ökologische und menschliche Folgen und schwächte überdies die Wirtschaftskraft massiv und nachhaltig.[6] Insgesamt sorgte dies für eine ständig wachsende Unzufriedenheit in großen Teilen der ukrainischen Bevölkerung mit der sowjetischen Regierung; oppositionelle Bewegungen entstanden. Mehrere davon schlossen sich im September 1989 zur „Volksbewegung der Ukraine für Perestroika – RUCH“ zusammen. Bei den Wahlen zum Obersten Sowjet der Ukraine im März 1990 trat RUCH an und gewann 117 von insgesamt 450 Mandaten. Ein Teil der Kommunistischen Parteielite unter Führung von *Leonid Krawtschuk* schwenkte daraufhin auf den Kurs von RUCH um. *Krawtschuk* wurde am 23.7.1990 zum Präsidenten des Obersten Sowjets gewählt. Er kämpfte für die Unabhängigkeit der Ukraine bis diese im Juni 1990 als souveräner Staat anerkannt und am 24.8.1991 ihre Unabhängigkeit proklamiert wurde. Nachdem die Bürger am 1.12.1991 sich mit 90 % für die Unabhängigkeit ausgesprochen hatten, fiel im Obersten Sowjet am 5.12.1991 folgerichtig die Entscheidung, den 1922 abgeschlossenen Vertrag

---

[5] Wobei hierbei bisweilen auch von „Südrussland“ geschrieben wird. Vgl. *Martin*, Ukraine – ein Spagat für die EU, www.europa-digital.de/text/aktuell/dossier/eurus/ukraine.shtml.

[6] Zur Frage, wie es heute in und um den Reaktor Nr. 4 aussieht, siehe den Artikel „A Tour of Chernobyl, Radioactivity included“, in: New York Times (veröff. in: Beilage zur Süddeutschen Zeitung, 27.6.2005). Ursachen und Folgen der Katastrophe können auch in einem Museum in Kiew besichtigt werden, das erfreulicherweise inzwischen auch von Schulklassen besucht wird.

über die Bildung der Sowjetunion zu kündigen.[7] Innerhalb der darauf folgenden zehn Jahre konnte die Ukraine ihre staatliche Existenz durch eine Reihe völkerrechtlicher Verträge mit sieben Nachbarstaaten bekräftigen. Zudem erklärten sich die USA, Russland und Großbritannien zu Garantiemächten der Unabhängigkeit in einem am 5.12.1994 unterzeichneten Memorandum über die Anerkennung der territorialen Integrität und der Unantastbarkeit der Ukraine.[8]

II. Chancen für einen EU-Beitritt

Mit der Ukraine ist nach dem Zusammenbruch der Sowjetunion 1991 nicht nur ein neuer Staat auf der politischen Karte Europas erschienen; er wirft auch wichtige Fragen auf, die für eine stabile europäische Sicherheitskonzeption beantwortet werden müssen: Gehört die Ukraine in das gemeinsame europäische Haus, namens EU, oder in die Interessensphäre des großen Nachbarn Russland oder bildet sie einen Puffer dazwischen?[9] Die Beziehungen der EU zu Russland berühren wiederum auch das Verhältnis zu den USA, da diese seit vielen Jahren eine strategische Partnerschaft mit der Ukraine pflegen. Versucht die EU die Ukraine in die Union zu integrieren und stellt ihr sogar eine Mitgliedschaft in Aussicht, wird möglicherweise die Partnerschaft EU - Russland vor eine Zerreißprobe gestellt.[10] Entsprechend uneindeutig war daher auch die konkrete Außenpolitik der Ukraine über viele Jahre hinweg und die Unzufriedenheit der EU hierüber hielt sich in engen Grenzen.

---

[7] *Bos* (o. Fußn. 2), S. 472; *Götz/Halbach* (o. Fußn. 3), S. 261.
[8] *Bos* (o. Fußn. 2), S. 509.
[9] *Martin* (o. Fußn. 5).
[10] *Martin* (o. Fußn. 5).

1. Rechtliche Grundlagen

Nach langen Jahren des Balancierens zwischen Russland und der EU räumt die Ukraine in ihren Absichtserklärungen den Beziehungen zur EU offiziell den Vorrang ein und strebt nach dem Beispiel anderer Länder Ostmitteleuropas die Mitgliedschaft in der EU an. Sie ist am 9.11.1995 Mitglied des Europarates geworden. Sie konnte durch zahlreiche Verträge einen Platz in der politischen Landschaft Europas einnehmen. Als erstes ist dabei das Partnerschafts- und Kooperationsabkommen (PKA) zu nennen, das 1998 in Kraft getreten ist und zehn Jahre mit der Möglichkeit einer Verlängerung gelten soll. Im Wesentlichen soll hiermit angestrebt werden, sich auf eine Teilhabe am EU-Binnenmarkt und den Beitritt zur WTO vorzubereiten. Vor kurzem hat die EU die Geltung der 1999 vom Europäischen Rat in Helsinki verabschiedeten gemeinsamen Strategie für die Ukraine verlängert und damit die Tatsache gewürdigt, dass diese sich für eine Zukunft in Europa und die europäische Integration entschieden hat.

Mit der EU-Erweiterung 2004 ist die Ukraine als neuer Nachbar verstärkt in den Blickpunkt des Interesses der EU gerückt. Dies hat dazu geführt, dass sie in der seit 2003 entwickelten europäischen Nachbarschaftspolitik als wichtiger Partner erachtet wird.[11] Ausdruck dessen ist das Konzept „Größeres - Europa Nachbarschaft: Ein neuer Rahmen für die Beziehungen der EU zu ihren östlichen und südlichen Nachbarn“ vom 11.3.2003, das sich aus einem Strategiepapier, einem europäischen Instrument für die Nachbarschaftspolitik für den Zeitraum ab 2007 sowie aus einem Länderbericht zusammensetzt. Es soll auch der Ukraine ermöglicht werden, „unter Berücksichtigung eigener Ziele und Prioritäten nach und nach im EU-Binnenmarkt Fuß zu fassen und an der Politik der EU und ihren Programmen teilzunehmen“.[12] Einerseits entspricht das Konzept dem innereuropäischen Gleichgewicht, andererseits ist es auch ein Versuch, die künftige Poli-

[11] *Ferrero-Waldner*, Chancen einer neuen EU-Mitgliedschaft – Moldau und Ukraine, Rede vom 29.11.2004.
[12] EU-Kommission, Länderbericht Ukraine, 12.5.2004, SEK (2004) 566, S. 6.

tik zu definieren und berechenbar zu machen, ohne weitere Beitrittszugeständnisse zu machen.[13]

Daneben stellt der Aktionsplan vom 21.2.2005 eine engere Kooperation in der Gemeinsamen Außen- und Sicherheitspolitik (GASP), eine Intensivierung der Zusammenarbeit bei Polizei und Justiz sowie Verhandlungen über eine Freihandelszone in Aussicht. Er zielt auf die Herstellung der Demokratie und der Herrschaft des Rechts, auf einen demokratischen Ablauf von Präsidentschafts- und Parlamentswahlen, die Garantie der Meinungs- und Pressefreiheit, eine Erleichterung bei Visa-Erteilungen und die Angleichung des Rechts, von Normen und Standards an die der EU.[14] Der Plan deckt einen Zeitraum von drei Jahren ab und kann regelmäßig erweitert und aktualisiert werden.[15]

In Ergänzung wurde vom EU-Ukraine-Kooperationsrat ein Zehn-Punkte-Plan verabschiedet, der u. a. folgende neue Elemente enthält: das Angebot eines neuen „verstärkten" Abkommens nach dem Auslaufen des derzeitigen PKA für 2008, die Schaffung eines hochrangigen Forums für den Energiedialog, Verhandlungen über ein vereinfachtes Visaregime, erleichterten Zugang der Ukraine zu Geldern der Europäischen Investitionsbank, die Anpassung des Aktionsplans schon Anfang 2006, falls bei dessen Implementierung substantielle Fortschritte verzeichnet werden können.

Die innenpolitischen Voraussetzungen für die Umsetzung des Aktionsplans sind bereits vorhanden, denn der nunmehr eindeutig europafreundliche Kurs der neuen Führung wird laut Umfragen von einer deutlichen Mehrheit der Bevölkerung unterstützt. Auch im Parlament, das am 4.2.2005 mit überwältigender Mehrheit

---

[13] *Kempe*, Nachbarschaftspolitik: Russland, Ukraine, Moldau und Belarus, in: *Weidenfeld/ Wessels* (Hrsg.), Jahrbuch der Europäischen Integration 2003/2004, 2004, S. 259 (260).
[14] Proposed Action Plan EU – Ukraine, 9.12.2004, S. 2.
[15] Ebd, S. 1.

Julia Tymoschenko zur Premierministerin wählte, gibt es kaum Widerspruch zum EU-Kurs der Regierung.[16] Weiterhin wurde eine Reihe von speziellen Abkommen mit der EU beim Handel, der Wissenschaft und Technologie sowie der nuklearen Energie geschlossen, z. B. das seit den 90er Jahren laufende TACIS-Programm, dessen Hauptziele die Festigung demokratischer Verhältnisse, Rechtsstaatlichkeit und die Unterstützung des Übergangs zur Marktwirtschaft in den Partnerländern Osteuropas und Zentralasiens sind. Seit einigen Jahren konzentriert sich die Hilfe mehr und mehr auf die Reformtätigkeit in den Bereichen Institutionen, Justiz und Verwaltung, Förderung des Privatsektors sowie Unterstützung zur Abfederung der aus der Wirtschaftstransformation resultierenden sozialen Härten.[17] 2007 soll dieses Programm durch das „The European Neighbourhood and Partnership Instrument" ersetzt werden.

2. *Rechtsangleichung an die europäische Gesetzgebung*

Die Beziehungen zur EU weisen eine Reihe von speziellen Problemen auf, die aus dem Nähe-Distanz-Verhältnis beider zueinander resultieren. Die Ukraine ist einerseits als Nachbar so nah an der EU, dass die Möglichkeit eines Beitritts im Raum steht, andererseits jedoch noch so weit von den EU-Standards entfernt, dass diese Option in näherer Zukunft noch nicht realisierbar zu sein scheint.[18]

Ein wesentliches Kriterium zur Aufnahme in die EU ist das Erreichen eines der EU vergleichbaren politischen und wirtschaftlichen Niveaus. Dazu muss die Ukraine zunächst einen an europäischen Zielsetzungen und Normen orientierten Reformkurs nach innen verfolgen. Hierzu wurde am 18.3.2004 das Gesetz über

---

[16] *Schneider/Saurenbach*, Kiews EU-Ambitionen, in: SWP-Aktuell, 2005, S. 2.

[17] EU-Kommission (o. Fußn. 12), S. 5; Es wird abzuwarten sein, inwieweit der z. T. als neoliberal empfundene Kurs der Ministerpräsidentin öffentlich und innerhalb der Regierung weiterhin als alternativlos akzeptiert wird. Aufhorchen lässt eine dpa-Meldung vom 9.7.2004, wonach sich aus Protest gegen die ukrainische Staatsführung ein Geschäftsmann aus der Südukraine angezündet habe. Er konnte mit leichten Verbrennungen gerettet werden.

[18] *Lynch*, Partners and neighbours: a CFSP for a wider Europe, in: Chaillot Papers No. 64, Sep. 2003, S. 38.

das Staatliche Programm der Annäherung der ukrainischen Gesetzgebung an die europäische Gesetzgebung verabschiedet. Die Rechtsangleichung soll stufenweise erfolgen und u. a. die Gebiete Privat-, Verbraucher-, Arbeits- und Umweltrecht umfassen. Dazu müssten allein etwa 350 neue Gesetze erlassen werden.[19]

Als größte Hindernisse beim Transformationsprozess haben sich bisher Defizite des gegenwärtigen politischen und wirtschaftlichen Systems sowie die unzureichende Fähigkeit zur Schaffung einer modernen Wirtschaft erwiesen. Auch wenn sich die im Jahre 1996 nach langwierigen Auseinandersetzungen verabschiedete Verfassung der Ukraine auf die Prinzipien von Demokratie und Rechtsstaatlichkeit gründet, war in der Ukraine bislang keine liberale Demokratie entstanden. Vielmehr hatte sich ein Regime etabliert, das zwischen Demokratie und Autokratie anzusiedeln ist.[20] Großen Teilen der ukrainischen Führungsschicht ist die EU mit ihren Werten – parlamentarische Demokratie, Gewaltenteilung, strikte Trennung von Macht und Wirtschaft, soziale Marktwirtschaft, Achtung der Menschen- und Minderheitenrechte – trotz anders lautender Versicherungen fremd geblieben.[21] Die brutale Ermordung des regierungskritischen Journalisten *Georgij Gongadse* im Herbst 2000 sowie der Umgang damit auf höchster staatlicher Ebene sind dafür nur ein, wenn auch krasses Beispiel. Der Umgang der neuen politischen Führung mit diesen Themen wird für die Beitrittsperspektive der Ukraine von nicht zu unterschätzender Bedeutung sein.

Seit Jahren gibt es in der Ukraine das Bestreben, das verfassungsgemäß stark präsidial ausgerichtete politische System in ein parlamentarisches umzuwandeln. Derartige Versuche waren ursprünglich am Veto des früheren Präsidenten

[19] *Daniel*, Ukraine und Europa, www.europa-digital.de/text/laender/ukr/eu_pol/indx.shtml.
[20] *Bos* (o. Fußn. 2), S. 510; *Maćkow*, Voraussetzungen der Demokratie in der postkommunistischen Systemtransformation: Tschechien, Belarus, Ukraine, in: ZParl 2005, 411 – 424 (419).
[21] *Timmermann*, Die EU und die Neuen Nachbarn Ukraine und Belarus, SWP-Studie, Okt. 2003, S. 13.

Kutschma gescheitert. Nach dem Amtsantritt *Juschtschenkos* wurden Verfassungsänderungen in diese Richtung vorangetrieben, die am 8.12.2004 mit großer Parlamentsmehrheit beschlossen wurden. Die Verfassungsänderung tritt am 1.9.2005 in Kraft, wenn zuvor die Verfassungsänderung über lokale Selbstverwaltung beschlossen wird.[22] Ansonsten tritt sie am 1.1.2006 in Kraft, sodass das 2006 zu wählende neue Parlament mit viel mehr Macht ausgestattet sein wird, als seine Vorgänger, mit den entsprechenden Konsequenzen für die Macht des Präsidenten, Reformen auch ohne das Parlament durchsetzen zu können.

Konkrete Maßnahmen wurden auch ergriffen, um europäische Ziele und Werte zu verfolgen. So wurde die Zuständigkeit für Europa vom Wirtschaftsministerium abgetrennt und der Europaminister in den Rang eines stellvertretenden Regierungschefs gehoben. Der Präsident übertrug dieses Amt an *Oleg Rybatschuk*; dieser ist für die Koordination der Europapolitik der Regierung zuständig. Zudem wurde in jedem Ministerium der Posten eines Vizeministers für Europafragen geschaffen, der direkt dem Europaminister untersteht, sowie Abteilungen für europäische Integration eingerichtet. Diese sollen für die Umsetzung des EU-Ukraine-Aktionsplanes im jeweiligen Ressort sorgen.[23] Damit besteht die realistische Chance, dass mit der Präsidentschaft *Juschtschenkos*[24] auf eine EU-freundliche Rhetorik auch Taten folgen.

3. Zivilgesellschaft

Ein spezifisches Problem der Ukraine ist das Fehlen einer den neuen Staat tragenden einheitlichen nationalen Identität. Zurückzuführen ist dies auf die starke regionale, ethnische und kulturelle Spaltung des Landes. Ost- und Westteil un-

---

[22] *Göckeritz*, Politischer Reformprozess in der Ukraine, in: Osteuropa-Recht 2005, 162 – 166.
[23] *Schneider/Saurenbach* (o. Fußn. 16), S. 2.
[24] Präsident *Juschtschenko* war der frühere Chef der ukrainischen Nationalbank und Premierminister unter Präsident *Kutschma*. Er ist ein Reformpolitiker, der während seiner zweijährigen Amtszeit als Ministerpräsident konsequent marktwirtschaftliche Reformen verfolgte, durch diese einen ökonomischen Aufschwung erreichte, aber letztlich auf Druck einflussreicher Oligarchen entlassen wurde.

terscheiden sich sehr deutlich voneinander: während der Westteil ukrainischsprachig, ukrainisch-orthodox, z. T. sogar katholisch geprägt und nach Europa orientiert ist, sind der Osten und Süden auf Russland ausgerichtet.[25] Wie schon bei den Präsidentenwahlen zuvor, spiegelte sich dies auch bei der Wahl von *Juschtschenko* Ende 2004 wider. Die Ost- und die Südukraine stimmten mehrheitlich für den von Russland favorisierten Kandidaten *Janukowitsch*, obgleich *Juschtschenko* selbst aus dem östlichen, an Russland grenzenden Gebiet Sumy stammt.[26]

Dies ist allerdings auch vor dem Hintergrund sozio-ökonomischer Strukturunterschiede zu sehen: Während im Osten Bergbau- und Metallindustrie allgegenwärtig sind, dominiert im viel dünner besiedelten Westen immer noch die Landwirtschaft, gepaart mit einer sehr hohen Arbeitslosigkeit, was eine wichtige Ursache für die Auswanderung und Arbeitssuche im Westen darstellt.[27] Dagegen sind in der Zentralukraine moderne Industrien zu finden.[28]

Gleichwohl gibt es keinen Grund, ernsthaft eine Abspaltung der östlichen Provinzen oder gar das Auseinanderfallen der Ukraine zu befürchten. Über einen sehr langen Zeitraum haben sich beide Landesteile, der „sowjetische" und der „europäische", aufgrund der Russifizierung gewissermaßen überlappt und sind miteinander verschmolzen.[29] Die Menschen sind tendenziell multikulturell und zweisprachig aufgewachsen. Sie sprechen im Alltag Ukrainisch und Russisch,

---

[25] *Bos* (o. Fußn. 2), S. 502; Charkiw, die zweitgrößte ukrainische Stadt, im äußersten Osten gelegen, und Lwiw sind hier besonders extreme Beispiele.

[26] *Schneider/Saurenbach* (o. Fußn. 16), S. 2.

[27] Dazu *Zappner*, Das weiße Lächeln der Westukraine: Wie Arbeitsmigration das Leben verändert, in: Eurasisches Magazin, 22.12.2004; besonders sichtbar ist dies in der Bukowina mit der Hauptstadt Chernovitz und den sie umgebenden Kreisen und Dörfern, z. B. dem im Kreis Novoselitskiy gelegenen Dorf Dovzok.

[28] *Schneider/Saurenbach*, Ukraine – die zweite Transformation, in: SWP-Aktuell 59, Dez. 2004, S. 3.

[29] *Riabchuk*, Die Ukraine: ein Staat, zwei Länder? www.eurozine.com. S. 3; *Mačkow* (o. Fußn. 20), S. 422.

verstehen zumindest die jeweils andere Sprache. Auch die Konfession stellt kein eindeutiges, trennendes Identitätsmerkmal dar. Die orthodoxe Kirche ist zwar zersplittert; viele Ukrainer bekennen sich aber zu gar keiner Religion, obgleich der kirchliche Einfluss in den letzten Jahren zugenommen hat.[30] Auch die politischen Vorstellungen der Bevölkerung, die von den jeweiligen Oligarchen stark geprägt waren und in deren regionalen Medien immer wieder bekräftigt wurden, stellen keine ernsthafte Bedrohung der Einheit des Landes dar. Selbst wenn die Mehrheit der ost- und südukrainischen Oligarchen in Branchen aktiv ist, die von Russland mehr oder weniger direkt abhängig oder zumindest auf eine Zusammenarbeit mit dem großen Nachbarn angewiesen sind, ist es für ihre Geschäfte mindestens genauso wichtig, der jeweiligen eigenen Regierung nahe zu sein und den großen EU-Markt zur Verfügung zu haben.[31]

Das ukrainische Volk war von der Regierung *Kutschma* völlig enttäuscht, wie alle Umfragen ergaben. Zwar hatte die Ukraine in den 90er Jahren ihr Vorhaben des EU-Beitritts erklärt. Aber anstatt an der Verwirklichung der Beitrittsvoraussetzungen zu arbeiten, hatte sie sich durch die Verletzungen der Menschenrechte, Korruption und „Schattenwirtschaft" davon zunehmend entfernt und eine Politik des Balancierens zwischen Russland, der EU und den USA betrieben. Beispiel dafür ist auch die Tatsache, dass von den ca. 15.000 Soldaten im Irak, die nicht US-Amerikaner oder Briten waren, 2.000 aus der Ukraine kamen, womit die Ukraine das zweithöchste Kontingent nach Italien stellte.[32] Insofern war es nicht verwunderlich, dass die Menschen dem Präsidentschaftskandidaten *Juscht-*

[30] Inwieweit die im Winterheft 2004 des Magazins „Ukraine!" (entwickelt und produziert im Auftrag des Außenministeriums der Republik Ukraine) veröffentlichten Zahlen tatsächlich belastbar sind, sei dahingestellt. Sie lauten: Über 80 % orthodoxe Christen verschiedener Kirchen, 10 % Katholiken nach dem byzantinischen Ritus, 4 % Protestanten, 1,3 % Juden und auf der Krim mit den Tataren eine muslimische Minderheit. Tatsache ist jedenfalls, dass die Zahl der großen und kleinen Kirchengebäude im Lande zunimmt.

[31] *Schneider/Saurenbach* (o. Fußn. 16), S. 2. Außerdem darf nicht übersehen werden, dass bei dem nach wie vor sehr geringen Einkommen des durchschnittlichen Ukrainers nicht selten der Überlebenskampf wichtiger ist, als politische Vorstellungen im EU-Sinne.

[32] Frankfurter Rundschau, 16.3.2005.

schenko, mit dem sie auch die Verwirklichung der seit langem in der Verfassung verankerten Herrschaft der Demokratie und Rechtsstaatlichkeit, Transparenz der staatlichen Gewalt, Gewährleistung der Grundfreiheiten und eine funktionierende Marktwirtschaft verbanden, vertrauten. Eindeutiger Beweis dafür war der wochenlange Protest Hunderttausender Menschen aus allen Landesteilen auf dem Unabhängigkeitsplatz in Kiew im Winter 2004. Der friedliche Ausgang des Konflikts deutet auf die Herausbildung einer zunehmend selbstbewusster werdenden Zivilgesellschaft hin, die einen viel stärkeren Einfluss als bisher auf die Politikgestaltung nehmen möchte. Dies ist in der Hauptstadt inzwischen auch wahrnehmbar. Der Eurovision Song Contest im Mai 2005 in Kiew ist hierfür ein besonders sichtbares Beispiel gewesen.[33]

Eine Zivilgesellschaft ist ohne freie Medien undenkbar, wobei in der Ukraine das Fernsehen einen besonders hohen Einfluss hat. Obwohl die Medienfreiheit sowohl durch die Verfassung als auch durch nationale Gesetze und internationale Konventionen, welche die Ukraine ratifiziert hat, verankert ist, hatten sich die Medien in den vergangenen Jahren nicht zu einer die staatlichen Institutionen kontrollierenden, unabhängigen „vierten Gewalt" entwickeln können. Dies liegt zum einen an der fehlenden erforderlichen Finanzdecke und zum anderen am großen Auslegungsspielraum der bestehenden Rechtslage.[34] So kann durch eine Schranke die Medienfreiheit „im Interesse der nationalen Sicherheit, der territorialen Integrität oder der öffentlichen Ordnung" gemäß Art. 34 Verf. Eingeschränkt werden. Hinzu kommt der staatliche Missbrauch des in Art. 32 Verf. verankerten gerichtlichen Schutzes wegen Verbreitung unwahrer Informationen. Auf diese Weise wurden die Medien entweder von den staatlichen Institutionen

[33] Der Sieg von *Ruslana* beim Eurovision Song Contest 2004 als Triebkraft für die „Orangene Revolution" ist hierbei sehr hoch einzuschätzen. Sie war bei den Demonstrationen auf dem Maidan im Nov/Dez. 2004 neben den Brüdern *Klitschko* die prominenteste „nichtpolitische" Unterstützerin.

[34] EU-Kommission (o. Fußn. 12), S. 9. Zu erwähnen ist hier der Telekanal 5, der als einziger janukowitsch-kritischer Sender bei den Präsidentschaftswahlen eine wichtige Rolle spielte, weil er den Menschen im Lande Bilder zeigte, die sie sonst nirgendwo sehen konnten.

kontrolliert oder von den dem Präsidenten nahe stehenden Oligarchen finanziert oder notfalls mit Hilfe der Steuerbehörden diszipliniert. Journalisten, die Kritik am Staat übten, mussten mit Anklagen wegen Ehrverletzung oder Rufschädigung rechnen,[35] mit Restriktionen oder gar Mord. Der prominenteste Fall war die oben schon erwähnte Ermordung des Journalisten *Georgij Gongadse* im September 2000, der in der Internetzeitung „Ukrainsky Pravda" mehrmals über Korruption in der Umgebung *Kutschmas* berichtet hatte. Aus dem Dienstsitz des Präsidenten gelangten Tonbandaufzeichnungen in die Öffentlichkeit und legten den Verdacht nahe, dass Präsident *Kutschma* selbst in den Fall involviert sei. *Gongadse* wurde so zu einer Symbolfigur für die Opposition gegen *Kutschma*.[36] Seit dem Regimewechsel ist eine deutlich kritischere Presse, insbesondere auch gegenüber der Regierung, zu bemerken.[37] Bis heute ist in der Ukraine noch kein stabiles Parteiensystem entstanden.

Aber auch hier sind Veränderungen im Gange, so dass das Land mit fortschreitender Demokratisierung allmählich Züge einer modernen pluralistischen Gesellschaft annimmt, die in Richtung Bürgergesellschaft geht. Auf gesamtstaatlicher und regionaler Ebene entsteht mit der wachsenden Zahl regierungsunabhängiger Organisationen ein Gegenpol zum Staat, die in Sachen Menschenrechten ermitteln, für sie eintreten und sich der Situationen in Haftanstalten sowie der Rechte von Frauen, Kindern und diskriminierter Minderheiten annehmen.[38]

---

[35] *Bos* (o. Fußn. 2), S. 505; *Maćkow* (o. Fußn. 20), S. 423.

[36] Bertelsmann Transformation Index 2003, S. 6; *Maćkow* (o. Fußn. 20), S. 423.

[37] Vgl. Die Schöne und der Moralist - Die orangene Revolution ist ins Stadium der Ernüchterung übergegangen, in: Der Spiegel, 14.5.2005; Berichterstattung über die Probleme von Justizminister *Roman Zvarych* mit seinen Studienabschlüssen in den USA, in: KYIV POST, 19.5.2005; *Jung-Mounib*, Orange Unfähigkeit, in: TAZ, 20.6.2005; *Nienhuysen*, Im Stimmungstief, in: Süddeutsche Zeitung, 16./17.7.2005, S. 6; *Kellermann*, Die Euphorie der Ukrainer ist verflogen, in: Financial Times Deutschland, 25.7.2005, S. 12.

[38] EU-Kommission (o. Fußn. 12), S. 10. Wichtig war dabei das Auftreten der vielen Wahlbeobachter bei den Präsidentschaftswahlen. Nicht zu unterschätzen für die Entwicklung einer Zivilgesellschaft ist auch, dass inzwischen die ersten Demonstrationen für die Rechte von Lesben und Schwulen in der Ukraine stattgefunden haben.

4. Faktor Russland

Bei der Frage, wie schnell sich die Ukraine der EU annähert und wann es zu einer EU-Mitgliedschaft kommen kann, ist Russland als größter Nachbar von zentraler Bedeutung. Unabhängigkeit und staatliche Integrität der Ukraine werden zwar heute von Moskau als unantastbar erachtet, doch ist Russland in der Lage, durch die enge beiderseitige Verflechtung von Handel, Industrie, Energie und Transport auf die wirtschaftlich schwächere Ukraine in asymmetrischer Partnerschaft einen starken Einfluss auszuüben.[39] Konkrete Möglichkeiten liegen in der „Gestaltung" der Energiepreise. Die russische Politik ist auch mit diesen Mitteln nach wie vor bestrebt, den ukrainischen Drang nach Europa zu zügeln und das Land eng an Russland zu binden.[40] Ein großer Teil der russischen politischen Klasse, aber auch einige Politiker in den USA und der EU denken in geopolitischen Kategorien und Einflusssphären. So gibt es die Befürchtung, die Ukraine könnte zunehmend zum Spielball einer Konfrontation zwischen Russland und dem Westen werden. Die EU-Außenkommissarin *Ferrero-Waldner* etwa kündigte vor dem Europaparlament in Anspielung auf autoritäre Tendenzen in Russland an, sie werde alles tun, damit „wenigstens die Ukraine auf unserer Seite bleibt".[41] Von russischer Seite war in den Medien von „Gegenmaßnahmen" gesprochen worden, welche ergriffen werden müssen, um die Staaten dieser Region in der Sphäre russischen Einflusses zu halten, etwa durch „alternative, für diese Länder vorteilhafte Varianten der Zusammenarbeit".[42]

Die EU möchte offenbar nicht in eine Integrationskonkurrenz mit Russland treten, möglicherweise auch deshalb, weil es innerhalb der EU ganz unterschiedliche Auffassungen über die Beitrittsperspektive der Ukraine gibt. Die eindeutig

---

[39] *Timmermann* (o. Fußn. 21), S. 20.
[40] Ebd., S. 19.
[41] *Schneider/Saurenbach* (o. Fußn. 28), S. 7.
[42] *Timmermann* (o. Fußn. 21), S. 19.

positive Haltung Polens[43] und der baltischen Staaten wird von anderen Mitgliedstaaten nicht geteilt. Auch daher zielt die im Rahmen von TACIS und anderen Programmen geleistete Hilfe zunächst darauf ab, die Ukraine als GUS-Staat international, also auch für Russland, kooperations- und berechenbar zu machen. Daher wurde auch die im September 2003 vereinbarte Schaffung eines „Einheitlichen Wirtschaftsraums" durch Russland, die Ukraine, Belarus und Kasachstan von Brüssel durchaus kritisch betrachtet, da die Bildung einer Zollunion ein Hindernis für die weitere Kooperation mit der EU wäre. Generell wird seitens der EU-Kommission beklagt, dass die Zusammenarbeit mit Russland in den letzten Jahren zunehmend schwieriger und ineffektiver geworden ist.[44]

Durch die neue Nachbarschaftspolitik der EU haben sich die Beziehungen Russlands zur EU und zur Ukraine qualitativ geändert. Während sich Moskau noch 1999 gegen mögliche Versuche der EU wandte, durch Sonderbeziehungen zu einzelnen GUS-Staaten der Wirtschaftsintegration im GUS-Raum zum Schaden Russlands entgegenzuarbeiten, legt Russland nun schon seit einiger Zeit viel Wert darauf, die bilateralen Beziehungen zur EU durch einen Sonderfahrplan zu gestalten. Das auf dem EU-Russlandgipfel in St. Petersburg am 31.5.2003 verabschiedete Konzept der vier gemeinsamen Räume sieht einen gemeinsamen Wirtschaftsraum, einen Raum der Sicherheit und Justiz, einen Raum Zusammenarbeit im Bereich der äußeren Sicherheit sowie einen Raum der Forschung und Bildung vor.[45] Momentan ist es schwer einzuschätzen, wie die Reaktion Moskaus auf weitere Integrationsschritte sein wird.

---

[43] So Präsident *Kwasniewski* beim Weltkongress der Osteuropaforschung in Berlin am 25.7.2005, Polen fordert EU-Perspektive für Kiew, in: FAZ, 27.7.2005, S. 4.
[44] *Schneider*, Die EU und Russland im 21. Jh., SWP-Diskussionspapier, 1.5.2005, S. 15.
[45] *Kempe* (o. Fußn. 13), S. 264 – 265.

5. *Folgen eines NATO-Beitritts für die EU-Beitrittsambitionen*

Der ukrainische Verteidigungsminister *Anatoliy Hryzenko* erklärte vor kurzem in einem Interview, ein NATO-Beitritt der Ukraine 2008 sei nicht unwahrscheinlich. Er rechne damit, dass die Frage der Mitgliedschaft nach der Parlamentswahl im März 2006 auf den Tisch kommen werde.[46] Vor dem Hintergrund der Sicherheits- und Verteidigungspolitik der EU und der zwischen ihr und der NATO existierenden Anknüpfungspunkte wäre eine NATO-Mitgliedschaft für einen EU-Beitritt der Ukraine zweifellos förderlich. Die schrittweise Umsetzung des NATO-Ukraine-Aktionsplanes trägt dazu bei, dass die Reform der Innen-, Außen-, Sicherheits- und Verteidigungspolitik sowie auch der Wirtschaftspolitik mit dem Ziel der vollen Integration in euro-atlantische Sicherheitsstrukturen weiter vorankommt. Dies würde sich ebenfalls auf die EU-Beitrittsperspektive der Ukraine günstig auswirken.

6. *EU-Interessen*

Die EU wurde am 1.5.2004 um zehn süd-, mittel- und osteuropäische Staaten erweitert. Mit dieser Erweiterung stößt Europa geografisch und kulturell an neue Grenzen. Zu den neuen Nachbarn gehört heute auch die Ukraine. Diese ist unter anderem hinsichtlich der Frage von Rohstoffimporten ein wichtiger Partner für Westeuropa, da die Energieträger vom Kaspischen Meer fast ausschließlich über Pipelines nach Europa gelangen.[47] Ausdruck dessen ist die trilaterale Vereinbarung zwischen der Ukraine, Russland und Deutschland vom Juni 2002 über eine engere Zusammenarbeit zur langfristigen Sicherung des Transits russischen Gases über die Ukraine.

---

[46] Interview, in: Frankfurter Rundschau, 28.6.2005, S. 6. Hinsichtlich der russischen Schwarzmeerflotte auf der Krim, Standort Sewastopol, hat bisher allerdings noch kein NATO-Vertreter Vorbehalte zu einem ukrainischen NATO-Beitritt geäußert; dazu *Nienhuysen*, Kampf um die Krim, in: Süddeutsche Zeitung, 23./24.7.2005, S. 10.

[47] *Götz*, Russland Erdgas und die Energiesicherheit der EU, in: SWP-Aktuell, 4/2002, S. 5.

Aber auch sicherheitspolitische Aspekte rücken die Ukraine zunehmend in den Blickpunkt. Bei der Schaffung von Stabilität liegt es im Interesse Europas, dass die angrenzenden Länder verantwortungsvoll regiert[48] werden, wirtschaftliche Strukturreformen als Voraussetzung für steigenden Handel und Investitionen durchführen, einen sozialen Ausgleich für politische und gesellschaftliche Stabilisierung schaffen, nicht in gewaltsame Konflikte verstrickt sind, sowie organisierte Kriminalität, grenzübergreifende Umweltzerstörungen, ethnische Konflikte und illegale Migration abwehren.[49] Was das konkret auch politisch bedeuten kann, war in Deutschland in den letzten Monaten live im Fernsehen bei der Übertragung aus dem Visa-Untersuchungsausschuss zu erleben.[50]

Es besteht ferner ein grundsätzliches Interesse des Westens an der Wahrung der Unabhängigkeit des Landes. Die Ukraine war nach dem Zerfall der Sowjetunion 1991 nicht sofort bereit, ihre Atomwaffen an Russland zu übergeben. Dazu kam es erst, als die USA der Ukraine zusagten, die Unabhängigkeit des Landes praktisch zu garantieren. Um was es hier auch geht, wird an dem Satz des ehemaligen Sicherheitsberaters von Präsident *Jimmy Carter*, *Zbigniew Brzezinski*, deutlich, wonach Russland zum Imperium wird, wenn es wieder über die Ukraine verfügt.[51]

7. Integrationsfähigkeit der EU

Die Chancen Kiews für einen EU-Beitritt hängen weiterhin entscheidend davon ab, dass sich die EU selbst in der Lage sieht, die Integration ohne Schaden für ihren eigenen Zusammenhalt zu verkraften. Die Einschätzungen hierzu sind

---

48 „Good governance" hat seit dem G 8 – (Schottland) Gipfel eine erhebliche Bedeutung.
49 *Timmermann* (o. Fußn. 21), S. 7.
50 Nachdem die Ukraine anlässlich des Eurovision Song Contest die Visa-Pflicht für EU-Bürger vom 1.5. – 1.9.2005 ausgesetzt hatte, soll nach einer Ankündigung von Außenminister *Boris Tarasjuk* in einem Interview mit der österreichischen Tageszeitung „Der Standard" vom 13.7.2005 diese nunmehr auf unbestimmte Zeit außer Kraft gesetzt werden. Damit soll offenbar Druck auf die EU ausgeübt werden, entsprechendes auch umgekehrt zu tun.
51 *Schneider/Saurenbach* (o. Fußn. 28), S. 6 – 7.

unterschiedlich. Während sich das Europäische Parlament dafür ausspricht, der Ukraine eine klare EU-Perspektive zu geben, reagiert die Kommission darauf (noch) zurückhaltend und bietet zunächst lediglich eine Nachbarschaftshilfe an, die aber kein Erweiterungsinstrument ist.[52] Die Situation wurde jüngst noch dadurch erschwert, dass der EU-Verfassungsvertrag in Frankreich und in den Niederlanden nicht ratifiziert wurde.[53] Diese Ablehnung war auch stark mit der Frage der EU-Erweiterung verknüpft. Die Abstimmung über die Verfassung wurde inoffiziell zur Abstimmung über ein Ja oder Nein zur Erweiterung, verbunden mit der Frage, wie das Verhältnis zu den USA sein soll, weil Befürchtungen existieren, die neuen EU-Staaten könnten zu „amerikafreundlich" sein. Daher ist gegenwärtig die weitere Integrationsbereitschaft als eher gering anzusehen.

III. Ausblick

Nach Art. 49 EUV steht grundsätzlich jedem europäischen Staat das Recht zu, Mitglied der EU zu werden. Geografisch betrachtet gehört die Ukraine zu Europa, jedoch muss sie auch die weiteren Voraussetzungen erfüllen, die 1993 vom Europäischen Rat in Kopenhagen beschlossen wurden. Dazu zählen: stabile staatliche Institutionen, eine demokratische und rechtsstaatliche Ordnung, die Wahrung der Menschenrechte,[54] der Schutz von Minderheiten, eine Marktwirtschaft, die dem Wettbewerbsdruck im europäischen Binnenmarkt standhält, die Übernahme des gesamten EU-Rechts.

Die zurückliegenden fünf Jahre haben zu erheblichen Reformfortschritten in der Ukraine geführt und sind von einer erheblichen Dynamik gekennzeichnet. Es

---

[52] *Teske*, Aktuelle Schlaglichter, in: Europa-Blätter 2/2005, 42, außerdem *Langenfeld*, Erweiterung ad infinitum? - Zur Finalität der EU, in: ZRP 2005, 73 – 76, wo die Ukraine nicht erwähnt wird.

[53] Jedoch wurde der Vertrag nunmehr per Referendum in Luxemburg mit 56 % Zustimmung angenommen. Zur EU-Verfassung allg. *Trimbach/Beilke*, in: Neue Justiz 2005, 206 – 207.

[54] Hierzu instruktiv *Pankevič*, Verfassungsrechtliche Garantien zum Schutz der Menschenrechte in der Ukraine und in den stabilen demokratischen Staaten, in: Osteuropa-Recht 2005, 254 – 262.

gibt eine langsame und stabile Hinwendung zur Demokratie und nach Europa – das umso mehr, seitdem die Ukraine Nachbar der EU geworden ist. Die künftige Aufgabe liegt in der Festigung und Fortschreibung der strukturellen Reformen. Weitaus schwieriger ist die Einbindung der Interessengruppen und Clans in die formalen Strukturen. Ein ausgeprägtes autoritäres Oligarchensystem, das in enger Symbiose mit Politik und Medien bei der Transformation „von der Planwirtschaft zu Clanwirtschaft" seine Partikularinteressen verfolgt und in konkrete Politik umsetzt, war und ist zentraler Punkt für die Reformträgheit.[55] Der Reformerfolg hängt aber auch davon ab, ob, wann und welche Perspektiven der Westen, allen voran die EU, der Ukraine anbieten kann.

Tatsächlich kann das Wahlergebnis von 2004 als Triumph einer entstehenden Demokratiebewegung in der Ukraine gelten und als klares Indiz dafür, dass die ukrainische Gesellschaft politisch reifer geworden ist und damit weniger anfällig für die manipulativen Machenschaften und die Propaganda des Regimes.[56] Die EU befindet sich in einer schwierigen Situation, da sie bisher für die Ukraine noch keine Beitrittsperspektive eröffnet hat und gerade hier Hunderttausende Menschen für die Werte auf die Straße gingen, auf die sich die Union gründet. Die Ukraine zeigte sich schon vor der Präsidentschaftswahl enttäuscht über die Verweigerung einer EU-Beitrittsperspektive, räumte aber ein, einige zentrale Reformen bislang nicht oder nur unzureichend vollzogen zu haben.[57]

Nachdem die Ukraine die Hauptforderung der EU nach fairen und freien Wahlen erfüllt und sich klar zu den Gemeinschaftswerten bekannt hat, sollte auch die Union ihren Ankündigungen Taten folgen lassen und die Transformationshilfe

---

[55] *Timmermann* (o. Fußn. 21), S. 13.

[56] Auch die in Zusammenhang mit dem Visa-Untersuchungsausschuss viel gescholtenen Besucher aus der Ukraine im Schengen-Raum dürften mit ihren Erfahrungen und Hoffnungen einen nicht unwesentlichen Beitrag zur „Orangenen Revolution" geleistet haben, so z. B. der deutsche Botschafter in der Ukraine *Stüdemann* bei einem Vortrag bei der DGAP in Berlin.

[57] *Timmermann* (o. Fußn. 21), S. 6; zu den Beitrittsaussichten auch *Frankenberger*, Verflogener Jubel, in: FAZ, 28.7.2005, S. 10.

aufstocken.[58] Wenn die Ukraine in den nächsten Jahren, auch nach der entscheidenden Parlamentswahl im kommenden März auf dem Weg zu einer demokratischen, sozialen, offenen, nicht diskriminierenden Gesellschaft voranschreitet,[59] in der die zivilgesellschaftlichen Aktivitäten nicht nur in der Hauptstadt Kiew stattfinden, sollte der Ukraine eine konkrete Beitrittsperspektive gegeben werden, zumal der Globalisierungsdruck auch nicht an Russland vorbeigehen wird. Daher werden sich dann die Probleme mit dem Faktor Russland so jedenfalls nicht mehr stellen, genauso wenig wie die oben diskutierten Probleme der Integrationsfähigkeit der EU. Es wird dann die Erkenntnis gereift sein, dass Europa nicht das Problem ist, sondern ein Teil der Lösung.[60] In einer globalisierten Welt von morgen hat Europa nur gemeinsam eine Chance, und die Ukraine ist ein wichtiger Teil des europäischen Hauses.

---

[58] *Schneider/Saurenbach* (o. Fußn. 16), S. 4.

[59] So der Botschafter der Ukraine in Deutschland *Serhij Farenik*, in: ND, 11./12.6.2005, S. 25.

[60] Dazu auch *Ulrich Beck*, Souveränitätsverzicht als Gewinn: Europa – eine kosmopolitische Vision, in: NZZ, 3.6.2005.

Republik Moldau

Volker Bendig/Rosanna Dorn[*]

I. Einleitung

Der ehemaligen Sowjetrepublik Moldau wurde von Seiten der EU lange Zeit wenig Beachtung geschenkt. Da die zwischen den Flüssen Pruth und Dnjestr (rum. Nistru) gelegene Republik Moldau[1] aber nach einem erfolgten Beitritt Rumäniens zur EU 2007 ein „neuer Nachbar" der Union sein wird, erfahren die schwerwiegenden und ungelösten Probleme des kleinen Landes in letzter Zeit verstärkte Aufmerksamkeit.

Die moldauische Wirtschaft erlebte nach dem Ende der Sowjetunion eine tiefe Krise. Der mit Abstand wichtigste Wirtschaftszweig des Landes ist die Landwirtschaft, aber der Export der Agrarprodukte bringt seit Jahren nur noch geringe Gewinne. Mit einem BIP von 448 US-Dollar pro Kopf der Bevölkerung (2002) führt Moldau die Liste der ärmsten Länder Europas noch vor Albanien an. Als Konsequenz dieser Entwicklung gilt die Republik Moldau als Hautquelle für den internationalen Frauen- und Organhandel. Ewa 600.000 der offiziell 4,2 Mio. mehrheitlich rumänischsprachigen Einwohner arbeiten (oft illegal) im europäischen oder russischen Ausland, um mit dem dort verdienten Geld ihre Angehörigen in der Republik Moldau unterstützen zu können.

Gleichzeitig trägt Moldau viele Merkmale eines „failed state", die sich in Symptomen wie der gefährdeten inneren Sicherheit, der defekten nationalen Identität

---

[*] Volker Bendig, M.A., Berlin, Historiker und Politikwissenschaftler; Rosanna Dorn, Studentin der Osteuropastudien und Geschichte an der Freien Universität Berlin.

[1] Die Bezeichnung *Republik Moldau* ist die für den diplomatischen Gebrauch autorisierte Fassung des Staatsnamens *Republica Moldova*. Im vorliegenden Aufsatz wird durchgehend dieser offizielle Begriff verwendet. Nicht korrekt ist der häufig zu lesende Begriff *Moldawien*, der auf das in sowjetischer Zeit benutzte russischsprachige Wort *Moldavija* zurückgeht.

und einer sozialen Krise äußern.[2] Auch außenwirtschaftlich ist das Land hochgradig abhängig: Es bezieht 98 % seines Energiebedarfs aus Russland und der Ukraine und ist bei Russland mit rund 400 Mio. US-Dollar für Gaslieferungen verschuldet.

Die moldauische Regierung betrachtet einen Beitritt zur EU als wichtigstes außenpolitisches Ziel. Doch es kann kein Zweifel daran bestehen, dass die EU zur Zeit weder willens noch in der Lage ist, eine entsprechende Integrationsleistung zu erbringen. Im Mittelpunkt stehen nachfolgend zwei Fragestellungen: Welche Rolle spielt die Republik Moldau in der „Neuen Nachbarschaftsstrategie" der EU? Und: Verfolgt die EU eine Strategie, um den seit 1990 andauernden Konflikt der moldauischen Regierung mit der sezessionistischen Region Transnistrien im Osten des Landes zu lösen?

II. Historischer Überblick

Die Republik Moldau ist ein Land mit willkürlich gezogenen Grenzen und ohne eigenstaatliche Tradition, das auch fast fünfzehn Jahre nach seiner Unabhängigkeit von der Sowjetunion noch keinen Konsens über seine nationale Identität gefunden hat.[3] Im 16. Jh. fiel das Fürstentum Moldau unter osmanische Herrschaft, zwischen 1812 und 1918 gehörte es zum russischen Zarenreich und erhielt den Namen „Bessarabien". Zwischen den beiden Weltkriegen war Bessarabien Bestandteil des Königreichs Rumänien, bevor das Gebiet 1940/41 vorübergehend und 1944 längerfristig an die UdSSR fiel. Unter ihrer Herrschaft wurde das bessarabische Gebiet mit einem schmalen Gebietsstreifen östlich des Dnjestr

---

[2] *Martens*, Marxismus, werkgetreu. Unterwegs zwischen Pruth und Dnjestr: Die Republik Moldau, das ärmste Land Europas, droht zu einem „failing state" zu werden, in: FAZ v. 17.1.2004.

[3] *Gabanyi*, Die Perspektive einer Perspektive: Moldova und die Neue Nachbarschaftspolitik der EU, in: Osteuropa, 55 (2005) 2, 24 – 39 (27). Zur Geschichte des Nationsbildungsprozesses in der Republik Moldau siehe auch *Rosanna Dom*, Die moldauische Nation – Eine Konstruktion und Inszenierung? unveröffentlichte Seminararbeit am Osteuropa-Institut der Freien Universität Berlin, 2003.

(Transnistrien) zur „Moldauischen Sozialistischen Sowjetrepublik" vereinigt. Nach der Unabhängigkeitsklärung 1991 kam es 1992 zu einem kurzen Bürgerkrieg, der über 1000 Todesopfer, zumeist Zivilisten, forderte und zur Abspaltung Transnistriens führte. Dem Bürgerkrieg vorausgegangen war die Wandlung einer Protestbewegung der russischsprachigen Bevölkerung auf dem linken Dnjestrufer gegen die wirkliche und vermeintliche Rumänisierung von Moldau in eine gewaltsame Bewegung zur Abspaltung Transnistriens vom Gesamtstaat.[4]

Die 1989 formierte transnistrische Bewegung ist ein „politisches Amalgam", das auf einem überkommenen Sowjetpatriotismus und wirtschaftlich-machtpolitischen Interessen der etablierten Regionalelite Transnistriens basiert, die zu Zeiten der Sowjetunion im Umfeld der in diesem Gebiet befindlichen Schwer- und Rüstungsindustrie regelrechte Clanstrukturen ausgebildet hatte.[5] Der militärische Konflikt zwischen der moldauischen Führung und den transnistrischen Separatisten konnte erst im Sommer 1992 durch Intervention der 14. russischen Armee unter der Führung des Generals *Alexandr Lebed* gestoppt werden. Seit diesem Kurzkrieg stehen sich die moldauische Zentralgewalt und der Separatstaat auf dem östlichen Dnjestr-Ufer unversöhnlich gegenüber, wobei die russischen Militärverbände bis heute in Transnistrien verblieben sind.

III. Die „Neue Nachbarschaftspolitik" der EU

1. Beginn und Entwicklung

Seit ihrer Unabhängigkeit im Jahre 1991 verfolgt die Republik Moldau das politische Ziel, sich den europäischen Institutionen anzunähern. Im November 1994

---

[4] *Troebst*, Staatlichkeitskult im Pseudo-Staat. Identitätsmanagement in Transnistrien, in: Osteuropa, 53 (2003) 7, 963 – 983 (965 – 968). Einen kurzen Überblick zur Geschichte bietet *van Meurs*, Moldawien, in: *Roth* (Hrsg.), Studienhandbuch Östliches Europa. Bd. 1: Geschichte Ostmittel- und Südosteuropas, 1999, S. 277 – 282.

[5] *Piehl*, Die Republik Moldau, in: *ders./Schulze/Timmermann* (Hrsg.), Die offene Flanke der Europäischen Union. Russische Föderation, Belarus, Ukraine und Moldau, 2005, S. 459 – 530 (475 – 476).

wurde zwischen Moldau und der EU ein Partnerschafts- und Kooperationsabkommen unterzeichnet, das am 1.7.1998 in Kraft trat und das Interims-Handelsabkommen von 1996 ablöste.[6] Das Abkommen sollte vor allem den Aufbau von Marktwirtschaft und Demokratie fördern. Nachdem das Land 1995 dem Europarat beigetreten war, trug der damalige moldauische Präsident *Petru Lucinschi* 1997 der EU erstmals den Wunsch nach Aufnahme von Assoziierungsverhandlungen vor. Einer raschen Annäherung an die EU standen jedoch fehlende Erfolge der moldauischen Reformpolitik, aber auch die mangelnde Flexibilität der EU zunächst entgegen. Aber auch die „Partei der Kommunisten der Republik Moldau" (PKRM), die seit 2001 unter der Führung von *Vladimir Voronin* das Land regiert, hält am langfristigen Ziel einer EU-Integration grundsätzlich fest. Die EU ist seit 1991 zu einem wichtigen Handelspartner Moldaus geworden und unterstützte das Land seitdem mit 253 Mio. Euro.[7] Im Rahmen des EU-Gemeinschaftsprogramms TACIS[8] wurde die Transformation der Landwirtschaft und die Stärkung der Privatwirtschaft gefördert. Daneben wurden Moldau Darlehen als Ergänzung zu Programmen des IWF und der Weltbank gewährt.

Am 12.5.2004 leitete die EU gegenüber Russland, der Ukraine, Belarus und der Republik Moldau sowie weiteren Ländern aus dem Mittelmeerraum und dem Kaukasus eine „Neue Nachbarschaftspolitik" ein, die im Dezember 2004 beschlossen wurde.[9] Sie wurde formuliert, weil die EU zum ersten Mal in ihrer Integrationsgeschichte über Anrainerstaaten verfügt, die sie nicht wegen eines prinzipiellen Systemgegensatzes von der Mitgliedschaft ausschließen kann, denen sie aber auch mittelfristig keine Beitrittsperspektive einräumen kann oder

---

[6] *Büscher*, Das politische System Moldovas, in: *Ismayr* (Hrsg.), Die politischen Systeme Osteuropas, 2. Aufl., 2004, S. 515 – 552 (547).
[7] *Gabanyi* (o. Fußn. 3), S. 30.
[8] Technical Assistance for the Commonwealth of Independent States.
[9] *Kempe*, Nachbarschaftspolitik: Russland, Ukraine, Moldau und Belarus, in: *Weidenfeld/ Wessels* (Hrsg.), Jahrbuch der Europäischen Integration 2003/2004, 2004, S. 259 – 266; *Tempel*, Moldova within the European Neighbourhood policy, in: Südosteuropa Mitteilungen 2-3 (2004), 83 – 87.

möchte. Durch Forderungen aus den betreffenden Ländern stand die EU seit längerem unter Handlungszwang, aber erst im unmittelbaren Vorfeld der Osterweiterung formulierte die EU-Kommission im März 2003 das Konzept: „Größeres – Europa Nachbarschaft: Ein neuer Rahmen für die Beziehungen der EU zu ihren östlichen und südlichen Nachbarn."[10]

2. Inhalt

Das im Mai 2004 vorgestellte überarbeitete Konzept setzt sich derzeit aus drei Komponenten zusammen: Einem Strategiepapier, einem europäischen Instrument für die Nachbarschaftspolitik für die Zeit ab 2007 und Länderberichten. Das Konzept verfolgt das Ziel, die Staaten, die sich nach Abschluss der laufenden Erweiterungsrunde jenseits der künftigen EU-Außengrenzen befinden, auf der Grundlage eines gemeinsamen Wertekatalogs zu stabilisieren, die wirtschaftliche Kooperation auszuweiten und den politischen Dialog zu vertiefen. Zudem soll auch dazu beigetragen werden, neuen sicherheitspolitischen Risiken (gewaltsame Konflikte, Schwäche von Staaten, organisierte Kriminalität) wirksam entgegen zu treten. Eine Beitrittsperspektive wird den betreffenden Staaten allerdings ausdrücklich nicht geboten. Die moldauische Regierung begrüßte die neue Nachbarschaftsstrategie dennoch, da sie hierin eine Möglichkeit sah, am europäischen Binnenmarkt stärker teilzunehmen.

Mit der Strategie zeigte die EU ihren Willen, auch über ihre Grenzen hinaus Sicherheit und Stabilität zu garantieren. Eine wirkliche Alternative zum Modell „Erweiterung" beinhaltet sie aber nicht:

> „Es ist sicherlich zu früh, ein Urteil über Erfolg und Misserfolg der Europäischen Nachbarschaftspolitik zu fällen. Sie steht allerdings auf zwei Grundpfeilern, die beide erheblich wackeln. Der eine ist, dass die ENP eine Alternative zu einem möglichen Beitritt darstellt, der andere, dass die

[10] *Kempe* (o. Fußn. 9), S. 260.

Verzahnung zwischen der EU und den Partnerländern effektiv, progressiv und konditioniert erfolgt. Das erste Ziel, nämlich zusätzlichen Beitrittsdruck von der EU zu nehmen, kann nur erreicht werden, wenn das zweite erfolgreich umgesetzt wird. (...) Die vorliegenden Pläne erfüllen diese Vorgabe jedoch nicht. Was die EU im Verhältnis zu ihren Nachbarn jetzt benötigt, sind nicht viele in Aussicht genommene Aktionen, sondern wenige auch tatsächlich durchgeführte".[11]

IV. Der EU-Aktionsplan vom 9.12.2004

Da die EU-Mitgliedstaaten keine Einigung über die Frage erzielen konnten, ob die Nachbarschaftspolitik zu einer Beitrittsoption oder lediglich zu einer engeren Anbindung der beteiligten Staaten führen soll und zudem der Umgang mit dem Transnistrienkonflikt umstritten war, unterbrach die EU-Kommission im März 2004 ihre Verhandlungen mit Moldau und der Ukraine und setzte die Arbeit an den Aktionsplänen für einige Wochen aus.[12] Nachdem innerhalb der EU Einigkeit über eine gemeinsame Verhandlungsposition erzielt worden war, erklärte sich die moldauische Seite trotz dieses aus ihrer Sicht enttäuschenden Kompromisses bereit, dem von der EU-Kommission am 15.6.2004 vorgelegten Entwurf des Aktionsplans zuzustimmen. Sein endgültiger Text wurde am 9.12.2004 der Öffentlichkeit vorgestellt.[13] Einleitend heißt es in dem Dokument:

> „Moldova is invited to enter into intensified political, security economic and cultural relations with the EU, enhanced cross-border co-operation and shared responsibility in conflict prevention and conflict resolution. One of the key objectives of this action plan will be to further support a viable solution to the Transnistria conflict."[14]

Im Folgenden zählt der Aktionsplan zehn Prioritäten auf, die sich um die Lösung des Transnistrienkonflikts, die demokratischen Strukturen des Landes, die

[11] *Stratenschulte*, Ukraine: „Und jetzt: action!". Die Aktionspläne der Europäischen Nachbarschaftspolitik, in: Osteuropa 55 (2005) 2, 15 – 23 (23).
[12] *Gabanyi* (o. Fußn. 3), S. 33.
[13] European Commission, Proposed EU/Moldova Action Plan, Brüssel, 9.12.2004 http://www.europa.eu.int/comm/world/enp/pdf/action_plans/Proposed_Action_Plan_EU-Moldova.pdf.
[14] Ebenda, S. 1.

Freiheit der Medien, die Verbesserung der Investitionsbedingungen, die Armutsbekämpfung, den Kampf gegen die Organisierte Kriminalität und den Menschenhandel, eine effiziente Kontrolle der Grenzen und die Abwehr der illegalen Migration drehen.[15]

Die wichtigsten Vereinbarungen des Aktionsplans betreffen die Perspektive der Nachbarschaftsbeziehungen, den Zugang der Republik Moldau zum europäischen Binnenmarkt, die institutionelle und regionale Zusammenarbeit sowie die Regelung des Transnistrienkonflikts. Der Republik Moldau wird zwar keine Beitrittsperspektive eröffnet, wohl aber – wie *Gabanyi* konstatiert – die „Perspektive einer Perspektive".[16] Der Plan deutet die Möglichkeit einer Fortentwicklung der Zusammenarbeit an: Wenn Moldau die Vorgaben des auf drei Jahre angelegten Aktionsplans erfülle, solle es die Option erhalten, im Jahre 2007 in offizielle Verhandlungen mit der EU über den Status eines assoziierten EU-Mitglieds einzutreten. Allerdings enthält der Aktionsplan kaum konkrete, klare inhaltliche und zeitliche Vorgaben, an denen sich Fortschritte bei der Erfüllung der Vorgaben messen ließen. Präzisierungen erscheinen notwendig.

V. Die EU und der Transnistrienkonflikt

Der „eingefrorene" Konflikt zwischen der moldauischen Regierung und der abtrünnigen Provinz Transnistrien ist zu Recht als Grundproblem des Landes bezeichnet worden.[17] Er ist die Ursache dafür, dass die moldauische Regierung keine Kontrolle über ihr Staatsgebiet ausübt und damit auch ihre östlichen Außengrenzen nicht kontrollieren kann.

---

[15] Ebenda, S. 3.
[16] *Gabanyi* (o. Fußn. 3), S. 33.
[17] *Gabanyi* (o. Fußn. 3), S. 25.

1. Ursachen des Konflikts

Während der 80er Jahre kam es in der moldauischen Sowjetrepublik zum Konflikt zwischen den moldauischen Eliten, die den mittleren Parteiapparat dominierten, und den russischsprachigen Funktionären, welche die Spitze der moldauischen Kommunistischen Partei beherrschten. Als am 31.8.1989 der Oberste Sowjet der MSSR die Einführung des Moldauischen in lateinischer Schriftform als Staatssprache beschloss, löste dies bei der russischsprachigen Elite erhebliche Ängste um den Erhalt ihrer Machtstellung aus. Aufgrund von Bestrebungen in der rumänischsprachigen Mehrheitsbevölkerung, eine Vereinigung Moldaus mit Rumänien herbeizuführen, entstand in Transnistrien eine regionale Gegenbewegung.

Ohne Abstimmung mit Chisinau oder Moskau wurde am 2.9.1990 in Tiraspol, der zweitgrößten Stadt Moldaus, eigenmächtig eine „Transnistrische Moldauische Sozialistische Sowjetrepublik" ausgerufen.[18] Als am 27.8.1991 die Republik Moldau ihre Unabhängigkeit von der UdSSR erklärte, verkündete das Dnjestr-Gebiet am 2.9.1991 seine Unabhängigkeit von der Republik Moldau und unterstrich diesen Schritt durch die Annahme einer eigenen Verfassung.[19] Die „Transnistrische Moldauische Republik" („Pridnestrovskaja Moldavskaja Respublika"), die nach dem russischen Akronym auch als „PMR" bezeichnet wird, ist das am stärksten urbanisierte und industrialisierte Gebiet der Republik Moldau und umfasst knapp 11 % der Gesamtfläche Moldaus und mit etwa 660.000 Einwohnern ca. 15 % seiner Bevölkerung.[20] Dem westlichen Beobachter präsentiert sich die „PMR" als eine Art „Freilichtmuseum des Kommunis-

---

[18] *Benkö/Malek*, Akteure des Konflikts um Transnistrien (Moldau). Unter besonderer Berücksichtigung der Möglichkeiten und Grenzen eines EU-Engagements, in: Südosteuropa, 53 (2005), 56 – 79 (59).

[19] Moldova. No Quick Fix. International Crisis Group Europe Report, Nr. 147, Chisinau/Brussels, 12.8.2003, S. 3.

[20] *Büscher* (o. Fußn. 6), S. 543.

mus".[21] Ihren Anspruch auf eigene Staatlichkeit unterstreicht die „PMR" mit entsprechenden Attributen wie staatlichen Institutionen (Präsident, Regierung, Parlament), eigener Währung (transnistrischer Rubel), eigenen Streitkräften und Staatssymbolen. Tatsächlich ist die „PMR" ein autoritärer „Quasi- bzw. Pseudo-Staat" auf dem Territorium der Republik Moldau, der von keinem Staat der Welt diplomatisch anerkannt wird.[22] Wirtschaftliche Stütze der „PMR" ist vor allem die dortige Stahlindustrie, die u. a. vielfältiges Militärgerät produziert und in verschiedene Krisengebiete der Welt exportiert.[23]

2. *Sicherheitspolitische Aspekte*

Die politische und rechtliche Regelung des Transnistrienkonflikts hat sich als sehr mühsam und langwierig erwiesen. Lange Zeit knüpften die EU und ihre Mitgliedstaaten ihre Hoffnungen auf eine Lösung durch die OSZE, die seit 1993 eine Mission in Chisinau unterhält.[24] Die in ihrem Rahmen geführten Verhandlungen zwischen der moldauischen und transnistrischen Regierung, Russland, der Ukraine und der OSZE sind aber bereits seit geraumer Zeit ins Stocken geraten.[25] Die Entwicklung seit 1993 hat klar gezeigt, dass die „PMR" einzig an der Aufrechterhaltung des Status quo interessiert ist, welcher der herrschenden Elite in Tiraspol politische und wirtschaftliche Dividenden einbringt. Einige Beobachter sind sogar der Meinung, dass die OSZE-Vermittlungsversuche eher zu einer Verschlechterung der politischen Lage geführt hätten, da sie durch die Akzeptierung der „PMR" als Verhandlungspartner zur Stabilisierung und Kon-

---

[21] *Troebst* (o. Fußn. 4), S. 976: „Der Leninkult wie überhaupt der Bezug auf die untergegangene Sowjetunion, jenes transnistrischer Geschichtspolitik zufolge „Vaterland, in dem wir geboren sind", bestimmen unverändert die Alltagswelt der PMR-Bürger. Lenin ist der dominierende Namensgeber für Straßenbezeichnungen, und entsprechend ist die zentrale Nord-Süd-Querung durch das Stadtzentrum von Tiraspol bis heute nach ihm benannt".

[22] *Troebst* (o. Fußn. 4), S. 963.

[23] *Benkö/Malek* (o. Fußn. 18), S. 61.

[24] Zur OSZE-Mission siehe *Neukirch*, Die OSZE-Mission in Moldau, in: Institut für Friedensforschung und Sicherheitspolitik an der Universität Hamburg (Hrsg.), OSZE-Jahrbuch 2003, S. 167 – 179.

[25] *Piehl* (o. Fußn. 5), S. 497 – 498.

solidierung des dortigen Regimes beigetragen hätten. Russland zeigte sich bis 2003 ebenso wenig an einer Lösung des Konflikts interessiert. Es hatte sich auf dem OSZE-Gipfel 1999 in Istanbul verpflichtet, die in der Republik Moldau gelagerten Waffen bis Ende 2001 abzutransportieren oder zu vernichten und seine Truppen bis Ende 2002 abzuziehen.[26] Bis jetzt hat die russische Regierung aber keine Anstrengungen unternommen, die 14. Armee, die faktisch als Schutztruppe des transnistrischen Regimes fungiert, aus der Region abzuziehen.

Am 16.11.2003 präsentierte die russische Regierung allerdings einen eigenen Plan zur Lösung des Transnistrienkonfliktes – den nach dem stellvertretenden Leiter der russischen Präsidialadministration *Dimitrij Kozak* benannten „Kozak-Plan".[27] Dieser Plan hätte der „PMR" eine weitgehende Autonomie eingeräumt, Moldauisch und Russisch sollten gleichberechtigte Amtssprachen werden. Außerdem waren eine russische Militärpräsenz zur Absicherung der Vereinbarung bis zum Jahre 2020 und ein Schuldenerlass für Moldau beabsichtigt. Die OSZE und die moldauische Opposition distanzierten sich von dem unausgewogenen Plan, da er Russland die völlige Kontrolle über die „PMR" ermöglicht und Transnistrien Vetorechte eingeräumt hätte, die jede politische Entscheidung des Gesamtstaates blockiert hätten. Unter dem Druck des OSZE-Vorsitzenden *Jaap de Hoop Scheffer* und des EU-Beauftragten für Außen- und Sicherheitspolitik *Javier Solana* wies der moldauische Präsident *Vladimir Voronin* das Memorandum am 25.11.2003 zurück. Der russische Präsident *Vladimir Putin* sagte einen geplanten Besuch in Chisinau ab; die Beziehungen zwischen Moldau und Russland sind auf einem Tiefpunkt angekommen.

[26] *Stratenschulte* (o. Fußn. 11), S. 22.
[27] Zum Kozak-Plan *Gabanyi*, Die Republik Moldau im Kontext der Neuen EU-Nachbarschaftspolitik, Studie der Stiftung Wissenschaft und Politik (SWP), 2004, S. 18 – 19.

3. Europapolitische Aspekte

Die EU-Kommission hatte die sicherheitspolitische Sprengkraft des Transnistrienkonflikts zwar bereits früh erkannt, lange aber wenig zu seiner Lösung beigetragen.[28] Erst mit dem Jahreswechsel 2002/2003 rückte das Problem in das Blickfeld der EU. Die Republik Moldau sollte als Pilotprojekt der neuen Nachbarschaftsstrategie und als Testfeld einer europäischen Sicherheits- und Verteidigungspolitik dienen. Am 27.2.2003 verhängte der Rat der EU Einreisebeschränkungen gegen 17 Mitglieder der transnistrischen Regierung, die für mangelnde Kooperation bei der politischen Lösung des Transnistrienkonfliktes verantwortlich gemacht wurden.[29] Es zeigte sich aber bald, dass sich in Brüssel kein Konsens über die Rolle finden ließ, die Russland bei der Lösung des Konflikts spielen sollte. Während die EU-Kommission die Divergenzen mit Russland offen eingestand und empfahl, die russische Regierung auf eingegangene Verpflichtungen hinzuweisen, sprachen sich Frankreich und Deutschland für gemeinsame russisch-europäische Aktionen zur Beilegung der Konflikte aus. Im Juni 2003 drängte die niederländische Regierung auf den Einsatz einer EU-Truppe, die an die Stelle der russischen Peacekeeping-Kräfte treten sollte. Aus diesem Plan wurde keine Realität, da die russische Regierung sich gegen das EU-Engagement aussprach.

Obwohl die Lösung des Transnistrienkonflikts als eines der Grundziele des EU-Aktionsplans vom 9.12.2004 definiert wird, überrascht es doch, wie wenig Raum dieser Punkt in dem Dokument einnimmt und wie wenig konkret die Punkte zu diesem Thema formuliert sind. Beim Besuch des moldauischen Präsidenten in Brüssel im Juni 2005 wurden immerhin konkrete Hilfen der EU bei der Überwachung der moldauisch-ukrainischen Grenze diskutiert.[30]

[28] Siehe hierzu *Gabanyi* (o. Fußn. 3), S. 35 – 36.
[29] *Neukirch* (o. Fußn. 24), S. 172.
[30] *Bota*, Sprijin UE pentru monitorizarea frontierei transnistrene, in: BBC ROMAN.com, 7.6.2005, www.bbc.co.uk.romanian/news/story/2005/06/050607_solana_moldova.shtml.

VI. Fazit

Für die Republik Moldau stellt die Annäherung an die EU ein wichtiges politisches Projekt dar, das sowohl von der Regierung als auch von der Mehrheit der Bevölkerung mitgetragen wird. Eine Rückwendung zu Russland ist für Moldau jedenfalls keine Alternative, weder für die politische Opposition noch für die gegenwärtig regierenden Kommunisten unter *Voronin*, die bei den jüngsten Parlamentswahlen am 7.3.2005 wiedergewählt wurden.[31] Dabei sind auch die finanziellen Hilfen der EU von Bedeutung, die für das kleine Land einige Wirkung zeigen dürften.

Die Aufmerksamkeit der europäischen Institutionen für die Vorgänge und Probleme in der Republik Moldau hat sich seit 2002 zwar beträchtlich erhöht, eine klare politische Strategie der EU fehlt aber nach wie vor. Die Vernachlässigung des Transnistrienproblems ist dabei vor allem der Rücksichtnahme auf den strategischen Partner Russland geschuldet, da man die westlichen GUS-Republiken als zur russischen Einflusssphäre zugehörig betrachtet. Darüber hinaus konzentrierte sich die GASP der EU auf den Balkan, und angesichts der EU-Beitrittsverhandlungen mit den ostmitteleuropäischen Staaten genoss die weiter östlich gelegene Region keine Priorität.

Trotz des steigenden Problemdrucks ist es der EU bisher nicht gelungen, einen für die EU realistischen und für die Republik Moldau attraktiven Ansatz zu entwickeln. Es spricht vieles dafür, Moldau mittelfristig eine Beitrittsperspektive zu eröffnen. Auf moldauischer Seite besteht aber noch großer Reformbedarf, problematisch ist vor allem die mangelnde gesellschaftliche Motivation für grundlegende Veränderungen. Der größte Bremsklotz auf dem Weg in eine funktionierende Marktwirtschaft ist sicherlich die nahezu alle Lebensbereiche beherr-

[31] Die Moldau bleibt vorläufig kommunistisch. Beobachter diagnostizieren akzeptable Wahlbedingungen, in: Neue Zürcher Zeitung v. 8.3.2005.

schende Korruption. Durch die Bestechung von Funktionsträgern wird verhindert, dass westliche Unternehmen in größerem Maße zu Investitionen bereit sind. Es wird auf die Bereitschaft der moldauischen Bevölkerung und der Regierung ankommen, die rechtlichen Grundlagen für eine Öffnung des Marktes zu schaffen, da eine eigenständige Bewältigung der wirtschaftlichen Probleme des Landes nicht absehbar ist. In kurzer Frist wird dieses Problem sicher nicht zu lösen sein. Der Erfolg der EU-Nachbarschaftsstrategie ist aber in erster Linie von der Lösung des Transnistrienkonfliktes abhängig. Solange Transnistrien und die dort herrschende Elite vom Schwarzhandel und Waffenexport profitieren und sich einer Modernisierung und Demokratisierung in der Republik Moldau entgegenstellen, wird die EU ihrem Ziel, an ihrer Ostgrenze einen „gut regierten" und sicheren Nachbarstaat Moldau aufzubauen, nicht näher kommen.

Georgien

Rusudan Kazishvili[*]

I. Einleitung

Wegen der geographischen Lage Georgiens, das an der Grenze zwischen den beiden Kontinenten Europa und Asien liegt, war Georgien immer ein strategisch wichtiges Land, in dem sich auch heute die Interessen von West und Ost vereinigen.[1]

Seit Ende der 90er Jahren hat sich Georgien die besondere Aufgabe gestellt, sich möglichst voll in die westlichen Institutionen zu integrieren. Im Jahre 1999 wurde Georgien Mitglied des Europarates. Nach diesem Erfolg stand als wichtigste Zielsetzung für die georgische Regierung erst die enge Zusammenarbeit und dann, nach der Erfüllung der entsprechenden Kriterien, die Integration in die EU und in die NATO.

Nach der „Rosenrevolution“ hat sich das Interesse beider Organisationen gegenüber Georgien verstärkt. Dadurch wurde ebenfalls die Hoffnung der Georgier genährt, mit der Unterstützung der westlichen Staatenwelt den Wiederaufbau des Landes zu beginnen. Die Erklärungen von Präsident *Saakashvili* in den letzten Monaten und die Besuche von hochrangigen Vertretern der EU und der NATO in Georgien sind Beispiel dafür, dass die internationale Gemeinschaft die Perspektive einer demokratischen Entwicklung in Georgien zur Kenntnis genommen hat.

---

[*] Rusudan Kazishvili, Juristin für Völker- und Europarecht, Referentin im georgischen Parlament, Ausschuss für die Integration in Europa, Tbilissi. Der Beitrag gibt die persönliche Auffassung der Autorin wieder.

[1] Zur politischen Bedeutung Georgiens bis Anfang der 90er Jahre siehe *Götz/Halbach*, Georgien, in: *dies.*, Politisches Lexikon GUS, 2. Aufl., 1993, S. 86 – 110.

II. Die politische Lage in Georgien nach der Revolutionszeit

Nach der "Rosen-Revolution" 2003 haben sich die Ansätze der politischen Entwicklungen in Georgien stark verbessert. Mit dem Vertrauen der Bevölkerung im Rücken hat sich die neue Regierung mehrere Ziele gesetzt. Ihre wichtigsten Aufgaben sind der Wiederaufbau der Wirtschaft, der Kampf gegen Korruption,[2] die Reformen im Staatsdienst, das Annähern an und die Integration in Europa.

Der Wandel im politischen Leben des postrevolutionären Georgiens begann mit den Änderungen des Systems der staatlichen Einrichtungen. Gemäß den Verfassungsänderungen wurde ein Ministerkabinett mit einem Ministerpräsidenten an der Spitze geschaffen, das einheitlich für jede Maßnahme der Exekutive verantwortlich ist. Dazu gehört auch das Amt eines Staatsministers für die Fragen der Integration in die EU und in die NATO. Die Schaffung dieses Amtes verdeutlicht, dass Georgien mehr Aufmerksamkeit der Zusammenarbeit mit den westlichen Bündnissen widmet. Dieses Amt ist Teil der vollziehenden Gewalt und ist dazu verpflichtet, die Auffassungen Georgiens in offizieller Form zu äußern und die Kontakte mit diesen beiden Organisationen zu koordinieren und weiterzuentwickeln. Als zuständige Organe für die europäische Integration sind zudem in allen Ministerien Abteilungen geschaffen, die sich mit Fragen der Harmonisierung der nationalen Rechtsvorschriften in einzelnen Bereichen beschäftigen. Neben diesen Ämtern ist schließlich auch die Kommission für die europäischen Integration eingerichtet, an deren Spitze der Ministerpräsident steht. Die Kommission besteht aus Vertretern der Regierung und koordiniert die gesamte Arbeit im Bereich der europäischen Integration.

Als Kontrollorgan gegenüber der Tätigkeit der vollziehenden Gewalt hinsichtlich der europäischen Zusammenarbeit und Integration wurde nach den Parla-

---

2 Zur Korruptionsbekämpfung ausführlich *Lamnich*, Georgien ein Jahr nach der „Rosenrevolution". Korruptionsbekämpfung, Privatisierung sowie Steuer- und Vermögensamnestie, in: Osteuropa-Recht 2005, 236 – 244.

mentswahlen 2004 zum ersten Mal im georgischen Parlament der Ausschuss für die Integration in Europa geschaffen. Die „europäische" Tätigkeit der Exekutive im allgemeinen und die Harmonisierung der georgischen Gesetzgebung mit der Gesetzgebung der EU im besonderen zu beobachten, sind die wichtigsten Aufgaben des neu geschaffenen Ausschusses. Zur Erfüllung der Verpflichtungen aus dem Übereinkommen zwischen Georgien und der EU[3] unternimmt der Ausschuss für die Integration in Europa Parlamentsinitiativen, um die nationale Gesetzgebung mit dem europäischen Recht zu harmonisieren.

III. Die Beziehungen zwischen Georgien und der EU bis 2004

1. Die rechtlichen Aspekte der Zusammenarbeit

Die rechtliche Zusammenarbeit zwischen Georgien und der EU begann 1994, als die Vertreter der beiden Vertragsparteien den Entwurf für ein Abkommen zwischen der EU und Georgien auszuarbeiten begannen. In diesem Partnerschaftsübereinkommen wurden die Rahmenbestimmungen festgeschrieben, in denen die künftigen Beziehungen zwischen der EU und Georgien sich entwickeln sollten. Es zählt zu den Verträgen, die die EU neben den Handels- und Kooperationsabkommen und Assoziierungsabkommen mit den ehemaligen Sowjetrepubliken abgeschlossen hat. Sie sehen nicht eine EU-Mitgliedschaft, sondern einen institutionalisierten politischen Dialog vor. Sie bilden die Grundlage für die soziale, wirtschaftliche, technische und kulturelle Zusammenarbeit. Bei solchen Abkommen sind die EU und die Mitgliedstaaten gleichberechtigte Vertragsparteien.

Die Bedeutung dieses Übereinkommens ist auch deshalb sehr hoch, weil es ein im Jahre 1989 zwischen der EG und der Sowjetunion geschlossenes Abkommen über Handel und wirtschaftliche Zusammenarbeit geändert hat. Wegen der be-

[3] Am 22.4.1996 in Luxemburg zwischen der EU und Georgien geschlossenes Übereinkommen über Partnerschaft und Zusammenarbeit.

deutenden politischen Ereignisse in Georgien nach 1989 musste die Zusammenarbeit auf diesen Gebieten neu gestaltet werden. Insbesondere war zu berücksichtigen, dass 1992 die EG die Unabhängigkeit des Landes anerkannt hat, Georgien eine Vertretung nach Brüssel entsandt hat und seit 1995 in Georgien eine Vertretung der Europäischen Kommission existiert.

Das Übereinkommen über Partnerschaft und Zusammenarbeit sieht Folgendes vor: die Einrichtung von Strukturen für den politischen Dialog zwischen beiden Seiten, die Unterstützung Georgiens bei der Verstärkung der Demokratie, beim Aufbau der Wirtschaft und der Entwicklung von Marktwirtschaft, die Unterstützung von Handel und Investitionen sowie harmonischen Wirtschaftsbeziehungen, die Zusammenarbeit in den Bereichen Wirtschaft, Sozialwesen, Recht, Finanzen, Wissenschaft, Kultur und Technologie.

Das Übereinkommen wurde für zehn Jahre geschlossen und wird sich automatisch verlängern, wenn Georgien oder die EU es nicht kündigen. Das heißt nicht, dass das Übereinkommen sich während der Zeit nicht verändern wird, sondern es kann auf Beschluss beider Vertragsparteien weiterentwickelt werden, insbesondere unter Berücksichtigung der Entwicklung der Marktwirtschaft und des Aufbaus der Demokratie in Georgien.

Im Übereinkommen sind die Bereitschaft und die Verpflichtung niedergelegt, die Weiterentwicklung von Demokratie und Marktwirtschaft zu unterstützen. Es sieht in den genannten Bereichen mehr Zusammenarbeit als das 1989 unterzeichnete Abkommen vor und unterstützt gleichzeitig die traditionell engen Beziehungen zwischen Georgien und den Nachbarländern. Dies ist insbesondere für die Unternehmen wichtig, die eine Zusammenarbeit zwischen den Kaukasusländern und anderen Nachbarländern anstreben.

Das Übereinkommen sieht mehrere Organe vor,[4] die die Einhaltung der Bestimmungen beaufsichtigen sollen. Mit dem Kooperationsrat, dem Kooperationsausschuss und dem Parlamentsausschuss für Zusammenarbeit sind drei Kontrollgremien eingerichtet worden.

Der Kooperationsrat tritt mindestens einmal im Jahr auf der Ebene der Minister zusammen.[5] Die EU ist durch Minister von Mitgliedstaaten und Kommissionsmitglieder repräsentiert. Dieses besonders wichtige Forum dient dem politischen Dialog. Der Kooperationsrat kontrolliert außerdem die Erfüllung der Abkommensbestimmungen. Gemäß dem Übereinkommen hat der Kooperationsrat ganz bestimmte Funktionen, er hat auch die Möglichkeit, jede Frage zu behandeln, die im Interesse der Vertragsparteien steht, und entsprechende Empfehlungen abzugeben.

Die oben genannten Funktionen des Rates sind die Empfehlungen über Handelsverordnungen gemäß dem Übereinkommen, über die Regulierung der Arbeitsbedingungen für die Staatsangehörigen anderer Ländern, über die Entwicklung des Verbrauchermarktes, über die multilateralen Vereinbarungen im Intellektuell-, Industrie- und Handelsbereich, über die Maßnahmen bei der Immigrationskontrolle. Wenn Streitigkeiten über die Regelungen des Übereinkommens bestehen, kann der Kooperationsrat diese Streitigkeiten erörtern und nach Bedarf Schiedsrichter einberufen.[6]

Der Kooperationsausschuss tritt auf der Ebene von höchsten Beamten Georgiens, der Europäischen Kommission und des Rates der EU zusammen. Seine Aufgaben sind die Vorbereitung der Sitzungen des Kooperationsrates und die

---

[4] Art. 81 – 87 des Übereinkommens vom 22.4.1996.
[5] Die erste Sitzung des Kooperationsrates fand im Oktober 1999 statt.
[6] Gemäß Art. 92 des Übereinkommens kann jede Vertragspartei einen Schiedsrichter einberufen, einen dritten Schiedsrichter bestimmt der Kooperationsrat. Die Empfehlungen der Schiedsrichter sind jedoch nicht bindend.

Gewährleistung der planmäßigen Ratsarbeit. Der Vorsitz im Kooperationsrat und im Kooperationsausschuss wird abwechselnd durch die EU und Georgien wahrgenommen.

Der Parlamentsausschuss für Zusammenarbeit besteht aus Mitgliedern des georgischen Parlaments und des Europäischen Parlaments.[7] Dieser Ausschuss bietet den Vertragsparteien die Möglichkeit für den politischen Dialog auf Parlamentsebene. Für die bessere Zusammenarbeit können der Parlamentsausschuss und Kooperationsrat Informationen austauschen; der Parlamentsausschuss kann sogar Empfehlungen gegenüber dem Kooperationsrat abgeben.

Das Übereinkommen über Partnerschaft und Zusammenarbeit ist am 1.7.1999 in Kraft getreten, wobei die EU und Georgien in einem Zwischenabkommen vom 1.9.1997 vereinbart haben, bis zur Ratifizierung des Übereinkommens über Partnerschaft und Zusammenarbeit bereits vorzeitig dessen Bestimmungen über den Handelsbereich anzuwenden.

2. Die konkreten Maßnahmen der Zusammenarbeit

Um die Beziehungen zwischen Georgien und EU effektiv zu realisieren, arbeitet seit 1996 in Tbilissi die Vertretung der Europäischen Kommission.[8] Dies ist eine diplomatische Mission, deren Funktion die Verwirklichung der EU-Politik ist. Außerdem analysiert die Delegation die Ereignisse in Georgien und begleitet die Umsetzung des Übereinkommens über Partnerschaft und Zusammenarbeit. Seit 2002 hat die Vertretung auch eine wichtige Rolle bei der Verwirklichung der EU-Politik bezüglich der Hilfe, die die EU den Entwicklungsländern leistet. Sie leitet alle EU-finanzierten Programme in Georgien, analysiert deren Ergebnisse und gewährleistet die Zusammenarbeit zwischen den Programmpartnern.

---

[7] Das siebte Treffen des Ausschusses fand am 13./14.6.2005 in Brüssel statt.
[8] Die Vertretung mit Sitz in Tbilissi ist für Georgien und Armenien zuständig.

Seit 1994 führte die Europäische Kommission intensive Konsultationen mit der Regierung und dem Parlament Georgiens, meistens im Rahmen des TACIS-Programms. Zur Unterstützung des Eintrittes Georgiens in die WTO wurde 1997 in Tbilissi das gemeinsame Konsultativzentrum für Wirtschaftspolitik und Rechtsfragen (GEPLAC) gegründet, das von der EU finanziert ist.

Neben der Unterstützung Georgiens beim Beitritt zur WTO hat GEPLAC begonnen, die georgische Gesetzgebung im wirtschaftlichen Bereich mit der entsprechenden EU-Gesetzgebung zu vergleichen und dazu die politischen Konsultationen zu führen. Nach dem Inkrafttreten des Übereinkommens über Partnerschaft und Zusammenarbeit hat das Zentrum die georgische Regierung unterstützt, die Rechtsnormen des Übereinkommens in die Realität Georgiens umzusetzen.

Zusammen mit den zuständigen Gremien hat GEPLAC seit 2002 begonnen, das Dokument für die Verwirklichung des Übereinkommens über Partnerschaft und Zusammenarbeit zu erarbeiten. Dieses Dokument wurde auf Grund von Artikel 43 des Übereinkommens[9] und einer Anordnung des Präsidenten Georgiens geschaffen. Das Dokument heißt: „Das Nationalprogramm über die Harmonisierung der georgischen Gesetzgebung mit der Gesetzgebung der Europäischen Union“ und betrifft 13 Bereiche der Gesetzgebung Georgiens: Staatswirtschaft, Korporationsrecht, Wettbewerbsrecht, Verbraucherschutz, Zollrecht, Umweltschutz, Finanzrecht (Bank-, Versicherungswesen, Wertpapiere, Maßnahmen gegen Geldwäsche), Recht des geistigen Eigentums, Arbeitsrecht, staatliche Ankäufe, Steuerrecht, Transportwesen, technische Regeln und Standards. Die ganze Arbeit zu diesem Dokument wurde von der für die Harmonisierung der geor-

[9] Art. 43 des Übereinkommens bestimmt, dass für die Weiterentwicklung der Beziehungen zwischen Georgien und der EU die Harmonisierung der georgischen Rechtsordnung notwendig ist.

gischen Gesetzgebung mit dem Recht der EU zuständigen Kommission[10] geleitet.

Das Organ, welches für die Verwirklichung des Harmonisierungsprogramms zuständig ist, ist der im Parlament geschaffene Ausschuss für die Integration in Europa. Dieser Ausschuss bearbeitet zusammen mit den zuständigen Gremien die einzelnen Bereiche des Harmonisierungsdokuments und führt in Form von Ausschussinitiativen Anträge zur Erörterung und zur Annahme in das Parlament ein. In einem Jahr hat der Ausschuss zwei große Gesetzesinitiativen vorbereitet.

Der Gesetzentwurf für die Änderungen des Gesetzes über Geldwäsche wurde vom Ausschuss für die Integration in Europa zusammen mit GEPLAC und dem Amt für finanzielle Beobachtung in Georgien vorbereitet. Mit diesen Änderungen wurde das Gesetz über Geldwäsche mit den internationalen Standards in Einklang gebracht. Die Bestimmungen des Gesetzes sind nun mit den Richtlinien der EU über Geldwäsche (Directive on prevention of the financial system for the purpose of money laundering) und mit den 40 Empfehlungen der FATF (Gruppe der finanziellen Aktivitäten) harmonisiert. Darüber hinaus ist Georgien seit 1999 Mitglied des Moneyval-Ausschusses[11] im Europarat und hat die Pflicht, alle die Geldwäsche betreffenden Maßnahmen auch in der georgischen Gesetzgebung zu berücksichtigen. Mit den Gesetzesänderungen wurden auch die Empfehlungen der Beobachter des Moneyval-Ausschusses befolgt.

Der andere Gesetzentwurf, den der Parlamentsausschuss für die Integration in Europa erarbeitet hat, betrifft das Recht des geistigen Eigentums (IP-Recht). Der Entwurf wurde ebenfalls zusammen mit GEPLAC und anderen zuständigen

[10] Die Kommission auf der Regierungsebene Georgiens wurde auf Grund des Übereinkommens geschaffen. An der Spitze der Kommission steht die Außenministerin Georgiens.
[11] Der 27 Staaten umfassende Moneyval-Ausschuss des Europarates überwacht die Umsetzung der Konvention über Geldwäsche und Terrorismusfinanzierung von 1990.

Gremien vorbereitet. Mit diesen Änderungen werden die Gesetze Georgiens im IP-Recht mit den Richtlinien der EU harmonisiert; sie entsprechen nun dem EU-Recht sowie den Rechtsnormen der WTO.[12]

Generell konnte sich die Modernisierung der georgischen Rechtsordnung dabei auf zwei grundsätzliche Entwicklungslinien stützen. Einmal hat sich mit der Verfassung von 1995 eine modernen Anforderungen entsprechende Verfassungsordnung etabliert.[13] Zum anderen sind die verschiedenen Bereiche des Zivilrechts neu geordnet und novelliert worden.[14]

IV. Die Beziehungen zwischen Georgien und der EU ab 2004

1. Die Nachbarschaftspolitik der EU

Mit dem Beitritt der zehn neuen mittel- und osteuropäischen Länder zur EU hat sich die Außengrenze der EU verschoben. Die EU hat neue Nachbarländer bekommen, mit denen sie eine bestimmte Politik verfolgt. Diese Politik stützt sich auf die Empfehlung der Europäischen Kommission „Das erweiterte Europa – Nachbarschaft: Neue Strukturen für die Beziehungen mit unseren Ost- und Südländern" von 2003. Mit der europäischen Nachbarschaftspolitik können die EU-Nachbarländer ihre Stabilität, Sicherheit und Wohlstand stärken. Ziel dieser Po-

---

[12] Die Harmonisierung der georgischen Gesetzgebung im Bereich des IP-Rechts mit den internationalen Standards war die wichtigste Voraussetzung für den Beitritt Georgiens zur WTO. Seit 2000 ist Georgien schon WTO-Mitglied und erfüllt die übernommenen Verpflichtungen.

[13] *Gaul*, Verfassungsgebung in Georgien. Ergebnisse internationaler rechtlicher Beratung in einem Transformationsstaat, 2001; *ders.*, Neue Verfassungsstrukturen in Georgien, in: Verfassung und Recht in Übersee (VRÜ) 32 (1999), 49 – 64; *Schubert*, Föderalismus als Transformationselement - Rahmenbedingungen eines föderalen Staatssystems in Georgien, in: Osteuropa-Recht 2004, 11 – 23.

[14] *Lamnich/Sulakvelidze*, Grundzüge der postkommunistischen Entwicklung des Rechtssystems in Georgien, in: WGO-MfOR 36 (1994), 361 – 372; *dies.*, Grundzüge der Entwicklung des Rechtssystems Georgiens seit 1994, in: WGO-MfOR 40 (1998), 7 – 18; *Barnewitz/-Kereselidze*, Die Entwicklung des Rechtssystems Georgiens seit 1997, in: WGO-MfOR 42 (2000), 91 – 102; *Lang/Lomidze/Scheffler*, Georgisches Zivilgesetzbuch und das deutsche BGB, in: WiRO 2003, 370 – 373; *Kereselidze*, Der allgemeine Teil des Georgischen Zivilgesetzbuches von 1997, Frankfurt am Main 2005; zu einem speziellen Bereich *Lang/Oehler*, Georgisches Aktienrecht, in: WiRO 2004, 329 – 333.

litik ist, deren Mitgliedern die Möglichkeit anzubieten, durch die Zusammenarbeit mit der EU in den Bereichen Politik, Wirtschaft, Sicherheit und Kultur an dem Entwicklungsprozess der EU teilzunehmen. Dabei erarbeitet die EU zusammen mit den Mitgliedsländern gemeinsame Handlungspläne, die konkrete Aktivitäten umfassen: Politischer Dialog, Handel, Justiz, Energie, Umweltschutz, Forschung und andere. Die Mitgliedstaaten sind verpflichtet, einige Aspekte der Tätigkeit der EU zu berücksichtigen, wie z.B. Kampf gegen Terrorismus und gegen Verbreitung von Massenvernichtungswaffen, Erfüllung der internationalen Gesetzgebung, Maßnahmen für die Konfliktverhütung.

Am 14.6.2004 wurde im Rat der EU die Entscheidung getroffen, die drei südkaukasischen Länder Georgien, Armenien und Aserbaidschan als neue Mitglieder der europäischen Nachbarschaftspolitik anzuerkennen. Das Interesse der EU gegenüber dem Südkaukasus ist eindeutig groß. In der vom Europäischen Rat im Dezember 2003 verabschiedeten Sicherheitsstrategie ist der Südkaukasus als eine Region erwähnt, wo die EU mehr Aktivitäten und Interessen wahrnehmen wird. Diese Aktivitäten beziehen sich auf die Förderung von Demokratie und Menschenrechtsschutz, Stabilität, Nichtdiskriminierung, Konfliktverhütung in der Region und Entwicklung des Binnenmarktes. Die Mitgliedschaft dieser drei Südkaukasusländern stützt sich auf die entsprechenden Rechtsgrundlagen[15] und sieht die Erarbeitung von Aktionsplänen zusammen mit allen drei Staaten vor.

Die Europäische Kommission empfiehlt eine deutliche Intensivierung der Beziehungen zu Georgien durch die Aufstellung des Aktionsplans im Rahmen der europäischen Nachbarschaftspolitik. Diese Empfehlung beruht auf dem Länderbericht der Kommission (veröffentlicht im März 2005), der einen umfassenden Überblick über die politische und wirtschaftliche Lage in Georgien und den Stand seiner bilateralen Beziehungen zur EU vermittelt.

---

[15] Im Fall Georgiens: Übereinkommen über Partnerschaft und Zusammenarbeit von 1996.

Im März und April 2005 erörterte der Rat die Berichte der Kommission über die Länder des Südkaukasus. Er billigte die grundlegende Orientierung der Vorschläge der Kommission für die Weiterentwicklung der europäischen Nachbarschaftspolitik und akzeptierte sie als Basis für die gemeinsame Erarbeitung von Aktionsplänen.

Der Aktionsplan zwischen Georgien und der EU bestimmt verschiedene Aspekte der Zusammenarbeit. Die wichtigsten davon sind:

a) Achtung der international anerkannten Werte, wie Schutz der Menschenrechte, Demokratie, Gleichheit, Frieden. Das Übereinkommen über Partnerschaft und Zusammenarbeit bestimmt diese Grundfreiheiten als Fundament der Beziehungen zwischen Georgien und der EU. Außerdem hat Georgien die Konventionen und Abkommen über Menschenrechte der UNO unterzeichnet, ist Mitglied des Europarates und hat damit die Verpflichtungen zum Schutz der Grundrechte und Freiheiten übernommen.

b) Der bessere politische Dialog. Durch die europäische Nachbarschaftspolitik wird der politische Dialog zwischen Georgien und der EU viel effektiver werden. Unter dem politischen Dialog sind vor allem die Fragen in der Außen- und Sicherheitspolitik auf der internationalen und regionalen Ebene, Konfliktverhütung und Krisenbewältigung, gemeinsame Maßnahmen gegen Terrorismus, illegalen Waffenexport und Verbreitung von Massenvernichtungswaffen vorgesehen.

c) Die Wirtschaftspolitik und soziale Entwicklung. Die europäische Nachbarschaftspolitik sieht die Verstärkung der Handelsbeziehungen zwischen Georgien und der EU und die technische und finanzielle Unterstützung vor. Nach der Harmonisierung der georgischen Gesetzgebung bietet die Nachbarschaftspolitik dem Land auch die künftige Perspektive, an dem Binnenmarkt der EU teilzunehmen. Das Annähern der georgischen Marktwirtschaft an die europäische, die Entwicklung des Binnenmarktes und eine annehmbare gesetzliche Lage wird das Interesse der europäischen Investoren stärken; damit werden sich auch die kleineren und mittleren Unternehmen weiterentwickeln.

Die soziale Entwicklung erstreckt sich auf die soziale Politik, strukturelle Reformen und Arbeitslosigkeit. Die EU wird die Bemühungen der georgischen Regierung unterstützen, Armut und Arbeitslosigkeit zu vermindern und die Arbeitsvoraussetzungen und Reformen im sozialen Bereich zu verbessern.

d) Handel und Binnenmarkt. Im Aktionsplan werden Mittel und Methoden bestimmt, um die in dem Übereinkommen über Partnerschaft und Zusammenarbeit vorgesehenen Normen zu berücksichtigen. Die Nachbarschaftspolitik sieht die möglichst schnelle Einführung der Prinzipien des Binnenmarktes gemäß den Bestimmungen der WTO vor.

e) Justiz und innere Angelegenheiten. Eines der Ziele ist die Verbesserung der Fähigkeiten von öffentlichen Einrichtungen in den Nachbarstaaten der EU. Insbesondere sind im Aktionsplan die Fragen der Grenzkontrolle, Migration, Visa, Kampf gegen Geldwäsche, Terrorismus und Drogenhandel angesprochen.

Außer den genannten Schwerpunkten betrifft der Aktionsplan weitere Fragen wie Energie, Transport, Umweltschutz, Kommunikation, Forschung. Im Aktionsplan sind die konkreten Maßnahmen bestimmt worden, die einen beiderseitigen Dialog und die Harmonisierung der Gesetzgebung in allen diesen Bereichen berücksichtigen werden.

2. *EUJUST THEMIS*

Seit Juli 2004 ist in Georgien eine Vertretung der EU „EUJUST THEMIS“ tätig; sie ist im Rahmen der EU-Politik für Sicherheit und Verteidigung zuständig. Das Ziel des Projekts ist, die Regierung Georgiens zu unterstützen, die Reformen im Bereich des Strafrechts voranzubringen.

Der Handlungsplan der Vertretung stützt sich auf den Beschluss des Rates der EU vom 28.6.2004. Für die Unterstützung dieser Tätigkeit ist eine Anordnung der Regierung Georgiens verabschiedet worden, gemäß der das Justizministerium, das Innenministerium, das Außenministerium, der Staatsminister für die Fragen der Integration in Europa, der Generalstaatsanwalt, der Sekretär des nationalen Sicherheitsrates und der Vorsitzende des Obersten Gerichtshofes verpflichtet sind, an der Tätigkeit der Vertretung teilzunehmen. Verantwortlich für die Ergebnisse der Arbeit gegenüber der Regierung ist das Justizministerium.

Während der Zusammenarbeit zwischen „EUJUST THEMIS“ und der georgischen Regierung ist eine gemeinsame Strategie für die Reformierung des Systems im Bereich des Strafrechts erarbeitet und von den zuständigen Organen Georgiens verabschiedet worden. Die Strategie betrifft folgende Schwerpunkte: Rechtsstrukturen und Prävention des Verbrechens, Staatsanwaltschaft, Rechtsanwaltschaft und die Verbesserung des Systems bezüglich der kostenlosen Rechtsberatung, Gerichtssystem, Reform von Straf- und Verwaltungsgesetzbüchern, Strafverfahren, Strafverfahrensgesetzbuch, Reform des Systems des Ombudsmanns, Reform des Systems der Anwaltsausbildung. An der Erarbeitung der Strategie haben auch die Vertreter von internationalen und regionalen Organisationen teilgenommen. Die Experten von „EUJUST THEMIS“ koordinieren die Arbeit und geben Empfehlungen an die Gruppenmitglieder und die Organisationen, in denen sie tätig sind.

Nachdem die EU Georgien und anderen Ländern des Südkaukasus ein großes Interesse gewidmet hat, wurde der spezielle Vertreter der EU im Gebiet Südkaukasus im Juli 2003 ernannt. Am 5./6.7.2004 hat eine hochrangige Abordnung der Europäischen Kommission die Hauptstadt Georgiens, Tbilissi, besucht, was ein besonderes Interesse gegenüber Georgien zum Ausdruck gebracht hat.

Die EU hat mehrmals ihre Bereitschaft zur Teilnahme an der Krisenbewältigung in Georgien geäußert. Die vom Europäischen Parlament und dem Rat verabschiedeten Dokumente über die Beziehungen zwischen der EU und Georgien oder über die politische Lage in Georgien sind Beispiele dafür. Solche Beschlüsse, die sich auf das Übereinkommen über Partnerschaft und Zusammenarbeit stützen, verdeutlichen die Bereitschaft der EU, zusammen mit der OSZE und anderen internationalen Organisationen eine friedliche Lösung der Konflikte in Georgien und im ganzen Südkaukasus zu fördern. Sie erkennen die Souveränität Georgiens an und verurteilen die Äußerungen der Regierung der Russischen Föderation gegenüber den beiden Konfliktgebieten in Georgien.[16]

Das Europäische Parlament verabschiedete am 18.12.2003 eine Entschließung zu Georgien, in der es die Bevölkerung von Georgien zu dem politischen Wechsel („Rosenrevolution") und zu den neuen staatlichen Instanzen beglückwünschte. In seiner am 26.2.2004 angenommenen Entschließung zur EU-Politik gegenüber dem Südkaukasus forderte es insbesondere die Einbeziehung der Länder der Region in die europäische Nachbarschaftspolitik. Es hat dabei betont, dass die Transkaukasusregion nicht zuletzt wegen ihrer Energieressourcen von strategischer Bedeutung für die EU ist und dass die Region höchstwahrscheinlich eine der wichtigsten Transitrouten zwischen Europa und Asien werden dürfte.

---

[16] Resolution des Europäischen Parlaments vom 14.10.2004.

Auf dem 6. Treffen des Parlamentarischen Kooperationsausschusses EU-Georgien, das am 22./23.11.2004 in Tbilissi stattfand, begrüßte der Ausschuss den friedlichen Charakter der „Rosenrevolution“, die Mitte 2004 erfolgte Einbeziehung Georgiens in die europäische Nachbarschaftspolitik sowie den politischen und wirtschaftlichen Reformprozess. Er empfahl unter anderem die Entwicklung eines Stabilitätspakts durch den Rat der EU und die konstruktivere Einbeziehung Russlands in die Konfliktbeilegung in Südossetien und Abchasien.

V. Schlussfolgerung

Trotz der positiven Entwicklung des Verhältnisses zwischen Georgien und der EU bedeutet die Mitgliedschaft in der Nachbarschaftspolitik nicht, dass Georgien sich schon jetzt auf dem Weg in die EU befindet. Die derzeit bestehenden Beziehungen sind erste Ansätze und Grundlage für einen weiteren Ausbau.

Bis man die Frage erörtern kann, ob die politische, wirtschaftliche und rechtliche Lage in Georgien den Kopenhagener Kriterien entspricht, gibt es noch viel zu tun. Zunächst sind die Verpflichtungen zu erfüllen, die im Übereinkommen über Partnerschaft und Zusammenarbeit zwischen Georgien und der EU bestimmt worden sind. Die Harmonisierung des georgischen Rechts mit der Gesetzgebung der EU, die Modernisierung des Rechtssystems, die Weiterentwicklung des Wirtschaftsmarktes und entsprechende Rahmenbedingungen für ausländische Investitionen bilden die sehr anspruchsvollen Aufgaben der Regierung.

In diesem Sinne äußerte sich auch jüngst die Präsidentin des georgischen Parlaments, *Nino Burdschanadse*, auf einer Tagung der Deutschen Gesellschaft für Auswärtige Politik (DGAP) in Berlin. Das langfristige Ziel bleibe nach wie vor die Mitgliedschaft in der EU, mittelfristig werde aber eine Assoziation mit der

EU angestrebt. Georgien werde allerdings für die nächsten Jahre nicht bereit sein, der EU beizutreten.[17]

Zudem ist es äußerst wichtig, dass Georgien von der EU als eine Territorialeinheit, als ein souveräner Staat anerkannt ist. Der Beistand und die Teilnahme der EU bei der Krisenbewältigung in den zwei Konfliktgebieten Georgiens, Abchasien und Südossetien, haben für Georgien eine große Bedeutung bei der Verwirklichung guter nachbarschaftlicher Beziehungen. Die EU trägt ihrerseits dazu bei, Georgien zu einem Land mit demokratischer Regierung und stabiler Politik in der Region des Südkaukasus zu entwickeln. Diese Politik zeigt erste Erfolge.

[17] „Georgien ein Jahr nach der Rosenrevolution: Erfolge und Herausforderungen", Vortrag v. 28.2.2005 bei der DGAP, Berlin, www.dgap.org.

Norwegen

*Rosi Posnik**

I. Vor der Erweiterung: Norwegens Verhältnis zur EU

1. Die Beitrittsfrage

Norwegen stellte bereits 1962 – nachdem es im Jahr 1960 das Übereinkommen zur Errichtung der Europäischen Freihandelsassoziation (EFTA) unterzeichnet hatte – seinen ersten Antrag auf Aufnahme in die Europäische Gemeinschaft (EG). Die Verhandlungen mit sämtlichen Beitrittskandidaten – neben Norwegen das Vereinigte Königreich, Irland und Dänemark – wurden jedoch bereits im Januar 1963 wieder unterbrochen, weil der damalige Präsident der Französischen Republik, *Charles de Gaulle*, der Meinung war, das Vereinigte Königreich sei nicht ausreichend gewillt, der Gemeinschaft beizutreten.

Im Mai 1967 stellten Norwegen, das Vereinigte Königreich, Irland und Dänemark ein erneutes Beitrittsansuchen. Nach einer Stellungnahme der Kommission im September 1967 nahm der Rat die Prüfung der Beitrittsanträge erst im Juli 1969 wieder auf; eine aktualisierte Stellungnahme der Kommission erfolgte im Oktober 1969. Am 30.6.1970 wurden schließlich Verhandlungen aufgenommen; am 22.1.1972 unterzeichnete Norwegen – ebenso wie die übrigen drei Kandidaten – den Beitrittsvertrag. Die am 25.9.1972 in Norwegen über die Beitrittsfrage durchgeführte Volksabstimmung ergab jedoch eine Ablehnung durch 53,5 %.

Im Mai 1992 unterzeichnete Norwegen das Abkommen über die Schaffung des Europäischen Wirtschaftsraums (EWR), das am 1.1.1994 in Kraft trat. Ein hal-

---

* Dr. Rosi Posnik, wissenschaftliche Mitarbeiterin am Österreichischen Verfassungsgerichtshof, Wien.

bes Jahr später stellte das Land einen neuerlichen Antrag auf Beitritt zu den EG. Die im April 1993 aufgenommenen Beitrittsverhandlungen mit Norwegen, Österreich, Schweden und Finnland wurden am 30.3.1994 abgeschlossen. Am 28.11.1994 wurde in Norwegen erneut eine Volksabstimmung durchgeführt, bei der der Beitritt wiederum – mit 52,2 % der Stimmen – abgelehnt wurde.

Im Regierungsprogramm der seit 19.10.2001 amtierenden Regierung *Kjell Magne Bondevik II* wird betont, dass Norwegens Anknüpfung an die EU auf dem EWR-Vertrag sowie den übrigen Abkommen mit der EU beruhe.[1]

2. Die rechtliche Bindung an die EU

Durch die Unterzeichnung des – am 1.1.1994 in Kraft getretenen – EWR-Vertrages am 2.5.1992 hat sich Norwegen verpflichtet, weite Teile des Rechts der EG umzusetzen.

Der EWR-Vertrag[2] besteht aus vier „Stufen" – dem Hauptteil, der inhaltlich und systematisch dem EG-Vertrag entspricht; den Protokollen, die spezielle Regelungen für EWR-Länder enthalten; den Anhängen, in denen all jene Sekundärrechtsakte aufgezählt sind, die Teil des Vertrages sein sollen; und schließlich den EG-Rechtsakten selbst, zu deren Umsetzung sich die EFTA-Staaten verpflichten.[3] Gemäß Art. 119 EWR-Vertrag sind sowohl die Protokolle als auch die Anhänge und die darin aufgelisteten Verordnungen und Richtlinien Teil des Vertrages. Der EWR-Vertrag wird in regelmäßigen Abständen weiterentwickelt, indem auch neu erlassene EG-Rechtsakte aufgenommen werden.[4] In den Anhän-

---

[1] Vgl. die Antrittserklärung der Regierung Bondevik II, http://www.odin.dep.no/smk/norsk/aktuelt/taler_artikler/taler_statsmin/001001-090223/dok-bn.html.

[2] ABl. EU Nr. L 001 v. 3.1.1994, 3 – 36.

[3] Ausführlich *Bull*, EØS-avtalen – litt om avtalens struktur og om prinsippene for gjennomføring i norsk rett [Der EWR-Vertrag – Über die Struktur des Vertrags und die Prinzipien der Umsetzung in das norwegische Recht], in: Lov og rett 1992, 583 (585 ff.).

[4] *Sejersted/Arnesen/Rognstad/Foyn/Stemshaug*, EØS-rett [EWR-Recht], 1995, S. 65.

gen finden sich außer den Verordnungen und Richtlinien auch nicht verbindliche Dokumente (soft law). Diese sind formell nicht Teil des Abkommens (vgl. Art. 119 EWR-Vertrag), sollen aber als Auslegungshilfe Beachtung finden.

Der Hauptteil des EWR-Vertrags ist als solcher in das norwegische Recht inkorporiert, er gilt gemäß § 1 des norwegischen EWR-Gesetzes[5] als Gesetz. Auch die EG-Verordnungen werden mittels Inkorporierung ins norwegische Recht übernommen, da sie gemäß Art. 7 EWR-Vertrag „als solche" zu gelten haben.

Die Umsetzung der EG-Richtlinien erfolgt im norwegischen Recht mittels „Transformation".[6] Bereits existierende Gesetze und Verordnungen werden auf ihre Vereinbarkeit mit dem Gemeinschaftsrecht geprüft und gegebenenfalls abgeändert; neue Regelungen werden in der Rechtsform erlassen, die nach norwegischem Recht für vergleichbare Bestimmungen üblich ist.[7]

Ein Prinzip der unmittelbaren Geltung oder gar unmittelbaren Anwendbarkeit der europarechtlichen Regelungen wie im EG-Vertrag findet sich im EWR-Recht nicht. Der EWR-Vertrag ist nur auf völkerrechtlicher Ebene bindend und besitzt keinen supranationalen Charakter.[8] Die EWR-Regelungen entfalten daher erst mit der Umsetzung ins norwegische Recht ihre Wirksamkeit. Eine fehlende oder mangelhafte Umsetzung der sich aus dem EWR-Vertrag ergebenden Pflichten kann lediglich über den Weg eines Vertragsverletzungsverfahrens sanktioniert werden.

[5] EØS-lov: Lov om gjennomføring i norsk rett av hoveddelen i Avtale om Det europeiske økonomiske samarbeidsområde (EØS), m.v., Nr. 109 v. 27.11.1992.
[6] Art. 7 EWR-Vertrag überlässt Formen und Mittel der Umsetzung von Richtlinien den Mitgliedstaaten.
[7] *Bull*, Lov og Rett 1992, 597.
[8] Vgl. dazu *Sejersted/Arnesen/Rognstad/Foyn/Stemshaug* (o. Fußn. 4), S. 59.

Um dennoch den Vorrang des Gemeinschaftsrechts in gewisser Weise zu sichern, haben sich die EFTA-Staaten in Protokoll 35 zur Durchführung der EWR-Bestimmungen[9] zur Einführung einer Regelung verpflichtet, nach der im Konfliktfall zwischen einer eine EWR-rechtliche Verpflichtung umsetzenden Norm und sonstigen Bestimmungen des nationalen Rechts ersterer der Vorrang zu geben ist. Eine derartige Regelung hat Norwegen mit § 2 EWR-Gesetz erlassen: All jene gesetzlichen Bestimmungen, die den EWR-Vertrag innerstaatlich umsetzen, genießen im Konfliktfall Vorrang vor anderen Regelungen, die denselben Bereich betreffen. Ebenso sind (innerstaatliche) Verordnungen, die EWR-Vorgaben erfüllen, im Konfliktfall vor anderen Verordnungen sowie vor später ergangenen Gesetzen anzuwenden.

Einen Vorrang von Verordnungen auch vor früher ergangenen Gesetzen lässt § 2 EWR-Gesetz nicht zu. Man wollte vermeiden, dass mit Verordnungen alle Gesetze derogiert werden könnten, sofern die Verordnungen nur in irgendeiner Weise EWR-Recht umsetzen. Die Umsetzung hat in solchen Fällen daher entweder durch Gesetz zu erfolgen oder es muss eine eigene Derogationsgrundlage geschaffen werden.[10]

Die dargestellten Vorrangprinzipien kommen nur dann zum Tragen, wenn bereits eine Umsetzung ins nationale Recht erfolgt ist; eine mangelnde oder fehlerhafte Umsetzung kann damit nicht saniert werden. Allgemein wird dieser Vorrangregel auch deshalb eher geringe Bedeutung zugemessen, weil nach dem in Norwegen gewohnheitsrechtlich verankerten "Präsumtionsprinzip" das nationale norwegische Recht ohnehin soweit als möglich im Einklang mit den völkerrechtlichen Verpflichtungen auszulegen ist.[11] Auch besitzt § 2 EWR-Gesetz

---

[9] ABl. EU Nr. L 001 v. 3.1.1994, 205.
[10] *Bull*, Lov og Rett 1992, 600.
[11] So die Erläuterungen St. ptp. nr. 100 (1991 – 1992), 319; *Bull*, Lov og Rett 1992, 600 f.; *Gjønnes/Knudtzon*, EØS-håndboken² [EWR-Handbuch], 1998, S. 26; *Sejersted/Arnesen/-Rognstad/Foyn/Stemshaug* (o. Fußn. 4), S. 141.

selbst lediglich einfachgesetzlichen Rang und könnte daher jederzeit durch eine nachfolgende Gesetzesbestimmung geändert oder eingeschränkt werden.[12]

Gemäß Art. 6 des EWR-Vertrags ist Norwegen auch in gewissem Ausmaß verpflichtet, die Rechtsprechung des EuGH zu beachten. Die Bestimmungen des EWR-Vertrags sind, soweit sie mit den entsprechenden Regelungen des EG-Vertrags in ihrem wesentlichen Gehalt identisch sind, im Einklang mit den einschlägigen Entscheidungen des EuGH zu interpretieren. Dies gilt grundsätzlich nur für die bis zum Zeitpunkt der Unterzeichnung des EWR-Vertrags ergangenen Entscheidungen, sodass die nach dem Unterzeichnungszeitpunkt ergangenen Entscheidungen rechtlich nicht bindend sind. Gemäß Art. 3 Abs. 2 des Vertrags der EFTA-Staaten über die Einrichtung eines Überwachungsorgans sowie eines Gerichtshofs[13] ist vom EFTA-Gericht allerdings auch die zukünftige Entwicklung der Rechtspraxis zu berücksichtigen. Dasselbe hat für die nationalen Gerichte zu gelten. Auch angesichts des Prinzips der einheitlichen Rechtsentwicklung spielt die Zeitbegrenzung de facto eine geringe Rolle.[14]

Streng genommen enthält Art. 6 EWR-Vertrag einen Zirkelschluss, da die Beurteilung, ob zwei Regeln materiell identisch sind, erst nach ihrer Auslegung im Lichte anderer relevanter Faktoren beurteilt werden kann. Jedenfalls sollte damit die Möglichkeit offen gelassen werden, ähnlich lautende Bestimmungen unterschiedlich auszulegen, wenn dies im Hinblick auf die unterschiedliche Struktur von EG und EWR geboten erscheint.[15] Wörtlich aus dem EG-Vertrag übernommene Regelungen sind aber auch in dessen Sinne zu interpretieren.[16]

---

[12] *Bull*, Lov og Rett 1992, 600.
[13] Vgl. auch Art. 108 des EWR-Abkommens.
[14] *Sejersted/Arnesen/Rognstad/Foyn/Stemshaug* (o. Fußn. 4), S. 74.
[15] *Bull*, Lov og Rett 1992, 595.
[16] *Sejersted/Arnesen/Rognstad/Foyn/Stemshaug* (o. Fußn. 4), S. 74.

Die Auslegung des EWR-Vertrags innerhalb der EFTA-Staaten obliegt nicht dem EuGH, sondern einem eigens geschaffenen EFTA-Gericht. Die nationalen Gerichte sind jedoch zu einer Vorlage nicht verpflichtet; auch haben die Entscheidungen des EFTA-Gerichts keine bindende Wirkung. Für die Auslegung des EWR-Vertrags innerhalb der EU-Länder ist der EuGH zuständig.[17]

Eine Mitwirkung der EFTA-Staaten an der Erlassung jener gemeinschaftsrechtlichen Regelungen, die sie über den EWR-Vertrag umzusetzen und anzuwenden haben, ist nur in sehr eingeschränktem Maße gewährleistet: Die EU-Kommission hat, wenn sie neue Rechtsvorschriften in einem unter das EWR-Abkommen fallenden Bereich ausarbeitet, auf informellem Weg den Rat von Sachverständigen der EFTA-Staaten – ebenso wie jenen von Sachverständigen der EU-Mitgliedstaaten – einzuholen. Auf Antrag einer Vertragspartei kann im Gemeinsamen EWR-Ausschuss[18] ein erster Meinungsaustausch stattfinden; in den wichtigen Phasen vor der Beschlussfassung des Rates der EU konsultieren die Vertragsparteien einander erneut – im Rahmen eines stetigen Informations- und Konsultationsprozesses – im Gemeinsamen EWR-Ausschuss.[19] Die Kommission hat Sachverständige der EFTA-Staaten ebenso wie jene der EU-Mitgliedstaaten möglichst an der Ausarbeitung jener Maßnahmenentwürfe zu beteiligen, die anschließend den Ausschüssen unterbreitet werden. Die Stellungnahme der Sachverständigen wird dem Rat der EU übermittelt.[20]

Wurde ein neuer Gemeinschaftsrechtsakt in einem unter das EWR-Abkommen fallenden Bereich erlassen, so sind die übrigen Vertragsparteien des EWR darüber so bald als möglich im Gemeinsamen EWR-Ausschuss zu informieren. Der

[17] *Sejersted/Arnesen/Rognstad/Foyn/Stemshaug* (o. Fußn. 4), S. 61.
[18] Siehe Art. 92 – 94 des EWR-Abkommens. Der Gemeinsame EWR-Ausschuss besteht aus Vertretern der Vertragsparteien; der Vorsitz wird abwechselnd für jeweils sechs Monate von einem Vertreter der EU-Kommission und einem Vertreter eines der EFTA-Staaten geführt.
[19] Siehe Art. 99 EWR-Vertrag.
[20] Art. 100 EWR-Vertrag, s. auch Art. 101.

Ausschuss hat sodann – wiederum möglichst rasch – Beschlüsse zur Änderung von Anhängen zum EWR-Vertrag zu fassen. Die Vertragsparteien haben alles daran zu setzen, in diesen Fragen Einvernehmen zu erzielen.[21] Nach Inkrafttreten der im Gemeinsamen EWR-Ausschuss gefassten Beschlüsse haben die EWR-Mitgliedstaaten die erforderlichen Maßnahmen zu deren Durchführung und Anwendung sicherzustellen.

Hinzuweisen ist schließlich noch darauf, dass Norwegen mit dem Rat der EU im Mai 1999 ein Übereinkommen[22] über seine Assoziierung bei der Umsetzung, Anwendung und Entwicklung des Schengen-Besitzstandes geschlossen hat.[23] Dieses Übereinkommen verpflichtet Norwegen zur Umsetzung und Anwendung der im Übereinkommen genannten Rechtsakte und berechtigt zur Teilnahme an der Beratung neuer Gesetzentwürfe über die Umsetzung, die Anwendung und weitere Entwicklung des Schengen-Abkommens.

II. Die EU- und EWR-Erweiterung 2004

1. Rechtliche Auswirkungen

Im Zuge der Erweiterung der EU erfolgte auch eine entsprechende Erweiterung des Wirkungsbereichs des EWR-Vertrags. Dem liegt Art. 128 des EWR-Vertrags zugrunde, wonach die der EU beitretenden Staaten beantragen müssen,

[21] Siehe dazu näher Art. 102 EWR-Vertrag.

[22] Übereinkommen zwischen dem Rat der EU sowie der Republik Island und dem Königreich Norwegen über die Assoziierung der beiden letztgenannten Staaten bei der Umsetzung, Anwendung und Entwicklung des Schengen-Besitzstands, ABl. EU Nr. L 176 v. 10.7.1999, 36 – 62.

[23] Dieses Übereinkommen ersetzt das am 19.12.1996 in Luxemburg unterzeichnete Kooperationsabkommen zwischen den Vertragsparteien des Schengener Übereinkommens und des Schengener Durchführungsübereinkommens sowie Island und Norwegen betreffend den Abbau der Personenkontrollen an den gemeinsamen Grenzen, das notwendig war, um die seit 1954 zwischen Island, Dänemark, Schweden, Finnland und Norwegen bestehende Nordische Pass-Union aufrecht zu erhalten, nachdem Dänemark, Schweden und Finnland der Schengen-Kooperation beigetreten sind.

Vertragspartei des EWR-Abkommens zu werden.[24] Das am 14.10.2003 unterzeichnete Übereinkommen über die Beteiligung der neu beigetretenen Staaten am EWR[25] ist – bis zu seinem Inkrafttreten[26] – aufgrund eines zwischen der EU, Norwegen, Island und Liechtenstein getroffenen Abkommens[27] seit 1.5.2004 vorläufig anwendbar.

Für Norwegen bedeutet die Erweiterung, dass es in der Zusammenarbeit mit der EU im Rahmen des EWR, insbesondere im Gemeinsamen EWR-Ausschuss, zahlreichen neuen Entscheidungsträgern gegenübersteht, was seine ohnehin geringe Einflussmöglichkeit noch verringert. Für Norwegen ist es daher zur Durchsetzung seiner Interessen von Bedeutung, eine gute Zusammenarbeit mit diesen Ländern zu entwickeln und ihnen die norwegischen Interessen, Ansichten und Rechte näher zu bringen. Wirtschaftlich bedeutet die Erweiterung für Norwegen hingegen eine Erweiterung des Zugangs zu seinem wichtigsten Markt.

2. Neuerliche Beitrittsdiskussion in Norwegen

Die EU-Erweiterung am 1.5.2004 hat sich auch auf die Stimmung bezüglich eines EU-Beitritts Norwegens ausgewirkt. In Umfragen zeigte sich nach der Erweiterung eine knappe Mehrheit zugunsten eines Beitritts: Nach einer am 18.5.2004 veröffentlichten Umfrage der Tageszeitung "Aftenposten" und des öffentlich-rechtlichen Rundfunksenders NRK befürworteten 51 % der Norweger

---

[24] Die Bedingungen für eine solche Beteiligung werden durch ein Abkommen zwischen den Vertragsparteien und dem Antrag stellenden Staat geregelt.

[25] Übereinkommen über die Beteiligung der Tschechischen Republik, der Republik Estland, der Republik Zypern, der Republik Lettland, der Republik Litauen, der Republik Ungarn, der Republik Malta, der Republik Polen, der Republik Slowenien und der Slowakischen Republik am Europäischen Wirtschaftsraum, ABl. EU Nr. L 130 v. 29.4.2004, 11 – 80.

[26] Siehe dazu Art. 6 des Übereinkommens.

[27] Abkommen in Form eines Briefwechsels über die vorläufige Anwendung des Übereinkommens über die Beteiligung der Tschechischen Republik, der Republik Estland, der Republik Zypern, der Republik Lettland, der Republik Litauen, der Republik Ungarn, der Republik Malta, der Republik Polen, der Republik Slowenien und der Slowakischen Republik am Europäischen Wirtschaftsraum und der vier Nebenabkommen, ABl. EU Nr. L 130 v. 29.4.2004, 3 – 10.

einen Beitritt zur EU, 36 % sprachen sich dagegen aus. Im Vergleich zum April davor bedeutete dies eine Stärkung des Lagers der Befürworter um rund 4 Prozentpunkte. Einer Umfrage des Opinion-Instituts zufolge sprachen sich 56 % der Bevölkerung für und 44 % gegen eine EU-Mitgliedschaft Norwegens aus.

Ministerpräsident *Bondevik* verlautbarte, es sei bis zum Ende der Legislaturperiode 2005 keine weitere Volksbefragung geplant; er rechne jedoch mit einem neuen Referendum nach den Wahlen im September 2005, also in der Zeitspanne von 2006 bis 2010. Den Hauptgrund für den Meinungsumschwung sah er darin, dass die EU nun wirtschaftlich schwächere Mitglieder aufgenommen habe; diese "Solidaritätsdimension" könne den Glauben entkräften, dass es sich bei der EU nur um einen "Klub der Reichen" handele. Bislang galt jedoch für viele Norweger ihre wirtschaftliche Unabhängigkeit als Hauptgrund gegen einen EU-Beitritt. Norwegen ist heute nach Russland und Saudi-Arabien der drittgrößte Ölexporteur der Welt und eines der reichsten Länder.

III. Aktueller Stand der Beitrittsdebatte

Durch die negativen Referenden über die EU-Verfassung in Frankreich und den Niederlanden hat sich auch die öffentliche Meinung zur EU in Norwegen verändert, wenn auch die Reaktionen unterschiedlich waren. Nach einer von der Zeitung "Aftenposten" veröffentlichten Umfrage haben die negativen Referenden die Verhältnisse zwischen Pro- und Contra-Lager auf den Kopf gestellt; die Zahl der Beitrittsbefürworter ist stark gesunken: Während den Umfragen zufolge im April 2005 noch 58 % der Bevölkerung für und 42 % gegen einen EU-Beitritt waren, seien nunmehr 59 % gegen einen Beitritt und nur noch 41 % dafür.

Der christdemokratische Ministerpräsident hält eine norwegische EU-Debatte nun in den kommenden vier Jahren für "undenkbar". Seiner Ansicht nach müsse Norwegen vor einer Neudefinierung seiner Beziehungen zur EU jedenfalls deren

Struktur kennen, um Klarheit darüber zu haben, "zu welcher EU" es Stellung beziehen solle.

Der – als EU-Befürworter bekannte – Vorsitzende der sozialdemokratischen Arbeiterpartei, *Jens Stoltenberg*, meinte demgegenüber am 20.6.2005, dass die Verfassungsreferenden in Frankreich und den Niederlanden einen norwegischen EU-Beitritt mittelfristig wahrscheinlicher machten, weil sie erwarten ließen, dass die europäische Integration weniger weit gehen werde als bisher angestrebt.

Ein Thema, das nach Einschätzung einiger norwegischer Politiker für die Bevölkerung ähnlich wichtig ist wie die Frage, wie das Land die Kontrolle über die großen Öl- und Gasreserven behalten kann, ist der Streit über den norwegischen Lachsexport: Norwegen ist der größte Zuchtlachs-Exporteur der Welt, die EU-Länder sind seine wichtigsten Abnehmer. In Norwegen entfallen mehr als 40 % des Wertes der gesamten Fischproduktion auf Zuchtlachs, etwa 73 % des Gesamtertrags der Lachsexporte in Höhe von 11 Mrd. norwegischen Kronen (1,3 Mrd. Euro) gehen in die 25 EU-Staaten.

Die Gemeinsame Agrar- und Fischereipolitik ist nicht Gegenstand des EWR-Abkommens. Dieses hat der norwegischen Fischereiwirtschaft zwar einen besseren Zugang für eine größere Zahl von Produkten am europäischen Markt verschafft, und bei vielen Fischprodukten wurde die Einfuhrsteuer aufgehoben oder wesentlich gesenkt. Der EWR-Vertrag hindert die EU jedoch nicht daran, die Einfuhr von Fisch aus Norwegen mit Antidumpingmaßnahmen zu bremsen.

Mit der Verordnung (EG) Nr. 628/2005[28] hatte die EU-Kommission einen ab 27.4.2005 geltenden vorläufigen Antidumpingzoll auf die Einfuhren von Zucht-

[28] ABl. EU Nr. L 104 v. 23.4.2005, 5 – 32.

lachs mit Ursprung in Norwegen festgelegt. Dabei handelte es sich um Wertzölle in Höhe von durchschnittlich 16 % des Nettopreises des Erzeugnisses.

Diese Maßnahme hat in Norwegen zu massiver Verstimmung geführt; es wurde auch überlegt, die Sache vor die WTO zu bringen. Der – als Befürworter einer EU-Mitgliedschaft bekannte – norwegische Fischereiminister *Svein Ludvigsen* (Konservative Partei) äußerte seine Ansicht, dass das Thema Lachs in der EU nicht auf der Tagesordnung stünde, wenn Norwegen EU-Mitglied wäre. Auf die öffentliche Meinung hatte der Lachsstreit unterschiedliche Auswirkungen: Einerseits zeigte er die Nachteile auf, nicht der EU anzugehören, andererseits konnten die Debatten auch das Misstrauen der Norweger gegenüber den Entscheidungsträgern in Brüssel nähren.

Inzwischen haben die EU-Kommission und die norwegische Lachsindustrie am 17.6.2005 eine gütliche Einigung über die Maßnahmen erzielt, mit denen der Verkauf von norwegischem Lachs zu Dumpingpreisen auf den europäischen Märkten unterbunden werden soll: Der derzeit geltende vorläufige Antidumpingzoll für norwegische Lachseinfuhren wird durch einen Mindestpreis für die Einfuhr von norwegischem Lachs ersetzt. Dieser Mindesteinfuhrpreis soll zunächst bei 2,81 Euro pro Kilo für frischen Lachs liegen. Damit soll der Zugang der norwegischen Lachserzeuger zu Norwegens wichtigstem Markt gesichert werden, ohne dass dies – wie es bei Zöllen der Fall wäre – zu zusätzlichen Kosten für die norwegischen Lachsproduzenten oder die europäischen Importeure führt. Zugleich soll der europäischen Fischverarbeitungsindustrie ein stabiles und sicheres Angebot an frischem Lachs zu einem gerechten Preis garantiert werden. Der Preis soll die Produktionskosten in Norwegen widerspiegeln und je nach Änderungen auf dem Markt justiert werden können; gegenüber der alten Antidumping-Regelung sind nun alle norwegischen Lachsexporteure gleichgestellt. Der neue Mindestpreis wird bis zum 22.1.2006 gelten, im Herbst sollen neue Verhandlungen starten.

Ein weiterer maßgeblicher Faktor in der Debatte über einen allfälligen EU-Beitritt Norwegens ist der Umstand, dass Norwegen als EWR-Mitglied auch zum EU-Haushalt beiträgt,[29] am Entscheidungsprozess der EU – wo das EWR-Regelwerk beschlossen wird – aber nur am Rande und informell teilnehmen kann. Die Konservative Partei, die sich für einen möglichst raschen EU-Beitritt einsetzt, nennt es ein demokratisches Problem, dass Norwegen zwar das Gemeinschaftsrecht übernehme, auf die Rechtsetzung aber keinen Einfluss habe.

IV. Ausblick

Die offizielle Linie der norwegischen Regierung ist nach wie vor, dass ein EU-Beitritt nicht angestrebt wird, Norwegen jedoch durch eine aktive Europa-Politik daran mitwirken will, Frieden, Stabilität und Wohlfahrt in Europa zu schaffen.[30] Das Verhältnis zur EU ist – wie es der Außenminister bei einer Konferenz formulierte[31] – insofern von gleichzeitiger Nähe und Distanz geprägt, als Norwegen zwar über den EWR-Vertrag weite Teile des Gemeinschaftsrechts übernommen, einen Beitritt aber bereits zweimal abgelehnt hat.

Die Frage eines EU-Beitritts ist immer noch Thema – und sei es auch nur in Form einer wiederkehrenden Diskussion darüber, ob bzw. ab wann ein EU-Beitritt (neuerlich) zum Thema wird. Von Regierungsseite scheint er überwiegend befürwortet zu werden, die Entscheidung liegt jedoch letztlich bei der Bevölkerung, die in zwei annähernd gleich große Lager gespalten ist.

---

[29] Im Zeitraum 2004 bis 2009 wird Norwegen 1,134 Mrd. Euro (9,5 Mrd. Norwegische Kronen) beitragen.

[30] So die bereits zitierte Antrittserklärung der Regierung Bondevik II.

[31] *Jan Petersen* (Konservative Partei) bei der Europakonferenz des Außenministeriums zum Thema "Die weitere Entwicklung der EU: Herausforderungen für Europa und Norwegen" am 18.3.2005 in Oslo, s. http://odin.dep.no/europaportalen/norsk/taler/032141-090011/dok-bn!30005262.html.

USA

Marcus Schladebach[*]

I. Old Europe, New Europe

Mit der Äußerung des amerikanischen Verteidigungsministers *Donald H. Rumsfeld* zum Unterschied zwischen „Old“ und „New Europe“[1] sollte vermutlich nicht die Grundsatzdebatte angestoßen werden, die sich anschließend aus ihr entwickelte. Sie beschreibt aber doch recht treffend die Einstellung der USA gegenüber den Staaten Europas.

Auf der einen Seite stehen – mit Ausnahme Großbritanniens – die etablierten EU-Mitgliedstaaten, zu denen die USA seit dem Zweiten Weltkrieg und der damit verbundenen Schutzmachtrolle zwar grundsätzlich gute und freundschaftliche Beziehungen unterhält. Auffällig ist aber, dass diese Staaten auch ernste Auseinandersetzungen mit den USA zu führen hatten. So wurde die Außenpolitik – spätestens seit dem Irak-Krieg – häufig scharf kritisiert und ein gemeinsames Vorgehen weitgehend abgelehnt. Auch die wirtschaftlichen Beziehungen sind nicht unproblematisch, sondern von gegenseitiger Abschottung der Märkte und juristischen Konflikten vor der Welthandelsorganisation (WTO) geprägt. Die Forderung nach einer Begrenzung der EU-Agrarsubventionen,[2] der mittler-

---

[*] Dr. Marcus Schladebach, LL.M., Berlin, Referent für Europa- und Internationales Recht, Justizministerium des Landes Brandenburg, Potsdam. Der Beitrag gibt die persönliche Auffassung des Autors wieder.

[1] *Donald H. Rumsfeld*: „Now, you're thinking of Europe as Germany and France. I don't. I think that's old Europe. If you look at the entire NATO Europe today, the center of gravity is shifting to the east. And there are a lot of new members. And if you just take the list of all the members of NATO and all of those who have been invited in recently – what is it? Twenty-six, something like that? – You're right. Germany has been a problem, and France has been a problem. … But you look at vast members of other countries in Europe. They're not with France and Germany on this, they're with the United States." Pressekonferenz im Foreign Press Center, Washington D.C., 22.1.2003.

[2] Dazu *Ipsen/Haltern*, Landwirtschaft und internationaler Handel – Beschert die Gemeinsame Agrarpolitik der EG dem GATT eine „Missernte“? in: EuZW 1991, 464 – 469.

weile eingedämmte Streit um die Schutzzölle für US-Stahl[3] und der langjährige Disput über die Gewährung von Subventionen für den Flugzeugbau,[4] dem nun ein gegenseitiges Verklagen vor der WTO folgte,[5] haben zu einer eher reservierten Haltung gegenüber den westeuropäischen Staaten geführt.

Auf der anderen Seite stehen viele mittel- und osteuropäische Staaten (MOEL), für die die USA nicht nur Synonym für Freiheit, Wohlstand und Demokratie, sondern auch einziges echtes Gegengewicht zu dem immer noch als übermächtig und bedrohlich wirkenden Russland sind. Aus dieser historisch zu erklärenden Identifizierung mit der USA und ihren Zielen resultierte die Zustimmung vieler MOE-Staaten zum Irak-Krieg. Diese weniger problematische Gefolgschaft lässt die „neuen" EU-Mitgliedstaaten für die USA als Verbündete in Europa interessanter erscheinen. Die EU-Erweiterung wurde daher auch von den USA aufmerksam beobachtet und spielt für deren Europapolitik eine vor allem strategisch bedeutsame Rolle.

II. Interessen in Mittel- und Osteuropa

1. Geopolitische Strategien

Seit dem politischen Wandel Anfang der 90er Jahre sind die USA daran interessiert, ihre politische Einflusssphäre auf Mittel- und Osteuropa auszuweiten. Über Jahrzehnte war die Sowjetunion der zentrale politische Kontrahent.[6] Ihr kontinuierlicher Rückzug aus den ehemaligen Staaten des Ostblocks und ihr zunehmender Zerfall verschoben das internationale Kräftegleichgewicht - ver-

---

[3] Die Welt v. 6.12.2003, S. 2.
[4] *Döhrn/Herwegh*, Die Außenwirtschaft, in: *Adams/Lösche* (Hrsg.), Länderbericht USA, 3. Aufl., 1998, S. 591 (605).
[5] FAZ v. 1.6.2005, S. 11; Washington Post v. 31.5.2005, S. 2; EuZW 2005, 421.
[6] Dazu *Wassmund*, Antagonistische Kooperation und prekäres Gleichgewicht: 70 Jahre amerikanisch-sowjetisch/russische Beziehungen, in: *Wasser* (Hrsg.), USA. Wirtschaft – Gesellschaft – Politik, 1993, S. 355 – 374.

meintlich - zugunsten der USA.[7] Zur Sicherung dieses nach 1989 neu gewonnenen Einflusses war es daher Ziel der USA, engere Beziehungen zu den MOE-Staaten aufzunehmen und ihnen sobald wie möglich und sinnvoll zunächst eine Partnerschaft, später dann eine Mitgliedschaft in der USA-dominierten NATO anzubieten. Die über die NATO zwischen den USA und der EU aufgebauten Strukturen konnten dabei genutzt werden.[8]

Diese Strategie war aus Sicht der USA sehr erfolgreich. Die Demokratisierung in den MOE-Staaten und deren Hinwendung zur EU schufen somit ein günstiges politisches Klima, um diese Staaten über eine NATO-Mitgliedschaft auch enger an die USA binden zu können. Zu konstatieren ist zwar keine Konditionalität, wohl aber häufig eine Parallelität der politischen Bündnisse NATO und EU. Dass sich diese Parallelität jedoch nicht unter Umgehung der EU erzwingen lässt, wird später am Beispiel der Türkei zu zeigen sein.

Die EU-Erweiterung wurde von den USA ausdrücklich begrüßt.[9] Der wichtigste Grund dafür dürfte darin liegen, dass sich unter strategischen Gesichtspunkten die Möglichkeiten der politischen Einflussnahme und des Aufbaus neuer, zumeist sicherheitsrelevanter Bindungen verbessern. Diese These soll nachfolgend beispielhaft anhand der Staaten Polen und Türkei belegt werden.

2. *EU-Integration als interessengerichteter Prozess*

a) Polen

Die EU-Integration Polens wurde von den USA besonders unterstützt. Dies lag zum einen an der oben angedeuteten interessanten strategischen Lage Polens an

---

[7] *Friedrich*, Vereinigte Staaten von Amerika, 2000, S. 154.
[8] *Lutz*, Europa und Amerika, in: *Weidenfeld* (Hrsg.), Europa-Handbuch, 1999, S. 633 (636 – 641).
[9] Dies wurde jüngst von der US-Außenministerin *Condoleeza Rice* nochmals bestätigt, siehe Financial Times Deutschland v. 3.6.2005, S. 2.

der Grenze zur früheren Sowjetunion, heute zu Russland, Weißrussland und der Ukraine.

Das zweite Motiv für ein besonderes amerikanisches Engagement bestand in der traditionellen Verbundenheit mit den USA.[10] Die Polen fühlten sich schon vor 1990 den USA stark verbunden, denn etwa sechseinhalb Millionen US-Bürger sind polnischer Herkunft und der Dollar war die zweite Währung im Land. Polen hatte außerdem mit den Europäern schlechte Erfahrungen gemacht: Die einen haben es überwältigt, geteilt und beherrscht, die anderen haben es in der Not im Stich gelassen. So hielt sich Warschau an die USA. Vielleicht hätten die USA 1945 das Land vor *Stalin* retten können, meint mancher, heute jedenfalls ist Amerika die stärkste Macht in Europa und sogar in der Welt und damit die beste Garantie für die Sicherheit Polens: Sicherheit vor allem vor den Russen und vor wieder stark gewordenen Deutschen. Im Übrigen war es in der Zeit des Kriegsrechts 1981/82 einzig das Amerika *Ronald Reagans* (und der Vatikan), das die Freiheit in Gestalt der Solidarnosč effektiv unterstützte.[11]

Dies ist nicht nur eine rhetorisch bekundete Verbundenheit, auf die bei Staatsbesuchen verwiesen wird, sondern sie hat ganz handfeste Konsequenzen: So bezieht Polen z. B. seine neue Generation von Kampfflugzeugen vom Typ F-16 für 3,5 Mrd. US-Dollar demonstrativ aus den USA.[12] Zudem entsandte Polen ein vergleichsweise großes Kontingent an Truppen in den Irak und wurde von den USA dafür unter anderem damit belohnt, dass ihm die Kontrolle über die später errichtete nördliche Sicherheitszone im Irak übertragen worden ist. Diese Gefolgschaft im Irak-Krieg, die von anderen EU-Mitgliedstaaten kritisch und als Vertrauensbruch gegenüber der erwiesenen Unterstützung beim EU-Beitritt be-

---

[10] *Bender*, Deutschland und Polen: Normalisierung wäre schon viel, in: Aus Politik und Zeitgeschichte, B 5-6/2005, 3 (6).
[11] *Rothacher*, Die EU 25. Chancen, Risiken und politische Folgen der EU-Osterweiterung, in: Aus Politik und Zeitgeschichte, B 5-6/2004, 25 (30).
[12] Poland snubs EU by buying US fighter jets, in: Straits Times v. 20.4.2003, S. 4.

wertet worden ist, ist auch aus der beschriebenen engen Beziehung zwischen beiden Staaten zu erklären.[13] Allerdings will Polen nicht als „Trojanisches Pferd“ der USA verstanden werden, übersieht jedoch, dass die selbst beanspruchte Position des Mittlers zwischen den USA und Europa bereits von Großbritannien eingenommen wird.[14]

b) Türkei

Einen besonders problematischen Fall bildet die Türkei. Sie ist seit 1952 NATO-Mitglied, übertreibt aber häufig ihre militärische Bedeutung, insbesondere in der Militärluftfahrt,[15] und steht auch deswegen zu allen Nachbarstaaten in angespannten Verhältnissen. Für die USA spielt die Türkei jedoch nach den Anschlägen des 11.9.2001 eine besondere Rolle in der Region. Nach den Wünschen der US-Regierung soll die Türkei zum demokratischen, westlich orientierten Musterland der islamischen Welt gemacht werden. Aus diesem Grund traten die USA auch stets für eine Aufnahme der Türkei in die EU ein.[16] Dahinter steht indes die Absicht, die Türkei noch enger an die geostrategischen Ziele der USA in der Region zu binden. Auf diese Weise wird die Türkei zwar nicht unbedingt zum engsten, aber doch zu einem engen Verbündeten der USA im Raum Vorderasien. Die von den USA damit unterstellte Verlässlichkeit schafft für sie grundlegende Voraussetzungen für politische und militärische Operationen im Nahen und Mittleren Osten.

---

[13] *Bender* (o. Fußn. 10), S. 6; *Kranz*, Die EU-Erweiterung als Chance für Polen und Deutschland, in: ZEuS 2003, 361 (372, 376).

[14] *Rothacher* (o. Fußn. 11), S. 30; The Economist v. 10.5.2003, S. 8: „Is Poland America's donkey or could it become NATO's horse?“; kritisch zu diesem Vergleich *Kranz* (o. Fußn. 13), S. 376.

[15] *Schladebach*, Luftraumverletzungen durch Militärflugzeuge. Der griechisch-türkische Konflikt in der Ägäis, in: Zeitschrift für Luft- und Weltraumrecht (ZLW) 2003, 355 – 374.

[16] US-Außenministerin *Rice*, Die US-Regierung tritt für eine Aufnahme des NATO-Landes Türkei ein, s. FTD v. 3.6.2005, S. 2; ferner US-Regierung zum EU-Gipfel von Kopenhagen im Dez. 2002: „EU Enlargement and Turkey“ v. 13.12.2002, www.state.gov.

Nur mit diesem strategischen Interesse lässt sich die lautstarke amerikanische Fürsprache erklären. Denn es dürfte auch den USA klar sein, dass die Mitgliedschaft in der NATO und diejenige in der EU von verschiedenen Bedingungen abhängig sind. Während die NATO auf die militärische Verteidigung Europas und Nordamerikas angelegt ist (Art. 5 Nordatlantikvertrag), hat die EU eine europäische Wirtschafts-, Rechts- und Wertegemeinschaft geschaffen. Die Türkei ist nach Auffassung vieler Beobachter, nicht zuletzt auch des Europäischen Gerichtshofs für Menschenrechte (EGMR), kein Rechtsstaat nach europäischem Verständnis. Die Akzeptanz europäischer Wertevorstellungen wird mit dem Ziel, die durch eine bemerkenswerte Naivität und eine unerklärliche Konfliktscheu geprägten EU-Spitzenpolitiker zu beruhigen, lediglich in Form von Lippenbekenntnissen behauptet, existiert jedoch allenfalls in einem verschwindend kleinen Teil aufgeklärter Kreise, nicht aber in der Bevölkerung generell.

Es kann daher nur Unkenntnis über die EU, vielleicht auch Ignoranz oder aber politisches Kalkül sein, dass die USA meinen, den türkischen EU-Beitritt unter Ausblendung der Voraussetzungen einer EU-Mitgliedschaft fordern zu können. Die EU jedenfalls will sich von den USA nicht die Aufnahme bestimmter Staaten vorschreiben lassen,[17] was aber wohl selbst nach dem zutreffenden Hinweis von Brüssel an Washington erfolglos geblieben ist, dass die EU eine von der NATO völlig verschiedene Integrationskonzeption aufweist. Die EU ist eben keine sicherheitspolitische Verfügungsmasse, derer sich die USA zur Verfolgung eigener Ziele beliebig bedienen können.

Ob die USA den eingeschlagenen Kurs fortsetzen werden, hängt auch maßgeblich davon ab, wie sich die amerikanisch-türkischen Beziehungen entwickeln werden. Derzeit sind sie einigen Belastungsproben ausgesetzt.[18] In den 90er Jah-

[17] *Lippert*, Erweiterungspolitik der EU, in: *Weidenfeld/Wessels* (Hrsg.), Jahrbuch der Europäischen Integration 2003/2004, 2004, S. 419 (428).

[18] *Busse*, Zweifel und Missverständnisse, in: FAZ v. 8.6.2005, S. 3.

ren verfolgten beide Staaten auf zentralen Feldern der internationalen Politik gleiche Ziele. Das militärische Engagement auf dem Balkan, die Unterstützung des Friedensprozesses in Palästina und das Vorgehen gegen *Saddam Husseins* Herrschaft im Irak ließen den Eindruck einer engen und stabilen außenpolitischen Kooperation entstehen. Doch spätestens seit das türkische Parlament am 1.3.2003 den USA den Einmarsch in den Nordirak über türkisches Territorium untersagt hatte, kamen Zweifel und Missverständnisse auf.[19] In der öffentlichen Diskussion in der Türkei, die bekanntermaßen wenig diplomatisch geführt wird, wurden die USA immer häufiger kritisiert. Neuerdings soll es sogar Tendenzen in der AKP-Führung geben, wonach viele Vertreter nicht mehr daran glauben, dass die Interessen der Türkei im Bündnis mit dem Westen gut aufgehoben seien. Vielmehr forme sich die Ansicht, dass das Land engere Bindungen an andere potentielle Großmächte wie Russland, China oder Indien suchen solle.[20] Dass diese Überlegungen bei den Amerikanern ernste Besorgnis hervorrufen, leuchtet angesichts der beschriebenen Rolle, die der Türkei bei der Verfolgung der strategischen Interessen in der Region zugedacht worden ist, unmittelbar ein.

d) Zwischenergebnis

Diese Beispiele stehen stellvertretend für MOE-Staaten bzw. Asiens (Türkei), in denen die USA unter vordergründiger Berufung auf eine starke EU bestimmte strategische Eigeninteressen zu verfolgen versuchen. Der Erfolg differiert: Er ist relativ groß in Staaten des ehemaligen Ostblocks (Polen). Dagegen fehlt er in Staaten, deren Zugehörigkeit zu Europa sich auch dann nicht einstellt, wenn sie von den USA aus Ignoranz gegenüber den Zielen der europäischen Integration vehement gefordert wird (Türkei).

---

[19] *Busse* (o. Fußn. 18).
[20] *Busse* (o. Fußn. 18).

III. Wirtschaftliche Interessen

Vor der politischen Wende von 1989 waren die Handelsbeziehungen zwischen den USA und den MOE-Staaten sehr gering. Die Wirtschaftskontakte konzentrierten sich auf die Sowjetunion, wobei Agrarprodukte dominierten.[21] Dies waren ungünstige Voraussetzungen, um aus der mit Beginn der wirtschaftlichen Transformation einsetzenden Expansion der Importnachfrage in den MOE-Staaten Nutzen zu ziehen.

Folglich entwickelte sich der Warenhandel mit Osteuropa nach 1990 nur sehr schleppend. Die hohe Konzentration des Handels auf die ehemalige Sowjetunion wurde zwar etwas abgebaut, nennenswert vertreten sind amerikanische Anbieter aber nur auf dem polnischen Markt.[22] Für den USA-Export haben die MOE-Staaten daher nur eine recht geringe Bedeutung. Vergleichbares gilt für die Importe aus diesen Staaten.

IV. Fazit

Die EU-Erweiterung ist für die USA ein willkommener Anlass, ihre vorwiegend sicherheitspolitisch motivierten Ambitionen in Osteuropa sowie im Nahen und Mittleren Osten neu auszurichten. Die Demokratisierung in den MOE-Staaten, die Ergebnis der EU-Erweiterung und nicht des teilweise überstürzten und oft unkritischen NATO-Beitritts war, unterstützt diese Zielsetzungen und schafft aus der Sicht der USA gute Ausgangsbedingungen für militärische Operationen in Asien. Jedoch scheint die US-Regierung gelegentlich zu übersehen, dass eine NATO-Mitgliedschaft nicht zwangsläufig auch zu einer EU-Mitgliedschaft führen muss.

---

[21] *Döhrn/Herwegh* (o. Fußn. 4), S. 607.
[22] *Döhrn/Herwegh* (o. Fußn. 4), S. 608.

Zusammenfassung

Die Herausgeber

I. Rechtspolitischer Erfolg

Mit Feuerwerk, feierlicher Flaggenzeremonie und Europa-Hymne beim Sondergipfel der 25 Staats- und Regierungschefs der EU in Dublin und mit vielen Festveranstaltungen in den Hauptstädten und in einzelnen Grenzregionen wurde der 1.5.2004 begangen. Festzustellen war aber, dass in weiten Bevölkerungskreisen der alten EU-Mitgliedstaaten eine echte Erweiterungseuphorie nicht aufkam. Die Veranstaltungen blieben zumeist eine Angelegenheit der politischen Ebene. Während diese Reserviertheit eher mit emotionalen Gründen zu erklären war, kann im Hinblick auf die fachlichen Fragen von einem Erfolg der Erweiterung 2004 gesprochen werden: Rechtspolitisch verlief der EU-Beitritt der zehn neuen EU-Mitgliedstaaten ohne nennenswerte Schwierigkeiten, was angesichts der vergleichsweise großen Zahl der beitretenden Staaten nicht ohne Weiteres erwartet werden konnte. Die Angleichung des nationalen Rechts an das EU-Recht sowie die Implementierung der europapolitischen Standards erfolgten anhand der dargestellten Instrumente organisiert und zufrieden stellend. Was die noch ausstehenden, im EU-Beitrittsvertrag benannten Regelungen angeht, ist die Erwartung gerechtfertigt, dass diese Fragen innerhalb der gesetzten Übergangsregelungen europarechtskonform erlassen werden. Aus rechtspolitischer Perspektive war die EU-Erweiterung daher ein Erfolg und es zeigte sich, dass sie zu Recht als die am besten vorbereitete in der Geschichte der Union bezeichnet wurde.

II. Vermittlungsdefizite

Für die sachgerechte Vermittlung der Bedeutung der EU-Erweiterung in den alten EU-Mitgliedstaaten kann das nicht in gleichem Maße gelten. Denn von ausgewiesenen Kennern ist zu Recht darauf hingewiesen worden, dass es den verantwortlichen Europapolitikern nur sehr begrenzt gelungen sei, die Bürger in diesem Erweiterungsprozess mitzunehmen.[1] Eine mangelhafte Überzeugungsarbeit und eine weit verbreitete Haltung, die Bürger würden die europapolitischen Fragestellungen ohnehin nicht verstehen, führten dazu, dass die EU-Erweiterung 2004 zum großen Teil ein nur von Europaexperten und Europapolitikern diskutiertes Thema blieb. Die sachliche Richtigkeit der EU-Erweiterung wird durch diese erheblichen Vermittlungsdefizite in keiner Weise berührt. Sie bedingen jedoch, dass sich in letzter Zeit eine ernst zu nehmende Kluft zwischen der - nicht selten abgehobenen - Europarhetorik der politischen Kreise und der Ansicht der Bevölkerung gebildet hat.

Dies ist eine allgemeine Entwicklung in der EU, wie nicht zuletzt auch die Staats- und Regierungschefs auf dem Europäischen Rat Mitte Juni 2005 zur Kenntnis nehmen mussten.[2] Die massive Kritik, die aus den Mitgliedstaaten an die EU herangetragen wurde, bezieht sich zwar nicht direkt auf die EU-Erweiterung 2004, hat aber auch Berührungspunkte mit ihr. Denn es geht um die generelle Zukunft der EU, wobei sich innerhalb dieser Diskussion auch die Frage stellt, von welcher Akzeptanz erneute Erweiterungsrunden der EU getragen werden könnten. Nicht wenige Vertreter sprechen sich deshalb für eine Phase der Konsolidierung aus. Außerdem wird deutlicher als bisher gefordert, dass sich die EU ihrer Grenzen bewusst sein müsse.

III. Offene Fragen: Finanzierung und Vertiefung der EU

Die Frage künftiger EU-Erweiterungen hängt indes nicht nur von einer besseren Erklärung gegenüber der Bevölkerung ab, sondern ist bedingt durch die Lösung zweier ganz zentraler Probleme. Einmal stellt sich die Frage der Finanzierbar-

[1] *Weidenfeld*, Die Bilanz der Europäischen Integration 2003/2004, in: *ders./Wessels* (Hrsg.), Jahrbuch der Europäischen Integration 2003/2004, 2004, S. 13 (15).
[2] Siehe die Berichterstattung in FAZ v. 20.6.2005, S. 1 – 3.

keit, die für die Jahre 2007 bis 2013 hinsichtlich der derzeitigen EU 25 noch nicht beantwortet worden ist.[3]

Zum anderen ist es der EU nicht gelungen, eine solche Vertiefung zu erreichen, dass sie auch mit 25 und mehr Mitgliedstaaten handlungsfähig bleibt. Das sehr ambitionierte Vorhaben einer Europäischen Verfassung ist spätestens mit dem Europäischen Rat vom Juni 2005 gescheitert. Zu konstatieren ist, dass die interne Anpassung der EU mit dem Zuwachs an Mitgliedstaaten nicht Schritt hält. Auf absehbare Zeit wird die EU daher auf der Grundlage des Vertrags von Nizza fortbestehen, dessen Inhalt, insbesondere zur Stimmengewichtung im Rat, von vielen als unausgewogen kritisiert worden ist.[4]

Deshalb erscheint die Annahme gerechtfertigt, dass zwar Rumänien und Bulgarien 2007 und in der Folge Kroatien beitreten werden, dass aber weitere Erweiterungsrunden erst dann ernsthaft erwogen werden können, wenn deren Finanzierbarkeit geregelt ist und die vertraglichen Grundlagen der EU so ausgestaltet sind, dass die EU aufnahme- und handlungsfähig ist.

IV. Zusammenfassende Thesen

1. Die alten EU-Mitgliedstaaten haben die EU-Erweiterung 2004 unterstützt, weisen jedoch darauf hin, dass die Erweiterung finanzierbar bleiben muss.
2. Die neuen EU-Mitgliedstaaten sind mit ihrem Beitritt weitgehend zufrieden, haben jedoch teilweise die vereinbarten Übergangsfristen als unnötig und zurücksetzend empfunden.
3. Die derzeitigen Beitrittskandidaten hegen die Befürchtung, dass die aktuelle Krise ihren EU-Beitritt ernsthaft gefährden kann.

---

[3] Europäischer Rat, 16./17.6.2005, Schlussfolgerungen des Vorsitzes, Dok. 10255/05, Ziff. 5.
[4] Dazu *Berg*, Nizza und die Ergebnisse des Konvents, in: ZEuS 2003, 353 – 360.

4. Die europäischen Staaten, die sich der EU im bilateralen Verhältnis stärker annähern wollen, verfolgen ihre europäische Perspektive weiter und warten in absehbarer Zeit auf ein Signal zu ihren Beitrittsaussichten.
5. Neue Erweiterungsrunden der EU erscheinen nur dann aussichtsreich, wenn sich die EU über ihre Finanzierung und ihre interne Handlungsfähigkeit verständigt.
6. Neue Erweiterungsrunden der EU bedürfen stärkerer Vermittlung durch die Politik und müssen von größerer Akzeptanz der Bevölkerung getragen sein.
7. Die EU muss ihr Selbstverständnis, insbesondere ihre geographischen und ihre kulturellen Grenzen, klären.

FSC
www.fsc.org
MIX
Papier | Fördert
gute Waldnutzung
FSC® C083411

Kolibri 360 GmbH
Ferdinand-Jühlke-Straße 7
99095 Erfurt, Deutschland
produktsicherheit@kolibri360.de

Druck:
CPI Druckdienstleistungen GmbH
im Auftrag der
Kolibri 360 GmbH
Ferdinand-Jühlke-Str. 7
99095 Erfurt